국제지역연구소 번역시리즈 15

# 저널리즘
## 원리와 실제

Tony Harcup 지음, 황태식 옮김

명인문화사

국제지역연구소 번역시리즈 15

# 저널리즘: 원리와 실제

**제1쇄 펴낸 날** 2012년 6월 8일
**제2쇄 펴낸 날** 2015년 2월 28일

**지은이** 토니 하컵
**옮긴이** 황태식
**펴낸이** 박선영
**펴낸곳** 명인문화사

**디자인** 박종희
**교 정** 남경희

**등 록** 제2005-77호(2005. 11. 10)
**주 소** 서울시 송파구 석촌동 58-24 미주Bldg. 202호
**이메일** myunginbooks@hanmail.net
**전 화** 02-416-3059
**팩 스** 02-417-3095

**ISBN** 978-89-92803-40-3
**가 격** 22,000원

ⓒ 명인문화사

# Journalism: Principles and Practice

Tony Harcup

English Language edition published by SAGE Publication of London, Thousand Oaks, New Delhi and Singapore, ⓒ Tony Harcup, 2009.

Korean Edition ⓒ 2011 Myung In Publishers

# 목차

# 역자 서문

깊어가는 가을 이 책을 받았을 때, 영국의 언론 현장을 배경으로 쓰인 이 책이 학생들에게 어떤 도움이 될까 생각했다. 하지만 한 장 한 장 책장을 넘길 때마다 저널리즘을 배워나가는 학생들에게 기초지식을 쌓아주고 언론계의 실상을 보여주는 데 조금도 부족함이 없는 책이라는 확신을 갖게 되었다. 이 책의 장점은 많은 기자들과 방송인들을 인터뷰하여 그들의 경험과 고민, 해결책을 실었다는 점이다. 신문과 방송의 실제에 초점을 맞추어 문제점을 지적하고 여러 학자와 언론인들의 목소리를 통해 저널리즘이 어떻게 변화하고 있는지 알게 하였다. 한마디로 이 책은 저널리즘을 전공하는 학생들에게 실제적인 지침과 이론적 기초를 균형 있게 제공하고 있다.

언론에 대하여 공부하는 학생이라면 다각도로 변하는 세상에서 신문, 방송뿐만 아니라 온라인 저널리즘의 역할을 고민할 것이다. 어떤 윤리의식을 가지고 사실 또는 진실을 대면할 것인가, 기사 작성은 어떻게 할 것인가, 취재원과 어떤 관계를 유지할 것인가 등 언론인이 가져야 할 소양이 무엇인지 진지하게 생각해봐야 한다. 매스미디어의 효과에 대한 학계의 입장은 시대의 흐름에 따라 달라졌으나, 언론이 사회화 과정의 한 축을 담당하고 있음은 분명하다. 따라서 언론인이라면 자신이 속한 사회에 대한 책임감과 더불어 늘 문제의식을 가지고 세상을 바라보아야 할 것이다.

비록 서구사회의 맥락에서 쓰인 책이지만, 이 책을 통해서 자본주의를 근간으로 하는 사회에서 활동해야 하는 언론인들이 알아야 할 지식을 접할 수 있다. 게다가 저자의 재치 있는 글솜씨 덕분에 신문방송학을 전공으로 삼은 학생들뿐만 아니라 언론에 관심이 있는 사람이라면 누구나 재미있게 읽어나갈 수 있는 내용이다. 번역 작업이 끝날 때까지 차분하게 기다려준 명인문화사에 고마움을 전하며 소회를 마칠까 한다.

황태식

# 글상자 목록

# 독자 참고사항

## 일러두기 —————————————————————————

이 책의 12장 중 226~240페이지 "스타일" 안내서 부분은 영어신문을 작성하는 저널리스트를 위한 부분이다. 영어신문을 작성할 시 영어단어와 숙어, 띄어쓰기 등을 어떻게 해야 하는지에 대한 상세한 설명이 덧붙여져 있다. 따라서 이부분은 알파벳순으로 정리하였다.

## 편집 —————————————————————————

이 책의 지면구성이 낯설어 보일 수 있으나, 1장에서 설명하는 것처럼 흐름을 따르기 쉽게 편집되었다. 각장의 첫 페이지 상단부터 시작해서 음영이 없는 부분까지 계속 읽다보면 내용이 명확하게 이해될 것이다.

## 참고자료 —————————————————————————

참고문헌 기술방식 중에서 하버드 스타일에 익숙하지 않은 독자들은 다음의 예를 참고하라. 본문에서 홍길동(Bloggs, 2009: 10)과 같은 인용문을 발견하면 책 뒤편에 실어놓은 알파벳순 참고문헌 목록을 보고 홍길동(Bloggs, 이 표현은 John Doe처럼 아무개를 가리킨다 – 역자 주)이라는 이름과 발행연도, 즉 2009를 찾아라. 또한 여기서 10이라는 숫자는 원본의 페이지 번호를 의미한다.

# 서문

이 책은 교재로 사용될 수 있지만 그 이상의 목적을 지니고 있다. 즉 현장의 언론인과 저널리즘 학계 각각의 입장을 소개하고 나아가 양쪽의 소통을 이끌어내려는 것이다. 이 개정판에서는 독자들로부터 받은 피드백을 반영했을 뿐만 아니라 초판이 발간된 이후 새롭게 발견된 사실들에 맞추어 모든 장을 재구성하고 발전시켰다. 비록 모든 단어가 바뀐 것은 아니지만 적지 않은 어휘가 변경될 정도로 한 글자 한 글자를 다시 검토했다.

언론인들이 영국 정보공개법(Freedom of Information)을 활용하는 구체적 방법이 새롭게 추가되었으며, 블로그 활용, 웹에서 비디오와 오디오의 사용, 비연속적 일괄방송, 쌍방향 지도 그리고 온라인 저널리즘의 여타 방법들에 대해서 초판보다 훨씬 많이 보충하였다. 온라인 저널리즘이 모든 언론인에게 점증하는 업무가 되어가고 있는 현실을 반영하기 위해서 온라인에 대한 소개를 별도로 다루지 않고 책 전반에 걸쳐 일상적인 현장업무의 일부로 보여주었다. 하지만 TV나 온라인에서 이미지를 활용해 보도하는 법에 대해서 따로 새로운 장을 마련하였다. 마지막 장도 보완하여 21세기 저널리즘의 통합적인 속성에 대해 더 자세히 다루었고, 아무리 기술이 발전하여도 저널리즘의 기초가 결정적으로 중요하다는 점을 강조하였다.

다양한 언론인들과의 인터뷰를 새로 추가하였는데 그들 중 대부분을 1장에서 소개하였고 참고문헌에서 모든 명단을 확인할 수 있다. 초판에서 소개한 인터뷰도 여전히 실려 있지만 해당 언론인들을 다시 인터뷰했기 때문에 대부분 개정되었다. 하지만 안타깝게도 인터뷰 대상자 중에서 두 사람은 개정판 작업을 시작할 때 함께할 수 없었다.

풋(Paul Foot)은 이 책의 초판이 출판된 지 얼마 지나지 않아 2004년 7월에 66세의 나이로 고인이 되었으며, 그의 장례식에는 약 2,000명의 조문객이 참석하였다 (Ingrams, 2005: 6). 그를 기념하여 매년 폴풋어워드(Paul Foot Award)가 수여되고 있다. 개정판을 위해 새로 인터뷰한 사람 중에서 웨인(Deborah Wain)이 2007년 이상을 공동수상하였다.

휘틀(Brian Whittle)은 옥스퍼드 출신인 풋과 대조되는 경력의 언론인으로서 17세의 나이에 지역신문사에서 일을 시작하였다. 두 사람은 서로 다른 배경과 태도를 지녔을지 모르지만, 모두 뛰어난 기자였으며 나에게 기꺼이 시간을 마련하여 다음 세대의 언론인을 위해 그들의 경험과 지식을 나누어주었다. 한 기자회견장에서 우연히 휘틀을 만난 적이 있는데, 그가 시간을 내서 내 책을 재미있게 읽었다고 말하였다. 아마 그는 별로 기대하지 않고 읽었을 것이다. 나는 개정판을 만들게 된다면 도움을 받기 위해 다시 연락하겠다고 대답하였다. 불행하게도 휘틀이 2005년 12월, 전국 일간지『익스프레스앤드스타(the Express and Star)』가 맨체스터에서 출범하는 것을 기념하는 파티에 참석했다가 쓰러져 운명을 달리하는 바람에 재회는 이루어지지 않았다. 그의 동료 리스(Peter Reece, 2005)가 말했듯이, "휘틀의 몸에는 타블로이드 신문의 잉크가 흘렀기 때문에 그가 언론인으로 종사했던 것은 자명한 일이었다." 그는 겨우 향년 59세였다.

풋과 휘틀의 조언은 당시나 지금이나 유효하기 때문에 이 개정판에도 그대로 수록되었다.

# 1장

## 누가, 무엇을, 어디서, 언제, 왜, 어떻게? 저널리즘 개론

## 저널리즘인가 처널리즘인가?

"저널리즘은 음흉한 인간들, 사기꾼들, 심지어 가끔은 인정받지 못한 순교자로 들끓는 환경에서 정신없이 일해 얼떨결에 소득을 얻는 것이다"라고 마 (Andrew Marr)는 그의 책『나의 직업(*My Trade*)』 에서 쓰고 있다. "조직적인 범죄를 제외하면 그것은 가장 강력하고 즐거운 혐오직업(anti-profession) 이다"(Marr, 2005: 3). 이처럼 저널리즘은 의학이나 법학과 같이 '적절한' 전문직이라기보다는 생업 또는 수공업이다. 그렇다면 저널리즘은 무엇을 위한 것인가? 많은 기자들이 주택융자금을 갚기 위해서라고 대답할 것이다. 하지만 저널리즘은 그 이상의 의미를 갖고 있다. 그것은 누가? 무엇을? 어디서? 언제? 왜? 어떻게? 라는 질문을 하고 거기에 답하는 **커뮤니케이션**의 한 형태이다. 물론 저널리즘은 하나의 직업이고, 언론인도 자녀를 부양하고 학자금을 갚아야 할 **필요**가 있기 때문에 그들은 자신의 일터를 '언어 공장(word factories)'이라고 부른다. 그러나 언론인은 시장에서 팔리는 상품 생산의 차원을 넘어서는 **사회적** 역할을 하기 때문에 언론인이 된다는 것은 공장에서 일하는 것과는 형태가 다르다. **저널리즘**은 지역공동체에게 그 사회에 대한 정보를 제공하고 다른 경우에서라면 사적인 영역에 머물고 말 사건을 대중적으로 만든다.

어느 정도 중요한 직업이라고 생각할 수도 있다. 그럼에도 불구하고 여론조사에 따르면 언론인은 직

## 커뮤니케이션

"누가, 무엇을, 어디서, 언제, 왜, 어떻게?"라는 이 장의 제목은 저널리즘의 기본 질문으로써 1948년 라스웰 (Harold Lasswell)이 공식화한 초기 매스커뮤니케이션 모델에 담겨 있었다. 라스웰은 다음과 같은 질문으로 미디어 분석을 시작했다. "누가 무엇을 누구에게 어떤 채널을 통해 어떤 효과를 가지고 전달했는가?"(McQuall, 2000: 52-53). 이것은 송신자에서 수신자로 전해지는 일방적인 방식이기 때문에 커뮤니케이션 '전달' 모델이라고 부른다. 이 모델과 후속 전달 모델은 너무 단순하고 연속적이며 일방향적이어서 커뮤니케이션의 복잡성을 설명하기에는 부족하다는 이유로 최근 수십 년 동안 도전을 받았다. '능동적인 수용자'는 자신만의 경험과 이해를 통해 메시지를 걸러내며, 때로는 '정상적이지 않은' 견해를 내놓거나 심지어 다중적인 의미를 제안하기도 한다. 또한 점점 더 많은 수용자들이 직접 만든 콘텐츠를 통해 직접적으로 저널리즘에 관여하고 있다.

## 저널리즘

저널리즘은 지역공동체가 자신들의 사회를 이해하도록 실질적인 정보를 제공하며, 이 장에서 설명한 것처럼 대다수 저널리즘이 개인으로 국한될 수밖에 없는 사람들을 대중으로 바꾸어놓는다. 하지만 이것만으로 충분한 정의를 내렸다고 보기는 어렵다. 무엇보다 언론인은 또한 정보와 논평을 제공하고 이미 대중들이 관심을 가지고 있는 문제를 확산시킨다.

업군 신뢰도 평가에서 정치인, 부동산중개업자와 함께 꾸준히 하위권 다툼을 벌이고 있다. 2006년 2,000명 이상의 성인을 대상으로 실시한 전형적인 여론조사에서, 겨우 19퍼센트가 언론인들이 진실을 말하고 있다고 응답했고 언론인은 가장 신뢰받지 못하는 직종이 된 반면, 의사이면서도 연쇄살인범이었던 해롤드 쉬프먼(Harold Shipman)의 영향에도 불구하고 의사는 92퍼센트의 응답자로부터 신뢰를 받아 가장 신뢰받는 직업군으로 드러났다 (Hall, 2006). 2008년 유고브(YouGov)에서 『브리티시저널리즘리뷰(*British Journalism Review*)』를 위해 실시한 여론조사에 따르면 언론인에 대한 대중의 신뢰는 5년 전의 같은 질문에 대한 응답보다 하락했다. 이러한 경향은 저널리즘의 모든 부문에서 나타났으며, 레드탑 타블로이드(빨간색 제호의 대중지 – 역자 주)만이 예외였으나 이 부문은 이미 신뢰도가 너무 낮아서 더 이상 하락할 수 없었기 때문이다 (Barnett, 2008). **제4부**에 대한 불신은 어릴 때부터 시작되는 것으로 보인다. 11세부터 21세를 대상으로 언론인을 얼마나 신뢰하는지 조사한 결과, 단 1퍼센트가 "많이"라고 말하였고, 19퍼센트는 "조금"이라고 답했으며, 무려 77퍼센트가 "나는 언론인을 신뢰하지 않는다"고 응답하였다 (Observer, 2002).

온라인 기자 키스(Jemima Kiss)는 이런 경향에 대해 익히 알고 있었으며, 지금까지의 짧은 기자생활 중에서 '자신이 기자임을 밝혔을 때 일부의 사람들이 보이는 선입견과 편견'이 실망스러웠다고 말했다. 예를 들면,

너무 많아서 셀 수 없을 지경이다. 내가 기자라고 말하면 언론업계에 종사하지 않는 사람들은 대부분 경계심을 가지기 때문에 "나는 그런 종류의 기자가

맥퀘일(Denis McQuall)은 저널리즘이란 "실제로 지속되고 있는 대중적인 사건에 대하여 대중매체를 위해 보수를 받고 기사(또는 시청각 자료)를 작성하는 것"이라고 정의했다 (McQuall, 2000: 340). 다른 정의들과 마찬가지로 맥퀘일의 정의 역시 많은 질문을 던지게 한다. 무보수 저널리즘은 불가능한가? 대중을 제외한 매체가 가능한가? 누가 대중성을 결정하는가? 하지만 그의 정의는 저널리즘의 원리와 실제를 분석할 때 좋은 출발점이 될 수 있다. 맥퀘일은 나아가 저널리즘의 다양한 유형을 구분하고 있다. '고급' 저널리즘, 타블로이드 저널리즘, 지역 저널리즘, 전문 저널리즘, '뉴'(개인적이고 헌신적인) 저널리즘, 시민 저널리즘, 발달 저널리즘, 기록 저널리즘, 옹호 저널리즘, 가십 저널리즘 (McQuall, 2000: 340).

랜들(David Randall)은 이러한 구별을 반대하면서 좋은 저널리즘과 나쁜 저널리즘으로 단순하게 구분지었다.

나쁜 저널리즘이란 찾아내기보다는 단정짓는 데 급급하고, 독자보다 자신을 만족시키려 하며, 솔직하지 않고 흐릿하게 기록하며, 상투적인 문구, 틀에 박힌 생각, 진부한 말로 생각하고 글을 쓸 뿐만 아니라, 정확성을 덤으로 여기거나 과장을 도구로 활용하고, 명료함보다 모호함, 정보보다 논평, 이상보다 냉소를 선호하는 것이다. 좋은 저널리즘은 지적이고, 유쾌하며, 신뢰할 만한 정보를 제공하고, 시의적절하고, 의도와 의미가 정직하며, 참신한 언어로 표현되고, 진실을 파악하도록 돕는다 (Randall, 2000: viii).

저널리즘이 그렇게 간단한 것인지 아닌지는 우리가 이번 장과 이어지는 장들을 통해 답해야 할 질문이다.

## 제4부

영국 상원의 고위 성직의원, 귀족의원, 하원의원과 더불어 '국가의 제4부'로 여겨지는 언론의 개념은 18세기 에드먼드 버크(Edmund Burke)에 의해 처음 사용된 것으로 보인다. 이 용어가 처음 활자화된 것은 1840년으로 간주되고 있으며 토마스 칼라일(Thomas Carlyle)이 그 의

아니에요"라고 말해야 할 것만 같다. 그들은 저질 TV 드라마에 반복적으로 등장하는 유형의 기자, 즉 집 앞에서 대기하고 있는 무례한 타블로이드 기자를 떠올린다고 생각한다.

하지만 이처럼 좋지 않은 이미지에도 불구하고 나이가 적든지 많든지 상관없이 똑똑한 사람들이 기자가 되려는 열망을 지닌 채 끊임없이 몰려들고 있다. 이유가 무엇인가? 기자가 가장 신나는 직업 중 하나이기 때문이다. 기자는 그 날 무슨 일을 하게 될지 모르고도 출근할 수 있다. 기자에게는 권력자, 관심인물, 현인, 영웅, 악한, 희생자들을 만날 기회가 있다. 기자는 어리석은 질문을 할 수도 있고 무언가를 처음 알아내서 세상에 전할 수도 있다. 또한 마음껏 글을 쓸 수 있고 어쩌면 여행도 하면서 한 분야의 전문가가 될지도 모른다. 진실을 추구하면서 정의실현을 위한 운동을 할 수도 있다. 혹은 꼭 원한다면 유명인들과 어울릴 수도 있다.

게다가 신문이나 잡지, 웹사이트 상에서 자신의 이름을 보면서 스릴을 느끼거나, TV나 온라인 상에서 자신의 촬영분을 시청하는 흥분을 맛볼 수 있고, 라디오나 팟캐스트에서 흘러나오는 자신의 목소리를 들으며 묘한 감정을 느낄 수도 있다. 이런 일을 계속 반복해서 할 수 있다. 그렇기 때문에 수많은 사람들이 언론계에 몸담기 위해 수많은 희생을 감수하려고 하는 것도 무리는 아니다. 그러한 희생에는 아주 운이 좋거나 편집장의 자녀가 아닌 이상 취업을 위해 자신의 돈을 쓰면서 트레이닝을 받아야 한다는 점, 또는 저임금 때문에 파업하는 사람들을 취재하면서도 자신은 그보다 더 적은 수입으로 살아야 한다는 점이 포함된다.

약 1세기 전 언론인들이 영국언론노조(NUJ: National Union of Journalists) 역사상 첫 파업

미를 분명히 밝혔다.

버크는 국회 안에 세 계급이 존재한다고 말했다. 하지만 맨 위쪽 기자석에는 세 계급을 합친 것보다 훨씬 중요한 네 번째 계급이 앉아 있다. 중요한 것은 연설이나 재치 있는 농담과 같은 수사가 아니다. 우리 시대에 꼭 필요한 것은 있는 그대로의 사실이다. 문필업(literature)도 우리에게는 또 하나의 국회이다. 내가 자주 말했듯이 저술(writing)의 필연적인 결과물인 출판(printing)은 민주주의의 필수요소이다. 글을 쓰라. 그러면 민주주의가 꽃피울 것이다 (Carlyle, 1840: 194).

민주주의와 언론의 자유라는 사고는 상당 부분 함께 성장하였으며 제4부라는 개념에서 합쳐지게 되었다. 비록 처음에는 국회의 기자석을 언급하는 용어였지만 점차 저널리즘을 일컫는 일반적인 표현으로 발전하였고, 언론인에게 정부의 활동에 대한 '감시견'이라는 준헌법적 역할을 부여하였다. 오몰리(Tom O'Malley)가 말한 것처럼, 이는 언론의 자유라는 자유주의적 개념의 핵심이다.

이 이론의 핵심적인 사고는 비공식적이라 할지라도 언론이 헌법 안에서 핵심적인 역할을 맡고 있다는 것이다. 다양한 언론은 대중에게 사건들을 알려주는 데 도움이 된다. 그것은 여론의 명확한 표출을 통해서 정부를 인도하고 정부에 대한 감시자로 기능할 수 있다. 언론이 사전 검열로부터 자유롭고 정부로부터 독립적일 때 이러한 기능을 완수할 수 있다 (O'Malley, 1997: 127).

## 공론의 장

공론의 장이라는 개념은 교양 있는 시민들이 비판적인 사고와 토론을 통해 서로 관여하는 공간이 존재한다는 데 기초하고 있다. 따라서 이것은 미디어에 대한 논의와 관련된다. 위르겐 하버마스(Jürgen Habermas)는 17세기 말과 18세기 초 유럽에서 공론의 장이 출현한 과정을 추적하면서 상업화의 발달이 결국 '국민들이 자기 자신과 국가의 관습에 대한 비판적 사고'를 가능케 하는 공

을 시도하였는데, 바로 1911년 『요크 헤럴드(York Herald)』의 기자들이 찰스 디킨스(Charles Dickens)의 『니콜라스 니클비(Nicholas Nickleby)』에 묘사된 것과 같은 열악한 근무시간과 환경에 대해 항의하기 위해 시위를 벌인 것이다(Mansfield, 1943: 159; Gopsill and Neale, 2007: 84-85). 그로부터 97년 후인 2008년 5월, 명칭만 『프레스(The Press)』로 바뀐 똑같은 신문사의 언론인들이 저임금에 반발하여 동맹파업을 하였다. 프레스는 현재 뉴스퀘스트(Newquest) 그룹에 속해 있는데, 이 그룹의 소유주는 개닛(Gannett)으로 2007년 74억 달러의 총 매상고를 기록하고 10억 달러 이상의 수익을 남긴 미국의 거대기업이다. 시위자들은 1911년 선배들을 모방하기 위해 요크로얄극장(York Theatre Royal)에서 빌린 에드워드 시대의 복장을 갖추어 입고, 21세기의 감각을 곁들여 자신들의 블로그뿐만 아니라 소셜네트워킹 사이트인 페이스북에서도 조직을 결성하였다. 한 참가자는 다음과 같이 불만을 터트렸다. "우리는 여전히 디킨스가 묘사한 것과 같은 환경에서 일하고 있다는 느낌을 자주 갖는다. 우리의 급여는 과거와 달라진 게 전혀 없다. 수습기자가 겨우 연봉 1만 3,500파운드로 시작한다"(http://nujyork. blogspot.com).

대부분의 언론인, 특히 신입기자나 지방신문 또는 지역신문사에서 일하는 기자들의 급여는 부끄러울 정도이다. 한 수습기자는 다음과 같이 말하였다.

글쓰기에 대한 강렬한 열정을 가지고 있는 젊은이들은 언론계에서 일하려면 낮은 임금 때문에 어려움을 겪게 될 것이다. 하지만 꼭 그래야만 한다는 사

> "나는 늘 첫 봉급이 아주 형편없을 거라고 이야기해주었다. 그리고 만약 운이 좋다면 1년 후에는 부끄러울 정도의 급여를 받을 것이고, 수습기간이 끝날 쯤에는 겨우 지독한 수준을 벗어날 정도가 될 것이다."
>
> – 둘리(Sean Dooley),
> 『노스클리프(Northcliffe)』 전 편집책임자

간인 공론의 장과 언론의 쇠퇴를 낳았다고 주장했다(Stevenson, 2002: 49). 이러한 입장을 따르면 오늘날에는 그러한 합리적 대중의 논의가 '시민들의 지속적인 개인화와 대중적 관심사의 평범화'로 대체되고 있다. 하지만 반대로 하버마스는 '과거지향적이고 엘리트주의적인 형태의 정치활동'을 이상화한다는 비난을 받고 있다(McQuail, 2000: 158).

## 언론의 자유

편집인과 소유주 모두 대개 '언론의 자유' 즉, 누구든지 권력자의 간섭을 받지 않고 자유롭게 신문을 출판할 수 있다는 사고방식에 기초한 자유주의 모델을 찬양하는 것처럼 보인다. 비록 언론인이 법의 테두리 안에서 행동해야 하지만, 사전 검열을 받을 필요는 없다. 흔히 신문에 대해 진실을 말하고 오직 독자를 위해 봉사하는 사업이라고 일컫는다. 따라서 자유시장경제의 민주주의를 통해 우리는 우리가 원하고 누릴 자격이 있는 언론을 소유할 수 있다.

하지만 이처럼 이타적으로 대중을 위해 봉사한다는 언론의 개념은 여러 면에서 도전을 받고 있다. 가령 스파크스(Colin Sparks)는 점증하고 있는 소유권의 집중과 경쟁자를 배척하는 경제적 진입장벽을 지적하면서, 다음과 같이 주장하고 있다.

영국에서 신문은 무엇보다도 우선 사업이다. 그들은 뉴스를 보도하고, 대중을 위한 감시견으로 행동하고, 정부의 운영을 점검하고, 권력남용으로부터 평범한 시민을 보호하고, 스캔들을 파헤치고, 때로 언론에게 요구되는 선하고 고귀한 사명을 감당하기 위해 존재하지 않는다. 그들은 다른 사업과 똑같이 이윤을 남기기 위해 존재한다. 그들은 사업의 성공을 위해서 필요한 정도까지만 공적 기능을 담당한다(Sparks, 1999: 45-46).

실이 업계 전체적으로는 불명예스러운 일이다. 경영자들은 냉소적으로 우리의 의욕을 조종하고 있다(Journalism Training Forum에서 인용, 2002: 57).

언론인이 되려 했던 사람들 중에서 일부는 형편없는 임금 사정을 알게 되었을 때 **실제로** 열정을 잃어버린다. 어떤 사람들은 너무 많은 기자들이 전화나 인터넷으로 확인하면서 기사를 베끼느라 책상 앞에서 꼼짝 못하고 '장시간 근무'하는 편집실의 작업환경을 보면서 환상을 버리기도 한다. 스코틀랜드의 BBC(British Broadcasting Corporation)에서 근무하는 경제기자 자키르(Waseem Zakir)는 오늘날 만연한 편집 행태를 묘사하기 위해 '처널리즘(churnalism)'(대량생산을 뜻하는 churn out과 journalism을 결합한 신조어로서 보도자료를 재구성해 뉴스를 대량생산하는 행태 – 역자 주)이라는 단어를 고안해냈다. 그는 다음과 같이 설명한다.

> 10년 또는 15년 전에는 기자가 현장에 가서 기삿거리를 찾았기 때문에 능동적인 저널리즘이었다. 지금은 역행하고 있다. 통신망을 통해 기삿거리를 얻으면 기자는 그것을 가공하여 이상하고 편협한 인용문을 덧붙여서 기사를 대량생산한다. 전국적으로 모든 언론인들이 그런 영향을 받고 있으며 기자들은 처널리스트로 변하고 있다.

과중한 업무량으로 인해 언론인들은 정작 저널리즘만이 가지고 있는 매력적인 일들을 하기가 어려워졌을지도 모른다. 설상가상으로 젊은 언론인들은 경험이 많은 기자들이 "옛날에는 이렇지 않았어"라고 투덜대는 소리를 들어야만 한다. 고참기자들의 말이 맞을 수도 있지만, 100년 전의 언론인들조차 소위 저널리즘의 '황금기'라고 불렸던 1870년경을 그리워한다(Tunstall, 2002: 238).

넉넉한 출장비로 세계를 돌아다니며 술을 마시스파크스는 공론의 장으로 기능하면서 객관적 정보를 전달하고 여러 가지 세련된 의견을 제공하는 진정한 언론의 자유가 '자유시장경제에서는 불가능'하다고 말한다(Sparks, 1999: 59).

## 이데올로기

이데올로기란 "커뮤니케이션에 의해 보급되고 강화된 조직적인 신념체계 또는 가치관"을 의미한다(McQuail, 2000: 497). 마르크스주의자들은 지배계급의 이데올로기가 미디어의 도움으로 서구 자본주의 사회에 전파된다고 믿는다. 이데올로기가 불안정하고 논쟁적일 수 있지만, 칼 마르크스(Karl Marx)와 프리드리히 엥겔스(Friedrich Engels)가 160년 여 전에 상세히 설명한 것처럼 그 원리는 본질적으로 동일하다.

> 지배계급의 관념은 어느 시대에나 지배적 관념이 된다. 예를 들면, 사회의 물질적 지배 계급은 동시에 정신적 지배계급이 된다. 물질적 생산수단을 소유한 계급은 동시에 정신적 생산수단을 지배하고, 그 결과 일반적으로 말해서 정신적 생산수단을 지니지 못한 계급의 관념은 그 지배를 받는다. 지배적 관념은 우월한 물질적 관계의 관념적인 표현, 즉 우월한 물질적 관계를 관념적으로 이해하는 것에 지나지 않는다. 따라서 한 계급을 지배계급으로 만드는 것은 바로 그 계급이 우월하다는 관념이다(Marx and Engels, [1846] 1965: 61).

이데올로기가 경쟁적인 정의들(competing definitions)을 낳고 있는 '투쟁의 장'이기는 하지만, 이데올로기적 힘은 '사건을 하나의 특정 방식으로 의미짓는 힘'이라고 묘사할 수 있다(Hall, 1982: 69-70). 홀(Stuart Hall)은 1970년대 말 영국의 공공부문에서 일어난 파업을 미디어가 어떻게 보도했는지 보여주면서 이 점을 설명했다.

이데올로기 투쟁의 결정적 전환점 중 하나는 1978년부터 1979년까지 '불만의 겨울(Winter of Discontent)' 동안

다가 이따금씩 멈춰서 메모를 하는 기자의 낭만적 모습이라는 미망에서 벗어났다 하더라도, 많은 사람들이 매일 다르게 전개되는 일상과 전화 한 통이면 특종을 찾을 수도 있는 저널리즘이라는 직업에 매력을 느끼고 있다. 또한 저널리즘이 중요하다는 사실에서도 매력을 느낀다.

만약 저널리즘이 중요하지 않다면, 왜 그토록 언론인의 업무를 제약하는 법률이 많겠는가? 왜 정부와 야당이 모두 미디어의 환심을 사기 위해 그토록 많은 시간을 사용하겠는가? 왜 말리크(Shiv Malik), 굿윈(Bill Goodwin)과 같은 사람들이 정보원을 보호한다는 이유로 수감의 위협을 받았겠는가? 다음 장에서 살펴보겠지만, 저널리즘이 중요하기 때문에 전 세계 많은 언론인들이 목숨을 걸고 일한다.

다른 많은 경우에서와 마찬가지로, 저널리즘이 어떻게, 왜 중요한가라는 질문에 대한 설명은 누가 답을 하는가에 달려 있다. 저널리즘은 국가의 제4부, **공론의 장**의 일부로 불리거나 **언론의 자유**를 지탱하거나 지배계급의 **이데올로기**를 주입한다고 여겨졌다. 사실 아래에서 볼 수 있는 것처럼 단 하나의 저널리즘만 존재하는 것이 아니기 때문에 저널리즘은 아마도 이 모든 것을 포괄하거나 그 이상일 것이다.

> "언론 사업은 폭로다."
> – 딜레인(John Thaddeud Delane), 『타임즈(*Times*)』의 19세기 편집인

## 이 책에 등장하는 언론인들

모든 언론인들은 저마다 하고 싶은 이야기, 자신의 일에 대한 독특한 신념, 자신의 언론 분야에서 일을 하는 이유를 가지고 있다. 그래서 나는 다양한 세대, 다양한 배경, 다양한 미디어를 고려하여 광범위한 언론인들을 인터뷰해서 이 책에 반영하였다. 별도로 표기하지 않았다면 그들의 의견은 이러한

인플레이션에 맞섰던 저임금 공공서비스 노동자들의 폭동이 낮아진 생활수준과 벌어진 임금격차에 대한 항의가 아니라, 무방비 상태의 환자, 고령자, 죽어가고 있는 사람과 사망했으나 매장되지 않은 '일반 대중'을 향한 오만한 '노동조합 세력'의 냉정하고 무자비한 행태라는 내용으로 포장되었다는 점이다 (Hall, 1982: 83).

이런 관점에서 보면, 언론이 기사를 선택하고 구성할 때 사용하는 '뉴스 가치'는 전문적 관행에 따른 중립적 표현이 아니라 이데올로기로 무장된 것처럼 비춰질 수 있다 (Hall et al., 1978: 54). 따라서 언론 매체가 그토록 다양함에도 불구하고 몇몇 예외적인 경우를 제외하면, 언론인의 일상과 실제 관습은 권력자의 해명을 우선시하고 논의를 원천봉쇄함으로써 여론이 지배적 이데올로기의 경계를 너무 벗어나지 않도록 하는 경향이 있다 (Hall et al., 1978: 118).

저널리즘의 이데올로기적 속성에 대한 강조는 언론인의 자율성을 경시하고, 수용자가 실제로 미디어 텍스트를 '읽어내는' 복잡한 방식을 고려하지 못했다는 이유로 종종 비판을 받는다.

## 자율성

저널리즘이라는 학문 안에서 자율성은 개별 언론인이 미디어의 관습과 내용에 영향을 줄 수 있는 정도를 의미한다. "자율성을 소유했다는 것은 능동적으로 개입할 수 있는 능력을 지녔다는 것이다"(Stevenson, 2002: 226). 언론인이 자율성을 가지고 있다는 말은 그들이 세상의 제약으로부터 자유롭다는 것이 아니며, 저널리즘을 처널리즘으로 전락시키는 정치적, 경제적 압력을 무시하는 것도 아니다. 단지 구조적인 힘이 개인의 모든 행동을 완전히 결정짓는 것은 아니라는 뜻이다. 하지만 학계의 많은 미디어 비평가들은 자율성의 여력을 별로 인정하지 않는 것처럼 보인다. 스파크스는 많은 미디어에서 "끔찍하고, 선

인터뷰에서 인용한 것이다. 이어지는 장들 속에서 다음과 같은 사람들을 만나게 될 것이다.

- 이스트우드(Lindsay Eastwood), 1998년부터 요크셔 ITV(Independent Television)의 뉴스 프로그램 〈캘린더(*Calendar*)〉의 기자로 활동하고 있다. 그는 대학을 졸업하자마자 고향의 지방지 『크레이븐헤럴드(*Craven Herald*)』에서 기자생활을 시작하였다. 『왓포드옵저버(Watford Observer)』로 자리를 옮긴 뒤에는 국내부에서 일했고, 이후 북부로 돌아가 『요크셔이브닝포스트(*Yorkshire Evening Post*)』를 거쳐 방송계로 진출했다. 〈캘린더〉에서 보도하는 일과 함께 TV 다큐멘터리를 만들고 있다.
- 풋은 1961년 『데일리미러(*Daily Mirror*)』에 합류해서 『프라이빗아이(*Private Eye*)』와 『소셜리스트워커(*Socialist Worker*)』로 옮기기 전에는 글래스고우의 『데일리레코드(*Daily Record*)』에서 근무했다. 그는 『데일리미러』에서 고정란을 갖게 되었지만 맥스웰(Maxwell)의 뒤를 이은 경영진과 충돌한 뒤 퇴사하고, 정신적 고향인 『프라이빗아이』로 돌아갔다. 이 책을 위해 인터뷰할 당시 그는 잡지 『프라이빗아이』의 일원이자 일간지 『가디언(*Guardian*)』의 칼럼니스트였으며, 여타 많은 간행물에 글을 기고하고 있었다. 그는 2004년에 사망하였다.
- 하틀리(Sarah Hartley)는 맨체스터의 MEN미디어의 온라인편집부장으로서 신문, TV, 라디오, 웹을 포괄하는 통합 편집작업을 총괄하고 있다. 그녀는 또한 숙련된 블로거이다. 달링턴에서 국립저널리즘교육원(NCTJ: National Council for the Training of Journalists) 시험을 치른 뒤, 주간지 『리밍턴스파옵저버(*Leamington Spa Observer*)』에서 견습생으로 기자생활을 시작해서,

정적이며, 종종 불쾌감을 일으키는 기사"를 발견할 수 있다면서 다음과 같이 설명했다.

> 이런 요소들은 단 한 가지도 개인의 잘못으로 떠넘길 수 없다. 신문사 소유주들은 대체로 자사의 편집책임자들로 하여금 정치적으로 치우친 기사를 보도하도록 강요하는 보수적이고 위협적인 고집쟁이들이다. 설령 어떤 편집책임자가 절제력 있는 자유주의자의 전형이라 할지라도, 그렇게 하는 편이 가용한 최상의 비즈니스 모델이기 때문에 남들과 똑같은 방식으로 보도하는 게 좋다. 물론 편집책임자나 기자들이 사회에 대한 책임감을 느끼지 않고 사람들에게 외설적인 보도를 일삼을 정도로 도덕성이 결여되어 있을 수도 있다. 하지만 그들이 성자처럼 금욕적인 사람이라 할지라도 그렇게 해야 신문의 경쟁력을 확보할 수 있기 때문에 똑같은 종류의 기사를 내보내는 편이 낫다 (Sparks, 1999: 59).

이 책에서는 현실 속 언론인들의 분별력을 그다지 많이 발견하지 못할 것이다. 그러나 이 책에서 주장하고 있는 것처럼 저널리즘이 중요하다면 개별 언론인들의 행위 역시 중요하다.

일간지『노던에코(*Northern Echo*)』의 편집인으로 일했다. 1999년에『에코』웹사이트 부서로 이동한 뒤 2년 후에『맨체스터이브닝뉴스(*Manchester Evening News*)』의 웹사이트 부서로 자리를 옮겼다.

- 키스는『가디언』웹사이트의 보도기자로서 미디어와 기술에 관한 전문 블로그를 운영하면서,『가디언』의 미디어섹션을 위해 기사를 쓰고 있으며 경우에 따라서는 그 신문의 미디어면에도 기사를 올리고 있다. 그녀는 대학에서 저널리즘이 아니라 미술을 전공했으며, 후에 브라이튼미디어센터(Brighton Media Centre)에서 근무하며 센터 웹사이트를 개발하였다. 키스는 프리랜서로 그 센터에 소속된 한 회사 웹사이트에 기술관련 연재기사를 작성한 뒤, 2003년 www.journalism.co.uk의 상근기자가 되어 디지털출판업계에 대한 기사를 썼다. 그녀는 대부분 업무현장에서 배웠지만 몇 개의 단기훈련과정에 참여해 웹에서 글쓰기와 미디어법에 대한 수업을 들었다. 2006년에 www.mediaguardian.co.uk에 합류했다.

- 메릭(Jane Merrick)은 2008년『인디펜던트온선데이(*Independent on Sunday*)』의 정치면 편집 책임자가 되었지만, 이 책을 위해 인터뷰할 당시에는 영국보도연맹(*Press Association*)의 의회출입기자였다. 리즈(Leeds)에서 대학원훈련과정을 마친 뒤, 리버풀(Liverpool)에 기반을 둔 통신사『머큐리(*Mercury*)』의 기자로 일했고, 이어서 북부와 웨스트민스터 보도연맹의 기자로 활약했다. 그녀는 다시『데일리메일(*Daily Mail*)』로 옮긴 뒤, 하원의원 콘웨이(Derek Conway)와 관련된 부당비용청구 스캔들을 폭로하는 특종 "공금 유용(SNOUT IN THE TROUGH)"과 "식은 죽 먹기(NICE WORK IF YOU CAN GET IT!, 나도 그 징

도 되면 잘할 수 있다는 의미로 남이 쉽게 얻은 것 같은 성공이나 행운을 부러워하며 하는 말 – 역자 주)"를 냈다 (『데일리메일』, 2008년 1월 29일과 30일).

- 『노팅엄이브닝포스트(*Nottingham Evening Post*)』의 소비자권리담당기자인 피치(Kevin Peachey)는 자사의 독자들을 위해 캠페인을 벌여서 2005년 지역신문시상식(Regional Press Awards)에서 수여한 올해의 캠페인상을 포함해 일련의 상을 수상했다. 그는 프레스턴(Preston)의 대학원과정에서 언론인이 되기 위한 훈련을 받았다.

- 타허(Abul Taher)는 2004년부터『선데이타임즈(*Sunday Times*)』의 기자로 일했다. 셰필드(Sheffield)에서 저널리즘학 석사를 취득한 후, 일간지『이스턴아이(*Eastern Eye*)』의 편집인으로 일했다. 또한 그는『데일리메일』과 런던『이브닝스탠다드(*Evening Standard*)』와『메트로(*Metro*)』의 자유기고가이다.

- 웨인(Deborah Wain)은 제호와 달리 유료주간지인『돈캐스터프리프레스(*Doncaster Free Press*)』와 그 웹사이트의 기자이다. 그녀는 지방대학에서 NCTJ 시험을 치르고 졸업 후 곧바로『매트록머큐리(*Matlock Mercury*)』를 통해 언론계에 뛰어들었다.『더비이브닝텔레그래프(*Derby Evening Telegraph*)』에서 일정 기간 일한 뒤에는 대학에서 드라마와 예술을 공부하였고, 현재는 기자와 대본작가를 겸하고 있다. 2007년에는 탐사보도 분야에서 폴풋어워드를 공동수상했다.

- 웨인라이트(Martin Wainwright)는 1976년부터 몸담은『가디언』의 북부지역담당 편집책임자로서 이전에는『이브닝스탠다드』와 배스(Bath), 브래드포드(Bradford)의 지방신문에서 일했다. 그

는 꾸준히 TV에 출연하고 있으며 『가디언』의 온라인 사이트에도 기사, 오디오, 심지어 영상을 통해 정기적으로 기고하고 있다.

- 휘틀(Brian Whittle)은 17세의 나이에 주간지 『해러게이트헤럴드(*Harrogate Herald*)』에서 일을 시작한 뒤 브래드포드 『텔레그래프앤드아거스(*Telegraph and Argus*)』, 『노던에코』, 『선(*Sun*)』, 『데일리스케치(*Daily Sketch*)』, 『선데이피플(*Sunday People*)』, 『내셔널인콰이어러(*National Enquirer*)』, 『데일리스타(*Daily Star*)』를 거쳐, 맨체스터에서 『카벤디쉬프레스(*Cavendish Press*)』라는 통신사를 성공적으로 출범시켰다. 그는 2005년에 사망했다.

그밖에 이 책에 등장하는 언론인들 중에는 BBC 온라인에서 일하면서 라디오프로그램을 맡고 있는 기븐스(Trevor Gibbons)와 『요크셔이브닝포스트』의 부주필로 근무할 당시 인터뷰를 했으나 후에 블랙풀에 있는 『가제트』의 주필이 된 헬리웰(David Helliwell)이 있다.

이 책 전반에 걸쳐 등장하는 언론인은 바로 저자 자신이다. 지금까지 거의 30년 간 나는 언론인으로서 대형 미디어와 소규모 미디어, 주류 언론과 대안언론 등 다양한 매체에서 일하며 직접 체득한 경험을 가지고 있다. 또한 다년간 영국언론노조의 회원으로 저널리즘의 윤리와 사회적 역할뿐만 아니라 채용과 급여를 포함한 언론인들의 근무환경에 영향을 주는 업계의 문제에 관여하였다. 그리고 NCTJ와 방송기자교육협회(BJTC: Broadcast Journalism Training Council), 정기간행물교육협회(PTC: Periodicals Training Council) 인정 직업교육과정의 강사로서 실제적인 저널리즘 교육을 직접 경험

> " 저널리즘은 대부분 존스 경이 살고 있는지도 모르는 사람들에게 '존스 경 사망'이라고 알려주는 것과 같다. "
>
> – GK 체스터튼(GK Chesterton)

하였다. 게다가 나 자신이 연구에 손을 대고 있기 때문에 저널리즘의 원리와 실제에 대한 학자들의 견해, 비판적인 관여와 숙고를 통해 통찰을 얻고 있다.

하지만 나 역시 미디어를 연구하는 사람들과 미디어를 생산하는 사람들을 너무나 자주 분리시키는 이해의 간격이 존재한다는 사실을 인식하고 있다. 영국에서는 키블(Richard Keeble, 2006: 26)이 한탄하며 말했듯이, "언론과 학계 사이에는 상호 불신이 존재한다. … 기자가 되고 싶은 사람들에게는 이론적인 학문의 가치에 대한 회의가 만연해 있다." 이와 비슷하게 미국에서도 젤리저(Barbie Zelizer)가 이러한 간극에 주목하였다.

통신사기자에서 학자로 변화되어가고 있는 전직 언론인으로서 나는 줄곧 어떻게 하면 학문적인 관점에서 저널리즘에 가장 잘 접근할 수 있을지에 대해서 씨름하고 있다. 언론계 출신의 '신선한 전문가'로 대학으로 자리를 옮겼을 때 나는 마치 평행우주에 들어선 듯한 느낌을 받았다. 내가 대학원을 다닐 때 읽었던 것은 얼마 전까지 몸담았던 언론현장을 전혀 반영하고 있지 않았다. 편파적이고, 때로 비타협적으로 권위적이며, 그들이 기술하는 언론현장의 환경보다는 그들이 대접받고 있는 대학의 환경을 훨씬 더 많이 반영하고 있는 학문적 관점은 내가 알고 있는 현장의 모습을 포착하지 못하고 있다. … 동료 언론인들도 나의 불만족에 대해 상당히 공감하고 있으며, 저널리즘 학계에서 집요하게 자신들의 세계를 현미경 아래에 놓고 관찰하려고 하는 데 불편함을 느끼고 있다 (Zelizer, 2004: 2-3).

현미경 아래 놓인다는 것은 편안함을 느낄 수 있는 공간이 아니기 때문에 넓게는 미디어업계, 좁게는 저널리즘업계에서 일하며 생계를 유지하는 사람

들은 대부분 렌즈를 들여다보는 사람들을 무시하거나 비난해야 할 필요성을 느끼게 된다. 워커(David Walker, 2000: 236-237)가 언급한 것처럼, "언론인들은 요즘 사회학, 미디어학 또는 동종 학과의 문헌을 거의 읽지 않는다." 많은 언론인들이 커피가 건강에 미치는 영향부터 성적 매력의 심리학에 이르기까지 광범위한 주제에 대해서 연구한 학자들의 이야기는 즐겁게 찾아보는 반면, 저널리즘 자체를 연구하는 학문은 시간과 자원의 낭비로 여긴다. "전문업에 종사하는 사람들이 그들의 현장을 연구하는 학문에 대해서 실제 현장과 별다른 관련성을 찾지 못하는 … 다른 분야는 생각하기 어렵다"고 프리스와 미치(Simon Frith and Peter Meech, 2007: 141 and 144)는 말하고 있다. "언론인들이 대학의 저널리즘 과정을 보면서 학계가 저널리즘의 현실을 이해하지도 못하고 있다는 증거를 찾는다면, 학계도 언론인들의 자기변명을 보면서 그들이 놀라울 정도로 많은 신화를 만들어내고 있다는 증거를 찾는다."

2007년 가을 어느 날, 학술저널 『저널리즘: 이론, 실제, 비평(Journalism: Theory, Practice and Criticism)』과 언론계 잡지 『프레스가젯(Press Gazette)』을 읽는 동안 이러한 상호불신을 더욱 분명히 알게 되었다. 이 학술저널에 실린 리뷰에서는 뉴스에 대해서 연구한 어떤 도서를 "480개의 각주 인용문 중에서 겨우 6개만이 학술서나 동료평가논문(peer-reviewed articles)에서 인용된 것"이라는 이유로 '학문적 정확성'이 부족하다며 조롱하는 리뷰가 실려 있었다. 여기서 비평가들은 대부분의 참고문헌이 근거로서는 '매우 위험한' 신문기사라고 비웃듯이 말했다(Berenger, 2007: 477). 대부분의 지방신문에서 학

> "모든 인생사가 거기에 있다."
> – 『뉴스오브더월드(News of the World)』 예전 표어

술연구가 거의 인용되지 않는다고 밝힌 한 논문에 자극을 받아 만들어진 『프레스가젯』에 게재된 다음의 편지와 앞서 말한 학계의 동료평가에 대한 맹목적 숭배를 비교해보자. "연구자들은 더 좋은 환경에서 일하고 있지 않은가? 그들이 비난하고 있는 신문사의 편집실에서 몇 달만 일해보면 그들도 어느 정도 현실을 깨닫게 될 것이다"(Thom, 2007). 공교롭게도 이 두 논문의 저자들은 모두 전직 언론인이었고, 그 중 한 명은 연구대상이었던 바로 그 신문사에서 수년간 일했던 경험을 가지고 있다. 만약 그들이 언론인이 아니었다하더라도, 자동적으로 그들의 연구는 쓸모없는 것으로 여겨졌을까? 한 전국일간지 기자의 말에 따르면, 언론은 '해부당하는 것을 두려워하기' 때문에 많은 사람들의 눈에는 그렇게 비춰졌을 것이다(Journalism Training Forum, 2002: 46). 하지만 분명히 그러한 해부를 통해서 그리고 소위 "학문적 연구와 함께 기술과 경험을 지혜롭게 조화시킨 이론과 실제의 결합"(Errigo and Franklin, 2004: 46)을 통해서 어느 정도 통찰을 얻을 수 있다.

나는 언론인과 학자들 모두 이해의 과정에 기여할 만한 장점을 가지고 있다고 생각하며 그렇게 믿는다. 바로 그것이 이 책을 저술한 이유이다. 대학에서 배울 것이 거의 없다고 느끼는 언론인과 그들의 자율권(또는 자율성)을 부정할 위험성을 내포하고 있는 이론에 집중하는 학자들 사이의 개념적 틈을 이어주는 다리 역할을 하는 것이 목표이다. 이 책은 저널리즘의 원리와 실제를 탐구하면서 몇 가지 참신한 방법을 취하였다. 각 장은 언론인의 관점에서 대화식 접근으로 시작하지만 보다 학문적인 관점에서 비롯된 분석을 나란히 소개하였다. 이리

한 두 가지 시각은 양자가 서로 대화에 참여하고 있기 때문에 따로 읽어서는 안 된다. 언론인과 학자가 서로 최선을 다해서 대화를 하고 있기 때문이다.

각 장은 다양한 방법으로 읽을 수 있다. 언론인 부분을 먼저 읽은 다음 더 이론적인 부분을 읽거나, 그 반대로 읽거나, 두 부분을 교차해서 읽거나, 웹사이트에서 하이퍼링크를 따라가는 것처럼 본문 맨 앞에 있는 주요 용어를 보고 관련 부분을 찾아 읽을 수도 있다. 이렇게 하면 여러 가지 내용을 동시에 주시하는 기자들의 기술을 연습할 수 있을 뿐만 아니라, 반복해서 읽을 수 있기 때문에 도움이 될 것이다.

이 책에서는 해외특파원, 종군기자, 보조기자, 스포츠기자, 연예기자, 자동차기자, 또는 자체적인 규칙과 전승을 가지고 있는 여타 전문영역과 같이 너무 많은 세부사항을 다루지 않을 것이다. 또한 데이비드 베컴(David Beckham) 전문기자라는 독특한 현상의 자세한 내용을 소개하지도 않을 것이다. 나를 구식이라고 말해도 좋지만, 특화된 역할을 습득하거나 이해하기 전에 저널리즘의 기초를 파악해야 한다고 생각한다. 버(Edward Behr)의 경험은 좋은 예가 될 것이다. 젊은 기자였던 버는 로이터(Reuters) 통신사에서 일하기 위해 파리로 떠났다.

> 런던에서 프랑스통신사(AFP: Agence France-Press) 기자들이 로이터가 보내온 기삿거리를 최대한 빨리 고쳐 쓰고 나면, 최종 결과물은 AFP 뉴스 서비스의 일부가 되었다. 파리에서 우리는 부끄럽게도 프랑스통신사의 기삿거리를 고쳐 쓴 후 로이터의 기사로 제공했다. 전 세계에서 규모가 작은 통신사들이 로이터의 기사를 자신의 기사로 자세히 고쳐 써서 출처가 분명한 인도, 스페인, 브라질 통

> **"** 내 생각에 저널리즘이란 돈을 벌기 위해 당신이 모르는 문제에 대해서 글을 쓰는 것이다 **"**
> – 스티븐(Leslie Stephen), 버지니아 울프(Virginia Woolf)의 아버지

신사의 기사로 제공한다. 어딘가 뒤바뀐 피라미드의 밑바닥에서는 누군가 직접 기사를 작성했을 것이다. 하지만 그는 누구이며, 어떻게 그 일을 시작했을까? (Behr, 1992: 72)

물론 그는 '남성'이 아닐 수도 있지만, 직접 나가서 기사를 취재한 이 기자가 이 책 전반에 걸쳐 중심이 될 것이다. 사실 누구나 인터넷에서 자료를 오려 붙일 수 있다. 진정한 보도는 그 이상을 필요로 한다.

## 저널리즘 교육

이 책은 독자들이 기본에 충실하면서 제대로 기사를 만들어낼 수 있도록 돕기 위하여 기획한 것이다. 따라서 여기서 논의하는 실무의 대부분은 일반적인 의미에서 저널리즘, 특별히 신문 내에서 발전한 것들인데, 그것들이 오늘날 온라인, 텔레비전, 라디오, 잡지와 여타 형태를 포괄하는 언론계 업무의 굳건한 기초가 되기 때문이다. 미디어 저널리즘을 가르치는 우수한 교육과정에서 교과목이 될 만한 저널리즘의 핵심실무기술을 실제적으로 강조할 것이다. 비록 최근 몇 년간 너무나 많은 미디어조직들이 당면한 모든 기술적 시류가 어떤 결과를 가져올지 알지도 못한 채 그 시류에 편승하려 애쓰다보니 스스로 얼떨떨해하며 혼란스러워하고 있지만, **핵심실무기술**의 중요성이 간과되어서는 안 된다. "오늘 최첨단으로 여겨지는 것이 내일이면 시대에 뒤떨어진 것이 되기 때문에 답보상태에 머물 수 있는 가능성은 없다"고 미디어비평가 그린슬레이드(Roy Greenslade, 2008)는 주장한다.

이 책은 실무교육을 넘어서 우리의 업무에 대한

이해와 비판적 숙고를 격려하고 있다. 왜냐하면 기술만으로는 충분치 않기 때문이다. 미디어소유주들은 비판 이론(critical theory)에 물들지 않고 '기본 기술, 관련 지식, 순응적인 태도'를 가지고 일상적 업무에 대한 교육을 받은 값싸고 어린 언론인을 원한다는 이유로 비난을 받아왔다 (Curran, 2000: 42). 이 책은 분명히 학생과 견습언론인의 기사작성과 보도기술습득 및 적용을 도와서 그들이 속기, 미디어법, 공적 사안에 대한 지식 등 저널리즘 교육의 여타 필수요소를 보완하게 만들려는 목적을 가지고 있다. 하지만 동시에 저널리즘이 어떻게 작동하는지에 대한 이해를 도와주는, 보다 학문적인 분석을 일부 소개하고 활용할 것이다. 이러한 목적을 위해 이 책에서는 **저널리즘 훈련**(journalism training)과 함께 **저널리즘학**(journalism studies)을 지지한다. 양자를 합칠 때 두 요소는 **저널리즘 교육**(journalism education)을 구성할 수 있다 (Bromley, 1997: 339). 언론인들이 왜 누가, 무엇을, 어디서, 언제, 어떻게 외에 어떤 특정한 일을 하는가를 질문할 때, 저널리즘학은 저널리즘 훈련을 보완하고 질문하는 자세, 더 심사숙고하는 업무방식을 고무시키는 통찰력을 제공할 수 있다고 생각한다.

> "올바로 이해하라.
> 신속히 하라. 그러나
> 올바로 이해시켜라."
> – 영국보도연맹(*Press Association*) 예전 표어

여기에서 논의되고 있는 대부분의 자료가 문화적, 역사적으로 21세기 영국에 국한되지만, 더 넓게 적용되는 요점들이 많이 있을 것이다. 각 장은 개인적 성찰이나 그룹토의를 위한 근거가 될 만한 질문을 던질 것이다. 또한 방대한 참고문헌 목록과 더불어 각 장에서는 추가로 읽어야 할 도서를 소개함으로써 여기서 다룬 문제들을 더 탐구할

> "흥미롭게도 대부분의
> 저널리즘은 평판이 좋지
> 않고 일정치 않은
> 사업이지만 제대로
> 운용한다면 훌륭한 목적을
> 성취할 수 있다."
> – 헤이스팅스(Max Hastings)

수 있도록 자극하는 풍부한 자료를 제시했다.

## 저널리즘 윤리

옳고 그름, 좋고 나쁨으로 규정되는 저널리즘 윤리에 대한 논문이 급격히 증가하고 있지만, 이 책에서는 윤리에 관해 별도의 장을 마련하지 않았다. 부주의로 인한 결과는 아니다. 윤리적 문제에 대한 관심은 한 번 확인하고 곧잘 잊어버리는 교과과정의 한 과목처럼 따로 구별되어서는 안 된다는 신념에서 비롯된 것이다. 윤리의 문제는 언론현장의 모든 방면에서 함의를 갖기 때문에, 윤리문제가 한 언론인의 일상업무 속에서 예기치 않은 순간에도 갑자기 나타나는 것처럼 윤리문제에 대한 질문은 이 교재의 전반에 걸쳐 타당한 지점에서 던져져야 한다.

저널리즘은 때때로 사회를 반영하는 거울이라고 일컬어진다. 경우에 따라서는 뒤틀려진 거울일 수도 있다. 그러나 저널리즘은 매일의 현실을 단순히 반영하지 않는다. 리프먼(Walter Lippmann)이 오래 전이라 할 수 있는 1922년에 논평한 것처럼, 사실(fact)은 '그것이 알려진 형태대로 우연히 형성된 것이 아니고, 누군가에 의해 하나의 형태로 만들어진 것'이기 때문에 보도(reporting)는 '객관적 사실의 단순한 복구'가 아니다(McNair, 2000: 71에서 인용). 바로 이 지점에서 언론인이 필요한 것이다. 저널리즘은 단순히 사실을 모으는 것이 아니다. 그것은 정보원을 다루고, 정보와 의견을 선별하고, 기사를 전달하는 것이며, 이 모든 것이 다음의 장들에서 논의할 제약, 일상업무, 원칙과 실제의 틀 안에서 이루어진다.

## ■■■ 요약 ■

저널리즘은 단지 또 하나의 생산품이 아니며 꼭 일방향적 또는 직선적인 과정일 필요는 없지만 하나의 커뮤니케이션 과정이다. 저널리즘은 공동체에게 그들의 사회에 대해 알려주는 사회적 역할을 담당한다고 여겨지고 있으나, 직업적 저널리즘 훈련과 학문적 저널리즘학 사이에는 지식과 이해의 틈이 존재한다. 이 책은 언론인의 실무를 설명하는 한편, 실제와 분석에 모두 도움이 되는 원리를 다룰 것이다. 이 장에서는 많은 이론적 모델과 개념이 소개되었다.

## ■■■ 질문 ■

저널리즘은 사회에서 어떤 역할을 담당하고 있는가?

대중들은 왜 그토록 언론인을 불신하는가?

좋은 언론인이 갖추어야 할 기술은 무엇인가?

언론인은 전문직인가 노동자인가?

왜 미디어학이 심한 악평을 받고 있는가?

## ■■■ 추가 읽을거리 ■

사려 깊은 언론인의 관점에서 저널리즘에 대해 친절하게 소개한 책 중 하나는 랜들(David Randall, 2007)의 『보편적인 언론인(*The Universal Journalist*)』으로 현재 3판까지 나왔다. 다른 유용한 저널리즘 입문서로는 전직언론인이자 학자의 시각에서 다룬 키블(Keeble, 2006)과 시슨스(Sissons, 2006)가 있다. 앨런(Allan, 2005)의 선집은 21세기 저널리즘의 동향에 대한 광범위한 동시대의 연구를 한데 모았으며, 브롬리와 오몰리(Bromley and O'Malley, 1997)에는 저널리즘을 공부하는 학생뿐만 아니라 저널리즘의 생산자와 소비자 모두에게 자극을 줄 만한 역사적 내용이 담겨 있다. 맥퀘일(McQuail, 2000)은 거의 100개에 달하는 주요용어집을 포함해 미디어와 매스커뮤니케이션이론에 대한 포괄적이면서도 이해하기 쉬운 개론서이다. 프랭클린 공저(Franklin and others, 2005)는 저널리즘학의 핵심개념을 모두 망라하고 있는 중요한 책이다. 각 장의 말미에서 추가로 추천하는 책이 있을 것이다.

### 주요 출처

Sean Dooley, Slattery, 2005에서 인용; Delane, Wheen, 2002: xi에서 인용; Chesterton, 1981: 246; Stephen, Glover, 1999: 290-291에서 인용; Hastings, 2004.

# 2장

# 언론인에 대한 제약과 영향

어느 토요일 오후에 폴리트코프스카야(Anna Politkovskaya)는 컴퓨터 작업을 하다가 잠시 쉬기로 하고 식료품을 사기 위해 외출하였다. 그녀는 2개의 쇼핑백을 들고 아파트 8층에 있는 자신의 집까지 올라갔다가, 차에 두고 온 몇 가지 물건을 가져오기 위해 다시 내려갔다. 하지만 그것으로 마지막이었다. 엘리베이터 문이 1층에서 열렸을 때 폴리트코프스카야는 총에 맞아 사망하였기 때문이다. 그녀가 2006년 10월 7일 오후에 근무를 쉬고 있었을지도 모르나, 자신의 직업 때문에 누군가에 의해 살해되었거나 운명을 재촉했다는 점에 대해서 의심하는 사람은 거의 없다. 그녀는 기자였다.

폴리트코프스카야는 비교적 발행부수가 적은 러시아 신문 『노바야가제타(*Novaya Gazeta*)』에서 근무하였으며, 전쟁, 테러, 그리고 그에 수반되는 인권침해에 대해 기사를 썼기 때문에 셀 수 없는 생명의 위협을 받았다. 그녀는 이러한 기자정신으로 전 세계에서 민주주의와 언론의 자유를 지지하는 사람들로부터 찬사를 받았지만, 자신의 나라에서는 알려지지 않은 인물이었으며 대부분의 러시아인들이 뉴스를 얻는 텔레비전에는 사실상 단 한 번도 출연요청을 받은 적이 없었다 (Parfitt, 2006). 그녀의 죽음은 충격적이기는 하지만 여러 가지 면에서 놀라운 일은 아니었다. 그녀는 2000

> "진실을 알리지 않는다면 내가 어떻게 자존심을 지킬 수 있겠는가?"
> – 폴리트코프스카야(Anna Politkovskaya)

## 제약

저널리즘은 진공상태에서 만들어지지 않는다. 언론인들은 일련의 제약과 영향, 즉 그들의 생산물에 영향을 주는 구조적 요소들 속에서 활동한다 (McQuail, 2000: 244). 미디어이론들에 따르면 언론인들은 "다양한 제약과 요구, 힘과 영향력을 통한 간섭이 작용하는 현장의 중심에서 결정을 내려야만 한다" (McQuail, 2000: 249). 이런 제약들은 법적 제한, 규제적인 직업규약부터 소유주, 조직의 일과, 시장의 힘, 문화적 편견, 애국심, 직업적 윤리, 업무현장의 성, 인종, 계급적 불균형 등 덜 가시적인 영향까지 다양하다. 시간, 정보원, 주관성, 수용자, 스타일, 광고주처럼 추가적인 제약들은 모든 신문이 다음과 같은 권리포기각서의 발행을 고려해야 한다고 말하는 랜들의 제안에서 찾아볼 수 있다.

이 신문과 그 안에 담겨 있는 수십만 개의 단어들은 한 무리의 연약한 인간들이 때로는 소식을 전해주지 않으려 하고 때로는 의도적으로 방해하려는 사람들로부터 세상에서 발생한 일들에 대하여 알아내려고 애쓰면서 비좁은 사무실에 갇혀 약 15시간 동안 일하며 만들어낸 것이다. 그 안의 내용들은 기자와 임원들의 주관적인 판단에 의하여 차례로 결정되고, 이른바 주필, 소유주, 독자의 편견에 의해 완화된다. 여기에 등장하는 일부 기사들에서 핵심적인 맥락이 별로 극적이거나 일관적이지 않다는 이유로 누락되었고, 사용된 일부 언어들이 정확성보다는 정서적 충격을 위해 신중하게 선택되었다. 어떤 특집기사들은 오로지 특정 광고주년 이후 살해되었거나 의문사한 약 20명의 러시아 기자 중 한 명이었다 (Osborn, 2007). 하지만 그녀의 여자형제 쿠디모바(Elena Kudimova)가 나중에 증언한 것처럼, 그녀는 용기 있는 기사를 쓰면 가공할 적을 만들 위험이 있다는 사실에 대해 인지하고 있었다.

폴리트코프스카야는 그런 위험에 대해 아주 잘 알고 있었다. 우리는 그녀에게 그만두라고 간청했다. 우리는 빌었다. 부모님, 회사의 편집책임자들, 그녀의 자녀들 모두 빌었다. 하지만 그녀는 늘 똑같이 대답했다. "진실을 알리지 않는다면 내가 어떻게 자존심을 지킬 수 있겠는가?" (Specter, 2007에서 인용)

모스크바기자협회(Moscow Union of Journalists)는 즉각적으로 폴리트코프스카야가 살해당한 것은 '러시아의 민주주의, 표현의 자유, 개방성에 대한 새로운 위협'이라며 성토하였고, 글라스노스트보호재단(Glasnost Defence Foundation)의 시모노프(Alexei Simonov)는 "폴리트코프스카야의 죽음이 가져온 결과는 단순하다. 모든 언론인들은 이제 자기검열을 하게 될 것이다. 이제는 기사를 쓰기 전에 한 번 더 생각해야 한다"(Parfitt, 2006에서 인용)고 경고했다. 이런 일들이 먼 나라에서만 일어나는 것은 아니다. 10년 전 『선데이인디펜던트(Sunday Independent)』의 범죄담당기자 구에린(Veronica Guerin)이 더블린에서 총격을 받아 사망하였다. 영국의 관할권 내에서 더 최근에 발생한 사건은 『선데이월드(Sunday World)』의 기자 오헤이건(Martin O'Hagan)이 2001년 러그간의 자택 외부에서 총에 맞아 죽었던 경우이다. 2007년에는 적수옹호자(RHD: Red Hand Defenders, 1998년에 만들어진 북아일랜드의 불법무장단체로 대부분

들의 환심을 사기 위해 실렸다 (Randall, 2000: 21).

언론인들은 충성심이 상충하는 현장에서 일하고 있으며 그 모든 것이 그들의 업무에 잠재적으로 영향을 준다. 그들은 자신의 수용자, 편집책임자, 광고주, 소유주, 법, 규제조직, 계약, 동료, 이웃시민, 자기자신과 가족에 대한 일종의 의무감을 느낄 수 있다 (Frost, 2000: 61-64; Harcup, 2002b: 103). 맥퀘일은 '언론현장의 한복판에서 발생하는 다음과 같은 대립으로 인한 긴장'을 강조하고 있다.

● 제약 대 자율
● 반복적 업무 대 창의성
● 상업 대 예술
● 이익 대 사회적 목적(McQuail, 2000: 246)

우리는 1장에서 자유시장에서는 시장의 힘(이익)이 공론의 장에 논리정연한 담론이 공급되는 것을 방해하기 때문에 언론의 자유(사회적 목적)가 불가능하다는 주장이 존재한다는 사실을 배웠다. 하지만 시장의 힘만 압력으로 가해지고 있는 것은 아니다. "미디어 조직과 그들이 활동하는 환경은 적나라한 시장의 힘이나 정권뿐만 아니라 불문율과 같은 사회적, 문화적 가이드라인의 지배를 받는다" (McQuail, 2000: 249). 순수하게 경제적인 관점에서 분석할 때, 미디어조직들이 '자연스럽게 독과점적 시장구조로 끌려갈' 때조차도 이런 과정이 아무런 제지를 받지 않는다면 매출과 광고수익을 신장시킬지도 모르는 언론의 생산물에 부정적인 영향을 끼칠 수 있다 (Doyle, 2002: 125-126).

이 장에서 논의된 제약과 영향을 언론인들의 특정 행동방식에 가해지는 전체적인 시스템으로 이해할 필요는 없다. 오히려, 어떤 영향은 다른 영향보다 강력하고, 특정 영향이 특정 시기에 더 강력하며, 특정 방식으로 언론인들에게 영향을 주는 경향을 지닌, 상충하는 다양한 영향들로 이해해야 한다. 언론인에 대한 제약은 반대입력에 예속되기도 하며 늘 받아들여지지는 않을 뿐만 아니라

영국의 북아일랜드 합병을 지지하는 신교도 강경파로 구성되어 있다 – 역자 주)가 얼스터텔레비전(Ulster Television)에 보낸 메시지에서 벨파스트의 『앤더슨스타운뉴스(*Andersonstown News*)』의 편집장을 지목해 그의 이름, 주소, 차량등록번호와 함께 탄환 한 개를 동봉해 살해하겠다고 위협하였다 (*Journalist*, 2007a).

살해, 폭행, 협박은 언론인의 업무에 가해지는 **제약** 중에서 가장 잔혹한 사례이며, 시모노프가 지적한 것처럼 그 영향은 깊숙이 스며든다. 언론인이 한 명 살해될 때마다 그리고 수십 명이 협박을 받을 때마다 그 영향으로 수백 명 또는 수천 명의 기자들이 의식적으로나 무의식적으로 좀 더 안전한 보도를 고수할 가능성이 크다. 자기검열이라는 말의 의미가 바로 이것이다.

보다 가시적인 형태의 검열과 제약에는 언론인에 대한 기소와 투옥, 골치 아픈 해외특파원의 추방, 특정 언론사 폐쇄, TV 방송국이나 신문사 사무실에 대한 경찰단속, 장비몰수가 포함된다. 21세기의 첫 번째 10년이 저물어가는 현재에도 세계 도처의 많은 나라에서 이런 일들이 다반사로 벌어지고 있으며, 언론인들과 동료시민들은 여전히 350년 전 영국의 시인 존 밀턴(John Milton)이 요구했던 '알 권리, 말할 자유, 양심에 따라 자유롭게 토론할 자유'를 주장하고 있다 (Milton, [1644] 2005: 101).

사실상 세계는 점점 더 언론인들에게 위험한 공간이 되어가고 있으며, 국제기자연맹(IFJ: International Federation of Journalists)은 매년 근무 중에 살해된 기자와 미디어 종사자를 알려주는 암울한 명단을 발표하고 있다. 한 해에 사망자가 가장 많았던 때는 2006년으로 177명이 죽었지만, 2007년도

타협되거나 저항을 받기도 한다.

## 소유주

궁극적으로는 소유주가 "자신의 재화(wealth)를 통해 우리가 접하게 되는 저널리즘의 스타일을 결정한다"고 폴리(Michael Foley, 2000: 51)는 주장하고 있다. 미디어소유주들은 자기조직에 대한 광범위한 방침을 정해놓고 있으며, 수직·수평계열화(시너지)를 통해 언론인들이 자사 생산물을 교차 홍보하도록 하거나 회사운영에 대해 간섭하지 못하도록 압력을 증가시킨다. 공영방송은 '노골적인 시장의 힘'보다는 관료주의적 또는 예산상의 통제 때문에 상업미디어보다 상황이 더 복잡하다. 그럼에도 불구하고, 공영방송 역시 점증하는 경쟁적 환경에 내몰리고 있으며 시장의 압력으로부터 결코 자유롭지 않다 (McQuail, 2000: 259-261).

허만(Edward Herman)과 촘스키(Noam Chomsky)는 (미국의) 미디어가 어떻게 운영되는지를 연구한 '프로파간다 모델'에서, 부자와 권력자들은 다섯 가지 필터 중 첫 번째 필터인 미디어소유주를 통해 "뉴스를 걸러내고, 반대의견을 최소화하며, 정부와 대기업의 의견이 전달되도록" 할 수 있다고 밝혔다 (Herman and Chomsky, 1988: 166). 다섯 가지 필터는 다음과 같다.

- 재화 및 주류 미디어회사의 집중화된 소유권
- 광고
- 권력자의 정보에 대한 의존
- 위반자에 대한 형벌(맹공격)
- 반공주의 (Herman and Chomsky, 1988: 166-176)

비평가들은 이 이론이 음모이론이고, 너무 기계론적이며, 저항을 고려하지 않았다는 이유로 평가절하했다. 이에 대해 허만은 다음과 같이 반박한다.

필터들은 주로 수많은 개인과 조직의 독립적인 행위에 의해 작용한다. … 프로파간다 모델은 통제하고 처리하는

그에 못지않게 172명의 언론인이 죽었다. 2003년 미국의 주도로 이라크전쟁이 발발한 이래, 이라크는 언론인들에게 가장 위험한 나라가 되었고 2007년 한 해에만 그곳에서 65명이 사망하였는데, 그 희생자 중 단 한 명을 제외하면 모두 해외특파원이 아니라 이라크인이었다. 전 세계에서 가장 위험에 처해 있는 언론인들은 정치적으로 불안정한 나라에서 활동하는 자국의 언론인들이다 (IFJ, 2007 and 2008). 살해나 납치의 표적이 되려고 일부러 애쓰는 언론인은 없지만, 아무도 자신의 기사가 달갑지 않은 관심을 끌게 될 것인지 아닌지를 처음부터 확신할 수는 없다.

# 법

영국은 '언론의 자유'를 누리고 있다는 사실에 대해 자랑스러워하고 있지만, 언론인들의 활동은 60가지 이상의 법안(글상자 2.1 참조)뿐만 아니라 마지막으로 확인했던 바에 의하면 251가지 법률문서에 의해 추가로 제약을 받고 있다 (Petley, 1999: 143). TV 뉴스 시청자들은 기자가 법원 바깥에 서서 피고가 처음 출두한 공판에 대해 보도하면서 "보도제한은 해제되지 않았다"는 판에 박힌 문구로 끝맺을 때마다 그러한 법적 제약에 대하여 눈치채게 된다. 무슨 제한을 말하는 것인가? 치안판사법원에 관한 법(Magistrates' Courts Act) 1980에 포함되어 있는 제한에 의하면, (극히 드문 경우를 제외하고) 예비심리에 대한 보도를 10가지 항목으로 국한해야 하며 모든 수습기자들은 이를 반드시 암기해야 한다.

- 법원명과 치안판사의 이름
- 소송당사자와 증인의 이름, 주소, 직업, 피고와

시장시스템의 분권적이고 비음모론적인 면을 묘사하고 있다. … 우리는 프로파간다 모델이 모든 것을 설명한다고 이야기하거나 여론조작(manufacturing consent)에 대한 미디어의 전능함 혹은 완벽한 효과를 주장한 적이 없다 (Herman, 2000: 102-103).

미디어 자체가 편집의 내용이나 다양성과 같은 문제에 대해 소유구조가 끼치는 잠재적 영향에 주의를 집중시키지는 않는다. 사실 맥체스니(Robert McChesney)가 주장하듯이, "뉴스미디어는 미디어구조에 대한 논의를 피하고 있으며, 미디어소유권과 광고에 대한 분석은 비즈니스지나 업계신문에서 직원, 소비자 또는 시민들이 아니라 투자자의 관심사로 다루어지고 있다."

# 일과

언론인들은 마감시한에 맞추고, 단어나 시간의 제약을 지키며, 각 판이나 속보가 온전한지를 확인하고, 회사스타일을 따르며, 공식적 정보원들에게 정기적으로 확인전화를 하고, 수시로 메모하는 일을 포함해서 여러 가지 반복적인 업무, 즉 일과에 매여 있다. 언론인들에게는 "일상적인 기사작성의 명령에 따라야 한다"는 직업적 압력이 작용하고 있다 (Manning, 2001: 52). 비록 예기치 않은 일들이 언제든지 발생할 수 있지만, 위기상황은 일정한 패턴을 갖게 되므로 언론인들에게는 심지어 "예기치 않은 일도 예측 가능한 것이 된다" (Curran and Seaton, 1997: 276). "개인적인 또는 이데올로기적인 요소보다는 조직적인 일과, 업무, 목표가 체계적으로, 뚜렷하게 콘텐츠에 영향을 준다"는 사실이 연구를 통해서 꾸준히 드러나고 있다 (McQuail, 2000: 244-245).

# 광고주

일반적으로 광고주들이 자신에게 우호적인 지면이 꾸며지지 않을 경우 다른 곳으로 광고를 옮기겠다는 협박과

증인의 나이

- 피고의 죄목과 그에 대한 요약
- 소송 담당 변호인과 사무변호사의 이름
- 피고 또는 피고들 중 일부가 재판에 넘겨진다는 법원의 결정이나 피고가 무혐의 처분을 받은 결정
- 피고를 재판에 넘긴 법원, 피고에 대한 기소내용 요약, 심리가 열릴 법원
- 공판이 휴정된 곳, 재판이 연기된 날짜와 장소
- 보석신청 여부와 그 조건. 보석거부 사유는 제외
- 법률구조 승인 여부
- 이런 보도제한을 해제했는지 해제하지 않았는지에 대한 법원의 결정

위에서 언급한 제한들을 고려하면, 세간의 이목을 끄는 재판이 불과 몇 분 만에 끝나는 경우조차 소송당사자들의 법정출두에 대한 보도가 윤색되는 것을 보면 놀라울 정도이다. 그런 보도에서는 피고의 의상, 얼굴 표정, 목소리 톤뿐만 아니라 방청석에서 피해자의 친지가 울고 있는지 그 여부까지도 상세히 알려준다. 콜스톤(Jane Colston)은 치안판사법원에 관한 법 1980의 8항이 단지 소송 자체에 대한 보도에 적용되기 때문에, 가령 대규모 군중이 법원 바깥에 모여 있다고 말하는 것은 법률위반이 아니라고 지적한다 (Colston, 2002: 149). 하지만 피고가 삼엄한 경비 속에서 무장호위대에 의해 호송되었고 법원옥상에는 경찰저격수가 배치되어 있다고 보도하는 것은 어떤가? 그런 보도가 피고는 매우 위험한 인물이며 따라서 유죄일 가능성이 크다고 암시하는 것은 아닌가?

언론인들은 때로 법적 제약에 맞서 보도의 경계를 약간 확장시키기도 한다. 그렇게 해도 대개는 말썽이 생기지 않는다. 하지만 경우에 따라서 엄청난 실수가 저질러지기도 한다. 떠들썩했던 한 폭행

같은 형태로 영향을 주지는 않지만, 그럼에도 불구하고 광고이익이 언론인들의 생산물에 영향을 줄 수 있다. 광고주들의 직접적인 간섭이 종종 발생하기도 하나 많은 사람들이 생각하듯이 그렇게 자주 일어나지는 않는다. 그보다 훨씬 현저한 영향은 미디어내용의 양식과 스타일이 광고대상의 소비양식에 맞추어진다는 점이다 (McQuail, 2000: 261). 상업미디어는 미디어생산물 자체를 소비자에게 판매하는 동시에 수용자들을 광고주에게 판매하는 '이중적 생산물시장'에서 기능하고 있다(Sparks, 1999: 53; Doyle, 2002: 12). 발행부수가 많은 신문은 대형광고를 싣기 위해 거대한 구독자를 필요로 하고, '고급' 신문은 틈새 광고시장을 파고들어 작은 규모의 광고대상자들에게 의존한다. 스파크스가 지적한 것처럼 이렇게 신문마다 서로 다른 수용자를 추구하기 때문에 상이한 저널리즘을 보여주게 된다.

> 대중지는 최대한 많은 수용자를 확보하라는 시장의 압력을 받기 때문에 방대한 양이 팔릴 수 있는 종류의 소재를 우선시해야 한다. 고급지는 발행부수 극대화를 꾀하지 않는 대신 특정집단의 사람들에게 팔리는 소재를 우선시하려 한다. … 가장 많은 수용자에게 서비스를 제공하는 생산품이란 민주주의라는 신화 속에서는 신문이라고 할 수 있다. 다른 것들은 아주 다른 상품들이다 (Sparks, 1999: 53 and 59).

## 홍보

1960년대 부어스틴(Daniel Boorstin)은 현실성이 모호하고 우발적이기보다는 무언가 계획적인 것을 '의사사건'이라고 정의하며, 그것이 홍보의 핵심이라고 하였다 (Boorstin, 1963: 22-23). 부어스틴은 의사사건이 행위자와 수용자, 객체와 주체의 역할을 혼동시킨다고 설명했다. 예를 들면, 정치인이 미디어에 연설을 '전달'함으로써 기사내용을 만들 수 있지만, 기자는 선동적인 질문을 함으로써 사건을 발생시킬 수 있다 (Boorstin, 1963: 40).

사건에 대한 재판에서 배심원단이 평결을 내리기도 전에 『선데이미러(*Sunday Mirror*)』가 피해자의 아버지에 대한 감정적인 인터뷰 기사를 내보냈을 때, 재판이 즉시 중단되었다. 신문사는 법정모독죄로 7만 5,000파운드의 벌금을 부과받았고 13만 파운드의 소송비용을 지불하라는 명령을 받았다. 신문사의 변호사 두 명이 해고되었고 편집장이 사임하였다 (Hall, 2002; *Media Lawyer*, 2002: 19-20). 그 회사로서는 좋은 날이 아니었을 것이다. 때로는 기자들이 법원의 법률해석에 대해 보다 공식적인 방식으로 이의를 제기하기도 한다. 언론인들의 업계 신문인 『프레스가제트(*Press Gazette*)』에는 기자들이 피고의 신원과 여타 정보가 공유되어야 한다면서 보도금지명령을 해제하도록 법원을 설득한 사례들이 인용되어 있다 (*Press Gazette*, 2000a and 2002).

잉글랜드와 웨일스에서 언론인들에게 제약을 가하는 법들이 글상자 2.1에 나열되어 있다. 북아일랜드의 법은 넓은 의미에서 잉글랜드와 웨일스의 법과 유사하지만, 스코틀랜드는 나름대로의 법률시스템을 갖추고 있다 (Welsh and Greenwood, 2001: 435에서 추천한 Bonnington et al., 2000 참조).

변호사 러들럼(Joanna Ludlam)이 '미디어 표현의 자유에 대한 가장 심각한 족쇄'라고 묘사한 비밀누설(breach of confidence)은 글상자 2.1에도 포함되어 있지 않다 (Ludlam, 2002: 89). 정부, 고용주, 유명인들이 모두 법원의 명령을 통해 미디어가 스파이, 직원, 심지어 배우자나 과거 애인에게 얻은 '은밀한' 정보를 보도하지 못하도록 하자, 최근 점차 많은 언론인들이 이에 맞서고 있다 (Welsh and Greenwood, 2001: 261-279 and

부어스틴이 의사사건의 발흥을 묘사한 이후, "홍보담당자들이 늘어난 반면 기자들은 줄어들었고, 뉴스미디어는 편집할 때 홍보담당 책임자들에게 더 많이 의존하게 되었다" (Franklin, 1997: 19). 이제는 지역의 자선단체부터 다국적 기업에 이르기까지 다양한 기관들이 홍보담당 책임자를 고용해 기자들에게 잠재적인 기삿거리, 논평, 단신들을 계속해서 공급하고 있다. 미디어조직들은 '정보지원(information subsidy)'이라고 불리는 이 과정을 통해 '강력하고 효과적인 홍보자료를 가장 잘 만들어내는 기관들, 특히 기업이나 정부를 옹호하는' 일련의 무료자료를 받아들이게 되었다 (Lewis et al., 2008a: 2 and 18).

홍보담당 책임자들은 단지 정보만 제공하는 것이 아니라, 접근을 통제하는 역할을 맡는다. 음악 저널리즘계에서 글을 쓰고 있는 포드(Eamonn Forde)는 업계의 홍보담당 책임자들이 '완충지대(buffer zone)'로서 점점 더 많은 힘을 갖게 되어서 '헐리우드식 언론관리' 방식을 좇아 예술가에 대한 접근을 게이트키핑(gatekeeping)하면서 기자들을 걸러내고 있다고 이야기한다 (Forde, 2001: 36-38). 프랭클린(Bob Franklin)은 '홍보담당 책임자들이 세상에 대한 공정한 관찰자나 보고자가 아니고 자신들을 고용한 업계의 이익을 쟁취하고, 주장하고, 방어하는 싸움꾼들'이기 때문에 홍보담당 책임자의 점증하는 힘과 그들에 대한 언론의 의존에는 희생이 따른다고 말했다 (Franklin, 1997: 20).

정계에서 잉햄 경(Sir Bernard Ingham, 마가렛 대처 전 총리의 대변인 – 역자 주)이나 캠벨(Alastair Campbell, 토니 블레어 전 총리의 핵심보좌관이자 공보수석 – 역자 주)처럼 '고용된 싸움꾼들'은 '포장된 정치(packaging of politics)'로 불리는 과정의 핵심인물이 되었다 (Franklin, 1994: 226). BBC의 전 의회출입기자였던 존스(Nick Jones)는 정치인이나 자문위원들과의 대화를 통해 얻은 출처가 불분명한 이야기에 근거해 정치 관련 보도를 해야 하는 현실에 대해 불만을 갖고 있었기 때문에, 캠벨로

387-410; Grundberg, 2002: 114-130; Ludlam, 2002: 89-103). 법의 힘을 빌릴 여유가 있는 사람들이 비밀누설을 이유로 법원의 명령을 이용하면서 대중의 관심이 사생활문제로 쏠리게 되었다. (2000년 10월 법으로 제정된) 인권법 1998 이전에는 영국에 사생활에 관한 특정 법적 권리가 없었다. 인권법은 유럽인권조약(European Convention on Human Rights)을 구체화하고 있는데, 이 조약의 제8조는 모든 사람에게 '자신의 사생활과 가정생활, 집과 서신이 존중받을 권리'를 부여하고 있다. 하지만 제8조에 따른 법원의 조치는 "모든 사람은 표현의 자유를 가지고 있다"고 제10조에 새겨져 있는 언론인들을 위한 방어조항에 불리하게 작용하고 있다 (Welsh and Greenwood, 2001: 371). 타블로이드신문(redtop tabloid, 신문 제호가 1면에 빨간색으로 인쇄되는 영국의 타블로이드판 신문 - 역자 주)의 많은 '희생자들'은 이제 언론고충처리위원회(PCC: Press Complaints Commission)의 차분한 조사를 신뢰하기보다는 곧장 법원으로 달려가고 있는 형편이다 (아래 참조).

비밀누설 외에 부유한 사람들이 휘두를 수 있는 주된 법적 무기는 명예훼손에 관한 법이다. 언론인으로 근무하는 동안에는 누군가를 중상하면 언제든지 명예훼손으로 고소당할 가능성이 있다. 소송비용이 엄청나서 많은 경우 당사자들이 소송을 미루기 때문에 실제로 고소당할 위험이 낮기는 하지만, 명예훼손의 정의에 대한 엄격한 기준이 있다면 그런 위험을 피하기가 더 쉬울 것이다. 법원에 따르면, 어떤 진술이 누군가를 혐오, 조롱, 멸시하게 만들거나, 누군가를 꺼려지고 피하게 하거나, 누군가에 대한 다른 사람들의 평가가 낮아지게 만들거나, 누

> "사무변호사의 편지가 도착하면 신문사에 일대 혼란이 일어난다. 편집책임자들이 일손을 놓고, 중역들이 소환되며, 심각한 회의가 소집된다."
>
> 왓킨스(Alan Watkins)

부터 "스핀(볼에 스핀을 주어서 휘게 하는 것처럼 정치판에서 언론을 상대로 사실을 자기편에 유리하게 홍보하는 행위. 그런 솜씨가 탁월한 홍보전문가를 스핀닥터라고 부른다 - 역자 주)에 사로잡혀 있다"고 조롱을 받았다 (Gopsill, 2001). 하지만 워커(Davis Walker)는 존스와 여타 정치부기자들의 자아개념에 대해 비판적이다. "그들은 정치 안에 그리고 정치에 관하여 한 가지 진실만 존재한다고 생각한다. 그것을 위한 싸움이 정치 관련 보도의 주요소이다. 단 하나의 진실을 위한 투쟁에서 승리해야 그들은 직업적 정당성을 얻는다" (Walker, 2002: 103). 나아가 그는 이러한 정치부기자들의 '반 이데올로기적' 이데올로기, 즉 정치 관련 보도는 기자와 스핀닥터 사이의 진실을 향한 투쟁이라는 생각이 미디어조직 역시 그 자체로 정치적 행위자가 될 수 있다는 가능성을 무시한다고 비판한다. "기자들과 그들이 일하고 있는 미디어조직이 지닌 힘은 인식되지 않거나 무시되고 있다" (Walker, 2002: 108).

## 사회적 환경

언론계에 갓 들어선 사람들은 '편집국의 신화에 동화되고 사회화'되는 과정을 거치게 되며, 이 과정에서 살아남은 사람들은 '생산과 선택의 획일화'로 귀결되는 '일처리 방식'을 배운다 (Harrison, 2000: 112-113). 이러한 전문성은 '오직 동료 전문가들이 알아챌 수 있다' (McQuail, 2000: 257). 맥체스니는 대부분의 기자들이 '공식 정보원에 대한 속기사'로 자신의 역할을 내면화하도록 사회화되어서 다음과 같은 결과를 가져왔다고 주장했다. "한 기자가 대안이 될 만한 관점을 제공하거나 권력자들이 회피하는 문제를 제기하기 위해 이러한 공식적 논의범위를 벗어날 때, 그것은 더 이상 전문가답지 못한 일이 된다" (McChesney, 2002: 17, 저자 강조).

## 언론인을 제약하는 법

다음의 법률들은 잉글랜드와 웨일스의 언론인들이 정보를 수집하는 방법, 그들이 접근할 수 있는 정보의 종류, 그리고/또는 게재될 수 있는 정보의 종류를 규제하거나 제한한다.

가정 및 항소절차(공개금지)법(Domestic and Appellate Proceedings (Restriction of Publicity) Act) 1968

가족법(Family Law Act) 1986

감청법(Interception of Communications Act) 1985

경찰 및 형사증거법(Police and Criminal Evidence Act) 1984

경찰 및 형사증거법(Police and Criminal Evidence Act) 2002

경찰법(Police Act) 1997

고용조사위원회법(Employment Tribunals Act) 1996

공공기관(집회참가)법(Public Bodies (Admission to Meetings) Act) 1960

공공질서법(Public Order Act) 1986

공직자비밀엄수법(Official Secrets Act) 1911

공직자비밀엄수법(Official Secrets Act) 1989

국민대표법(Representation of the People Act) 1983

국민대표법(Representation of the People Act) 2000

금융서비스 및 시장법(Financial Services and Markets Act) 2000

노동조합개혁 및 노동권에 관한 법(Trade Union Reform and Employment Rights Act) 1993

대테러법(Terrorism Act) 2000

대테러법(Terrorism Act) 2006

명예훼손법(Defamation Act) 1952

명예훼손법(Defamation Act) 1996

무선통신법(Wireless Telegraphy Act) 1949

반역중죄법(Treason Felony Act) 1848

반테러범죄 및 안보법(Anti – Terrorism, Crime and Security Act) 2001

방송법(Broadcasting Act) 1990

방송법(Broadcasting Act) 1996

범죄 및 무질서법(Crime and Disorder Act) 1998

범죄자금법(Proceeds of Crime Act) 2002

범죄자재활법(Rehabilitation of Offenders Act) 1974

범죄정의 및 공공질서법(Criminal Justice and Public Order Act) 1994

범죄정의법(Criminal Justice Act) 1925

범죄정의법(Criminal Justice Act) 1987

범죄정의법(Criminal Justice Act) 1991

범죄정의법(Criminal Justice Act) 2003

범죄(형량)법(Crime (Sentences) Act) 1997

법원법(Courts Act) 2003

법정모독법(Contempt of Court Act) 1981

비방법(Libel Act) 1843

사법법(Administration of Justice Act) 1960

사법접근권보장법(Access to Justice Act) 1999

성범죄에 관한 (개정)법(Sexual Offences (Amendment) Act) 1976

성범죄에 관한 (개정)법(Sexual Offences (Amendment) Act) 1992

성범죄에 관한 법(Sexual Offences Act) 2003

소송절차(보도규제)법(Judicial Proceedings (Regulation of Reports) Act) 1926

아동 및 청소년법(Children and Young Persons Act) 1933

아동법(Children Act) 1989

(위험물) 계획법(Planning (Hazardous Substances) Act) 1990

음란물출판법(Obscene Publications Act) 1959

음란물출판법(Obscene Publications Act) 1964

인권법(Human Rights Act) 1998

인종 및 종교 혐오에 관한 법(Racial and Religious Hatred Act) 2006

입양아동법(Adoption and Children Act) 2002

장애인차별금지법(Disability Discrimination Act) 1995

저작권, 의장, 특허권에 관한 법(Copyright, Designs and Patents Act) 1988

정당, 선거, 국민투표에 관한 법(Political Parties, Elections and Referendums Act) 2000

정보공개법(Freedom of Information Act) 2000

정보보호법(Data Protection Act) 1998

조사강화법(Regulation of Investigatory Powers Act) 2000

중대조직범죄 및 경찰법(Serious Organised Crime and Police Act) 2005

지방정부(정보접근)법(Local Government (Access to Information) Act) 1985

지방정부법(Local Government Act) 2000

청소년사법 및 형사증거법(Youth Justice and Criminal Evidence Act) 1999

치안판사법원에 관한 법(Magistrates' Courts Act) 1980

통신법(Communication Act) 2003

형사소송 및 조사법(Criminal Procedure and Investigations Act) 1996

희롱방지법(Protection from Harassment Act) 1997

출처: Crone, 2002; Welsh and Greenwood, 2003; Welsh and Greenwood, 2001; Welsh et al., 2007; Addicott, 2002; *Media Lawyer*, No 43, Jan/Feb 2003, No 37, Jan/Feb 2002 and No 33, May/June 2001

군가의 사업이나 직업을 폄하한다면, 그 진술은 명예훼손에 해당한다. 하지만 어떤 진술은 실제로 그러한 영향을 '가지고' 있지는 않을 것이고, 단지 '합리적인 사람'의 눈에 그렇게 보일 것이다 (Welsh and Greenwood, 2001: 186).

위의 정의를 따른다면, 법에 명시된 방어조항이 없었을 경우 언론인들의 일은 상당부분 명예훼손으로 간주되었을 것이다. 주된 방어조항은 다음과 같다.

- 정당한 이유 (보도가 진실임을 입증)
- 공정한 논평 (악의가 없으며 사실에 입각한 정직한 견해)
- 면책특권 (완전한 또는 제한적인 면책특권을 가지고 의회, 지방의회, 재판과 여타 소송을 공정하게 보도할 권리) (Welsh and Greenwood, 2001: 211–239).

이러한 방어조항에도 불구하고, 명예훼손을 판결하는 법정은 언론인들에게 악명 높은 위험지대이며, 많은 언론기관들이 막대한 피해를 감수하려하기보다는 재판까지 가지 않으려고 지나치다 싶을 정도로 조심한다. 그 결과 소위 '사기 저하' 현상이 나타나 언론인들이 특정대상 즉 소송을 일삼는 인물을 피하게 된다 (Dodson, 2001; Welsh and Greenwood, 2001: 183). 출판업자이자 연금도둑인 맥스웰(Robert Maxwell)은 자신의 사업문제를 파헤치려고 하는 사람에게 영장을 발부하는 데에 관한 한 가장 기민한 인물 중 하나였으며, 자신의 일생에 걸쳐 전부는 아니지만 대부분의 경우 기자들이 자신의 수상쩍은 방법을 폭로하지 못하도록 막아내었다 (Spark, 1999: 147). 유력인물 중에서 예를 들자면, 나중에 신임을 잃기는 했지만 꼬치꼬

하지만, 맥플린(Greg McLaughlin)은 코소보 분쟁에 대한 보도연구를 통해 저널리즘이 그런 식으로 제약을 받는다는 점에 대해 의문을 제기했다. 많은 기자들이 북대서양조약기구(NATO: North Atlantic Treaty Organization)의 언급범위를 따랐을지라도, 그것이 기사보도의 방식을 완전히 결정짓지는 않았으며, "일부 기자들이 NATO의 정보조작(spin control)에 저항했던 것을 부당한 행동으로 묵살하는 것은 잘못"이라고 그는 말했다 (McLaughlin, 2002a: 258). 마찬가지로 매닝(Paul Manning)도 자율성을 과소평가하면 안 된다고 경고하였다.

실제 뉴스보도가 관료주의적 일과와 조직의 명령에 의해 이루어지는 생산과정이라고 했을 때, 우리는 특정 언론인들이 실제로 영향을 주는 정도를 과소평가한다(Manning, 2001: 53, 원저자 강조).

제약에 대한 논의에서 자율성이 주요한 고려사항인 것처럼, 직원들의 사회적 구성이 실제 업무에 끼치는 영향의 정도 역시 그러하다. 퍼킨스(Anne Perkins)는 편집국에서 최고의 중직까지 오르는 여성이 상대적으로 적기 때문에, "여성의 삶에 대한 왜곡된 이미지는 신문 가판대에서부터 찾을 수 있다"고 주장했다 (Perkins, 2001). 그러나 영국의 여성 언론인에 대해 연구한 로스(Karen Ross)는 이러한 가정에 대해 이의를 제기했다.

어떤 기자의 성을 통해서 그(녀)가 평등을 옹호하는 정서를 갖고 있다거나 공정하고 억압적이지 않은 업무를 수행하도록 북돋아주는 가치와 신념을 지니고 있다고 확신할 수 없기 때문에, 성별만으로는 생산되는 뉴스의 형태와 편집국의 문화를 바꾸는 데 영향을 주지 않는다 (Ross, 2001: 542, 저자 강조).

이와 비슷하게, 압도적인 숫자의 영국 언론인들이 저널리즘 교수들처럼 백인이라는 사실이 부끄러운 현실일 수도 있지만, 단지 흑인 기자들이 더 많아진다고 언론현장에 상당한 변화가 생길 것이라고 가정할 수 있을까? 아

치 캐묻는 기자들을 상대로 명예훼손법을 이용했던 보수당 정치인 아처(Jeffrey Archer), 에이컨(Jonathan Aitken), 해밀턴(Neil Hamilton)이 있다 (Kelso, 2001). 언론인들 스스로 부자나 권력자들이 자신을 법정까지 끌고 가지 못하도록 보장할 수는 없지만, 휜(Francis Wheen)은 "사실관계를 확인하지 않고는 인쇄하지 않아야 한다"고 이야기하면서 그런 위험을 줄일 수 있는 간단한 방법을 제시하였다 (Wheen, 2002: xi). 언론인이라면 누구든지 이것을 안전한 출발점으로 삼을 수 있다. 게다가 '레이놀즈 사건(Reynolds defence)'으로 알려진 상원의 중요한 판결로 인해 이제 언론인들은 명예훼손에 해당될 수도 있는 기사가 공공의 이익을 위한 것으로 변호될 수 있는지를 가늠할 일련의 지침을 얻게 되었다. 레이놀즈 사건은 제6장에서 더 다룰 것이다.

때로는 누군가 돈이나 사과를 받아내기 위해서가 아니라 비밀취재원의 정체를 확인하기 위해서 언론인을 법정으로 끌어내는 경우도 있다. 굿윈(Bill Goodwin)이 『엔지니어(*The Engineer*)』라는 잡지의 수습기자로 일한지 3개월째 되었을 때 전화 한통을 받고 난 뒤 생긴 일이 바로 그런 상황이었다. 정보원은 그에게 한 회사의 재정적 곤경에 대하여 제보하였다. 굿윈은 그 회사에 전화를 걸어서 답변을 들으려 했지만 팩스로 돌아온 응답은 그 회사에 관해서 어떤 정보도 잡지에 게재하지 말라는 법원의 명령서 사본이었다. 이틀 후 그는 법정에 출두해 취재원의 신원을 밝히지 않으면 구금될 것이라는 판결을 받아야 했다 (Goodwin, 1996).

> " 우리나라에서 진실이라는 평범한 칼과 공명정대한 영국이라는 신뢰할 만한 방패를 가지고 구부러지고 비비꼬인 언론이라는 암덩어리를 제거하기 위한 싸움을 시작하는 것이 나의 운명이라면, 그래도 좋다. "
>
> – 에이컨(Jonathan Aitken), 자신의 패소로 끝난 명예훼손 소송을 시작하면서

니면 노동자계급에서 더 많은 언론인들이 배출된다면 그런 변화가 가능할까? 결론적인 연구결과는 없지만, 일부 연구에 의하면 언론인들은 자신의 개인적인 또는 사회적인 배경보다는 '당면한 업무현장에서의 사회화'를 통해 더 적절한 태도와 경향을 체득하게 된다 (McQuail, 2000: 267-269).

스티븐슨(Nick Stevenson)은 '이데올로기의 통합력을 과장'하는 미디어 이론가들의 경향에 대해 경고하고 있다 (Stevenson, 2002: 46). 자신들의 사회적 배경 탓에 언론인들은 자동적으로 그들의 생산물에 중산층의 관점을 반영한다는 가정에 의문을 제기하면서, 그는 계급구성이 영향을 주지 않는다는 것이 아니라, 계급들 안에 이데올로기의 차이와 충돌이 존재하므로 백인 중산층 대학졸업자가 주류인 언론계의 구조로 인해 형성된 '이데올로기적 종결(ideological closure)'의 정도가 제한된다고 주장했다 (Stevenson, 2002: 33).

이번 장에서 풋은 편집국의 지배적인 분위기, 반대의견이 살아남을 수 있는 확률 또는 기자들이 지닐 수 있는 이념적 여유공간의 한도를 효과적인 공동토론의 장이 존재하는지 여부와 떼어서 생각할 수 없다고 주장하였다. 맥체스니도 평지풍파를 일으키는 것이 언론인들에게는 위험한 일일 수 있다고 지적하면서 그와 같은 관점을 보여주고 있다. 풋처럼 그도 상업적 압력에 저항하여 언론인의 진실성을 보호하기 위한 방어물로 '강력하고 진보적인 노조'를 주창했다 (McChesney, 2000: 61 and 301-304).

굿윈은 영국언론노조 행동강령에서 밝힌 신조 즉, 기자는 취재원의 비밀을 보호해야 한다는 점을 내세워 거부하였다. 이후 7년에 걸쳐 이 사건은 재판을 거듭하였으며 마침내 유럽인권재판소(European Court of Human Rights)에서 1996년 취재원을 밝히라는 명령은 공익을 위한 최우선 요구가 없는 한 유럽인권조약의 제10조와 양립할 수 없다고 판결함으로써 굿윈의 승리로 끝이 났다 (Welsh and Greenwood, 2001: 286).

> "한 명의 기자가 정보원을 누설한다면, 그 다음부터는 정보를 제공하려고 나서는 사람이 줄어들 것이다."
>
> – 굿윈(Bill Goodwin)

이와 유사하게, 프리랜서 기자 애크로이드(Robin Ackroyd)도 1999년 『데일리미러』에 경비가 삼엄한 애쉬워스(Ashworth) 정신병원에서 황무지 살인마(Moors murderer) 이언 브래디(Ian Brady)를 어떻게 치료했는지 밝힌 기사의 취재원을 보호하기 위해 기나긴 법적 투쟁을 거쳐 승소하였다. 이 병원을 운영하는 머지케어(Mersey Care) 국가의료서비스기관(NHS Trust: National Health Service Trust)은 소송절차에 착수하면서 그에게 정보원을 밝히라고 강요하였다. 8년에 걸친 법적 압력에도 불구하고 그는 조합원들의 지지를 받으며 NUJ 행동강령을 고수하였고 계속되는 소송과 항소 속에서도 취재원의 비밀을 보호해야 한다는 신조를 지켰다. 고등법원 판사 투겐하트(Mr Justice Tugendhat)는 애크로이드의 편을 들어 판결하면서, 그가 "엄연히 인정할 수 있는 탐사보도의 경력을 가지고 있기 때문에 그의 정보원들이 타당한 경우에 제보하지 못한다면 그것은 공익을 위한다고 볼 수 없다"고 언명하였다 (Gopsill and Neale, 2007: 280-282에서 인용). 하지만 이 사건은 2007년 상원에서 머지케어 국가의료서비

스기관의 세 번째 항소신청을 기각할 때까지 끝나지 않았다. 자신의 경력에서 거의 1/3에 달하는 기간 동안 이 소송과 맞서 싸운 뒤 애크로이드는 다음과 같이 말했다.

그 사건은 나의 업무에 엄청난 영향을 끼쳤다. … 하지만 언론인들은 그와 같은 상황에 맞닥뜨렸을 때 궁극적으로 개인적인 입장을 분명히 해야 하며 나는 그렇게 할 준비가 되어 있었다. 언론인은 강인해야 하고 정보원을 보호하기 위해 최선을 다할 각오를 해서, 그렇게 말할 수 있어야 하고 물리적으로 그렇게 할 수 있는 방법을 생각해야 한다 (Journalist, 2007b에서 인용).

끊이지 않고 계속해서 이러한 사례가 새롭게 대두되었다. 2008년에는 경찰이 대테러법(Terrorism Act) 2000을 근거로 프리랜서 기자 말리크(Shiv Malik)에게 이슬람 과격파에 관한 책을 연구하는 동안 수집한 기록을 인계하라는 요구를 하였다. 말리크는 "취재원 보호는 모든 탐사저널리즘의 신앙(totem)이며 지금까지 내가 해온 일들은 취재원 비밀의 약속(promise of confidentiality)이 없었다면 불가능했을 것"이라고 설명하며 거절하였다 (Malik, 2008).

정보원의 비밀을 확인해주지 않을 생각이거나 기록과 사진을 내줄 의도가 없다면 언론인들은 각자의 노력에 의해 그러한 소송에 맞서 싸워야 할 것이다. 어쨌든 기자에게 비밀 정보를 제보하는 가장 안전한 방법은 아무런 표시도 없는 사본을 평범한 노란 봉투에 담아 칠흑같이 어두운 밤에 손에는 장갑을 끼고 얼굴에는 스카프를 둘러 쓴 사람 편에 익명으로 전달하는 것이다. 그렇게 하면 기자는 자기도 모르는 정보원의 신원을 확인해줄 도리가 없

을 것이다.

국가권력에 관한 논의를 끝내기 전에 잠시 국방신문방송자문위원회(Defence, Press and Broadcasting Advisory Committee)에 대해 생각해보자. 바로 이곳에서 정부고위관료들이 영국의 언론사 대표들을 만나서 민감한 군사상 또는 안보상 문제에 대한 보도제한을 협의한다. 위원회의 위원들은 가끔씩 얼그레이 홍차와 오이샌드위치를 먹으며 국방자문(DA: Defence Advisory) 지침을 발표하지만 일부 사안에 대해서 못 본 척하거나 가볍게 다루어줄 것을 요구하는 경찰서신을 작성하는 경우가 더 흔하다. 그런데 소위 열린 정부 시대인 요즈음 이 위원회는 웹사이트(www.dnotice.org.uk)를 통해 자신들의 회의록까지 공개하고 있다. 결국 이 위원회는 자발적으로 '공직자와 언론사 중역이 관여된 비공식적 검열 장치'로 기능하고 있는 것이다 (Curran and Seaton, 1997: 367). DA 지침은 사실상 **자기검열** 장치이며, 아래에서 설명할 **자기규제**와 혼동하면 안 된다.

## 규제와 자기규제 ────────

영국에서 텔레비전과 라디오 저널리즘은 이른바 법에 의한 규제대상이며, 법을 위반하면 벌금부과뿐만 아니라 면허취소까지 당할 수 있다. 이스트우드(Lindsay Eastwood)는 신문사에서 텔레비전 방송국으로 자리를 옮기자마자 규제제도의 차이를 인식하게 되었다.

TV는 사생활침해, 취향, 예절과 같은 것들에 대해서 훨씬 엄격하다. 시민들을 인터뷰할 때 "갓(God)"이나 "지저스 크라이스트(Jesus Christ)"라는 말이 나오면, 누군가 그것을 문제 삼을 수 있고 그렇게 되면 공식적으로 그 타당성을 확인받아야 하는 일이 발생할 수 있기 때문에 그런 말을 쓸 수 없다. 신문은 비난에 대하여 그다지 신경 쓰지 않지만, 방송은 사람들의 심기를 건드리지 않으려고 상당히 조심한다. 내 생각에는 그 차이는 TV는 면허를 잃을 수 있기 때문이다. 방송국 문을 닫아야 할 수도 있으니까 실제로 더 위태로운 것이다.

벌금이 부과되고 면허가 취소되는 방송제도와 달리, 인쇄 및 온라인 저널리즘은 자기규제제도를 가지고 있다. 신문업계는 사생활법의 위협과 방송 형태의 법적 규제를 피하기 위하여 1991년에 자체적으로 언론고충처리위원회를 설립하였다. 이 위원회는 신문과 잡지를 비롯해서 2007년부터는 시청각 자료를 포함한 해당 웹사이트를 감독하고 있다. 직업규약 위반자들에 대한 처벌권한이 없는 자발적 협의체인 PCC는 독자들의 항의에 따라 운용된다. 하지만 그런 항의 중에서 극히 적은 수만 심사를 받는다. 2007년에 접수된 4,340건 중에서 겨우 16건만이 타당성을 인정받았다(PCC, 2008). PCC는 멀리서 보면 경찰처럼 보이지만 문제에 맞닥뜨렸을 때는 영향력이 거의 없기 때문에 업계의 경찰이라기보다는 지역치안보조요원(police community support officer)에 가깝다고 할 수 있다. 언론인 베넷(Catherine Bennett)은 PCC로 인해 "우리는 직업규약의 모든 혜택을 갖게 되었지만 그것을 강제할 부담은 전혀 없다"고 평했다 (Bennett, 2001).

비교적 권한이 없음에도 불구하고 PCC는 언론인들이 업무에 일종의 제약을 가하고 있다. 『선』의 편집책임자 웨이드(Rebekah Wade)는 2003년 하

> " '언론의 자기규제'를 40년 동안 경험해보니 그 개념 자체가 모순이라는 사실만 분명해졌다 "
>
> — 로버트슨 왕실고문변호사(Geoffrey Robetson QC.)

원의 한 위원회에서 PCC가 "나라 안의 모든 편집국 문화를 바꾸어놓았다"고 말했다 (Rose, 2003에서 인용). 편집책임자들은 PCC의 판결을 게재해야 하는 상황에 처하고 싶어 하지 않으며 독자들로부터 너무 많은 항의를 받는 기자들을 좋게 볼 리가 없을 것이다. 넓게는 인쇄매체 언론인, 좁게는 타블로이드 기자들 역시 다이애나 비(Diana Spencer)를 괴롭힌 것과 같은 언론 '과잉(excesses)'의 재발이 더 엄격한 국가적 규제를 낳을 수 있다는 점에 대해 인식하고 있다. 토니 블레어(Tony Blair) 총리가 한 연설을 통해 '제멋대로인(feral)' 언론에 대한 국가적 규제의 가능성을 암시했지만, 의미심장하게도 총리직을 내려놓는 시점에서 그런 발언을 하였기 때문에 신임 총리 고든 브라운(Gordon Brown)은 다음과 같이 선언할 수 있었다.

> "나는 간섭하지 않으려고 온 것이 아니다."
> – 루퍼트 머독(Rupert Murdoch)

> 언론의 자유는 우리 민주주의의 특징이다. 언론에 대한 법적 규제는 한 번도 없었다. 언론의 자기규제는 유지되어야 하며 발행 주체가 자체적인 결정권을 가지고 정보 수집과 이용방식에 대한 대중의 신뢰를 유지하고 강화할 수 있다는 점을 입증해야 한다 (Rose et al., 2007에서 인용).

따라서 영국에서 언론의 자기규제는 아직까지는 안전해 보인다.

## 미디어 소유주

자기규제와 마찬가지로 소유의 집중으로 인해 거대미디어 소유주들은 마음껏 자기방식대로 행동하게 되었다. 비평가들은 이것이 고용된 언론인들에게는 더 강력한 제약으로 작용한다고 말한다. 또한

이것은 2007년 루퍼트 머독(Rupert Murdoch)이 인수한 『월스트리트저널(Wall Street Journal)』의 직원들이 제목에 덜 예민해진 이유를 이해하는 데 도움을 준다. 예를 들면, 2001년 사임하기 전까지 머독의 『타임즈(Times)』에서 해외특파원으로 11년간 일했던 카일리(Sam Kiley)는 자신이 작성한 중동분쟁 관련 기사가 소유주인 머독의 시각에 맞추어 바뀐 것을 보고 분노를 터뜨렸다.

> 총에 맞아 죽는 장면이 찍혀 분쟁의 상징적 존재가 된 12세 소년 알두라(Mohammed al-Durrah)를 살해한 이스라엘군 부대를 내가 추적하고, 인터뷰하고, 사진을 찍는 특종을 거두었을 때, 경영진은 머독의 심기를 건드릴까봐 무서워서 "사망한 소년에 대해 언급하지 말고" 기사를 보내라고 요청하였다. 그들의 요구에 나는 할 말을 잃었고 곧 일을 그만두었다 (Kiley, 2001).

같은 신문의 전 동아시아담당기자 머스키(Jonathan Mirsky)도 그러한 제약에 대해 불평하였다. 그는 『타임즈』의 목표가 중국 내에서 루퍼트 머독의 사업상 이익에 맞추어져 있어서 중국 당국의 비위를 거스르는 일은 모두 피해야 했기 때문에 보도에 어려움이 있었다고 말했다.

> 중국에 대해 분석하고 보도하는 데에 많은 관심을 가지고 있던 신문이 어느 순간 지나치게 조심하는 방향으로 분위기가 바뀐 뒤 편집책임자가 문화혁명 당시의 만행에 대해 취재한 나의 기사를 내보내지 않으려 한다는 사실을 알게 되었다. … 그는 그날 중국의 영국 대사관에서 점심식사를 하였다. … 물론 머독일가는 자신의 기자들에게 매번 중국에 관해 무엇을 쓰라고 지시할 필요가 없을 것이다. **그들은 이미 알고 있다** (Mirsky, 2001, 저자 강조).

『선데이타임즈』의 전 기자 닐(Andrew Neil)은 머독이 처음부터 '자신과 대체로 코드가 맞는' 기자를 선택한다면서, 그의 일반적인 통제방식은 훨씬 미묘한 것이라고 설명했다 (Sanders, 2003: 134에서 인용). 세 대륙에 걸쳐 있는 머독 소유의 175개 신문 모두 2003년 이라크전쟁이 발발하기 전까지 머독의 호전적인 입장과 같은 편집방향을 보여주었던 사실에서 확인할 수 있듯이, 머독은 분명히 그런 기자들을 고용할 수 있다 (Greenslade, 2003a).

머독은 미디어 소유주들이 너무 많은 권력을 휘두른다고 주장하는 사람들에게 늘상 비판받는 표적이다. 하지만 명시적이든지 암시적이든지 소유주의 압력을 느끼는 사람들은 머독으로부터 월급을 받는 기자들만이 아니다. 워커는 다음과 같이 고백했다.

> 『인디펜던트(Independent)』에서 일할 때 나는 사설에서 누구보다 머독의 권력과 가격정책을 맹렬히 비난했다. 하지만 내가 속한 조직에 대해서는 정직하게 말하지 못했기 때문에 그러한 비판은 퇴색할 수밖에 없다. 나를 포함해서 얼마나 많은 『인디펜던트』의 기자들이 미러그룹뉴스페이퍼(Mirror Group Newspapers, 영국의 거대 미디어그룹 – 역자 주)가 『인디펜던트』를 소유함으로써 갖게 된 영향에 대해서 기사를 썼는가? (Walker, 2000: 241)

『익스프레스(Express)』도 소유주의 상업적 이익에 부합하는 기사를 내보내는 신문이다. 이 신문의 소유주인 데스몬드(Richard Desmond) 역시 편집권에 간섭한다는 비판을 받고 있는데, 그가 망명 신청자에 대한 비판기사를 게재하라고 재촉하자 참다못한 한 경제담당기자가 '이른바 객관적 보도에 대한 소유주의 끊임없는 간섭'에 대하여

대중적인 공격을 전개하기도 하였다 (Day, 2001에서 인용).

미디어 소유주가 **자신**의 기자들을 이용해 특정의 제를 추구한다고 비판받는 것은 흔한 일이다. 1931년 보수당 지도자 볼드윈(Stanley Baldwin)은 당시 막대한 영향력을 지니고 있던 『데일리익스프레스(Daily Express)』의 소유주 비버브룩(Beaverbrook), 『데일리메일』의 로더미어(Rothermere)라는 두 언론재벌을 향해 그 유명한 공격을 시작했다.

> 나를 공격하는 신문들은 일반적인 의미의 신문이 아니다. 그 신문들은 두 사람의 끊임없이 변화하는 정책, 욕망, 개인적 바람과 반감을 선전하는 엔진이다. 그 신문들의 방법은 무엇인가? 그 방법은 뻔한 거짓말, 그릇된 설명, 반쪽 진실, 문맥과 상관없이 한 문장을 인용해 화자의 의미를 왜곡하는 것이다. … 이런 신문의 소유주들이 원하는 것은 권력 중에서도 책임이 없는 권력이다. 그것은 시대를 막론하고 창녀의 특권과 같은 것이다 (Griffiths, 2006: 251~256에서 인용).

1949년 비버브룩 경은 왕립언론위원회에서 자신은 '다른 동기는 없고 오직 선전(propaganda)을 하려는 목적으로' 『데일리미러』를 운영한다고 말했고, 1980년대에는 맥스웰은 『데일리미러』를 자신의 개인적인 '확성기(megaphone)'로 묘사하였다 (Curran and Seaton, 1997: 48 and 76).

『미러(Mirror)』의 전 기자였던 풋은 그와 같은 저널리즘에 대한 소유주의 영향을 '결코 참을 수 없는' 것이라고 말하였다. 하지만 그도 맥스웰 밑에서 그런 영향을 경험해야 했으며, 그 와중에도 상당히 많은 도전적인 보도를 내보내는 성과를 올렸다. 풋은 맥스웰의 사업상 동료 목록을 뽑아놓고 그 중 한 명씩 조사할 때마다 자신의 기사가 확실

하고 (변호사의 확인을 받아) '합법적'인지를 분명히 한 뒤에 당사자에게 그 기사에 대한 답변을 들었다고 회상했다.

> 당사자에게 "이것이 사실인가?"라고 확인하면, 곧바로 그는 맥스웰에게 전화했다. 그런 일이 수차례 있었다. 따라서 기사를 잘 마무리해서 맥스웰이 "이것이 옳다고 확신하는가?"라고 질문할 때 준비가 되어 있어야 했다. **하지만 우리는 대부분의 기사를 내보낼 수 있었다.**

> " 편집장들은 자기와 닮은 사람들을 고용한다."
> – 영(Gary Younge)

미국의 한 조사에 따르면 지역신문기자들 중에서 거의 1/3이 사주의 이해관계에 따라 기사의 톤을 조절했고, 다섯 명 중 한 명꼴로 회사의 금전적 이익에 손해를 끼치는 기사를 썼다고 상사로부터 질책을 받았다는 사실을 인정했다 (Pew Research Centre, 2000). 이탈리아에서는 실비오 베를루스코니(Silvio Berlusconi)의 직원들이 그가 총리가 되었을 때의 분위기를 다음과 같이 묘사했다. "우리는 그에게 직접 들어본 적도 없고, 기자들이 그의 지침을 인용하지도 않는다. 하지만 자기검열 분위기가 있다. 우리는 어느 지점까지 갈 수 있는지 알고 있다. 분명히 선이 존재하며 우리는 그 선을 넘어서는 안 된다." (Carroll, 2002에서 인용)

하지만 대부분의 경우에 대부분의 편집국에서 대부분의 기자들은 소유주의 간섭을 사진에서 사주의 아내를 잘라내지 않으면 곤란을 겪게 될 것이라는 편집장의 지시 정도로 여긴다. 많은 기자들이 소유주의 바람을 곱씹어 생각하지 않고 일에 착수한다. 하지만 소유주의 영향은 직접적인 간섭이나 넘지 말아야 할 선을 정하는 것으로 그치지 않는다. 그들은 논조를 정하고, 목표시장을 결정하며, 편집예산을 통제하고, 지상에서 자신의 대변자인

편집장들을 고용하거나 해고한다.

미디어소유권에 관한 몇 가지 대안적 모델이 있다. 공공소유인 영국공영방송(BBC: British Broadcasting Corporation)은 방송의 공공서비스에 관한 리이스(John Reith, BBC의 초대국장 – 역자 주)식 원칙을 금과옥조로 여기고 있다 (Briggs and Burke, 2002: 160-163). 스콧재단(Scott Trust)이 소유하고 있는 『가디언』은 재정과 편집문제를 엄격히 분리하고 있다 (Franklin, 1997: 98). 더 작은 규모의 미디어는 특별그룹(*ad-hoc groups*), 지역단체, 노동자협동조합이 운영할 수도 있다 (Harcup, 1994 and 2005). 그런 미디어에서 일하는 언론인들은 자신들을 개인적 확성기로 이용하려고 하는 소유주를 피할 수 있겠지만, 이 장에서 논의한 다른 제약들은 대부분 피할 수 없다.

## 일과

기자들에게 가장 일반적인 제약은 마감시간, **일과**, 뉴스편집부의 변덕일 것이다. 기술이 변하면서 일과도 변하기 마련이지만, 요즘이 아무리 하나의 기사가 결코 완결되지 않는 온라인 저널리즘의 시대라고 할지라도 (옛날에도 기사가 완결된 적이 있었던가?) 여전히 일과라는 것이 있다. 온라인으로 쉴 새 없이 방송되는 뉴스 탓에 계속되는 마감시간을 포함해서 데드라인을 지켜야 한다는 상존하는 압박감으로 인해 언론인들은 시기를 놓친 완벽한 기사보다 제시간에 전달하는 평범한 기사가 훨씬 쓸모 있다고 생각하게 되었다. 데드라인이라는 것이 항상 나쁘다는 말은 아니다. 많은 기자들이 일을 완수하는 데 꼭 필요한 집중력과 아드레날린의 분출을 유도하는 마감시간을 기꺼이 받아들

인다.

최신 기술의 발달로 인해 신문마감시간이 늦춰졌을지 몰라도, 실제로는 줄어든 인력의 공백을 메우고 더욱 두툼해진 증보판과 더불어 늘어난 지면을 채우기 위해 기자들은 바삐 움직여야 한다. 신문사에서 TV 기자가 되기 위해 자리를 옮긴 이스트우드가 발견한 것처럼 텔레비전에서는 시간이 더욱 귀중하다.

모든 게 시간이 많이 걸린다. 기사를 만들고 촬영팀을 준비시킨 다음 1분짜리 뉴스를 찍는 데 한 시간이 소요된다. 정신없이 법석을 떨지만 정작 기자 본연의 업무는 하지 못하기 때문에 짜증이 난다. 신문기자들은 모두 인터뷰 하려고 집 대문을 노크하고 있는데, 우리 팀이 아직도 집을 찍고 있으면 나는 카메라맨에게 '이동하자'고 말해야 한다. 그러고 나서는 스튜디오로 돌아가 마감시간 전에 편집을 해야 한다.

늘 시간이 부족하기 때문에 언론인들은 거의 부지불식간에 순간적으로 많은 결정을 내린다. 신문편집자 헬리웰(David Helliwell)은 기자들이 편집국에 도착하는 대부분의 보도자료가 기사화될 만한 것인지 1~2초만 보고 결정한다고 말한다. 하나를 가지고 자세히 살펴보기 위해 5분을 소요하면 편집국의 업무는 즉시 마비되고 말 것이다.

『가디언』의 웨인라이트는 시간제약으로 인해 부정확한 보도가 발생할 수 있다고 지적했다.

너무 빨리 일을 처리해야 하기 때문에 기자들이 사건에 대해서 완벽하게 확인할 시간이 없을 뿐만 아니라, 더 심각한 것은 기자들이 취재하는 사람들에게도 시간이 없다는 점이다. 그래서 그들은 상황전개에 대한 자신들의 생각을 이야기하지만 나중에는 그 생각이 틀릴 수가 있다. 셀비(Selby) 열차충

돌사고 때 그런 일이 있었는데 당시 모든 사람들은 거의 일주일 동안 13명이 사망했다고 말했다. 경찰도 13명이 죽었다고 이야기했다. 그런데 실제 사망자는 10명으로 밝혀졌다. 기사의 핵심적인 사실이 약 일주일간 잘못되었기 때문에 그 주에 신문을 읽고 한 주 뒤에 확인해보지 않은 사람은 진실을 모를 수밖에 없다.

폴리(Michael Foley)가 언급한 것처럼 언론인들은 시간부족 탓에 직업적 기준에 미치지 못하는 행동을 할 수도 있다. "비윤리적 행동으로 여겨지는 일들은 대부분 기자들이 너무 많은 문제를 생각할 시간도 없이 재빨리 결정하기 때문에 발생한다. 이는 소유주들이 언론사에 투자를 하지 않기 때문이다"(Foley, 2000: 49-50). 그럴 수도 있다. 하지만 영국에서 편집국에 가장 많은 투자를 하고 있는 전국지 『데일리메일』도 비윤리적 행동과 부정확한 보도로 원성을 사고 있기는 마찬가지이다.

심지어 나무랄 데 없는 『가디언』에서조차 누군가 분명히 사건의 내용에 대해 미리 결정해놓았는데도 기자들이 현장에 가야만 하는 구속을 당한다. 다시 웨인라이트의 말을 들어보자.

구제역이 한창일 때 편집국에서 나에게 이렇게 말했다. "쇼핑하러 가서 구제역 공포에 대해 취재할 수 있는가? 우리는 구제역 공포를 **원한다**." 우리는 항상 그런 압력에 직면한다. 그들이 나처럼 현장에 있는 사람들을 믿지 않는다는 점이 현대 저널리즘의 폐단이다. 그들은 『데일리메일』에서 읽거나 〈투데이(Today)〉 프로그램에서 듣고 난 뒤에는 자신들이 사건에 대해 안다고 생각한다.

매일매일 신문을 만들 때마다 중대한 기사를 예상해서 많은 지면이 할당되기 때문에 기자들은 때때로 좋은 물건을 가져와야 한다는 압박감을 느낀다

고 그는 덧붙였다.

한 동료기자가 마약판매업자들에 관한 기사를 그렇게 만들어야 했다. 사실은 신통치 않은 것으로 판명되었는데도 그들은 (여전히) 마약판매상에 대한 엄청난 기사를 원했다. 그들이 의도하고 생각한 대로 **거창한** 것이어야만 했다. 내가 아는 많은 기자들이 이런 방식에 대해 불평하면서 "그들은 **내가** 사건을 보는 방식에 대해서는 별로 관심이 없다"고 말한다.

『파이낸셜타임즈(*Financial Times*)』의 기자 캠프너(John Kampfner)가 한 보수당 회의에서 두 정치인이 영국과 유럽의 관계에 대하여 상반되는 견해를 보였을 때를 회상하면서 그와 비슷한 일화를 말해주었다.

두 정치인은 이전에도 줄곧 그와 같은 견해를 밝혀왔기 때문에 나는 차분한 어조로 기사를 작성했다. 그 날 저녁 다른 사람의 기사를 잘 받아들이지 않는 FT의 데스크가 나에게 동료기자들과 같은 현장에 있었는지 정중히 물어왔다. 그러면서 '붕괴상태의 보수당'이라고 부르짖고 있는 헤드라인을 가리켰다. 무엇이 잘못되었는지 분위기를 파악한 나는 그런 지적을 받지 않으려고 조금씩 나의 기사를 바꾸어갔다. 하지만 그렇게 하지 말았어야 한다. 그건 제대로 된 기사가 아니다 (Kampfner, 2007).

기사를 쓸 때 개인적인 또는 윤리적인 고려는 제쳐두라고 편집국에서 기자들에게 압력을 가한다는 사실은 잘 알려져 있다. 직업윤리규약을 지킨다고 공개적으로 천명한 조직에서조차 **취재를 하지 못했으면 돌아오는 수고를 할 필요가 없다**는 분위기가 존재한다. 예를 들면, 최근 사망한 사람의 유족을 찾아가 인터뷰하고 사진을 얻는 '유족 방문(death knocks)'에서 빈손으로 돌아오는 기자들은

별로 공격적이지 않다는 이유로 조롱을 받을 수도 있다. 『스토크센티넬(*Stoke Sentinel*)』의 한 기자는 아들을 잃은 지인에 대한 인터뷰를 거부한 뒤 직장을 잃었다 (Morgan, 1999).

## 수용자

이제는 온라인에서 가장 많이 읽는 기사(Most Read stories) 목록을 볼 수 있고 사람들이 당신의 의견(Your Comments) 난에 자신의 생각을 게시한다는 사실에도 불구하고, 대부분의 기자들은 수용자들이 자신의 기사를 어떻게 소비하는지 여전히 직접적으로 경험하지 못한다. BBC의 해외특파원 셔크먼(David Shukman)은 앙골라(Angola)에 대한 자신의 TV 뉴스 보도 두 편을 시청한 우편공무원들의 모임에 초대되었다. 시청자들은 지뢰에 대한 보도와 부패에 관한 보도를 모두 어떤 면에서는 이해했지만, 단지 먼 나라에서 일어난 다소 우발적인 사건으로 받아들였다. 모임의 한 사람은 "이 나라가 어느 나라인지 모르겠다"고 말했다. 또 다른 사람은 "한쪽 귀로 듣고 한쪽 귀로 흘려버리게 된다"고 덧붙였다 (Shukman, 2000). 토론시간에 그들이 가령 그곳에서 나는 석유나 다이아몬드를 구입함으로써 어느 한 편을 도와주고 있으며 앙골라의 내전에 간접적으로 관여하고 있다는 사실을 느끼고 있는가 라는 질문이 제기되었다. 그러자 셔크먼이 언급하는 것처럼 갑자기 그들은 그 뉴스 보도를 다른 관점 즉 보다 개인적인 차원에서 받아들이게 되었다.

영국이 연루되었을 가능성에 대해서 실제적인 의혹이 제기되었다. … 토론은 활기를 띠었다. 그들은 그러한 주장을 따를 수 있고 부당한 대우나 무시를 원치 않는 사람들이었다. … 편집국에서는 최우선

순위 취급을 받지 못하는 해외뉴스였지만 이 모임에서는 점점 자극제가 되고 있었다 (Shukman, 2000).

일부 언론인들이 수용자를 우둔하다고 무시하는 경향이 있다는 점에서 그의 경험은 흥미롭다 (McQuail, 2000: 263). 미국 언론인들을 대상으로 실시한 한 조사에 의하면 3/4에 달하는 방송기자들이 뉴스 가치가 있는 소재들이 보통 사람들에게 너무 복잡하다고 여겨져서 종종 또는 자주 외면당한다고 답했는데, 인쇄매체기자들 중에서는 절반에 조금 못 미치는 응답자가 그와 같은 대답을 하였다. 거의 10명 중 8명꼴로 수용자가 '중요하지만 지루하게' 여길지도 모르는 소재를 적어도 가끔씩 소홀히 취급한다고 답했다 (Pew Research Centre, 2000). 영국에서는 방송기자들이 총선거 방송기간에 지루한 내용을 상당량 보도하며, 신문사 편집책임자들은 선거관련 뉴스를 1면에 배치할 때마다 판매부수가 떨어진다고 불평한다. 『선』의 옐랜드 (David Yelland)는 "사람들이 단지 관심을 갖지 않는다"고 말했다 (Tomlin and Morgan, 2001에서 인용).

종종 기자들은 설문조사 결과나 기존의 또는 잠재적인 포커스그룹을 근거로 더욱 출세지향적이고 인간적으로 흥미로운 기사를 만들라는 명령을 상부로부터 받게 된다. 연예, 휴일, 건강, 소비자 이야기와 같은 라이프스타일 기사는 (추측컨대) 새로운 독자를 끌어들이는 동시에 **광고주들을** 더 모으기 위해 사용된다.

일반적으로 기자들은 수용자와의 관계에서 능동적인 쪽으로 간주되지만 수용자들이 항상 수동적인 것은 아니다. 95명의 리버풀 축구팬이 사망한 힐스버러(Hillsborough) 참사에 관한 1989년 4

월 19일자 『선』의 일면 보도에 대한 반응을 예로 들어보자. "진실(THE TRUTH)"이라는 1면 톱 제목 아래 신문은 익명의 경찰관계자를 인용하여 '만취한 리버풀 팬들'이 시체를 강탈하고 구조요원들을 폭행했다고 비난했다. 하지만 너무나 많은 사람들이 가족이나 친구를 통해서 또는 직접 보아서 그와 다른 '진실'을 알고 있었기 때문에 머지사이드주(주도는 리버풀 – 역자 주)는 분노했다. 〈라디오 머지사이드(Radio Merseyside)〉의 전화참여프로에 화가 난 청취자들의 전화가 폭주했고, 지역의 신문가판대 주인들은 그 신문을 카운터 아래 방치해놓거나 판매를 거부했으며, TV 뉴스 취재진이 한 쇼핑구역에서 『선』을 불태우고 있는 사람들을 촬영했다 (Chippindale and Horrie, 1992: 286-289; Pilger, 1998: 445-448). 이 경우 수용자들은 결코 수동적이었다고 할 수 없다.

시내 전역에서 사람들은 그 신문을 찢고 짓밟으며 거기에 침을 뱉었다. 거리에 그 신문을 들고 나온 사람들은 누군가 그들의 손에서 그 신문을 잡아채 그들이 보는 앞에서 갈기갈기 찢어버리는 장면을 목격해야 했다. 헤일우드(Halewood)의 포드(Ford) 공장에서는 그 신문이 완전히 자취를 감췄으며 수십 명의 집주인들이 자기 건물에 『선』이 들어오지 못하게 했다. … 리버풀의 『선』 구독자들은 자발적인 의사를 행동으로 보여주었고 그 신문의 판매부수는 급감했다. … 참사 이전에는 하루 52만 4,000부에 달하던 판매부수가 32만부까지 떨어져서 20만 4,000부 즉 38.9퍼센트의 손실을 보았다 (Chippindale and Horrie, 1992: 289-292).

이 정도로 격렬한 반응은 흔치 않은 경우이기 때문에 주목할 만하다. 하지만 적대적인 수용자는 **개별** 언론인들에게 잠재적인 제약으로 작용할 수 있다. 무엇인가를 잘못한 기자가 격분한 독자들로부터 전화, 이메일, 편지를 받은 뒤 똑같은 실수를 반복하지 않도록 교훈을 얻을 수 있다는 점은 좋은 측면이다. 그러나 언론인들이 수용자에게 너무 많은 비판을 받을까봐 아예 문제가 될 만한 특정주제를 다루려 하지 않을 수도 있다는 부작용이 있다.

## 홍보

영국 정부의 스핀닥터 무어(Jo Moore)는 두 번째로 납치된 비행기가 뉴욕의 세계무역센터(World Trade Centre)에 충돌하기 한 시간 전인, 2001년 9월 11일 오후 2시 55분에 보낸 그 악명 높은 이메일에서 "오늘은 무엇이든지 묻어버리기 아주 좋은 날"이라고 썼다. 교통·지방정부·지역부서(DTLR: Department for Transport, Local Government and the Regions)의 고위직 동료에게 보낸 그녀의 메모에는 "지역의원 경비?"라는 조언이 계속되고 있다 (Clement and Grice, 2001). 이 부서는 때마침 지역의회 의원의 수당에 대한 새로운 체계를 담은 보도자료 338호를 급하게 배포했다 (DTLR, 2001). 예상대로 지역의원 경비에 관한 기사는 미디어가 쌍둥이빌딩에 관한 훨씬 충격적인 이야기에 집중되면서 묻혔다.

자신의 지혜롭지 못한 발언이 폭로된 뒤에 무어는 증오의 대상이 되었고 결과적으로 자리에서 물러났다. 하지만 그녀는 단지 임무를 다하고 있는 것이 아니었을까? 홍보(PR: public relations)업계는 모두 고객에 대한 좋은 소식을 확대할 뿐 아니라 나쁜 소식을 묻어버리기 위해 만들어진 것이 아닌가? 직업윤리를 권장하고 회원들이 "고용주, 직원, 고객, 동료전문가, 다른 직업종사자들, 대중과의 거래에서 정직하고 공정하게 업무를 처리하도록"

촉구하는 홍보학회(Institute of Public Relations)의 말을 따르지 않는다면 말이다 (www.ipr.org.uk). 무어 이전이나 이후에도 보도를 최소화할 수 있도록 정보 공개시기를 결정한 홍보담당 책임자들이 있었다. 금요일 오후나 연휴가 시작되는 날이 특별히 인기 있는 시점이다. 명백하게 좋은 소식으로 나쁜 소식을 숨겨버리는 방식을 선호하는 사람들도 있기 때문에, 뚜렷한 경제확대를 과장하여 선전하면서 일자리감소를 부차적인 사항으로 치부해버리는 경우도 있다.

> "오늘은 무엇이든지 묻어버리기 아주 좋은 날이다."
> – 무어(Jo Moore), 2011년 9월 11일

언론인에 대한 **제약**을 주로 다루고 있는 이 장에서 PR을 논하는 것이 이상하게 보일 수 있다. 그럼에도 불구하고 결국 PR업계의 결과물이 매일 미디어를 통해 드러나며, 인력이 부족한 일부 신문사들은 거의 고쳐 쓰지 않는 보도자료로 지면을 꽉 채울 수 있어서 황송해할 지경이다. 하지만 PR은 단순히 정보를 **공개**하는 것이 아니고 정보를 **통제**하는 것이다. 그리고 **접근**을 통제하는 것이다. 많은 언론인들이 PR에 대하여 양면적인 태도를 견지하고 있다. 한편으로 그들은 너무 고집스러워서 PR부서에 귀 기울이려 하지 않으면서도, 정계 스핀닥터의 횡포, 유명인을 대신하는 서면 승인요구, 순응하지 않는 기자에 대한 냉대에 대해 쉽사리 성을 낸다 (Helmore, 2001; O'Sullivan, 2001; Morgan, 2002b). 아마도 이러한 양면적 태도는 자연스러운 현상일 것이다. 신뢰와 마지못한 존경에 기반해서 언론인들과 좋은 업무관계를 유지하는 홍보담당 책임자들이 많기는 하지만, 그들이 **다른 목적**을 위해 일하고 있다는 사실은 여전하다.

# 동료

만약 언론인이 공동체에게 그 사회에 대하여 알려주어야 할 사회적 역할을 맡고 있다면, 그 언론인이 그 사회의 특정 그룹을 대변해서는 안 된다는 사실이 중요할까? 신문편집책임자인 그럽(Jon Grubb)은 분명히 그렇게 믿고 있다.

> 너무 오랫동안 백인, 중산층 직원들이 신문사 편집국을 점령해왔다. 신문들이 정말로 공동체와 연계되기 원한다면 그들은 다양한 문화적 배경을 가지고 있는 수용자들을 더 잘 반영하기 위해 애써야 한다. 이것은 단지 인종의 문제가 아니다. 우리는 노동자 계층 출신의 기자들이 더 필요하다. 신문이 공동체 모든 계층의 문제, 희망, 열망과 두려움을 이해하기 전까지는 그들의 가슴과 마음을 얻기 어려울 것이다 (Keeble, 2001b: 143에서 인용).

신문만 그런 것이 아니다. BBC에서, 특별히 〈뉴스나이트(*Newsnight*)〉처럼 더 권위적인 프로그램에서 옥스브리지(Oxbridge, 옥스퍼드대학과 캠브리지대학을 함께 일컫는 말 – 역자 주) 출신이 주류라는 사실을 보라. 연구에 따르면 언론인들이 일하고 있는 **사회적 환경**이 "인종구성이나 사회적 배경이라는 관점에서 영국 인구의 다양성을 반영하지 않고 있다." 96퍼센트의 언론인이 백인이며 극히 적은 수가 노동자계급 출신이다 (Journalism Training Forum, 2002: 8). 저널리즘학 교수 콜(Peter Cole)은 브래드포드(Bradford), 올덤(Oldham), 번리(Burnley) 같은 지역의 신문사에 흑인 기자들이 그토록 적다는 것은 "부끄럽고 수치스럽다"고 말했다 (Slattery, 2002). 소수인종 출신 언론인은 종종 전체 흑인공동체나 이슬람공동체의 **대변자**처럼 보인다. 하지만 그들은 인종에 얽매이지 말라는

충고를 듣는다 (Younge, 2002). 이와는 대조적으로 영국의 백인 언론인들은 '백인공동체'를 대변한다고 여겨지지 않으며 심지어 그런 실체가 존재한다고 생각하지 않기 때문에 '백인문제'에서 벗어나라는 충고를 듣지 않는다.

편집국은 백인 일색일 뿐만 아니라 과거에는 다소 전형적인 남성적 분위기를 지니고 있었다. 그러나 최근 몇 년 동안 언론계에 진출한 여성의 비율이 증가하면서 어느 정도 성별 간에 틈이 생기게 되었다 (Journalism Training Forum, 2002: 4). 언론계에 여성이 많아졌을지는 모르지만 퍼킨스가 언급한 것처럼, 그들이 늘 최고위직까지 올라가는 것은 아니다. "신문사 위계구조에서 위로 올라갈수록 여성을 보기가 어렵다" (Perkins, 2001). 한 전국지의 여성기자는 연구원들에게 "언론계는 여전히 상당부분 남성들의 클럽이고 여성들은 직업적 인정을 받기 위해 분투하고 있다"고 말했다 (Journalism Training Forum, 2002: 60에서 인용).

많은 사람들이 보통 학자금을 갚아나가면서도 대학원의 저널리즘 과정을 듣기 위해 학비를 대야 하기 때문에 언론인은 훨씬 더 제한된 인력 중에서 채용된다. 공채를 통해 첫 직장을 얻는 언론인의 수가 단 30퍼센트에 불과한 것으로 볼 때, 외부인의 시각에서는 언론사 문이 닫혀 있는 것처럼 보일 수도 있다. 그밖에 다른 사람들은 요행수를 바라고 고용주에게 접근하거나, 경력을 쌓은 뒤 채용되거나, 비공식적 수단을 통해 빈자리를 차지한다 (Journalism Training Forum, 2002: 33). 영국 신문업계(Fleet Street, 과거 많은 신문사가 있던 런던 중심부 – 역자 주)의 한 편집차장은 다음과 같이 말했다.

> 신문업계는 파벌문화를 조성하고 있다. 주류파벌

이 분명히 정해놓은 틀에 맞지 않는 사람은 누구나 의혹의 눈초리를 받게 되고 결국 소외되거나 쫓겨난다. 쓸모가 있는 사람들은 남아있을 수도 있지만, 고위직으로 승진하는 사람은 거의 없고, 간부들이 사조직을 이루어 오직 자신을 닮은 젊은 이들을 승진시킨다(Journalism Training Forum, 2002: 60에서 인용).

기자들이 어느 정도로 주류의 태도를 내면화하고 자신의 업무에 그것을 반영하는지는 학계와 언론계 일부에서 다룰 문제다. 이 문제는 분쟁이 있을 때 가장 극명하게 드러난다. 『데일리텔레그래프(Daily Telegraph)』와 『이브닝스탠다드』를 편집했던 헤이스팅스는 자신의 포클랜드전쟁(Falklands War, 아르헨티나와 영국이 포클랜드 제도와 주변 속령들의 영유권을 주장하기 위해 선전포고 없이 벌인 단기간의 전쟁 – 역자 주) 관련기사를 언급하면서, 언론인이었던 자기 아버지의 말에 동감을 표시하며 다음과 같이 인용하였다. "한 국가가 전쟁 중일 때, 보도는 전쟁수행의 연장이다. 보도통제가 해제되고 난 뒤에야 객관성이 다시 제자리를 찾는다"(Williams, 1992: 156에서 인용).

이것이 반드시 의식적인 과정이어야만 하는 것은 아니다. 브뤼셀(Brussels)에서 북대서양조약기구(NATO: North Atlantic Treaty Organization)의 브리핑을 보도하면서, 〈스카이뉴스(Sky News)〉의 특파원 린치(Jake Lynch)는 대부분의 기자들이 미국과 영국(US/UK)의 준거 틀을 그대로 받아들이는 것처럼 느꼈다.

기자들은 NATO가 전달하는 분쟁에 대한 근본적인 틀, 즉 이 모든 사태는 밀로셰비치(Slobodan Milosevic)의 잘못이라는 사실을 받아들일 준비가 되어 있었다. … 기자들은 그것을 **내면화**하였고 검증하지 않았다 … (McLaughlin, 2002a: 258, 저자 강조).

『인디펜던트』의 기자 피스크(Robert Fisk)는 동료들의 이러한 결함에 대해 훨씬 더 직설적으로 말했다. "NATO 브리핑에서 대부분의 기자들은 양이었다. 음매 음매! 그게 전부다." 반대로 피스크처럼 '동떨어진 사람들(mavericks)'은 동료기자들에게 정직한 보도를 하기보다는 '정치적 관점'을 취하는 데 더 신경 쓴다고 비난받았다 (McLaughlin, 2002a: 263-264).

전시든지 평화시든지, 동료기자들은 관습에 순응해야 하는 분위기를 만들어서 서로를 구속하며, 조금이라도 다르거나 그 표준에 이의를 제기하는 사람이 있으면 조롱하고, 협박하고, 내쫓고, 소외시키거나 예레미야 선지자(Jeremiah, 고대 이스라엘의 예언자로서 신을 거역하는 유대인들의 죄를 비판하고 그들이 겪게 될 고난을 예언하였다 – 역자 주)처럼 취급한다. 하지만 동료 언론인들이 국가권력의 위협을 받은 굿윈이나 비윤리적인 방법으로 행동하라는 압력에 직면한 기자들을 비롯해서 어려움에 처한 개별 언론인들을 도와줄 수 있다. 바로 이런 이유 때문에 풋은 항상 언론인들에게 따로 떨어져 있지 말고 노동조합을 통해 서로 뭉치라고 촉구했던 것이다. 그는 "기자들은 뒤에서 자신을 든든하게 지원하는 단체가 있어야만 편집국 간부나 소유주의 통제에 맞서는 대안을 마련할 수 있다"고 주장했다.

언론인의 업무는 법적 제약, 규제제도, 미디어 소유구조, 조직의 일과, 시간부족, 시장원리, 광고상황, 문화적 편견, 애국심, 직업정신, 업무현장의 성, 인종, 계급불균형과 같은 다양한 구조적 요인의 영향을 받는다. 이러한 제약과 상충하는 충성심으로 인해 개인은 언론의 생산물에 거의 영향을 주지 못한다는 주장이 있는 반면, 그런 제약들은 거부하거나 타협할 수 있는 것이라는 주장도 있다.

## 질문

루퍼트 머독이 오스트레일리아에 있었다면 영국 언론의 모습은 많이 달라졌을까?

왜 법이 언론인들을 제약하는가?

언론인들은 왜 취재원의 비밀을 보호해야 하는가?

언론인과 PR담당자는 친구인가 적인가?

한 언론인의 배경이 그들의 업무에 영향을 주는가?

## 추가 읽을거리

폴리트코프스카야가 살해되었을 때 작업하던 내용을 알고 싶으면 『어느 러시아인의 일기(*A Russian Diary*)』(2008)를 보라. 좀 더 행복한 결말로 끝나는 기자의 일기를 보고 싶다면, 가자(Gaza)에서의 114일간의 억류생활을 흥미진진하고 영감 있게 기록한 존스턴(Alan Johnston)의 『납치(*Kidnapped*)』 (2007)를 읽어보라. Keeble (2001b)에는 더 많은 일상적 제약이 짤막하지만 읽기 쉽게 소개되어 있으며, 언론인들의 대응도 논의되어 있다. 나이틀리(Knightley, 2000)의 전시 저널리즘과 검열에 관한 고전적 연구도 상당히 흥미롭다. 오멜리와 솔리(O'Malley and Soley, 2000)는 언론의 규제와 자기규제의 역사를 기술하고 있으며 언론고충처리위원회가 특정문제들을 어떻게 다루었는지 연구한 사례도 실었다. 법적 제약에 대해서는 웰쉬 공저(Welsh and others, 2007)가 필독서인데 반드시 최신판을 참고해야 하기 때문에 뱅크스(David Banks)와 한나(Hanna)가 2009년에 출간한 20판을 보면 된다. 법과 관련해 추가로 볼만한 자료는 블로이(Bloy, 2007)와 크론(Crone, 2002)이다. 맥퀘일(McQuail, 2000)은 일련의 관련 이론과 연구결과를 요약하였으며, 여기서는 특히 11장이 유용하다. 텀버 (Tumber, 1999)는 허만(Herman)과 촘스키(Chomsky)의 프로파간다 모델, 골딩(Golding)과 머독 (Murdock)의 경제력의 영향과 같이 이 장과 관련된 원문을 상당수 실었다. 맥체스니(McChesney, 2000)는 저널리즘이 너무나 중요하기 때문에 시장원리에 맡겨두면 안 된다는 주장에 대한 상세하고 열정적인 연구를 보여주었다.

**주요 출처**

Politkovskaya, Spector, 2007에서 인용; Watkins, 2001: 114; Aitken, BBC, 1999에서 인용; Goodwin, 1996; Robertson, Foley, 2000: 44에서 인용; Murdoch, Bailey and Williams, 1997: 371에서 인용; Younge, Thomas, 2006에서 인용; Moore, Clement and Grice, 2001에서 인용.

# 3장

## 뉴스란 무엇인가?

TV 기자 브레진스키(Mika Brzezinski)는 자신의 대본을 태워버리려고 했지만 라이터가 고장 나서 손으로 그냥 찢어버렸다. 그리고는 똑같은 대본을 다시 받았을 때 그것을 분쇄기에 집어넣었고 미국 케이블 뉴스 채널인 MSNBC의 시청자들에게 "사과 드립니다. … 그것이 우리의 톱기사였는데 제가 받아들이지 않았습니다. … 저는 이 기사가 정말 싫고 그것을 주요기사로 다루어서는 안 된다고 생각합니다. … 우리는 여기에 더 이상 보도하지 않겠습니다"라고 말했다. 그녀를 그토록 분노하게 했던 기사는 부유한 상속녀 패리스 힐튼(Paris Hilton)의 석방소식이었다. 이 기사는 공화당의 유력한 상원의원이 처음으로 당내 서열을 무시하고 이라크전쟁과 관련해 조지 부시(George Bush) 대통령을 비난했다는 사실과 같은 여타 중요한 기삿거리를 밀어내고 계속해서 정시 방송의 톱기사로 선정되었다 (Tomasky, 2007). 브레진스키는 그렇게 극적인 방법으로 '패리스 힐튼 석방'을 둘러싼 소동에 대해서 보도하기를 거부함으로써 유투브(YouTube)에서 금세 유명해졌을 뿐만 아니라(http://www.youtube.com/watch?v= 6VdNcCcweL0), 보통 카메라 바깥에서 이루어지는 언론활동, 즉 뉴스 선정에 대하여 대중들이 깊은 관심을 갖게 만들었다.

그녀는 후에 "본능적으로 그것은 기사가 아니라고 생각했다"고 설명했다. "그것(패리스 힐튼을 둘러싼 언론의 보도행태 – 역자 주)은 큰 문제이다. 이번 일을 계기로 우리들이 솔직하고 활발한 대화

## 뉴스 가치

글상자 3.1에 나열한 뉴스 가치는 1960년대 노르웨이 학자 갈퉁(Johan Galtung)과 루지(Mari Ruge)가 분류한 뉴스 가치를 새롭게 발전시킨 것이다. 갈퉁과 루지의 열두 가지 기준은 다음과 같이 요약할 수 있다.

**시의성(Frequency):** 뉴스 매체와 같거나 비슷한 빈도로 전개되는 사건은 오랜 기간에 걸쳐 일어나는 사회적 추세보다 뉴스로 선택될 가능성이 크다.

**영향성(Threshold):** 하나의 분기점을 지난 사건이 기록된다. 그 이후부터는 강도가 셀수록, 살해가 끔찍할수록, 사고 사상자가 많을수록, 기사선정 책임자들에게 주는 충격이 클수록 뉴스 가치가 있다.

**명료성(Unambiguity):** 사건이 모호하지 않을수록 뉴스가 될 가능성이 크다. 사건이 다중적 의미로 해석되지 않고 명쾌하게 이해될수록 기사로 선정될 기회가 커진다.

**근접성(Meaningfulness):** 문화적으로 유사한 사건은 기사를 선정하는 사람의 준거틀에 잘 들어맞기 때문에 뉴스가 될 가능성이 크다. 따라서 먼 나라에서 발생한 사건이라도 영국인이 관련되어 있으면 영국의 미디어는 관심을 갖는다. 마찬가지로 미국 소식은 문화적으로 동떨어진 국가의 소식보다 영국 사람들에게 더 관련된 것으로 여겨진다.

**일치성(Consonance):** 언론인들이 어떤 사건의 발생 가능성을 예측해서 머릿속으로 그 사건의 '예상도(pre-image)'를 형성할 수 있다면 그것은 뉴스가 될 확률이 커진다.

**신기성(Unexpectedness):** 근접성, (또는) 일치성이 있는

를 했으면 좋겠다. 우리는 무엇이 뉴스이고 무엇이 뉴스가 아닌가에 대하여 공개적인 토론을 가져야 할 필요가 있다"(Harris, 2007에서 인용). 부분적으로는 어떤 결정을 내릴 때마다 자세히 논의해야 한다면 아무 일도 할 수 없다는 이유와 대부분의 언론인이 일반적인 뉴스 가치들을 문제의식 없이 받아들인다는 이유 때문에 어떤 기사를 어느 정도의 비중을 가지고 보도해야 하는지에 대해서 심각하게 논쟁하는 일은 대부분의 편집국에서 일상적으로 일어나지 않는다(Evans, 2000: 3). 그렇다고 뉴스 선정 과정이 자동적이거나 생각을 요구하지 않는다는 말은 아니며, 적어도 그래서도 안 된다. 랜들이 잘 이야기한 것처럼, 때때로 그렇게 보일 뿐이다.

> 뉴스를 판단할 때 겉보기에는 과학적인 기준이라기보다 직감에 의존해 재빠르고 확실하게 결정한다. 하지만 그 과정은 보기보다는 훨씬 신중히 이루어진다. 기사의 중요도를 결정하는 데 소요되는 계산이 대체로 아주 신속하게, 경우에 따라서는 너무 신속하게 이루어기 때문에 본능적으로 보이는 것일 뿐이다(Randall, 2000: 24).

그렇다면 보통 사람들의 눈에는 본능적으로 보인다는, 잠재적인 기삿거리의 상대적 가치를 따지는 계산이란 무엇인가? 그것은 중요하다고 여기는 정도를 곱한 다음 기사를 얻는 과정상의 어려움을 뺀, 수용자와의 관련성과 그들의 관심사에 대한 예상 측정량을 의미한다. 수용자와의 관련성과 수용자의 관심사가 꼭 같지는 않다. 언론인들이 그런 계산을 할 때 도움을 주는 요소들을 흔히 **뉴스 가치**라고 부르며, 그것은 뉴스란 무엇인가? 라는 질문에 대한 답을 찾는 데 도움이 된다.

편집책임자들은 뉴스를, 세상을 늘여다보는 열

> **" 사실 × 중요도 = 뉴스 "**
> ─『데이투데이(*Day Today*)』 표어

사건들 중에서 가장 신기하고 희귀한 사건은 기사가 될 확률이 가장 크다.

**연속성(Continuity):** 일단 하나의 사건이 헤드라인 뉴스가 되고 나면 사람들에게 알려져서 받아들이기가 쉬워졌기 때문에 상당 기간 미디어의 주목을 받는다. 또한 연속된 보도는 애당초 그 사건이 주목을 받은 이유를 정당화한다.

**균형성(Composition):** 하나의 사건은 고유의 뉴스 가치보다는 신문이나 뉴스 방송의 전체 구성 또는 균형에 어울려야 뉴스로 포함된다.

**선도국 관련성(Reference to elite nations):** 선도국가의 행위는 다른 나라의 행위보다 더 중대하게 여겨진다. 선도국가의 정의는 문화적, 정치적, 경제적으로 결정되며 나라마다 상이하지만, 보편적으로 미국이 포함된다.

**엘리트 관련성(Reference to elite people):** 엘리트의 행위는 다른 사람들의 행위보다 더 영향이 크다고 여겨지며, 수용자들은 그들을 동일시한다.

**개인성(Reference to persons):** 뉴스에서는 현재의 사건을 사회적 압력의 결과라기보다는 지명된 개인의 행위로 여기는 경향이 있다.

**부정성(Reference to something negative):** 부정적인 뉴스는 더 분명하고 영향이 있으며, 대체로 더 신기하고, 긍정적인 뉴스보다 짧은 기간에 발생한다고 여겨진다(Galtung and Ruge, 1965: 65-71; Harcup and O'Neill, 2001: 262-264).

그 밖의 뉴스 가치들은 다른 학자들이 제시하고 있다. 예를 들어, 벨(Allan Bell)은 특종에 대한 욕구를 증가시키는 경쟁(competition), 별로 관계없는 이야기를 세간의 이목을 끌고 있는 기사의 후속으로 보도하는 포괄(co-option), 예기치 않게 나타난 사건보다 이미 예정된 사건이 보도될 가능성이 높다는 의미이 예측가능성(predictability), 이미 만들어진 글(보도자료, 발췌문, 통신사기사)은 기자들이 빠르게 처리할 수 있린 창이나 사회를 있는 모습 그대로 반영하는 거대한 거울로 간주하곤 한다. 하지만 뉴스(news)라는 말의 의미가 그러하듯이 대체로 뉴스는 흔히 일어나지 않는 일에 관한 것이기 때문에 그렇게 간단히 말할 수는 없다. 다음과 같이 기사를 다루는 언론사는 업계에서 살아남기가 어려울 것이다.

> 오늘 아침 A61(영국의 도로명 – 역자 주)의 교통상황은 아주 원활하였으며 경찰은 별다른 사건소식을 발표하지 않았다. 한편, 시 병원의 응급실 환자들은 이동식 침대에 누워 복도에서 밤새 기다리지 않고 바로 치료를 받았다. 어제 길가에 나온 수천 명의 아이들 중에서 한 명도 유괴되지 않았다. 기상청에 따르면 강우량은 예년의 이맘때와 같았으며, 아무 강도 범람하지 않았기 때문에 사람들은 홍수 걱정 없이 활동하였으며 헬리콥터 구조도 없었다.

상당히 지루한 내용이지만 대부분의 날이 이와 같으므로 뉴스란 세상에서 일어나는 일에 대한 **선택적인 시각**이라는 점을 암시하고 있다.

랜들은 뉴스가 "신선하고, 공표되지 않았으며, 흔치 않고, 일반적으로 흥미롭다"고 말한다 (Randall, 2000: 23). 어느 정도는 그렇다. 단어 자체가 내포하고 있는 것처럼, **뉴스**는 사람들에게 방금 일어난 일에 대해 알려주면서 상당량의 **새로운 정보**를 담고 있다. 하지만 반드시 그런 것만은 아니다. 황무지 살인사건(the Moors murders), 요크셔 리퍼(the Yorkshire Ripper), 소함 살인사건(the Soham murders)처럼 새로운 소식의 보도 여부와 관계없이 늘 우리 곁에 있는 것처럼 보이는 기사들이 있다. 어떤 기사들은 아무개 씨가 "어제 발언하였다" 혹은 오래된 스캔들 등에 관해서 "침묵을 깼다"고 말하면서, 아니

> " 나는 중대 뉴스나 하찮은 뉴스를 모두 다룰 수 있으며, 만약 뉴스가 없다면 내가 나가서 개를 물겠다. "
> – 영화 〈빅 카니발(Ace in the Hole)〉에서 찰스 테이텀(Charles Tatum)의 대사

기 때문에 뉴스로 보도될 가능성이 훨씬 커진다는 의미의 사전구성(prefabrication)이 중요하다고 덧붙였다 (Bell, 1991: 158-160).

갈퉁, 루지, 여타 학자들이 밝힌 뉴스 가치들은 어떤 사건이 보도되고 어떤 사건이 보도되지 않을지에 대한 '패턴을 예측할' 수 있을지 모르지만, 뉴스 작성의 모든 불규칙성을 완전히 설명하지는 못한다 (McQuail, 2000: 343). 루이스(Justin Lewis)는 언론인들 사이에 일종의 공통된 이해가 존재한다는 점을 인정하면서도, 좋은 기사를 만드는 기준에 대한 어떤 근거도 임의성을 지닐 수밖에 없다고 생각한다 (Lewis, 2006: 309). 골딩(Peter Golding)과 엘리엇(Phillip Elliott)에 따르면, 기사는 수용자의 기대뿐만 아니라 뉴스 생산의 일과에도 들어맞아야 하며, 뉴스 가치라는 것은 "기사의 출처만큼이나 사후 설명이거나 필요한 절차의 정당화이다. … 그것은 당연히 해야 할 일을 하고 공을 내세우는 전형적인 예를 보여준다" (Golding and Elliott, 1979: 114-115). 리처드슨(John Richardson)은 무엇을 '뉴스 가치'가 있다고 인정하는 것이 왜 그것이 그래야만 하는지를 반드시 설명해주는 것은 아니라고 주장하면서(Richardson, 2005: 174), 하틀리(John Hartley)가 지적하는 것처럼 뉴스 가치를 확인하는 것은 애당초 어떤 기사가 선정된 이유에 대해서보다는 그 기사가 보도되는 방식에 대해서 더 많은 것을 시사한다고 말했다 (Hartely, 1982: 79).

위에서 제시한 것과 같은 목록은 (1장에서 소개한 개념인) 이데올로기의 관점에서 뉴스 가치 이면에 존재하는 함의를 설명하지 못한다는 주장도 있다. 홀은 뉴스가 보편적인 뉴스 가치의 '이데올로기적 구조'의 영향을 받은 매우 선택적인 사건들을 보도한다고 주장했다 (Hall, 1973: 235). 그는 다음과 같이 설명하고 있다.

'뉴스 가치'는 현대사회에서 가장 이해하기 힘든 의미구조 중 하나다. … 언론인들은 '뉴스'에 대해 이야기하면서 마치 사건들 자체가 선택권을 가지고 있는 것처럼 말한다. 게

면 명백하게 무언가 새로운 정보를 발견함으로써 새로워진다. 아마도 '지연 기사(delayed drop, 긴장감을 주기 위해 육하원칙을 따르지 않고 쓴 기사 – 역자 주)'의 극단적인 사례라 할 수 있으며, 교수형이 집행된 후 96년이 지나서 발표된 기사 도입부의 첫 세 단락을 예로 들어보자.

> 온화한 성격의 소유자로 알려졌던 한 의사가 쇼걸인 자기 아내를 독살하고 토막낸 뒤 나이 어린 애인과 함께 대서양을 건너가다 신문을 통해 그를 알아본 선장의 예리한 눈에 걸려 붙잡혔던 사건은 영국 법조역사상 가장 악명 높은 사례 중 하나다.

> 의사 크리펜(Hawley Crippen)은 런던의 중앙법원(Old Bailey) 배심원단이 단 27분 만에 1910년 초 행방불명된 그의 아내 코라(Cora)의 살해에 대해 유죄판결을 내리면서 같은 해에 교수형을 당했다.

> 거의 100년 뒤, 크리펜을 교수대로 보낸 것은 잘못이었음을 보여주는 듯한 조사결과가 밝혀졌다. 그의 런던 자택 아래에서 발견된 유해가 코라의 것이 아닐 수 있다는 내용이다 (100 YEARS ON. DNA CASTS DOUBTS ON CRIPPEN CASE, 『가디언』, 2007년 10월 17일).

해당 사건 이후 약 56년 뒤 공개된 다음의 도입부도 살펴보자.

> 한 남성이 행방불명된 부친을 찾는 과정에 폭로된 정부 문서에 따르면 제2차 세계대전 당시 영국군에서 복무한 수천 명의 중국계 군인들이 반동양인 정서 속에서 강제로 본국에 송환되었다 (SON'S HUNT FOR FATHER EXPOSES BETRAYAL OF WAR HEROES, 『인디펜던트』, 2002년 2월 1일).

새로운 요소는 기사를 시작하는 '계기(peg)'가 되지만, 뉴스의 계기(news pegs)가 말처럼 늘 확고한

다가 그들은 어느 것이 '가장 중대한' 기삿거리인가, 어느 '뉴스 관점(news angles)'이 가장 중요하고 탁월한 직관력을 보여주고 있는가 라는 식으로 말한다. 하지만 매일 세상에서 일어나는 수백만 개의 사건 중에서 정말 작은 비율만이 '잠재적인 기삿거리'로 가시화되고, 그 중에서도 아주 일부만이 실제 뉴스 매체에서 그 날의 뉴스로 보도된다. 따라서 우리는 선별장치기능을 하면서도 그 운용법을 가장 잘 알고 있는 전문가들에게조차 분명하지 않은 '심층구조(deep structure)'를 다루고 있는 것 같다 (Hall, 1973: 181).

맥체스니는 언론인들이 개별 사건을 강조하면서도, '인종차별문제나 도시외곽의 팽창처럼 오랜 공공문제는 도외시하고, 독자들이 공공문제에 관심을 가질 수 있도록 역사적·이데올로기적 맥락을 제공하는 데 별로 관심을 갖지 않는' 뉴스 관점(news hooks)을 지니고 있다는 사실을 예를 들어 설명했다 (McChesney, 2000: 49–50). 더욱이, 뉴스 가치는 개인주의를 '자연스러운' 것으로 간주하고 편애하는 경향이 있으며, 시민의 또는 공동의 가치는 무시한다 (McChesney, 2000: 110). 바로 이 점이 뉴스 가치가 중립적이기는커녕 수용자들이 세상사를 이해하도록 돕기 위해서 언론인들로 하여금 이데올로기로 가득한 '의미지도(maps of meaning)'를 사용하게 만든다는 비판적인 논평가들의 주장이 뜻하는 바이다 (Hall et al., 1978: 54).

스타브(Joachim Friedrick Staab)에 따르면, 뉴스 보도는 "한 나라의 정치적·경제적 구조를 안정시키는 데" 기여하기 때문에 본질적으로 이데올로기적 역할을 한다 (Staab, 1990: 427). 리(Seow Ting Lee)와 그의 동료들은 분쟁보도를 선호하는 전통적 뉴스 가치가 그런 분쟁의 원인을 규명하고 그 대안을 찾으려는 형태의 저널리즘에 장애가 된다고 생각했다 (Lee at al., 2006). 그러나 어떤 분쟁이 있다는 사실만으로는 언론보도를 장담할 수 없다. 38개국의 해외 뉴스를 분석한 연구에 따르면 뉴스 가치만으로 보도의 격차를 설명하기는 부족하며, 경제적 이익, 정보의 입수가능성, 생산비용과 같은 요소들 역시

것은 아니다. 49년 전 데번 주(Devon)에서 발생한 대홍수 사건에 대해서 앞다투어 보도한 2001년 8월의 기사들을 보면, 그 사건에 관한 라디오 다큐멘터리가 방송을 앞두고 있었던 것이 빈약한 계기였다 (RAF RAINMAKERS BLAMED FOR 1952 FLOOD, 『가디언』, 2001년 8월 30일). 그 다큐멘터리가 1년 더 미루어져서 50주년을 장식하지 않은 것이 놀라울 뿐이다.

물론 대부분의 뉴스는 그보다 훨씬 새로운 소식들이다. 하지만 전국을 대상으로 하는 매체에 보도되는 상당량의 기사들은 이미 한두 주 지난 것들이며, 지방주간지로부터 지역일간지를 거치는 언론의 먹이사슬을 지나 웹사이트나 지방방송을 섭렵하기도 하고 어쩌면 무소속 통신사를 통해 전국 무대에 오르기도 한다. 그쯤 되면 5개의 W(뉴스의 도입부에 담아야 하는 다섯 가지 요소로 who, what, when, where, why – 역자 주) 중에서 '언제(when)'는 어딘가에 묻혀버리고 진부한 느낌이 드러나지 않기만을 바라게 된다. 새 학교의 창립, 어린이의 단순 교통사고 사망, 창고의 화재와 같이 별다른 주목 요인이 없는 대다수 지방소식들은 국제 매체는 말할 것도 없고 전국 매체에도 소개되지 않는다. 그렇다고 그런 소식들이 뉴스가 아니라는 뜻은 아니다. 뉴스 가치는 상대적이라는 점을 보여주는 것이다.

24시간 뉴스 채널과 상시 업데이트되는 뉴스 웹사이트의 도래 역시 채워야 할 더 많은 시간과 공간이 생겨났다는 점에서 뉴스 가치에 영향을 주고 있다. 누군가 다음과 같이 시인했듯이 많은 날들에 있어서 **채운다**는 것이야말로 언론인들의 임무이다. "10년이나 15년 전에는 생각조차 하지 못한 내용에 대해 분석하면서 채워야만 하는 방송시간의 양으로

> **"오늘밤엔 뉴스가 없습니다."**
>
> – 1930년 성금요일에 BBC 아나운서

뉴스 선정에 영향을 준다고 밝혀졌다 (Wu, 2000).

주류 언론에 내재하고 있는 뉴스 가치들은 이론적으로 미디어 비평가와 학자들의 비판을 받았고 실제적으로 고유한 형태의 대안미디어를 설립한 시민들에 의해 공격을 받고 있다 (Harcup, 2005 ; 2007: 49–66). 개발도상국에 대해서 보도할 때 이데올로기적 무장을 해제하도록 권면하고 있는, 유럽의 자선단체와 비정부기구의 모임에서 기초한 대안적 뉴스 지침은 그러한 비판적 사고를 통해 나온 것이다 (글상자 3.2 참고).

자신들의 일부 고전적 연구에서, 갈퉁과 루지 스스로도 언론들이 장기적인 문제를 더 보도하고 주요사건들을 덜 보도하며, 배경지식과 상황정보를 더 포함시키고, 복잡하고 모호한 문제를 회피하지 말며, 보통사람들과 후진국에 대한 보도를 늘리는 방식으로 일반적인 뉴스 가치에 대응하도록 권하고 있다 (Galtung and Ruge, 1965: 84-85).

## 구성

제1장에서 보았듯이, 리프먼은 사실이 뉴스가 되려면 반드시 하나의 형태로 주어져야 한다고 주장했는데, 학자들이 뉴스 구성이나 심지어 뉴스 제작을 논할 때 말하려고 하는 바가 바로 그것이다. 그것은 (드문 경우를 제외하고) 언론인들이 사실을 지어낸다는 말이 아니고, 기삿거리에서 사실을 확인하고 선별하고 밝히는 과정이 필연적으로 '문화적 프리즘'을 통해 조명한 구성의 한 형태라는 뜻이다 (Watson, 1998: 107). 엔들레라(Nkosi Ndlela)에 따르면 뉴스의 선정과 구성은 세상을 반영하는 것이라기보다는 세상을 표현하고 단순화하는 것이다 (Ndlela, 2005: 3). 와이크스(Maggie Wykes)는 "뉴스 구성이 '사실들'을 표현하는 동시에 수용자들을 위해 해석의 틀을 구성한다고 주장한다 (Wykes, 2001: 187). 언론인들은 흔히 그런 틀 안에

## 뉴스 가치

연구에 따르면 잠재적인 기삿거리가 뉴스 기사로 선정되려면 일반적으로 다음의 범주 중에서 한 가지 이상의 항목에 해당해야 한다 (Harcup and O'Neill, 2001: 279).

- **권력자(The power elite)**
  권력을 가지고 있는 개인, 조직 또는 기관과 관련된 이야기
- **유명인(Celebrity)**
  이미 유명한 사람들과 관련된 이야기
- **연예(Entertainment)**
  섹스, 연예계, 인간적 관심사, 동물, 극적인 사건의 전개와 관련된 이야기, 또는 해학적인 표현, 기발한 사진이나 재치 있는 헤드라인을 제공하는 이야기
- **놀라움(Surprise)**
  놀라운 요소, (그리고 / 또는) 대조적인 면을 가지고 있는 이야기
- **나쁜 소식(Bad news)**
  충돌이나 비극처럼 부정적인 함축성을 지닌 이야기
- **좋은 소식(Good news)**
  구조나 치료처럼 긍정적인 함축성을 지닌 이야기
- **강도(Magnitude)**
  관련된 사람의 숫자나 잠재적인 영향이라는 면에서 매우 중대하게 인식되는 이야기
- **관련성(Relevance)**
  수용자와 관련된 것으로 여겨지는 문제, 단체, 국가의 이야기
- **후속기사(Follow-ups)**
  이미 보도된 주제에 관한 이야기
- **미디어 어젠다(Media agenda)**
  언론사 고유의 어젠다를 설정하는 이야기나 그런 어젠다와 어울리는 이야기

## 대안적 뉴스 가치

다음은 유럽의 자선단체와 비정부기구의 모임에서 기초한 대안적 뉴스 지침이다 (NGO-EC Liaison Commit-tee, 1989).

- 정치적, 구조적, 자연적 근본원인과 상황을 묘사하기 위해서 재앙의 이미지를 사용하지 말라.
- 사람들의 사회적, 문화적, 경제적, 환경적 상황에 대한 배경정보를 충분히 공급해서 인간적 존엄성을 지켜줘라. 사람들이 자립적으로 하고 있는 일을 강조하라.
- 제삼자의 해설보다는 관련 당사자의 이야기를 제공하라.
- 여성에 대하여 더 자주, 더 긍정적인 이미지를 제공하라.
- 어떤 형태가 되었든지 일반화, 전형화, 차별화를 피하라.

인해 뉴스의 정의, 뉴스 가치의 의미에 변화를 가져왔고 진정한 뉴스에 대한 판단력이 흐려지면서 과대선전이 시작되었다"(Sugden and Tomlinson, 2007: 51에서 인용).

## 좋은 기사

뉴스가 반드시 새로운 것은 아니며, 단순히 사회를 반영하는 것도 아니라면, 정확히 뉴스란 무엇인가? 동물이나 장소, 날씨에 관한 뉴스도 있기는 하지만, 뉴스는 대부분 **사람들**에 관한 것이다. 무언가를 **하는** 사람들. 무언가는 다음과 같다. 싸움, 구조, 살인, 치유, 충돌, 방화, 약탈, 강도, 폭동, 절도, 스토킹, 납치, 구출, 기부, 결혼, 이혼, 파업, 해고, 고용, 사임, 횡령, 고소, 조사, 체포, 질문, 석방, 사랑, 증오, 키스, 성행위, 수색, 추적, 도피, 도망, 창조, 파괴, 침략, 유기, 투표, 지도, 추종, 보고, 협상, 수용, 거부, 변화, 축하, 기념, 발명, 제조, 파손, 판매, 구매, 취급, 작동, 위로, 애도, 작별, 도착, 전달, 성공, 실패, 승리, 패배, 탐색, 발견, 출산, 생존, 죽음, 장례.

무언가를 하는 것과 더불어, 연설, 발표, 공표, 고발, 기자의 질문에 대한 답변 등의 형태로 무언가를 **말하는** 사람들에 관한 것도 뉴스가 될 수 있다. 또한 무언가를 할 **예정**이거나, 말할 예정인 사람에 관한 것, 심지어 다음과 같이 가장 포스트모던한 상태 즉, 무언가를 말할 예정인 사람에게 대응할 **예정**인 사람에 대한 것도 뉴스가 될 수 있다. 위에 나열한 동사들 중에 어떤 것이나 원래 자료가 타깃수용자들에게 적합한 기사가 될 **가능성**을 지니고 있다면 뉴스

> **"독자들의 입에서 '깜짝이야'라는 말이 나오게 하는 것은 무엇이든 뉴스이다."**
> – 맥이웬(*Arthur MacEwen*), 『샌프란시스코이그재미너(*San Francisco Examiner*)』 편집장

서 또는 심지어 재구성된 오랜 신화(Lule, 2001)나 '집단적인 내러티브'(Phillips, 2007: 8-14)를 통해서 기삿거리를 구성한다는 연구도 있다.

하지만 사건과 사실이 하나의 기사로 구성되는 방법에 초점을 맞추는 것은 진행 과정에 대해서 일부만 설명해줄 수 있을 뿐이다. 2장에서 소개한 '의사사건' 개념은 "많은 기사들이 미디어와는 별개로 실제 세상에서 발생한다는 의미에서의 '사건들'이 아니라는 점"을 보여준다(Curran and Seaton, 1997: 277). 심지어 몇몇 논평가들은 더 나아가 실제 생활과 뉴스를 구분짓는다.

> 뉴스는 바깥에 있지 않으며, 기자들은 뉴스를 보도하지 않는다. 그들은 뉴스를 생산한다. 그들은 뉴스를 구성하고, 사실을 구성하며, 서술내용을 구성하고, 사실이 이해될 수 있도록 문맥을 구성한다. 그들은 '하나의' 사실을 재구성한다 (Vasterman, 1995).

웨스터스탈(Westerstahl)과 요한슨(Folke Johansson)에 따르면, 언론인들이 뉴스를 선정하고 구성하는 과정은 "'실제로 일어나는' 일과 아마도 똑같이 중요하거나 어쩌면 그보다 훨씬 더 중요"하다 (Westerstahl and Johansson, 1994: 71). 스타브도 비슷한 주장을 하고 있다.

> 사건들은 그 자체로 존재하지 않으며 주관적인 인식과 정의에 따른 결과물이다. … 대부분의 사건은 고립되어 존재하지 않고, 더 큰 연속적 사건들과 밀접한 관계를 맺으며 첨가된다. 하나의 사건에 대해 다른 정의를 내리고 다른 문맥을 부여함으로써, 다양한 미디어들은 동일한 사건을 다루는 기사에서 그 사건에 대한 상이한 관점을 보도하고 그에 따라 상이한 뉴스 요인을 강조하게 된다 (Staab, 1990: 439).

## 뉴스 프레임

저널리즘학에서 '뉴스 프레임'이란 용어는 수용자가 즉각

가 될 만하다. 그것은 누가 어디서, 언제, 어떤 상황 속에서 무언가를 하거나 말하고 있는지에 달려 있다. 그것은 제한된 시간, 공간, 자원을 두고 경쟁하는 다른 뉴스가 어떤 것인가에도 영향을 받는다.

휘틀은 "뉴스 기사는 술집이나 사람들이 모인 곳에서 그들이 말하는 것들과 관련된다"고 말했다. 그는 알고 있었다. 큰 지역언론사의 편집장인 그의 수입은 자신의 고객인 지역, 국내, 국제적인 미디어들이 구입할 만한 이야기를 찾아내는 데 달려 있다는 사실을. 그는 다음과 같이 말을 이었다.

M56(영국 도로명 - 역자 주)에서 버스 충돌로 6명이 사망했다는 소식은 하드 뉴스(hard news, 경성 뉴스라고도 하며 국내·지역·국제 문제를 주로 다루는 반면 소프트 뉴스(soft news)는 연성 뉴스라고도 하며 흥미 위주의 스포츠, 연예, 사회 기사를 주로 다룬다 - 역자 주)이다. 2001년 9월 11일 미국에서 발생한 세계무역센터 테러공격보다 더 큰 하드 뉴스는 없을 것이다. 하지만 다른 많은 기사들은 수평적 사고(lateral thinking, 에드워드 드 보노(Edward de Bono)가 창안한 개념으로 창의적 사고를 의미한다 - 역자 주)의 결과물이다. 어떤 이야기가 며칠간 지속되면 다음에 나타날 현상은 무엇인지 찾게 된다. 따라서 좋은 본능적 감각이 좋은 기사를 낳는다.

좋은 기사에 대한 휘틀의 본능적 감각은 그의 회사 사무실 벽을 장식하고 있는 1면 기사 액자들을 통해 확인할 수 있다. 캣우먼 15세 소년을 '유혹' … 아동성도착자 자유롭게 활보 … 18,000명의 경찰이 운전면허시험에서 낙방 … 교사의 삶을 망가뜨린 9세 소년 … 폴 매카트니(Paul Mccartney)의 아이 공개 입막음돈 5,000파운드 등, 그의 모든 기사가 술집에서나 냉수기 옆에서 화젯거리가 되는 관문을 통과했을 것이다.

인식할 수 있는 사고방식과 화법에 따라 사건을 단순화하는 언론인들의 경향을 가리킬 때 사용한다 (Niblock and Machin, 2007: 196). 수용자의 개인적 경험보다는 그들의 과거 뉴스 소비에 의해 익숙해지는 것이 프레임이기 때문에, 프랭클린은 "어떤 사건들에 대해서 직접적인 지식이 부족할 때 사람들은 그에 관한 정보뿐만 아니라 이해와 해석을 위해서 뉴스 매체에 점점 더 의존하게 된다"고 말한다 (Franklin, 2005: 85). 전위예술가들이 하나의 프레임, 나아가 한 갤러리에 구속되기를 싫어하는 것처럼, 분명히 대안미디어는 가장 뿌리 깊은 프레임에 변화를 가져올 수 있다.

## 시장지향적 뉴스

영국의 독립라디오뉴스(IRN: Indepedent Radio News)를 연구한 학자들에 따르면, 온라인 뉴스, 24시간 뉴스 채널의 발전과 함께 상업적 압력이 증가하면서 이제 "세분화된 시장에서 특정 집단에게 뉴스를 전달하기 위해서 대중보다는 특정 인구층에 어울리는 기사들을 생산하려고 하는 충동이 강력해졌다"(Niblock and Machin, 2007: 191). 그들은 다른 고유의 뉴스 가치처럼 나이, 성별, 라이프스타일과 같은 요소에 의해 분류된 라디오방송국의 타깃수용자(target audiences)에게 흥미를 줄 수 있는가에 따라 기사가 선정된다는 사실을 발견했으며, 이것은 갈퉁과 루지, 그 밖의 유사한 연구자들이 소홀히 했던 시장요인이 뉴스를 좌우하고 있다는 사실을 보여준다 (Niblock and Machin, 2007: 188).

## 게이트키퍼

게이트키핑(gatekeeping)이라는 개념은 미국 조간신문의 외신부장들이 1949년 한 주간 어떻게 기사를 취사선택했는지를 조사한 화이트(David Manning White)의 연구와 관련된다. 화이트는 그들의 선택이 '매우 주관적'이 언론인이면서 성공적인 소설가이자 극작가로 활동하고 있는 프레인(Michael Frayn)도 이야기를 들려주는 일에 관해서라면 일가견이 있다. 그는 "저널리즘과 소설 그리고 넓게는 인생 깊숙한 곳에 이야기(story)라는 개념이 있다. 왜 어떤 것은 이야기가 되는데 다른 것은 그저 일련의 사건일 뿐인가? 모든 언론인들은 무엇이 이야기가 될 만한지 알고 있기 때문에 그것에 대해 말하려고 하지만, 이야기가 무엇인지 말하는 것은 정말 어렵다"(Armitstead, 2002에서 인용, 저자 강조)고 말했다.

첫 소설『양철 인간(The Tin Men)』에서 프레인은 뉴스 수용자들의 희망사항에 암울한 시장조사 결과를 포함시켰다.

충돌사고에 대한 조사에 따르면 사람들은 적어도 사망자가 10명이 되지 않으면 도로사고에 대해 관심을 기울이지 않는다. 대다수는 10명의 사망자가 발생한 도로사고가 가령 사망자들이 이제 막 신혼여행 중인 커플이었다거나 여우 사냥꾼 무도회(hunt ball, 남자들이 짙은 다홍색 상의를 입는다 – 역자 주)에서 귀가하다가 그 지역 제트기에 의해 살육당한 보행자들이었다는 식으로 자극적인 디테일을 가지고 있지 않는 한 1명이 사망한 열차충돌사고보다 흥미가 덜하다고 느낀다. 어린아이의 장난감이 사고현장에 애처롭게 놓여 있든지 그렇지 않든지 상관없이 열차충돌사고는 항상 관심을 끈다. 최소한 5명의 사망자가 발생했다면 심지어 대륙에서 발생한 열차충돌사고도 기사가 된다. 미국의 경우 최소 사망자수는 20명, 남미의 경우는 100명, 아프리카는 200명, 중국은 500명이 되어야 한다 (Frayn, [1965] 1995: 69).

> "1명의 유럽인이 28명의 중국인보다 가치 있고, 2명의 웨일스 광부가 1000명의 파키스탄인들보다 가치 있을 것이다."
> – 맥러(*McLurg*)의 '공익의 법칙(*law of public interest*)'.

었으며 자신의 '경험, 태도, 기대의 조합'에 기반을 두고 있다는 결론을 내렸다 (White, 1950: 72). 게이트키핑 접근법은 '실제 세상' 속에 뉴스 수집자들이 받아들이거나 배제해야 하는 기정사실이 있다고 전제함으로써 줄곧 비판을 받아왔다 (McQuail, 2000: 279). 기버(Walter Gieber)의 연구에 따르면 기사를 생산하고 편집하는 기계적이고 관료주의적인 과정이 개별 언론인이나 게이트키퍼의 개인적 태도보다 중요하다 (Gieber, 1964: 219). 기버는 다음과 같이 말했다.

> 뉴스는 독립적인 실체를 가지고 있지 않다. 뉴스는 뉴스를 수집하는 (또는 뉴스를 창조하는) 관료체제에 소속된 사람들의 생산물이다. … 기자의 개인적 특성은 외부적 요인에 의해 상당히 완화된다 (Gieber, 1964: 223).

해리슨(Jackie Harrison)이 말하듯이, 뉴스는 "자신이 일하고 있는 언론사라는 제약 안에서 자신이 가지고 있는 뉴스 센스(news sense, 기자가 취재물의 보도 가치를 알아낼 수 있는 감각 – 역자 주)를 발휘하는 언론인들이 뉴스 가치가 있다고 판단한" 것이다 (Harrison, 2006: 13, 저자 강조).

나중에 슈메이커(Pamela Shoemaker)는 복합적인 의사결정 수준과 광범위한 요소들을 고려해 게이트키핑 모델을 발전시켰다.

개별 게이트키퍼는 호불호, 자기 일의 본질에 대한 생각, 문제에 대한 사고방식, 선호하는 의사결정 전략, 하나의 메시지를 버리거나 선택하고 (형성해야) 하는 결정에 영향을 주는 가치를 가지고 있다. 하지만 그 게이트키퍼가 완전히 자기 마음대로 활동하지는 못한다. 그 사람은 반드시 이래라 저래라 하는 지시계통 안에서 움직여야 한다. 이 모두는 또한 반드시 저마다의 우선순위를 가지고 있으며 동시에 외부의 영향에 끊임없이 노출되어 있는 보도기관의 틀 안에서 발생한다. 그리고 물론 이 모든 행위자들 즉,

위의 글이 풍자처럼 들릴 수도 있겠지만 이것은 뉴스를 예측가능하게 만드는 기사 **구성**방식과 **뉴스 프레임** 안에 사건을 배치하는 방식에 관해서 저자가 직접적인 경험을 통해 얻은 지식에 근거하고 있다. 즉, 수학능력시험(A-level: Advanced level의 줄임말로 영국 중등교육의 마지막 단계인 12학년과 13학년이 치르는 시험 – 역자 주)이 매년 쉬워지고 있다는 연례 기사나 해마다 여름이면 윔블던(Wimbledon)에서 경기하고 있는 여성 테니스선수들의 반바지를 보여주는 사진처럼 예측가능하다.

　일부 뉴스들은 상투적이고 예측가능하기도 하지만, 프레인의 소설과 달리 우리는 현실 속의 사람들을 다루고 있는 실제 사건들과 실제 언론인들 사이의 연결고리를 잃지 않았다. 일반적인 통념과 달리, 영화 〈섀터드 글래스〉에서 다룬 것처럼 완전히 기사를 지어내는 언론인들은 보편적이라기보다는 매우 예외적인 경우이다. 대부분의 뉴스 기사는 날조되는 것이 아니라 구성된다. 즉, 가공되지 않은 자료가 수용자나 동료들 모두에게 인정받는 뉴스가 되려면 관찰, 선별, 처리되는 과정을 거친다. 아마도 그래서 노련한 뉴스광들에게는 많은 기사들이 너무 익숙하게 느껴질 것이다. 『양철 인간』의 상상 속의 뱃사공처럼 우리는 지금까지 이름과 장소만 바뀌었을 뿐 대부분 비슷한 이야기를 들어왔다.

## "사람이 개를 물었다"는 이야기

"개가 사람을 물면 뉴스가 되지 않는다. 하지만 사람이 개를 물면 뉴스가 된다." 이 말은 어쩌면 저널리즘 자체만큼이나 오래된 격언일 것이다. 다른 유사한 속담들처럼, 이 말은 진실을 드러내면서도 그만큼 은폐하고 있다. 뉴스 기사에서 진기함의 가치를 알려준다는 점에서 그 말은 옳다. 에반스(Harold

개인, 일과, 조직, 사회기관은 사회시스템에 매여 있고 그로부터 자양분을 얻고 있다는 사실로부터 자유롭지 않다 (Shoemaker, 1991: 75–76).

개별 게이트키퍼가 어느 정도의 자율성을 발휘할 수 있겠지만 완전하게 자율적이지는 못하다는 사실은 뉴스 선정과 관련된 결정이 편집국 게이트키퍼의 성별과는 별 상관이 없다는 연구 결과에 대한 이유를 설명하는 데 어느 정도 도움이 되었을 것이다 (Lavie and Lehman-Wilzig, 2003).

　인터넷으로 인해 생산자와 수용자 사이의 구별이 모호해지면서 게이트키핑이라는 개념 자체가 도전을 받고 있으며, "수용자들이 언론의 주요 정보원을 손쉽게 입수할 수 있게 되면서 언론이 19세기 중반 게이트키퍼, 의제설정자(agenda-setter), 뉴스 필터로 스스로 규정한 역할이 모두 위험에 처하게 될" 가능성에 놓였다 (Hall, 2001: 53).

Evans)의 견해를 따르면, 사람이 개를 물었다 류의 이야기는 "단지 좋은 기사에 그치지 않는다. 그것은 그 자체로 좋은 헤드라인이기도 하다"(Evans, 2000: 215). 하지만 저널리즘의 생명선인 뉴스에 관해서라면 그것은 기사의 일부에 불과하다.

사람이 개를 물었다 류의 이야기는 특이하기는 하지만 아주 드문 일은 아니다. 법정 소송을 보도한 신문기사의 다음과 같은 도입부를 살펴보자. "경찰견의 목을 물면서 '짐승처럼 으르렁거렸다'라고 전해지는 술 취한 청소년이 2년간 보호관찰에 처해졌다"(『요크셔이브닝포스트』, 2000년 11월 4일). 아니면 다음과 같은 믿기 힘든 헤드라인은 어떤가. "한 여성이 사납게 공격하는 핏불테리어"(작고 강인한 투견용 개 – 역자 주)를 물다 (WOMAN BITES DOG IN SAVAGE PIT BULL ATTACK, 『인디펜던트온선데이』, 2001년 6월 17일). 개를 좀 더 특이한 생물로 대체하면 다음의 예처럼 전 세계에서 토픽으로 다루어질 것이다. "북경 동물원에서 판다 구구가 자신을 껴안으려고 하는 만취한 방문객을 공격하다 그에게 물렸다"(MAN BITES PANDA, 『가디언』, 2006년 9월 21일).

변형된 주제를 원한다면 아나노바(Ananova, 영국의 인터넷 포털사이트) 웹사이트에서 다음의 도입부를 보라. "한 연금생활자가 개 … 주인에게 물려서 취리히의 병원 신세를 지게 되었다. 74세의 이 여성은 그 개의 태도에 대해서 말다툼을 하던 끝에 개의 소유주 또 다른 연금생활자로부터 공격을 받은 것이다"(2001년 7월 4일, 원문대로 생략). 무는 것뿐만 아니라 짖는 소리도 간혹 뉴스가 된다는 사실을 보려면, 전국적으로 알려지게 된 다음의 특이한 소송사건을 보자.

8,000파운드의 세금이 소요된 법정 소송에서 두 마리의 개를 향해 짖었다고 체포된 한 청소년이 결백을 증명했다. … 치안판사들은 1월에 사용된 비용 150파운드와 함께 50파운드의 벌금을 부과했지만 유죄혐의를 파기하였고, 한 판사는 "법을 우습게보면 안 된다"고 발언하였다 (MAN WHO BARKED AT DOGS IS CLEARED IN £8,000 CASE, 『데일리텔레그래프』, 2007년 4월 28일).

이런 이야기는 (상대적으로) 희귀하며, 놀라움의 요소가 뉴스 가치를 부여한 경우들이다.

그러나 "개가 사람을 물었다" 류의 이야기들도 보통 다른 관련요소가 더해지면 뉴스로 선정될 만한 가치를 갖게 된다. 한 남자의 죽음에 관한 아래와 같은 신문 기사에서처럼 무시무시한 요소가 끼어들기도 한다. "굶주린 애완동물이 연금생활자를 먹어치우기 시작하다"(『론다 리더스』, 2004년 1월 15일) 이 기사는 언론고충처리위원회로부터 '불필요한' 세부사항을 포함시켰다는 이유로 비판을 받았다 (『프레스가제트』, 2004). 상당수의 전국 매체에서 주요 기사로 취급된 아래의 예는 한 어린이의 소름끼치는 죽음에 대한 것이다. "지난 밤 두 마리의 발광한 로트와일러(경찰견으로 쓰이는 독일산 개 – 역자 주)에게 물어 뜯겨 죽은 아이의 엄마는 실성한 듯이 그 충격적인 비극에 대해서 한탄을 하였다"(MY GRIEF BY KILLER DOGS MUM, 『데일리미러』, 2006년 9월 26일). 반대로 다음의 예에서처럼 공격에서 살아남은 한 지방 어린이에 관한 극적인 이야기도 될 수 있다. "불테리어, 천진난만한 소년의 얼굴을 물다"(BULL TERRIER BITES OPEN FACE OF BOY, 『요크셔이브닝포스트』, 2006년 6월 27일)와 "개에게 물린 소년에 대한 노여움"(ANGER OVER BOY SAVAGED BY DOG, 『벨파스트뉴스레터』, 2008년 4월 4일). 다음의 경우처럼 부상의 특이성이 부각될 수도 있다. "개가 소년의 귀를 물어뜯다"(DOG RIPS OFF BOY'S EAR, 『셰필드스타』, 2007년 3월 6일) 또는 심지어 다음과 같을 수도 있다. "개가 남성의 생식기를 물어뜯다"(DOG BITES OFF MAN'S GENITALS, 가디언, 2000년 9월 2일). 직업적인 손실에 대해서 법적 조치를 취할 수도 있다. "개에게 손가락을 물린 골퍼가 개의 소유주에게 100만 파운드 소송을 제기"(『인디펜던트』, 2002년 12월 3일). 또는 다음의 기사에서처럼 보상액에 대한 '분노'가 될 수도 있다.

> 칼싸움에 가담했던 한 깡패가 경찰견에게 물린 이후 4만 2,500파운드를 보상받았다. 개에게 물린 보상으로는 영국에서 가장 액수가 큰 이 보상액은 경찰연합(Police Federation)으로부터 '정도를 벗어났다'고 비난을 받았다(YOB GETS £42K FOR DOG BITE: FURY AT COP ALSATIAN COMPO, 『선』, 2007년 5월 11일).

국민건강보험(National Health Insurance)의 통계 결과 2007년 한해 개에게 공격을 받은 이후 병원에서 응급처치를 받은 사람의 수가 잉글랜드에서 3,787명이었다는 것처럼 개가 사람을 문 사례의 수 자체가 기사를 이루기도 한다(RISE IN A&E CASES AFTER DOG ATTACKS, 『가디언』, 2008년 2월 28일).

개가 물었다는 이야기를 뉴스로 만들어줄 수 있는 추가적인 요인들을 살펴보면서, 우리는 소위 뉴스 가치의 존재를 간파할 수 있다. 다음의 헤드라인에서 그러한 뉴스 가치의 작용에 대하여 더 많은 실마리를 얻을 수 있다. "600만 파운드 유산을 물려받은 개에 대한 살해 위협(DEATH THREATS TO DOG THAT WAS LEFT £6m IN WILL, 『데일리텔레그래프』, 2007년 12

> "뉴스란 아무 것에도 별 관심이 없는 친구가 읽고 싶어하는 것이다. 그리고 그것은 그가 읽을 때까지만 뉴스이다. 읽고 난 후에는 죽은 것이다."
> – 워(Evelyn Waugh)

월 4일)". "사냥 원정에서 개가 사람을 쏘다(DOG SHOOTS MAN DURING HUNTING EXPEDITION, 『가디언』, 2007년 10월 31일)". 그리고 다음은 내가 가장 좋아하는 것이다. "우리 죽을 때까지 짖자. 사람이 개와 결혼하다(TILL DEATH US DO BARK – MAN WEDS DOG, 『데일리미러』, 2007년 11월 14일)".

## 뉴스 가치

뉴스가 반드시 새로울 필요가 없고, "개가 사람을 물었다" 류의 이야기도 개가 사람을 쏘다 혹은 사람이 개와 결혼하다처럼 좀 더 특이한 이야기와 함께 종종 헤드라인에 오를 수 있다면, 누구나 이해할 수 있는 뉴스의 정의를 고안하는 것은 말은 쉽지만 실제로는 어렵다. 학자들은 계속해서 뉴스 가치를 해체하고 있지만, 언론인들이 뒤로 물러나 엄격하게 기사선정 과정을 판단할 시간이나 성향을 가지고 있는 경우는 상당히 적다. 베테랑 TV 기자 서전트(John Sergeant)는 "대개 언론인들은 논리보다는 본능에 의존하기 때문에 뉴스 기사에 관해 논쟁하는 일은 꽤나 고통스럽다"고 말했다 (Sergeant, 2001: 226).

언론사에 갓 입사한 신입사원들은 많은 뉴스를 접하고 더 경험이 많은 선배들로부터 일반적인 뉴스 가치를 습득하는 과정을 통해서 뉴스 가치를 익히고 기사에 대한 '후각'을 발달시키는 경향이 있다. 그것은 상당히 주관적인 과정이다. 『가디언』의 웨인라이트는 잠재적인 기삿거리가 자신의 흥미를 끄는지 아니면 '점점 나이가 들면서, 내 아이들의 흥미를 끄는지' 여부에 따라 가치를 판단한다고 말했다. 요즘에는 독자들이 어떤 온라인 기사를 가장 많이 읽었는지 숫자를 파악할 수 있기 때문에, 언론인들은 무엇이 대중, 아니 대중의 한 특정집단의 관심을 끄는지에 대해서 더 명확한 개념을 얻을 수 있다. 예를 들면, 2008년 초의 어느 날 오전 10시 10분에 BBC의 주요 뉴스 웹사이트에서 사람들이 가장 많이 읽은 다섯 개의 뉴스는 다음과 같다.

1. (학업 기간을 – 역자 주) 넘긴 학생들도 '체류 가능'
2. 공항 가방 검사 완화
3. 영국인들이 '미국인들보다 부유.'
4. 메드웨이(Medway) 지역, 복권당첨률 가장 높아
5. 에너지절약형 전구 처리 경고 (2008년 1월 7일, http://news.bbc.co.uk)

정확히 같은 시간 스카이뉴스(Sky News) 웹사이트에서 가장 많이 읽힌 다섯 개의 뉴스는 다음과 같다.

1. 방망이로 유아를 때려 숨지게 한 소년
2. 베컴은 누구에게 벌거벗은 아내를 믿고 맡길 것인가?
3. 해병대의 아프가니스탄 비밀 임무
4. 유아가 희귀한 뼈 질환에 맞서다
5. 이라크 군인, 미군 살해 (현재 가장 많이 읽은 이야기 2008년 1월 7일, http:// news.sky.com/skynews/home).

위의 목록은 분 단위로 바뀌고 기사의 어떤 면이 인기를 끌게 되었는지 늘 분명하지는 않기 때문에, 위의 목록을 이해하려고 노력하는 것은 무의미할 수도 있다. 게다가 기사를 클릭했다고 그것을 읽었다고 볼 수는 없다. 어떤 경우든, 가장 인기 있는 기사들은 BBC, 스카이, 그 밖에 다른 언론사에서 매일 생산하는 결과물 중에서 단지 일부를 보여줄 뿐이다.

뉴스 가치를 정의하기는 어렵지만, 실제로 뉴스가 된 이야기들을 살펴봄으로써 뉴스 가치가 어떻게 작용하는지에 대해서 꽤 훌륭한 개념을 얻어낼 수 있다. 영국의 전국지에 관한 하나의 주요 연구에 따르면, 모든 법칙에 예외가 있기는 하지만, 잠재적인 기삿거리는 뉴스 기사로 선정되려면 대체로 글상자 3.1에 나열한 요구사항 중에서 하나 또는 (이상적으로는) 그 이상의 항목을 만족시킨다 (Harcup and O'Neill, 2001).

비록 글상자 3.1에 열거한 뉴스 가치들이 영국의 전국지에 대한 연구를 바탕으로 이루어졌지만, 언론인들이 방송, 온라인, 지방이나 지역매체에서 기사를 선정할 때도 비슷한 사고방식이 작용한다. 뉴스 가치들이 실제로 어떻게 작용하는지 살펴보자.

### 핵심 권력자: 권력을 지닌 개인, 조직이나 기관에 관한 이야기

한편 끝에서는 내각 개편으로부터 다른 편 끝에서는 그들의 웃음의 정도까지 사실상 총리의 모든 행동이 뉴스 가치를 지닌 것으로 보인다. 총리의 고위 관료들에 대한 뉴스 가치는 그보다 덜하며, 정부와 야당의 서열을 따라 평의원에 이르기까지 뉴스 가치는 점점 줄어든다. 총리의 의상선택이나 휴가계획이 보통 뉴스 기사를 이루는 반면, 내각의 관료들은 정책을 발표하거나 실수를 저질러야 헤드라인에 오르고, 중요하지 않은 선거구의 하원의원들은 일종의 스캔들, 소동, 저항, 탈당에 휘말려야만 전국매체에서 관심을 갖는다. 하지만 지방에서는 가장 조용한 선거구의 하원의원조차 지방의회 지도자나 직선 시장과 마찬가지로 핵심 권력자로 간주되며, 그들의 발언과 행동이 지방매체에 보도될 것이다. 나토, 바

티칸(Vatican), 유럽위원회(European Commission), 잉글랜드은행(Bank of England), 옥스브릿지 대학, 이튼칼리지(Eton)와 같은 일부 조직이나 기관들은 개인들과 마찬가지로 권력이나 영향력을 지니고 있기 때문에 뉴스 가치가 있다고 여겨진다.

### 유명인: 이미 유명한 사람들에 관한 이야기

사람들이 패리스 힐튼이나 파파라치에 대해서 들어보기 훨씬 전부터 유명인들은 뉴스 가치가 있었다. 150년도 전부터 요크셔(Yorkshire) 북부의 온천마을을 찾아와 묵고 간 부자와 유명인들의 한 주간 목록에 지나지 않았던 지방신문으로 시작했으며, 내가 일한 적이 있는 『해로게이트어드버타이저(Harrogate Advertiser)』의 오래된 벽을 장식하고 있는 빛바랜 게시판, 즉 '수요일 방문자 목록'이 그 증거다. 그러나 요즘음의 언론인들도 A급, B급, C급, D급, Z급 유명인들에 관한 미디어의 집착 때문에 좋은 기사가 희생되고 있다고 불평하고 있다. 휘틀은 많은 신문 편집자들을 "기사가 삼류 유명인을 다루고 있는지에 대해서만 평가하는 달렉(dalek, BBC의 TV 프로에 나오는 로봇으로 귀에 거슬리는 단조로운 소리로 말함 – 역자 주)"이라고 평가절하했다. 그는 좋은 뉴스 기사를 '특이한 일을 한 평범한 사람들'이라고 정의한 과거의 신문 편집자 한 명을 회상한 후, "그런 면들이 사라졌다"고 슬픈 어조로 말하였다. 유명한 사람에 대한 어떤 이야기를 생각해낸다면(민간인 또는 머글[muggle, 마법을 가지지 못한 인간 – 역자 주]이라고도 불리는) '보통' 사람에 관한 똑같은 이야기보다 뉴스로 사용될 가능성이 커진다.

> " 이름과 얼굴,
> 그것이 팔리는 물건이다. "
>
> – 맥아트(Pat McArt),
> 『데리저널(Derry Journal)』의 편집장

### 연예: 섹스, 연예계, 인간적 관심사, 동물, 극적인 사건의 전개와 관련된 이야기, 또는 해학적인 표현, 기발한 사진이나 재치 있는 헤드라인을 제공하는 이야기

편집책임자들은 수용자를 유쾌하게 하거나 즐겁게 할 만한 기사나 그림을 선호한다. 사실 어떤 이야기들은 그 밖에 다른 장점을 가지고 있지 않다. 그렇지 않다면 예를 들어, 왜 『데일리익스프레스』가 1면을 자신의 죽은 애완견 얼굴을 닮았다는 나무줄기에 대해 말하는 여성으로 채웠겠는가 (BARK THAT SAYS ZOE WILL ALWAYS BE HERE, 『데일리익스프레스』, 2001년 11월 6일)? 또한 "래브라도(흔히 맹도견으로 쓰이는 큰 개 – 역자 주) 찰리 (CHARLIE THE FLABRADOR, 『데일리메일』, 2001년 10월 25일)"나 "비만 고양이들의 왕(KING OF THE FAT CATS, 『데일리미러』, 2001년 10월 31일)"처럼 너무 자주 등장하는 과체중 애완동물 기사를 보라. 성적인 접근도 편집책임자들에게 인기가 있어서, 섹스와 관련된 소송이나 재판소는 그렇지 않은 경우보다 다루어질 가능성이 크다. 반응을 얻을 만한 또 다른 연예기사는 최고의 레코드 1,000선, 최고의 영화 100선, 역사상 최고의 노래 50곡, 최근 인기연예인과 비인기연예인의 비교처럼 목록에 기반한 것들이다. 하드 뉴스, 심지어 비극적인 뉴스조차 유쾌하게 한다는 의미에서가 아니라 우리가 알고 있는 인물들이 포함된 반전을 통해 극적인 전개를 제공한다는 의미에서 즐거움을 주는지의 여부에 따라 판단될 수 있다. 예를 들어, 매년 도로에서 사망하는 수 십 명의 아이들의 이야기는 긴장감이나 극적 요소가 별로 없기 때문에 상대적으로 미디어의 주목을 덜 받는다. 하지만 경찰이 추적하고 있는 실종된 아이의 극적인 이야기는 집중적으로 보도되면서, 아이의 웃고 있는 사진, 마지막 행적에 대한 재구성, CCTV 화면의 공개, 감정적 호소, 사체의 발견, 애끓는 메시지와 함께 헌화된 꽃, 용의자의 체포, 법정 바깥에 몰려든 군중들의 야유가 잇따른다. 오락으로서의 저널리즘에 대해서는 7장에서 더 다룰 것이다.

### 놀라움: 놀라운 요소, (그리고 / 또는) 대조적인 면을 가지고 있는 이야기

개를 물거나 심지어 개와 결혼한 사람의 이야기는 엄마가 된 12세 소녀부터 비행기 날개 위를 걷는 외다리 남성에 이르기까지 놀랍고, 충격적이고 특이한 사건들과 함께 놀라움을 준다는 점에서 기사가 된다. 남의 아내와 도망친 교구 목사, 아동포르노를 다운로드해서 체포된 아동보호경찰관, 또는 자동차협회(AA: Automobile Association)의 잘못된 출장에 관한 다음의 이야기처럼 대조적인 면을 가지고 있는 이야기도 큰 가치를 지닌다.

> AA는 누군가의 차가 망가졌을 때 도움을 주는 것이 임무이지만, 자신들의 밴이 한 부부의 차, 정원 벽, 차고를 파손했을 때는 그렇게 하지 않았다. 서투른 자동차수리요원이 조용한 거리의 꼭대기에 차를 주차시킨 후 핸드브레이크를 당겨 놓지 않고 차를 나왔다. 그의 밴이 언덕을 굴러 내려가서 15년 된 포드 오리온과 차고를 망가뜨렸다 (HE'S A VERY SILLY MAN, A VERY, VERY SILLY MAN, 『메트로』, 2007년 1월 22일).

### 나쁜 소식: 충돌이나 비극처럼 부정적인 함축성을 지닌 이야기

사망, 비극, 일자리감소, 공장폐쇄, 위신추락은 모두 누군가의 나쁜 소식이지만 기자들에게는 좋은 소식이다. 때때로 기자들은 '싸움'을 붙이거나 보도하려는 희망으로 어떤 사건이나 발언에 대한 적대적인 반응을 끌어내려고 시도함으로써 나쁜 소식을 거의 만들어낼 수도 있다. 운이 억세게 좋다면 지역사회가 '격분'하건 안 하건 '설전(war of words)'을 이끌어낼 수도 있다.

### 좋은 소식: 구조나 치유처럼 긍정적인 함축성을 지닌 이야기

긍정적인 이야기는 좋기만 한 뉴스는 나쁜 뉴스라는 냉소적인 주장이 암시하는 것보다는 훨씬 일반적이다. 어딘가에서 누군가는 늘 꿈꾸던 상을 받거나, 일생의 여행을 떠나거나, 모두 A학점을 받은 성적표를 들고 포옹하고 있는 것처럼 보인다. 불타는 집에서 사람들을 구하기 위해 뛰어든 이웃들은 곧잘 영웅 대접을 받는다. 다음의 1면 머리기사처럼 기적적인 치유는 단어 자체가 의미하는 것보다는 흔히 일어난다. "죽음 직전에 회생: 뇌사상태였던 소녀 제니퍼, 기적적으로 회복되다 (BACK FROM THE BRINK: COMA GIRL JENNIFER MAKES A MIRACULOUS RECOVERY, 『요크셔이브닝포스트』, 2002년 2월 2일)". 전국지 1면을 장식한 또 다른 기적도 있다. "우리의 기적: 영국을 강타한 시속 100마일의 강풍으로부터 살아남은 엄마의 이야기 (OUR MIRACLE: MUM TELLS OF ESCAPE AS 100mph GALES BATTER UK)" 한 엄마가 돌풍에 뿌리 뽑힌 나무가 아이들의 할머니 차를 뭉개버렸을 때 자신의 두 아이가 어떻게 죽다 살아났는지를 설명했다 (『데일리미러』, 2002년 1월 29일). 캘리포니아에서 발생한 다음의 사건처럼 외국의 기적조차 영국에서 뉴스가 된다. "사막의 기적: 충돌사고 후 엄마의 시신 곁에서 스포츠 음료와 딱딱한 면으로 연명하며 10일을 버틴 5살짜리 소녀 (MIRACLE IN THE DESERT - CRASH GIRL, FIVE, SURVIVES TEN DAYS NEXT TO HER MOTHER'S BODY ON SPORTS DRINK AND DRY NOODLES, 『데일리미러』, 2004년 4월 15일)". 이러한 '기적적인' 생존은 뉴스 기사에서 반복되는 주제이다. 이 장르의 대표적인 이야기가 『데일리메일』의 한 지면 전체를 차지하였다. "운 좋게 살아난 아이: 창문을 기어오르던 유아가 25피트 아래로 떨어져 … 지나가던 의사의 팔에 그대로 안겼다 (LUCKIEST BOY ALIVE: THE TODDLER WHO CLIMBED THROUGH A WINDOW AND FELL 25FT … STRAIGHT INTO THE ARMS OF A PASSING DOCTOR, 2001년 6월 27일)"라는 기사는 예상대로 그 아이와 안도한 엄마, 문제의 창문이 포함된 사진이 곁들여져 묘사되었다. 다음의 경우처럼 동물 역시 기적적인 생존을 할 수 있다. "훌륭한 녀석! 120피트 아래 바다로 뛰어든 뒤 살아남은 강아지 (DOWN BOY! PUP SURVIVES 120FT PLUNGE INTO THE SEA, 『데일리미러』, 2008년 3월 7일)". 헬리웰이 설명한 것처럼, "하드 뉴스는 대개 나쁜 소식이기 때문에 우리는 법정 기사, 경찰 기사, 산업계 등의 기사를 약간 더 가벼운 것, 즉 죽음과 파괴 사이에서 빛과 그림자를 조금 더해 중화시키기를 원한다.

### 강도: 관련된 사람의 숫자나 잠재적인 영향이라는 면에서 매우 중대하게 인식되는 이야기 ───────

어떤 기자가 "충분한 사망자 수가 아니다"라고 말하면서 잠재적 기삿거리를 제외시킬 때 강도라는 요인이 작용한다 (Harrison, 2000: 136에서 인용). 웨인라이트는 자신이 셀비(Selby)의 열차사고 현장

에 가기로 결정한 이유를 다음과 같이 회상했다.

나는 그 사고에 대해 이른 아침 뉴스를 통해 알고 있었는데 사망자가 두 명을 넘을 것이라는 사실을 알고는 현장에 갔다. **그 사고는 그 수준**(기사가 될 수 있는 수준 - 역자 주)**이 될 것이다.**

하지만, 다음의 헤드라인이 뉴스 단신으로 취급됐다는 사실에서 볼 수 있듯이, 강도라는 것은 상대적이다. "사이클론으로 인한 사망자 1,700명에 달해 (CYCLONE DEATH TOLL HITS 1,700, 『메일온선데이(Mail on Sunday)』, 2007년 11월 18일)". 이 치명적인 사이클론이 방글라데시에서 발생했다는 사실은 왜 이 기사가 51면에 삽입될 정도의 가치 밖에 없었는지를 어느 정도 설명해준다. 이와 유사하게, 텔레비전 뉴스는 영국에서 폭풍으로 인해 7명이 사망했다는 소식을 톱뉴스로 전하면서 나이지리아의 무기고 폭발로 500명이 사망한 것으로 추정된다는 뉴스를 네 번째 단신으로 취급할 수도 있다 (Channel 5 News, 2002년 1월 28일 오후9시). 숫자가 바뀌어서 나이지리아에서 7명의 사망자가 발생했다면 그들이 영국인이 아닌 이상(아래의 관련성 참고) 뉴스에 포함될 것이라고 보장할 만큼 충분한 강도가 아닐 것이나, 영국에서 500명이 죽었다면 현장에서 날이면 날마다 뉴스 방송을 내보내기 위해 스케줄을 비워야 할 것이다.

### 관련성: 수용자와 관련된 것으로 여겨지는 문제, 단체, 국가의 이야기 ───────

"뉴스는 가까운 지역이 확대되고 먼 지역이 압축되도록 왜곡된, 기이한 세계에서 존재한다"고 마(Andrew Marr)는 말한 바 있다(Marr, 2005: 61). 방금 살펴보았듯이, 영국의 수용자들에게 나이지리아의 사망자 500명은 그보다 적은 수의 영국 내 사망자나

해외의 영국인 사망자보다 더 적은 관심을 받는다. BBC의 한 뉴스 편집자는 60명이 익사했음에도 불구하고 인도의 대형버스 추락사고가 뉴스가 되지 못한 이유를 설명하면서 "그것은 사람들에게 주는 충격의 문제"라고 말했다 (Schlesinger, 1987: 117에서 인용). 뉴스 편집국을 대표하는 악의적인 유머에서 이런 현상은 종종 맥러그의 법칙(McLurg's Law)이라고 불리는데, 그는 발생한 거리의 정도에 따라 사건의 등급을 매긴 전설적인 편집장이다 (Schlesinger, 1987: 117). 그렇다고 이것이 단순히 지리적 거리의 문제는 아니다. 즉, 우리는 영국과 더 가깝고 유럽연합(EU: European Union)의 일부라 하더라도 벨기에보다는 언어적·문화적으로 더 공통된 평가기준을 가지고 있는 미국에 관한 기사를 더 많이 듣는다. 국제 뉴스를 떠나서, 관련성이란 개념은 주제 선정에 영향을 준다. 바로 그것이 젊은층을 대상으로 하는 BBC 라디오 원(Radio One)의 단신에서 약물과 연예계에 관해서 그토록 많은 뉴스를 보도하는 이유이며, 교사들(과 학생들)의 구독자 수가 많은 가디언이 교육에 대한 기사를 많이 싣는 이유이며, 중산층과 '출세지향적인' 노동자계급 독자를 겨냥한 『데일리메일』이 모기지와 부동산 가격에 대해서 그토록 많은 기사를 취급하는 이유이다. 관련성은 전국이나 세계 수준에서뿐만 아니라 작은 수준에서도 작용을 하기 때문에, 해안가의 지방신문은 갈매기의 위협에 대해서 다양한 기사를 다루는 반면, 내륙 시골지방의 신문에서는 양의 가격에 더 관심을 가질 것이고, 대도시의 신문에서는 두 가지 모두 다루지 않을 것이다. 특정 유형의 광고주에게 중요한 특정 유형의 수용자들에게 어필할 수 있는지를 고려해 뉴스 기사를 선정한다면 그것은 일종의 상업적인 또는 **시장지향적인 뉴스**라고 볼 수 있다.

## 후속기사: 이미 보도된 주제에 관한 이야기

나이틀리(Phillip Knightley)는 절대 다수 편집책임자들의 사고방식을 "누군가 그것을 보도하기 전까지 뉴스는 뉴스가 아니다"라는 말로 요약했다 (Knightley, 1998: 197). 그래서 방송기자들은 기사를 찾기 위해 신문이나 잡지를 스캔하고, 인쇄매체 기자들은 방송 뉴스 단신을 모니터하며, 양자 모두 꾸준히 뉴스 웹사이트나 통신사의 자료를 확인하거나 그 반대의 일이 일어난다. 하지만 언론인들은 계속해서 '기사를 발전시키는' 일, 즉 새로운 정보를 발견하거나 새로운 관점을 소개하는 일에 관심을 갖는다. 후속기사는 배경자료를 손쉽게 입수할 수 있고, 연락책이 이미 확인되었으며, 전개과정을 예측해서 미리 계획할 수 있다는 점에서 언론인들에게 많은 이점을 갖고 있다.

## 미디어 어젠다: 언론사 고유의 어젠다를 설정하는 이야기나 그런 어젠다와 어울리는 이야기

종종 고유의 뉴스 가치보다는 특정의 상업적 또는 정치적 이익을 증진시키거나 수용자의 충성심과 일체감을 유발하려는 언론사의 어젠다에 부합하는 기사가 더 자주 선정되곤 한다. 전자의 예는 2장에서 논의했지만, 후자의 예는 독자들에게 장기기증카드 휴대를 권장하는 지방신문의 캠페인부터 논쟁을 불러일으키고 있는『뉴스오브더월드(News Of The World)』의 소아성애자 '네임 앤드 셰임(name and shame, 이름을 공개하여 창피를 주는 것 – 역자 주)' 캠페인에 이르기까지 다양하다. 『데일리메일』에서 2002년 엘리자베스 2세 모후의 사망에 대한 BBC의 보도를 비판하는 기사를 연속적으로 내보냈을 때, 그것은 지면의 한계를 넘어서는 존재와의 싸움을 보도한 것이라기보다는 자사의 도덕적 분노라는 어젠다를 강화시키기 위해서 행했던 것으로 보인다. 이 신문의 정치적 성향은 기사에서 자주 발견되지만, 다음의 패러디 기사에서 기억에 남을 만한 풍자를 한 것처럼 논평난에서도 찾을 수 있다.

『데일리메일』에 매일 실리는 일련의 기사들에 따르면, 중산층 신문의 독자들은 당장 자살하는 편이 나을 것이다. 그럼에도 불구하고 살아남아야 할 유일한 이유가 있다면 다음날 이 신문에 경제난이 영국의 모든 남녀노소를 강타해서 애완동물을 잡아먹고 망명자들로부터 푼돈을 구걸하게 만들 것이라고 암시하며, 더 비관적인 기사를 실었는지 확인해야 하기 때문이라고 전문가들은 말한다 (94페이지에서 계속), (*Private Eye*, June 28 2002).

위에서 나열한 뉴스 가치들은 상호작용하기 때문에, 더 많은 뉴스 가치를 지닌 사건일수록 뉴스가 될 가능성이 커진다. 하지만 위의 기준을 상당수 충족시킨 사건이라 할지라도 그 자체로 뉴스가 되지는 않는다. 우선 그것은 발견되고, 평가되고, 선정된 뒤 구성되어야 한다.

## 기사선정

일반적으로 기자들, 특별히 **게이트키퍼**라고 불리며 편집국에서 일하는 기자들이 기사를 선정하는 역할을 맡는다. 그런 의미에서 게이트키퍼들은 어떤 사건에 대해서는 문을 닫아놓지만 다른 사건에는 문을 통과해서 뉴스가 되게 한다. 인터넷이 도래한 이후, 점점 더 많은 사람들이 광범위한 정보원에 접근하고 있기 때문에 언론인들은 더 이상 게이트키퍼가 아니라는 주장이 자주 제기되어왔다. 하지만 온라인 뉴스의 주요 공급자들은 대부분 다른 형태의 미디어를 통해 이미 큰 역할을 하고 있다.

*BBC Online*이나 『가디언』 같은 웹사이트는 온갖 종류의 블로그, 대화형 특집기사, 사용자 제작콘텐츠로 활기를 띠고 있지만, 그들이 공급하는 뉴스 서비스는 여전히 정보를 선정하고, 걸러내고, 처리하는 과정, 즉 게이트키핑을 통해 가동되고 있음이 분명하고 바로 그렇기 때문에 그런 사이트가 많은 인기를 얻고 있다.

전통적인 미디어와 달리 온라인 뉴스는 정해진 데드라인이 없고 결코 '가득 차는' 법이 없기 때문에 조직, 생산, 언론인들의 생산물의 분배에 변화가 생기면 뉴스 선정에도 영향이 생긴다. 기븐스는 BBC의 온라인 기자의 삶을 이렇게 묘사했다.

무언가를 즉시 준비해야 한다는 압박감이 더 강해졌다. 누군가에게 어떤 사건이 발생한 지 두 시간이 지나서 기사를 작성하면 이미 쓸모가 없을 정도로 늦은 것이다. 신문기사를 쓸 때는 적당한 시간을 택할 수가 있지만, 우리는 종종 사건이 발전하면 따라가야 하기 때문에 하루에 똑같은 한 기사를 네다섯 번이나 다루어야 할 때도 있다. 지금 취급하고 있는 기사의 **주변**에 배경자료를 두면 훨씬 수월하다. 인터넷 사이트는 결코 완전해지지 않으며 잠들게 할 수도 없다. 항상 어느 순간에는 어떤 정보가 시대에 뒤떨어져버리기 때문에 삭제할 필요가 생긴다.

하지만 이런 과정 역시 언론인들의 업무라는 점이 분명하기에, 기븐스는 기사선정이 핵심이라고 믿고 있다. "신문이나 라디오에서 좋은 기사가 온라인에서도 좋은 기사가 된다."

대안적인 정보원을 찾고 싶어 하는 사람들에게는 인터넷이 틀림없이 편리한 도구이지만, 대부분의 경우에 대부분의 사람들에게 '뉴스'는 여전히 언론인들이 선정하고 걸러낸 것이다. 헬리웰은 편집국의 관점에서 기자가 기삿거리를 가져왔을 때 자신이 무엇을 요구하는지를 다음과 같이 설명했다.

일면 기사를 위해서는 일종의 극적인 이야기, 어떤 사건이나 흥분된 요소가 절대적으로 필요하며, 독자를 끌어들일 수 있을 만한 것이 필요하다. 가급적이면 사람들이 이끌리는 것을 찾아야 한다. 가령 강도사건을 예로 들면, 어느 정도의 디테일과 특색을 갖고 있어야만 누가 관련되었고 누가 희생자일지 알 수 있기 때문에 그런 이야기만 일면을 차지하는 좋은 강도기사로 간주된다. '두 명의 복면강도가 미확인 액수의 돈을 들고 서쪽 방향으로 도주했'와 같은 무미건조한 경찰 발표로는 부족하다. 그것이 범죄, 산업, 경영, 무엇이든 간에 우리는 그것을 가능한 인간적으로 만들어야 한다.

두 강도의 사진들과 함께, 한 노파에게 강도짓을 해서 7년의 징역살이에 처해진 두 명의 18세 젊은이에 관한 다음의 대서특필 기사를 보자. "철창행 신세가 된 두 폭력배: 연금생활자를 폭행 (YOUNG THUGS CAGED: TERROR ATTACK ON PENSIONER, 『요크셔이브닝포스트』, 2001년 10월 6일)". 헬리웰은 그 사진들이 기사를 일면에 실리는 데 기여했다고 말했다.

경찰로부터 사진을 입수하는 일은 늘 녹록하지 않지만 확실히 가치가 있었다. 사람들은 언급하고 있는 대상의 모습을 보고 싶어 한다. 비록 사진이 없었더라도 그 사건은 일찌감치 신문의 머리기사가 되었을 것이다. 행위의 잔인함, 노파에 대한 그들의 발언, 판사의 평결, 상당히 중형이라고 할 만한 7년형. 요즘 같은 시대에도 이런 것들은 매우 드문 일이다.

하지만 경찰에 보고되는 대부분의 범죄를 미디어에서 취급하지 않는 것처럼, 대부분의 법정소송도 보도되지 않는다. 신문사에서는 법원출입기자의 수를 축소하고 방송국이나 온라인미디어는 세간의 이목이 가장 집중된 사건만을 취급하기 때문에

이런 현상은 뉴스 가치의 문제이면서도 조직 운영상의 문제이기도 하다. 메릭이 아래에서 설명하는 것처럼, 법정 뉴스는 대체로 흥미로운 면을 가지고 있는 사건을 찾아 온갖 소송을 파헤치는 통신사 기자들을 통해 얻어진다.

살인사건 재판만으로는 충분치 않고, 두세 가지의 다른 관점이 필요하다. 타블로이드 신문이 주로 우리의 고객이기 때문에 통신사는 그들의 관심사에 초점을 맞추고 있으며 상당히 인간적 관심을 끄는 것을 다룬다. 내가 취급한 첫 법정기사는 정부의 아내를 죽인 여성에 관한 것이었는데, 그것만으로는 좋은 신문기사가 아니었다. 나는 그녀가 아마추어 연극의 코러스 부분을 맡고 있었고 희생자는 주연 가수였다는 사실이 흥미를 더하는 면이라고 생각했다.

아주 작은 마을을 제외하면, 지방신문에서조차 대부분의 법정소송은 미디어에서 다루어지지 않는다. 헬리웰은 또 이렇게 말했다.

우리는 항상 누군가 형사법원(Crown Court)을 담당하도록 하고 대부분의 날에는 두 사람이 12개의 법원을 맡도록 한다. 다른 대다수 신문처럼 치안판사법원(경범죄 법정 – 역자 주)을 보도하는 시대는 사실상 지나갔다. 우리가 알고 있는 사건들에 대해서는 취재를 하지만 요행을 바라고 그러는 것은 아니다. 물론 우리가 놓친 괜찮은 이야기들이 있겠지만, 재판이 너무 많이 연기되기 때문에 똑같은 기사를 반복한다는 의미에서 다룰 만한 가치가 없다. 고용재판소(employment tribunal, 고용계약법에 의거해 계약협상에 대한 분쟁을 해결 – 역자 주)와 비슷하다. 성 차별 사건의 경우는 너무 지루하거나 기술적이기 때문에 조심한다. 절차에 관한 논쟁은 우리에게는 좋은 머리기사가 아니다. 지역의 큰 기업과 관련된 사건이면 성 차별, 부당한 해고에 대해서 확인한다. 이따금씩 인종차별로 고소당하는 인종평등조직들도 있다. 사람들은 그런 내용을 좋아한

다. 위선적인 모습을 보고 싶어 하는 것은 인간의 본성이다.

그런 기사를 화면으로 읽으면서 혀를 차거나 머리를 흔들지도 모르나 그것은 분명히 기자가 괜찮은 기사를 건졌다는 표시이다. 다른 뉴스도 법정소송이나 재판과 마찬가지다. 산전수전 다 겪은 신문기자조차 기사를 보고 인간적인 면에서 충격, 놀라움, 분노, 슬픔, 기쁨이나 즐거움을 느낄 수 있다. 헬리웰은 "그것이 편집국에서 중요한 시금석이다. 기사가 당신의 마음을 움직였다면 다른 사람의 마음도 움직일 것이다. 우리는 그런 것을 원한다"고 설명했다.

바로 그것이 뉴스다. 다음 장에서는 뉴스를 어디서 얻는지 알아보겠다.

## 요약

뉴스란 새롭고 (또는) 특이한 것을 중심으로 세상에서 일어나는 사건들을 선택적으로 보여주는 것이다. 하지만, 모든 뉴스가 새로운 것은 아니다. 상당수의 뉴스는 예측가능하며, 어떤 뉴스는 결코 '사건들'과 관련되지 않는다. 언론인들은 무엇이 특정 수용자의 관심을 끄는지를 염두에 두면서 직업적 기준에 따라 기사항목을 확인하고 선정하고 생산한다. 음으로 양으로 언론인들은 소위 뉴스 가치라는 일련의 기준에 비추어 잠재적 기삿거리들을 판단한다. 학계에서는 언론의 생산물을 연구한 뒤 그러한 뉴스 가치의 목록을 만들어냈다. 뉴스 연구와 관련된 일부 이론적 모델들에서는 뉴스를 사회적 구성체로 보거나, 언론인을 사건을 포함시키고 배제하는 게이트키퍼로 간주하거나, 뉴스 가치를 사회의 주류 이데올로기에 물든 것으로 여긴다. 인터넷의 발달로 언론인들의 게이트키퍼 역할이 약화되었고 생산자와 수용자 사이의 경계가 흐릿해졌다는 주장도 제기되고 있다.

## 질문

뉴스 가치는 어디서 생성되는가?

뉴스 가치는 시대에 따라 변화하는가?

현대에는 누가 게이트키퍼인가?

어떤 면에서 뉴스가 예측가능한가?

뉴스가 생산된다는 말은 그것이 진실이 아니라는 뜻인가?

## 추가 읽을거리

『윤리적인 언론인(*The Ethical Journalist*)』(Harcup, 2007)에는 뉴스가 선정되고 구성되고 소개되는 과정에서 발생하는 다양한 윤리적 문제를 한 장을 할애해 다루고 있다. 랜들(Randall, 2007)과 보이드 (Boyd, 2001)는 각각 경험이 많은 인쇄매체기자, 방송기자의 관점에서 뉴스에 대해 현실적으로 논의하고 있다. 해리슨(Harrison, 2000)에는 TV 뉴스 가치에 대한 연구가 담겨 있으며, 하컵과 오닐 (Harcup and O'Neill, 2002)에는 영국의 전국지에서 작용하고 있는 뉴스 가치에 대한 내용분석 결과가 소개되어 있다. 오닐과 하컵(O'Neill and Harcup, 2009)도 함께 참고하라. 『뉴스(*News*)』 (Harrison, 2006)에는 뉴스의 진행과정에 대한 학문적 분석이 이해하기 쉽게 설명되어 있으며, 텀버 (Tumber, 1999)에서는 갈퉁과 루지(Galtung and Ruge), 슐레징거(Schlesinger), 슈메이커(Shoemaker), 간스(Gans)를 포함한 여러 연구를 발췌해 소개하였다. 뉴스 가치를 이데올로기로 분석한 홀(Stuart

Hall)의 고전적 연구도 텀버에서 발췌하였지만, 홀 공저(Hall et al., 1978)의 3장과 4장에서 완전한 원문을 찾아보는 것도 유익하다. 휘테이커(Whitaker, 1981)는 대안미디어의 관점에서 뉴스 가치를 비평하였다.

## 주요 출처

*The Day Today*, BBC Worldwide DVD 2004; Tatum, Salas, 2007에서 인용; BBC, Allan, 1997: 352n에서 인용; MacEwen, Boorstin, 1963: 20에서 인용; McLurg's Law, Schlesinger, 1987: 117에서 인용; Waugh, 1943: 66; McArt, Greenslade, 2003b에서 인용; *Guardian*, June 8 2001.

# 4장

## 뉴스의 출처는 어디인가?

친구 제인(Jane)이 "하비니콜스(Harvey Nichols, 영국의 고급백화점이며 하비닉스라고도 부른다 – 역자 주)의 그 끔찍한 포스터 봤니?"라고 물었다. 리즈(Leeds)에서 개장한 하비니콜스의 광고를 보고 불쾌함을 느꼈던 것이다. 나는 보지 못했다. 그녀는 도로의 큰 광고판에 개목걸이와 개줄을 한 흑인여성이 그려 있고 '(유행을 선도하는) 하비니콜스'라는 약간의 말장난이 곁들여 있었다고 설명했다. 제인은 그 광고가 넓게는 여성, 좁게는 흑인여성을 비하했다고 생각했으며, 여성폭력에 대한 그 지역의 '무관용' 캠페인을 증진시키기 위해 제작된, 아무 관련도 없는 포스터와 나란히 놓여 있어서 더 그렇게 느껴졌다.

"그게 기사가 될 만한 것인지는 모르겠다"고 그녀는 덧붙였다. 누군가 불평을 제기하면 기사가 될 수 있기 때문에, 대답은 그렇다는 것이다. 그녀는 예상대로 광고심의위원회(ASA: Advertising Standards Authority)에 비난의 편지를 보냈다. 개목걸이를 한 모델은 흑인이 아니라 짙은 화장을 한 조디 키드(Jodie Kidd, 영국의 백인 수퍼모델 – 역자 주)로 밝혀졌다. 하지만 그 불평은 왕세자비를 포함해서 유명인들에게 인기가 있으며 대중의 관심이 높은 고급백화점과 관련된 소동이었기 때문에 뉴스 가치가 있는 이야기였다. 그것은 '떠들썩한 소동'을 '전염병이요 언론의 사기행위'(Randall, 2000: 41)로 평가절하하는 랜들 같은 기자에게는 의미 있는 종류의 기사가 아니겠지만, 진정한 분노를 반영하고 있었다.

## 정보원

정보원은 언론현장에서 핵심적이다. 정보원은 잠재적 기삿거리를 만들어내는 사람, 장소, 조직이며, 기자들이 기사가 될 만한 이야기를 확인할 때 의존하는 사람, 장소, 조직이다. 벨은 "이상적인 뉴스 정보원은 자신의 발언으로 뉴스를 만들어내는 뉴스 행위자(news actor)이기도 하다"고 주장한다 (Bell, 1991: 193-194). 그는 다음의 뉴스 행위자들을 주요 정보원으로 열거하였다. 정치인, 관료, 유명인, 스포츠인, 전문가, 범죄자, 인간적 관심을 끄는 인물, 희생자나 목격자와 같은 관련자 (Bell, 1991: 194). 벨은 언론인들이 어디에나 정보원이 있다고 말할지 모르지만 대부분의 경우에는 제한된 범위의 정보원을 이용한다고 주장했다. 그는 일련의 연구결과를 언급하며, 상당히 많은 경우에 "권위 있는 정보원이 기자에게 한 말이 뉴스가 된다"면서 소수계층이나 사회적 약자를 포함한 그 밖의 정보원은 "무시되는 경향이 있다"고 지적했다 (Bell, 1991: 191-192). 최근의 연구 결과를 보면 광범위한 수의 기사들이 일종의 홍보활동으로부터 얻어진다는 점을 알 수 있으며, 루이스와 그의 동료들은 "영국에서 가장 권위 있는 언론사의 기사들을 보아도 기자들이 홍보업계나 다른 미디어로부터 입수한 만들어진 정보에 상당히 의존하고 있다"고 지적한다 (Lewis et al., 2008a: 14). 이런 정보 지원(information subsidy)의 결과 "기업이나 정부의 목소리는 커진 반면 대중의 의견은 우려할 만할 정도로 묵살되었다" (Lewis et al., 2008b: 30).

간스(Hebert Gans)에 따르면, 정보원을 평가할 때 기자들의 최우선 고려사항은 효율성(efficiency)이다. "정보를 수집할 시간이 별로 없을 때 기자들은 자연히 가능한 빨

그 백화점 홍보관계자가 무시하는 반응을 보이기에 나는 지역주민과 지방의원들로부터 성토하는 내용의 발언들을 조금 더 모은 뒤 기사를 전국지와 지방지에 보냈다. 많은 신문이 다음날 사진과 함께 의무감을 갖고 재담을 곁들여 다음과 같이 기사를 내보냈다. "하비닉스에 대한 분노 (HOT UNDER THE COLLAR, 『데일리익스프레스』)", "하비닉스의 '독걸,' 소동을 일으키다 (HARVEY NICKS 'DOG GIRLS' UNLEASH A ROW, 『데일리메일』)", "인종차별 및 성차별 포스터로 미움을 산 고급백화점, 북부에서 항의를 야기하다 (TOP STORE IN THE DOGHOUSE AS 'RACIST AND SEXIST' POSTER UNLEASH PROTESTS UP NORTH, 『가디언』)", "하비닉스, 리즈 유한부인들의 추종을 이끌어내는 데 실패하다 (STORE FAILS TO FINDS FOLLOWING AMONG LEEDS LADIES WHO LUNCH, 『데일리텔레그래프』; 모두 1996년 10월 10일)". 그런 가운데, 이 기사에 대한 방송의 후속보도가 잇따랐고, 마침내 칼럼니스트들이 여러 기사를 바탕으로 자신의 철학적 견해를 내놓게 되었다.

그리고 그 기사는 나를 제외하고 사람들에게 잊혀졌다. 모든 자유기고가들이 알고 있듯이, 기사가 있으면 후속기사가 뒤따른다. 3개월 후, ASA가 그 광고는 재미를 위한 것이며 해로울 게 없다고 발표했을 때, 나는 원래의 기사를 다시 꺼내 새 기사를 후딱 작성했으며 일부 신문에 간략히 소개하였다. 하비니콜스에게 불리한 판결이 나왔으면 이 후속기사는 분명히 더 큰 뉴스가 되었을 것이다. 하지만 그것이 인생이다.

## 정보원은 어디에나 있다

기자들은 잠재적인 뉴스 기사나 특집 기사를 가지

리 가장 적은 수의 정보원으로부터 가장 적합한 뉴스를 얻으려고 시도하게 된다" (Gans, 1980: 128). 그는 기자들이 뉴스 정보원을 평가할 때 사용하는 상호관련된 여섯 가지 '정보원 고려사항'을 밝혀냈다. 그것은 다음과 같이 요약할 수 있다.

과거의 적합성(Past suitability): 과거에 기사가 된 정보를 가지고 있는 정보원이 다시 선택되고 (기자들이 결국 지겨워할 수는 있지만) 정기적인 출처가 될 가능성이 크다.

생산성(Productivity): 기자는 최소한의 노력을 기울여서 많은 정보를 얻을 수 있는 정보원을 선호한다.

신뢰성(Reliability): 기자들은 최소한의 정보 확인과정을 필요로 하는 믿을 만한 정보원을 원한다.

충성도(Trustworthiness): 기자들은 시간을 두고 정보원의 충성도를 평가하며 정직하고 이기적이지 않은 정보 제공자를 좋아한다.

권위성(Authoritativeness): 다른 조건이 같다면, 기자는 권위 있는 공직에 있는 정보원을 선호한다.

명료성(Articulateness): 기자들이 누군가를 인터뷰해야 할 때 자신의 말을 명료하고 간결하며 극적인 인터뷰 내용이나 인용문으로 표현할 능력이 있는 정보원을 선호한다 (Gans, 1980: 129-131).

간스에 따르면, 이런 과정은 "언론인들이 제한된 숫자의 똑같은 유형의 정보원들을 반복적으로 접하게 된다"는 것을 뜻한다 (Gans, 1980: 144). 기자들이 아이디어의 주된 출처로서 그리고 사실 확인을 위해서 다른 기자들이나 다른 미디어를 사용하기 때문에 이토록 명백한 정보원의 균질성은 더욱 강화된다. 피에르 부르디외(Pierre Bourdieu)는 "무엇을 말해야 할지 알려면 우선 다른 모든 사람들이 무엇을 말하고 있는지 알아야 하기" 때문에 언론인들은 너무 많은 뉴스를 소비한다고 주장하면서, 이런 현상을 '정보의

고 있는 **정보원**들에 둘러싸여 있다. 눈과 귀, 마음을 열고 있기만 하면, 친구와의 대화, 벽에 붙어 있는 포스터, 예상치 못한 병치(unexpected juxtaposition) 등 모든 것이 기사가 될지도 모른다.

『요크셔이브닝포스트』의 베테랑 기자 라젠비(Peter Lazenby)는 가는 곳마다 기삿거리를 찾아내는 능력을 지닌 부류처럼 보인다. 어느 주말 동네 슈퍼마켓에서 쇼핑을 하던 중에, 그는 지역게시판에서 잃어버린 앵무새를 돌려주는 사람에게 수백 파운드의 보상을 하겠다고 적힌 카드를 발견했다. 그는 '대단한 앵무새'일 것이 틀림없다고 생각하면서 전화를 걸어보고는 정말 희귀한 품종이라는 사실을 알게 되었다. 하지만 그 앵무새는 잃어버린 것이 아니었다. 부유한 수집가들의 주문이 있으면 희귀 조류를 납치해서 개인비행기로 배달하는 국제밀수조직의 조직원이 그 새를 훔쳐간 것이었다. 평범한 휴일로 끝나버렸을지도 모르는 날치고는 구매한 식료품과 함께 집으로 가져가기에 나쁜 이야기는 아니었다. 이런 의미에서, 좋은 기자에게 휴일이란 없다.

통신사 편집장인 휘틀이 설명하는 것처럼, "뉴스의 정보원은 어디에나 있다." 어떤 정보원은 기자들이 늘 연락하는 사람들이 될 것이고, 어떤 정보원은 단 한 번으로 그칠 수도 있다. 어떤 정보원은 기자들의 의견이나 정보를 얻을 수 있는 **뉴스 접근성**을 원하기 때문에 그들에게 주도적으로 먼저 접근할 것이고, 어떤 정보원은 자신이 **정보원**이라는 사실 자체를 인식하지 못할지도 모른다. 좋은 기자는 다양한 정보원들로부터 톱기사를 찾으려 하지 홍보업계의 정보를 받으려고만 하지 않을 것이다. 가장 흔한 정보원들 중에서 일부를 글상자

> "뉴스의 정보원은 어디에나 있다."
> – 휘틀(Brian Whittle)

동심원적 순환(circular circulation of information)'이라고 명명했다 (Bourdieu, 1998: 23-24). 브루디외는 이것이 '정신적 폐쇄성'을 낳는다고 주장했다 (Bourdieu, 1998: 23-24).

기자들의 정보원이 실제로 위에서 제시한 것처럼 좁은 범위에 국한되는가? 언론이 소수의 '자원이 풍부한 기관들'(Cottle, 2000: 43)을 정말 편애하는 경향이 있다고 하더라도, 꼭 그렇게 할 필요가 있는 것은 아니다. 대안신문에 관한 연구에 따르면, 정보원의 선택을 결정하는 것은 뉴스 생산의 일과 자체가 아니라 조직의 기풍이기 때문에, 대안신문이 '다른 유형'의 정보원과 목소리를 선택할 여지가 있다 (Colttle, 2000: 434-435: 또한 Harcup, 2003 참고).

## 뉴스 접근성

누가 뉴스에 실리는가 하는 문제는 공론의 장(public sphere)에 대해서 고려할 때 중요하며, 공식적 정보원에 의존하는 기자들의 성향은 권력자들에게 우호적이라는 주장이 자주 제기됐다 (Cottle, 2000: 427; McChesney, 2000: 49; McQuail, 2000: 288). 홀은 뉴스에 대한 불평등한 접근성은 사회적 효과에 악영향을 미친다고 주장한다.

어떤 것, 어떤 사람, 어떤 사건, 어떤 관계가 항상 묘사되는데, 늘 무대의 중앙에, 어젠다를 정하고, 대화의 조건을 설정하고, 규정하는 위치에 놓는다. 다른 것도 가끔씩 일부가 묘사되지만, 항상 변두리에, 이미 누군가 규정한 조건과 상황 안에서 질문에 대한 반응으로 표현되며, 결코 '중앙에 자리 잡지 못한다.' 그 밖에 어떤 것은 항상 부재나 침묵이라는 수단으로 아니면 다른 사람의 관점이나 시각에 의해 굴절되어 그 존재가 '묘사된다.' 백인, 남성이면서 사업가나 정치인, 전문가, 유명인이라면 뉴스에 등장할 가능성이 커진다. 사회적 지위가 없는 흑인이나 여성, 빈곤층이나 노동자계급, 게이나 소외층이라면 주변인이기 때문에 주목을 받기 위해 투쟁을 해야만 한다. 그렇다고 후자의 집단에 속한 사람은 누구도 미디어에 보도되지 않는다는 말은 아니다. 하지만 그것은 실제로

**뉴스 기사의 일반적인 정보원**

| | | |
|---|---|---|
| 검시 | 동업자단체 | 이메일 목록 |
| 게시판 | 문화유산단체 | 자동차협회 |
| 경찰 | 법정심리 | 자선단체 |
| 공식 보고서 | 병원 | 재개발사업 |
| 공식적 조사 | 보건당국 | 전문가단체 |
| 공항 | 보도자료 | 정당 |
| 광고 | 블로그 | 정부뉴스네트워크 |
| 교구 소식지 | 사람들 | 정부부처 |
| 교회, 모스크, 회당, 사원 | 사무변호사 | 주민단체 |
| 구급차 서비스 | 상공회의소 | 지방의회부처 |
| 군대 | 소방서 | 지방의회모임 |
| 귀와 눈 | 소비자단체 | 지방의회 공보담당자 |
| 규제당국 | 소셜네트워크 | 지방의회의원 |
| 극장 | 수평적 사고 | 지역발전단체 |
| 기념일 | 술집 | 지역사회단체 |
| 기사 스크랩/일기 | 스카우트, 컵스, 가이드, 브라우니 | 캠페인 |
| 기업 | 스, 우드크라프트 포크 | 통신사 |
| 기자회견 | 스포츠단체 | 포스터 |
| 노동조합 | 압력단체 | 폭로 |
| 다른 미디어 | 업계 신문 | 하원의원과 유럽의회의원 |
| 대학 | 연예계 | 학계 저널 |
| 도서관 | 예술가 집단 | 학교 |
| 독립정부기관 | 온라인 포럼 | 홍보회사 |
| 독자/시청자/청취자/사용자 | 우체국 | 후원단체 |
| 독자투고 | 운송회사 | |
| 동료 | 웹사이트 | |

4.1에 나열하였다.

## 연락망

글상자 4.1에서 나열한 정보원들은 어느 기자에게
든지 연락망의 근간을 이룬다. 연락망은 전자파일
이나 종이 등 다양한 형태와 크기로 기록될 수 있으
며, 연락망의 유무에 따라 데드라인을 맞출 수도 있

미디어에 대한 접근성이 특정 사회범주에 관련해서 구조적
으로 편향되어 있다는 사실을 뜻한다 (Hall, 1986: 9, 원저
자 강조).

그러한 미디어의 보도행태가 반드시 시간이 흘러도 변
하지 않은 채 남아 있는 것은 아니며(Schudson, 1989:
230), 흑인과 게이의 목소리도 홀이 위의 글을 썼을 때보
다는 자주 들리고 있다. 그러나 기자와 정보원의 관계가
복잡하고 시간이 지나면 변할 수 있다는 사실과 소외계층

고 기회를 놓칠 수도 있다.

연락망 수첩에는 보통 조직들이 알파벳순으로 기록되어 있으며, 이름, 직책, 대표전화, 직통전화, 휴대폰, 팩스번호, 이메일주소, 가능하면 집전화도 병기되어 있다. 이른 아침이나 밤늦게 일할 때는 업무용 전화가 쓸모없기 때문에 휴대폰과 근무시간 외 연락 가능한 전화번호가 특히 중요하다. 급하게 이름과 번호를 바로 찾으려면 상호참조를 해두는 편이 좋다. 전화번호의 주인이 누구인지 그리고 왜 그 사람의 번호를 가지고 있는지에 대해서 기억에 의존하면 안 된다. 기억력이 아무리 좋아도 평범한 한 해 동안 만나는 모든 사람을 기억하기는 어렵기 때문에 기억을 돕기 위해 직함과 간단한 메모를 해두어야 한다.

기자는 또한 특정 관심사나 문제와 관련된 사람들에 대한 별도의 연락망을 광범위하게 만들어둘 필요가 있다. 수첩에 그런 연락망을 직업과 취미, 전문지식분야 별로 범주화해서 가지고 있으면 매번 무에서 시작하는 것보다 훨씬 빨리 결정적 의견, 부족한 정보, 새로운 관점을 찾는 데 도움이 된다. 연락망 수첩에 기록되는 사람들은 기자가 어떤 종류의 조직에서 일하는지, 담당하고 있는 지역이나 전문분야가 어디인지, 주로 다루는 것이 특집기사인지 뉴스인지, 자기만의 독특한 관심사나 전문지식을 어떻게 개발하는지에 따라 천차만별이다.

유용한 연락책에는 다음의 사람들이 포함될 가능성이 크다. 학자, 배우, 에이전트, 대체요법사, 낚시꾼, 건축가, 화가, 점성가, 천문학자, 운동선수, 저자, 법정변호사, 생물학자, 블로거, 건축업자, 사업가, 간호인, 동굴탐험가, 유명인, 요리사, 약사, 통찰력이 있는 사람, 등산가, 수집가, 코미디언, 지역사회 지도자, 컴퓨터 귀재, 지방의회의원,

의 목소리가 무대의 중앙을 차지하는 경우도 가능하다는 사실에도 불구하고, 권력자들이 뉴스 접근성이라는 면에서 '일상적으로 유리한 고지'를 점할 경향(tendency)은 여전하다 (Manning, 2001: 139). 예를 들어, 영(Gary Younge)은 흑인 '공동체 지도자들'은 폭동이 발생할 때에만 권위 있는 정보원으로 간주되는 경향이 있다는 점에 주목하여 다음과 같이 말했다. "평화로운 시기에는 발언의 기회가 거의 주어지지 않지만, 공동체의 잘못된 멤버를 비난해야 할 경우 그들(흑인 지도자들 – 역자 주)에 대한 수요는 커진다" (Younge, 2001). 뉴스 접근성은 5장에서 더 논의할 것이다.

## 일차규정자

홀을 필두로 일부 문화비평가들에 따르면, 미디어 접근성의 '왜곡(skewing)'에 의해 사회의 주류세력이 사회적 문제에 대한 논의의 범위를 제한할 수 있게 된다. 정치인, 고용주, 경찰, 소위 전문가들은 "문제가 무엇인지를 규정함으로써 뒤따르는 모든 논의의 범위를 결정하는 일차적 정의"를 내린다는 의미에서 사건의 '일차규정자'가 된다 (Hall et all., 1978: 59). 이런 분석에 따르면, 언론인들은 어떤 음모 때문이 아니라 '신뢰도의 위계구조'가 사회의 권력구조를 반영하기 때문에 권력자들의 해석을 유통시킨다는 의미에서 '이차규정자' 역할을 한다 (Manning, 2001: 138). 일차·이차규정이라는 개념은 미디어 자체가 일차규정자가 될 수 있는 잠재력를 무시하고 기자와 정보원의 관계의 복잡성을 어느 정도 경시한다는 이유로 비판을 받고 있다 (Schlesinger, 1990: 66-67; Manning, 2001: 15-17 and 137-139; Kuhn, 2002: 52-58).

## 권력

기자와 정보원의 관계는 춤과 줄다리기와 유사하게 묘사되어왔다 (Gans, 1980: 116-117). 맥퀘일은 점증하는

카운슬러, 범죄학자, 문화평론가, 치과의사, 디자이너, 형사, 영양사, 장애운동가, 디제이, 의사, 경제학자, 엔지니어, 환경운동가, 부동산중개업자, 탐험가, 농부, 여성운동가, 영화감독, 유명 영화배우, 재정전문가, 축구선수, 정원사, 동성애운동가, 골프선수, 역사가, 호텔리어, 이슬람성직자, 국제전문가, 판사, 치안판사, 시장상인, 산파, 갑부, 모델, 음악가, 간호사, 애완동물소유주, 파일럿, 경찰, 정치운동가, 사제, 정신과의사, 심리학자, 랍비, 도보여행자, 피난민, 레스토랑 주인, 선원, 과학자, 가게주인, 가수, 사회운동가, 사회학자, 군인, 사무변호사, 스포츠 관계자, 서포터, 외과의사, 교사, 교통전문가, 트롤선 선장, TV 스타, 장의사, 채식주의자, 수의사, 교구목사, 희생자, 작가, 동물학자. 그리고 부탁을 주고받을 수 있는 다른 기자들의 목록도 빼놓으면 안 된다.

연락망은 살아 있는 것이기 때문에 누군가에게 전화했는데 상대방이 죽었거나 은퇴했다는 말을 들으면 당연히 연락망을 수정해야 한다. 또한 현재 작업하고 있는 기사와 관련해 입수한 새 연락책, 심지어 『노팅엄이브닝포스트』의 소비자문제 담당기자 피치(Kevin Peachy)가 설명하는 것처럼 아직 손도 대지 않은 기삿거리와 상관 있는 연락책을 추가하며 연락망을 늘려가야 한다.

많은 사람들이 내게 전화를 걸어서 "내 건조기가 고장난 지 3일이 지났는데 수리기사가 얼씬거리지도 않는다"는 불평을 털어놓는다. 그런 사람들에게 응대하는 요령이 있다. 그들은 어느 정도 그 문제에 대해 불평하면서 이야기하고 감정을 해소하면 괜찮아진다. 하지만 그 모든 통화일지를 기록하면 어떤 경향이 있다는 것을 발견할 수 있기 때문에 그들의 전화가 유용하다는 것은 분명하다.

홍보업계의 정보조작의 기능으로 인해 "미디어 스스로 엄청나게 공급되는 정보에 대해서 독립적인 판단을 내리기가 점점 더 어려워지게 됐다"고 말했다 (McQuail, 2000: 291). 기자와 지방정치인의 관계에 관한 라슨(Larsake Larsson)의 연구에 따르면, '미디어 노출을 위한 정보교환'에 기반을 둔 상호작용이 존재하며, 그 안에서 때로는 기자가, 때로는 정치인이 주도권을 갖는다(Larsson, 2002: 27). 그러나 기자들이 부정적인 뉴스를 강조한다 할지라도 하루하루의 수준에서는 기자들이 아니라 그들의 정보원이 어젠다를 설정하는 것처럼 보인다.

지방매체들은 대부분 지방정부의 의사결정과정에서 다루어진 문제로부터 뉴스를 얻는다. 기자들의 업무환경 탓에 그들이 별도의 조사나 어젠다설정을 하기는 힘들기 때문에 기자들이 주도적으로 생산하는 지방뉴스는 흔하지가 않다. 어떤 의미에서 그들은 어쩔 수 없이 지방자치단체가 차려놓은 뷔페 식탁에서 음식을 고른다. 그들은 아주 드물게 주인이 찬장에 숨겨놓은 것을 찾기 위해 부엌을 들여다볼 용기를 낸다. … 그런 매체들은 자신들이 보도하고 있는 기관이 결정한 뉴스 선택의 틀 안에 머물고 있다 (Larsson, 2002: 29).

간혹 사회 권력구조의 바깥에 있는 사람들이 미디어보도의 '틀(framing)'을 만들기도 한다. 예를 들어, 브르타뉴(Brittany, 프랑스 북서부 반도 – 역자 주) 농부들의 시위를 보도하면서 한 기자는 다음과 같은 윤리적 문제를 제기할 수밖에 없었다. "열흘 후에 우리는 조종당하고 있는 것이 아닌지 궁금해졌다. 그들은 우리들을 불러서 사진을 찍을 수 있는 기회를 주었다. 우리는 시위자들에게 응수하고 싶은 감정을 갖게 됐다. 우리가 없으면 그들도 존재하는 것이 아니다" (Neveu, 2002: 65에서 인용).

하지만 언론인들이 2장에서 논의한 제약 안에서 정보원들을 선택하고 특정 관점을 포함시키거나 배제할 권력을 지니고 있다는 사실을 잊어서는 안 된다.

"내 TV, 전화선, 어떤 물건에 문제가 생겼는데 전화할 때마다 자동응답기로 넘어가는 탓에 담당자한테 통화하는 데만 며칠이 걸렸다"고 투덜거리는 전화를 엄청나게 많이 받았을 때, 바로 위에서 말한 과정을 거쳐 기사 하나를 건진 적이 있다. 나는 모든 통화를 적어둔 뒤, 20개의 회사를 테스트해서 직원하고 직접 통화하기까지 얼마나 오래 걸리는지 알아보기로 했다. 우리가 선택한 대부분의 회사는 내가 일지에 적어놓은 회사들이었다. 만약 10명의 사람들이 동일한 회사에 관해 전화하면 그 회사를 살펴볼 필요가 있기 때문이다. 그 자체로는 별 의미가 없을지 모르지만, 모두 모아보면 경향을 확인할 수 있다.

> " 좋은 기자는 버스를 한 번 타면 적어도 좋은 기삿거리 두 가지를 찾아낼 줄 안다. "
>
> – 맨스필드(Frederick Mansfield)

나는 말 그대로 연락망 수첩과 똑같은 수첩을 하나 가지고 있는데, 사람들이 불평하는 사람이나 주제가 있으면 나는 그 숫자를 모으고 필요하다면 약간의 설명을 덧붙인다. 그러면 언제든지 그것을 찾아볼 수 있다. 캠페인은 또 다른 예이다. 우리는 그것을 금방 생각해내는 것이 아니고, 독자들의 편지나 담당지역을 돌아다니는 기자들, "이건 어떤가요?" 라고 말하는 사람들에게서 영감을 얻는다.

별 기삿거리가 없는 날에는 그저 연락망을 죽 훑어보고 한동안 연락하지 못했던 사람들에게 전화를 해보라. 한두 가지 기삿거리를 건질지도 모른다. 마지막으로, 복사본을 만들어두라. 이것이 타당한 조언이라는 사실에 모두 동의하지만, 대부분의 기자들이 연락망 수첩을 잃어버리고 나서 복사본을 만들어두었더라면 얼마나 좋았을지 깨달을 때까지 그렇게 할 짬을 내지 않는다. 복사본을 만들겠다고 다시 한 번 다짐하라.

## 통화

휘틀이 아래에서 설명하고 있는 것처럼, 기자가 출근해서 맨 처음 하는 일은 자신의 지역에서 무슨 일이 일어났는지 알아보는 것이다.

뉴스 수집에 관한 한 우리는 오랜 방식을 고수하고 있다. 일찍 일어나서 전화를 하는 것이다. 사무실에 오는 동안 텔레비전을 보고 최소한 두어 개의 전국지와 두어 개의 지방지를 읽는다. 그러면 무슨 일이 발생했는지 즉각 알게 되고 바로 업무에 들어갈 수 있다.

'통화' 즉, 다양한 기관에 규칙적으로 문의하는 것은 뉴스 수집 과정에서 핵심이다. 후속 기사를 위한 최신 정보 및 흥미로운 사건에 대한 정보를 입수하기 위해 경찰, 소방서, 응급서비스기관에 연락하는 일은 가장 기본적인 통화라고 할 수 있다. 주간신문은 하루 한 번 통화하고, 일간신문은 하루에 수차례 통화를 시도하며, 통신사, 방송국, 온라인 뉴스 편집국에는 한 시간 간격 또는 그보다 더 자주 통화한다. 해안지역을 담당하는 기자는 해안경비대와 구명정 서비스기관에게도 전화하는 반면, 도보여행자나 동굴탐험가가 많은 지역을 맡은 기자는 산악구조대를 확인할 것이다. 마지막 순번의 통화는 데드라인 직전에 이루어진다. 나의 경우 한 일요신문사에서 토요일에 근무할 때 혹시나 탈주 등 어떤 사건이 있었는지 묻기 위해 지역의 교도소에도 전화를 해야만 했다.

기자들이 매일 지방 경찰서에 모여 경찰관계자가 사건일지에 최근 발생한 범죄나 비행에 대하여 브리핑하면 메모하던 때가 있었다. 일부 지역에서는 아직도 그런 방식이 유지되고 있지만, 요즈음에는 대부분 전화통화로 이루어지며 홍보담당자들이 업데이트하는 소식들이 보이스뱅크에 녹음된다. 프리랜서 기자 그린(Nigel Green)이 정보공개법을 이용해 2주의 기간 동안 노섬브리아(Northumbria) 경찰이 얼마나 많은 사건을 다루는지 알아낸 것처럼, 경찰은 사건들 중에서 극히 일부만을 대중에게 공개한다. 그린은 1만 7,261건의 사건 중 단 27건이 기자들에게 공개되었다고 밝혔다.

보이스뱅크(voicebank, 경찰이나 소방서 등에서 미디어에 최신 정보를 전달해주기 위해 갖추어 놓은 시설 – 역자 주)의 경우에서 극명하게 드러나는 것처럼, 일상적인 통화 체계에서는 정보가 일방향적으로 흐른다. 가끔씩 대중들이나 개인의 관찰을 통해서 범죄사실이 발견되는 경우도 있지만, 절대다수의 범죄기사는 경찰을 통해 공급된다. 그 결과 경찰이 **일차규정자**라는 특권적 위치를 갖게 됐고 특정 이슈에 대한 보도와 논의 방식을 좌우할 수 있게 되었다는 주장도 제기되고 있다. 학계에서는 주로 이러한 기자와 정보원 사이의 **권력**관계 문제를 연구하는 반면, 언론인들은 기삿거리를 얻는 실효성에 더 관심을 갖고 있다. 기자들에게, 경찰서와 다른 응급서비스기관에 규칙적인 통화를 하는 것은 기사를 만들어내는 데 유용하고 가치 있는 방법이다. 통화는 단신부터 톱기사에 이르기까지 다양한 기사를 규칙적으로 공급해주며, 배포 있는 기자라면 누구나 적절한 개인적 지식이나 연락책이 없어도 규칙적으로 통화를 할 수 있고, 통화는 담당지역에서 발생한 큰 사건을 놓치지 않도록 보험역할을 해준다. 통화는 계속해서 뉴스 수집의 중요한 방법이 될 것이다.

# 뉴스의 정보원

전화로 연락하는 기관들은 가장 많은 자료를 가지고 있는 곳일지 모르지만 그 곳도 뉴스의 여러 출처 중 몇 군데에 불과할 뿐이다. 글상자 4.1에 나열한 일반적인 정보원을 아래에 소개하였다.

## 검시

검시관 법원(coroner's court, 검시관이 검시의 심리를 하는 법원 – 역자 주)에서는 지방 미디어에 꾸준히 비극적인 기삿거리를 제공하며, 그중에서 특이하거나 대중의 관심이 쏠린 이야기는 전국지에 실리기도 한다. 형사심리에 비하면 대부분의 검시는 상대적으로 간단히 정리할 수 있다는 점도 기자들에게는 큰 매력이다. 때로는 유사한 케이스가 다수 발견되면 당면한 비극적 사건보다 더 큰 기삿거리로 발전할 수도 있다. 스코틀랜드에는 검시관과 검시가 존재하지 않으며, 주 법원(sheriff's court)에서 치명적인 사건의 검시를 담당한다.

## 게시판

가게 유리창, 사무실, 도서관, 대학 같은 곳의 게시판은 대중회합, 탄원, 건축허가 신청, 실종 앵무새에 관해 비밀정보를 제공한다.

## 경찰

기자들, 특히 지방신문이나 지역신문 기자들에게 가장 중요한 단일 정보원은 경찰이다. 경찰 보이스뱅크나 경찰서에 정기적으로 통화하고 필요할 경우 공보담당실 또는 그보다는 조사담당관에 후속 통화를 하면 잔인한 살해, 서투른 강도, 무감각한 도둑, 시민 영웅 등 끝이 없는 기삿거리를 얻을 수 있다.

경찰은 이렇듯 범죄에 대한 의례적인 소식전달 외에도 가끔씩 기동작전 정보를 귀띔해주어서 새벽의 현장급습이나 마약단속 현장을 담은 극적인 사진을 얻게 해준다. 경찰은 희생자의 가족과 함께 기자회견을 마련하기도 한다. 노련한 범죄담당기자는 가능하다면 공보담당실을 지나쳐서 경찰 내부에 자신만의 연락책을 구축한다.

## 공식 보고서

공식보고서를 마주하게 되면 그 행정부의 요약본에 무조건 의존하지 말라. 뉴스 가치가 있는 부분은 주요 자료 안에 감추어져 있을지 모르며, 바로 그런 경우에 그 문서의 해석을 도와주는 전문가 친구를 사귀어놓은 수고가 빛을 발한다.

## 공식적 조사

공식조사에서 좋은 기사가 나올 수 있지만, 깊숙한 이면을 살펴봐야 한다는 점을 기억하라. 1990년대 가뭄에 대한 공식조사 결과를 담은 수백 페이지 공식문서를 죽 훑어보면서 라젠비 기자는 요크셔(Yorkshire) 수도국과 시의 비상상황 관련자 회의에서 물 공급을 보장할 수 없기 때문에 브래드포드(Bradford) 시민 전체를 대피시켜야 한다는 제안이 나왔던 사실을 발견했다. 산더미 같은 서류 바닥에 있는 오래된 회의록들 속에 파묻혀 있던 한 줄에 불과했지만 그 내용은 그 날 저녁 일면기사가 되었다.

## 공항

다양한 유명인들의 출발시각과 도착시각 공지 외에도 공항은 (기록적인 비행시간, 새 항로와 같은) 긍정적 기사나 (사고, 항의, 운항취소 소동, 활주로 확장에 대한 논쟁 등) 부정적 기사를 만들어낼 수 있다.

## 광고

영향력이 큰 자리에 구인광고가 나온 것을 보면 전에 있던 사람이 사임했거나 쫓겨났을 것이라는 사실을 떠올릴 수 있다. 또한 공립학교에서 『프라이빗아이』의 항목별 광고란(classified ads)를 통해 재정 후원을 호소하는 내용이 등장할 때마다 교육시스템의 현실에 대해 광범위한 보도가 잇따른다.

> " 대개 진실에 대한 책임은 정보원의 몫이다. "
> – 맥퀘일(Denis McQuail)

## 교구 소식지

여기에는 굉장한 소동이 숨어 있을지 모른다. 그렇지 않으면 다가오는 축일부터 교구목사의 부족한 점에 이르기까지 다양한 소식을 찾을 수 있다. 하지만 엄청나게 많은 감탄사를 견딜 각오를 해야 한다.

## 교회, 모스크, 회당, 사원

종교단체들은 행사를 개최하거나, 내홍을 겪거나, 타종교의 관점을 공격함으로써 뉴스를 만들어낸다. 하지만 누군가 지방당국이 크리스마스를 금지시키려 한다고 말하면 그것은 사실이 아닐 확률이 거의 확실하다.

## 구급차서비스

구급차서비스에 규칙적으로 통화하면 사고나 폭발을 사전에 경고할 수 있고, 심지어 병원에 가던 중 출산한 사례까지도 알 수 있다.

## 군대

군대는 평시에도 대규모훈련, 해외주둔 병사들의 사진을 실은 모집캠페인 외에도 종종 의문사나 괴롭힘 등의 문제로 뉴스를 만들어낸다. 전시에는 당연히 군사브리핑이 기삿거리가 되고 군주둔지는 반전운동가들의 시위장소가 된다.

## 귀와 눈

생활하면서 눈과 귀를 열어두면 얼마나 많은 기삿거리를 찾을 수 있는지 놀랄 것이다.

## 규제당국

수도사업감독기구(OFWAT: Office of Water Services), 우편서비스감독기구(POSTCOMM: Postal Services Commission), 에너지감독기구(OFGEM: Office of Gas and Electricity Markets) 등은 고객 불만, 요금 인상, 과다 수익 및 임원 연봉과 관련된 기사의 단골 정보원이다. 방송통신규제국(OFCOM: Office of Communications)은 취향과 품위 같은 문제에 대한 대중들의 불만사항을 심사한다.

## 극장

극장은 이벤트, 연예인, 작품내용, 재정문제 등을 통해서 기삿거리를 제공한다.

## 기념일

기자들은 기념일, 그 중에서도 끝이 5나 0으로 끝나는 기념일을 아주 좋아한다. 생일, 결혼, 사망, 발명, 재난, 전쟁의 시작과 종결은 모두 기념일로 취급되는 사건들이다.

## 기사 스크랩/일기

한 기사는 흔히 다른 기사를 이끌어내는데, 특히 그 기사를 생각나게 하는 것을 편집국 일지에 기록해두면 더욱 그렇다. 이전 기사들의 스크랩은 배경정보의 주요 정보원이기 때문에 스크랩에 적어둔 모든 정보가 정확하도록 주의해야 한다. 그것들은 이미 한번 보도된 것이기 때문에 다른 기자들이 구태여 정보의 정확성을 확인할 필요가 없다는 속설이 있는 것 같다. 언론고충처리위원회는 "오늘날 너무 많은 기자들이 10개의 과거 기사에서 베끼는 편이 새로운 적절한 조사를 통해 확인한 새 기사보다 낫다는 믿음을 갖고 일하는 것처럼 보인다"고 경고하였다 (PCC, 1992: 2).

## 기업

자기이익만을 추구하는 홍보업계의 과대광고를 제외하면, 실제 상품, 실제 일자리, 실제 이익과 손실 등이 진정한 업계 기사이다.

## 기자회견

새로운 입단계약을 발표하는 프로축구클럽 세계는 논외로 하고, 요즘에는 기자들이 너무 바빠서 이메일로 받을 수 있는 정보를 수집하러 가지 않기 때문에 기자회견이 점점 줄어들고 있다. 하지만 예를 들어, 살인사건 추적기간 동안에 열리는 경찰기자회견은 여전히 중요한 뉴스 정보원이다. 공식조사 결과를 발표하거나 새로운 관직을 밝힐 때도 기자회견이 열릴 가능성이 크며, 이때 평소라면 접근하기 어려운 중요인물에게 질문할 기회를 얻는다. 보도자료를 대할 때처럼, 경우에 따라서는 기자회견의 행간을 파악하고 핵심적인 상황은 연단 위에서 언급조차 되지 않는다는 점을 기억하는 것이 가장 중요하다. 기자회견장에 일찍 가며 끝난 다음에도 남아서 다른 기자나 참석자들과 이야기를 나누어라. 유용한 팁을 얻게 될 것이다.

## 노동조합

조합은 업계의 분쟁뿐만 아니라 연금 스캔들이나 직장 성희롱 등 모든 사안에 대해서 아주 좋은 정보원이 된다. 규모가 큰 조합에서는 기자들에게 유용한 배경자료를 공급할 수 있을 정도로 재원을 갖춘 연구부서가 따로 있다.

## 다른 미디어

웨인라이트가 설명하듯이 모든 뉴스 매체는 다른 매체를 모니터한다.

> 기사의 피라미드는 교구소식지부터 시작해서 가령 『와피데일옵저버(Wharfedale Observer)』같은 주간지로 이어질 수 있다. 『요크셔이브닝포스트』가 『와피데일』에서 기사를 건지면, 『요크셔포스트(Yorkshire Post)』가 그 기사를 취급하고, 만약 그것이 전국적인 관심을 끌만하다면 우리(가디언을 가리킨다 – 역자 주)가 보도한다.

그 기사가 단순히 위로 올라간다는 말이 아니다. 항상 그런 것은 아니다. 매체들은 서로 다르기 때문에 다른 방식으로 취급한다. 여기에 대해 예를 들어 설명하기 위해 휘틀은 책상 위에 자기 지역의 한 주간지 『넛츠포드가디언(Knutsford Guardian)』을 펼쳐 놓았다. 그는 도로계획안을 중지시킨 도롱뇽들에 관한 이야기의 잠재성 때문에 흥분했다.

> 그건 절대로 기삿거리가 아니다. 진짜 기삿거리는 이곳이 매년 두 명 이상의 사망자가 발생하는 전국에서 가장 열악한 사고다발지점 중 하나인데, 그 대단한 감투를 쓴 도롱뇽들의 연못 때문에 도로개선안을 제출하지 못하고 있다는 사실이다. 우리가 할 일은 가장 최근에 일어난 희생자의 아내를 찾아가서 "내 남편과 그 괘씸한 도롱뇽 연못 중에서 도대체 뭐가 더 중요한 겁니까?"라는 말을 듣는 것이다. 그리고 적절한 사진을 곁들이면 전국지의 톱기사가 될 것이다.

정치 분야에서도 이런 현상이 발생하는데, 영향력 있는 방송 프로그램에서 정치인들의 행동을 모니터하면서 그 날의 논쟁거리에 대한 마지막 발언뿐만 아니라 내분이나 미묘한 방향선회의 조짐을 찾는 것이다. 메릭은 다음과 같이 설명했다.

> 만약 그들이 TV에서 뭔가를 말하면 그것을 사용할 수 있다. 가령 일요일에 4시간짜리 정치 프로그램이 있다고 하면 그 중에서 기사가 될 만한 두 가지 인용문을 건질지도 모른다. 그것은 매일 반복되는 사이클이다. 야간 근무를 한다면 저녁 10시 30분경 신문 1판이 나오기를 기다린다. 어떤 신문에 어떤 기사가 짤막하게 실렸을 경우 밤 11시쯤 내무부에 전화해 확인하면 그들은 모두 사실이라고 말하거나 아무 말도 하지 않을 것이다.

그런 신문들이 다음날 라디오 포(Radio Four) 〈투데이〉 프로그램에 영향을 주고, 〈투데이〉 프로그램은 TV 뉴스, 런던의 『이브닝스탠다드』와 다음날 아침 전국지에 영향을 주며, 이 모두는 주요 뉴스 웹사이트에 영향을 주고, 반대로 주요 뉴스 웹사이트들이 다른 매체에 영향을 주면서 계속 이어진다.

대안미디어와 소수민족 매체들도 정보와 이야기에 대한 소재를 얻을 수 있는 풍부한 정보원이다.

### 대학

대학들은 획기적인 연구, 특이한 학위과정, 담배회사 후원에 관한 윤리적 논쟁에 이르기까지 광범위한 기삿거리의 정보원이 된다. 대학은 또한 항공학부터 12궁도까지 모든 분야에 걸쳐 전문가를 찾을 수 있는 곳이다.

### 도서관

믿지 못하는 사람들도 있겠지만 인터넷에서 모든 것을 얻을 수는 없다. 도서관은 참고도서, 기업보고서, 지방역사자료, 지역사회 색인, 마을 게시판 외에도 중요한 사서의 도움을 제공하는 유용한 기능을 담당하고 있다.

### 독립정부기관

독립정부기관은 장관들과 어느 정도 거리를 두고 운영되는 '준자치 비정부기구(QUANGO: quasi-autonomous non-governmental organisation)'이다. 독립정부기관은 그들의 업무, 비용지출 방식, 논쟁의 여지가 있는 임용 등으로 뉴스 정보원이 된다.

### 독자/시청자/청취자/사용자

수용자가 없이 언론은 존재할 수 없으며, 많은 수용자들이 이메일, 전화, 언론사 방문 혹은 대중행사 현장에서 멱살잡이를 함으로써 기삿거리를 제공한다. 어떤 사람들은 개인적인 푸념을 할 것이고, 어떤 사람들은 복잡하게 뒤얽힌 분쟁에 대해 말할 것이고, 어떤 사람들은 정부관청에서 야간에 가로등을 밝혀놓아서 침실에 유해광선이 들어온다고 말할 것이다. 하지만 대단히 훌륭한 이야기를 가져오는 사람들도 있다. 그렇기 때문에 사람들을 잘 대해야

만 다음번에도 그들이 찾아올 것이다.

### 독자투고

독자투고란이나 온라인의견란도 뉴스의 정보원이므로 소홀히 해서는 안 된다. 거기에는 추가적인 조사 가치가 있는 의견, 질문, 정보, 의혹이 담겨 있다. 독자투고 편지나 이메일 자체가 뉴스가 되기도 하는데, 대형마트체인 테스코(Tesco)가 자사를 비판하는 사람들에 대해서 소송을 취하기로 결정하자 일단의 필자들이 그 결정에 대한 우려를 『타임즈』에 기고했고, 『타임즈』는 그 기고문을 독자투고란에 게재했을 뿐만 아니라 주요기사로 다루었다 ("작가들이 '폭군' 테스코에 맞서다[AUTHORS TAKE ON TESCO 'TYRANTS']", 『타임즈』, 2008년 4월 29일).

### 동료

기자가 함께 일하는 사람들은 무엇보다 부모, 환자, 주민, 통근자, 소비자이다. 그렇기 때문에 스스로 인식하든 못하든 그들은 뉴스가 될 만한 사건과 마주칠지도 모른다.

### 동업자단체

특정업계의 견해가 특별히 직장폐쇄나 일자리감소를 예방하기 위해 정부정책의 변화를 요구할 경우 뉴스 가치가 있다.

### 문화유산단체

유서 깊은 삼림이나 오래된 가스공장 등 무언가를 보호하려는 캠페인에서 생생한 이야기가 나올 수 있다.

### 법정심리

"법정에서 인간적 흥미를 가장 자극하는 기사를 얻기 때문에 그곳을 무시하면 큰일"이라고 휘틀은 설명한다. 법원담당기자들은 3장에서 논의한 뉴스 가치에 들어맞는 사건을 찾아서 법정을 들락거리기 때문에, 법원직원, 경찰, 변호사, 검찰과 우호적 관계를 유지하는 것이 중요하다. 또한 일부 기자들, 특히 통신사 기자들은 피고에 대한 배경정보나 희생자와 가족들의 '심리 후 인용문'을 얻으려고 한다.

### 병원

병원은 이동식침대에서 밤을 보낸 환자나 부적절한 치료를 받은 환자에 대해서는 알려주지 않는다. 그런 이야기는 모두 다른 정보원을 통해서 나온다. 하지만 병원은 치유, 새로운 치료법, 일반적인 인간승리에 관한 '좋은 뉴스' 스토리의 정보원이 될 수 있다.

### 보건당국

심각한 질병의 발생, 재정 위기, 병원 폐쇄나 건강증진운동은 모두 보건당국에서 나오는 뉴스 기사들이다.

### 보도자료

보도자료(news release 또는 press release)는 좋을 수도, 나쁠 수도, 평범할 수도 있다. 신문의 일부 섹션은 우려스러울 정도로 거의 고쳐 쓰지도 않은 지방의회, 기업, 자선단체, 대학 등의 보도자료로 가득 차 있다. 일부 보도자료는 진짜 뉴스의 전조가 되지만 대부분은 시간을 낭비하는 데 일조한다. 심지어 가치 있는 보도자료도 완결이라기보다는 출발점으로 다루어야 하며, 행간을 읽을 줄 안다면 더 좋은 기사가 될 것이다. 또한 보도자료에 예고된 일도 취소되었을지 모르기 때문에 전화 한통이면 그런 일을 보도하는 실수를 피할 수 있다.

### 블로그

'블로그'라는 용어는 웹블로그(weblog)의 약자이며 특정 토픽에 대한 전문가의 분석부터 자신의 생각을 더 말하고 싶어 하는 사람들의 평범한 글까지 모든 내용을 담고 있다. 영국에서 많은 정치기사를 담은 블로그 중 하나는 귀도 포크스(Guido Fawkes, www.order-order.com)이다. 이 블로그는 단숨에 정치부기자와 편집국장들의 필수 방문지가 되었다. 쓸모없는 블로그도 많지만, 유용한 팁, 통찰, 무시하면 큰일 날 연락처가 실린 블로그도 적지 않다.

### 사람들

근무, 휴식, 기분전환 중에 만나는 사람들이 잠재적인 기삿거리를 제시하기도 한다. 자기 동네에 경찰차가 출동했다고 말하는 사람부터 비싼 교통요금까지 여러 가지 이야기가 나올 것이다. 타허는 학생기자로 현장실습 중에 이슬람이 영국 대학에 미치는 영향에 대한 교육기사를 준비하면서 우연히 엄청난 이야기를 알게 되었다.

한 이슬람 과격단체의 지도자가 무심코 영국의 많은 이슬람 학생들이 보스니아, 아프가니스탄, 카슈미르에서 이슬람의 대의를 위해 지하드 전사가 되었다는 발언을 하였다. 나는 그 말을 놓치지 않았고 그는 퀸메리(Queen Mary)와 웨스트필드칼리지(Westfield College) 출신의 학생 세 명이 학업을 포기하고 지하드를 위해 떠났다고 자세히 이야기해주었다. 나는 해당 대학에 그 사실을 확인했고, 이 이야기는 『가디언』에 특종기사로 실렸으며 다른 미디어에도 큰 반향을 일으켰다. 이것은 9·11 테러가 발생하기 2년 전의 일이다. 말 그대로 누군가와 나누던 잡담이 정보원이 된 것이다.

## 사무변호사

풋은 "사무변호사들이 패소한 사람들을 대변하기 때문에 아주 훌륭한 정보원"이라고 말했다. 그들은 고객의 이익을 위해서 오심, 불법체포에 대한 민사소송, 직업병 보상요구와 관련해 항소한다는 것을 대중들에게 알린다. 메릭이 설명하는 것처럼, 사무변호사들은 귀중한 장기 연락책이 될 수 있다.

리버풀에는 큰 소송사건을 주로 처리하는 서너 명의 사무변호사가 있는데, 다른 도시도 대부분 마찬가지일 것이다. 따라서 그들과 잘 알고 지내면서 어떤 사건이 있으면 그들이 당신에게 연락해 이야기해줄 정도가 되어야 한다. 그들은 신문에 자신의 이름이 실리는 것을 좋아한다.

## 사전안내서비스

가입비를 내면 아미플랜(Amiplan)이나 포어사이트뉴스(Foresight News) 같은 서비스를 통해서 지역별로 또는 전문분야별로 검색할 수 있는 향후 이벤트에 대한 상세한 최신정보와 세부 연락처를 꾸준히 제공받을 수 있다.

## 상공회의소

업계의 대변인으로서 이런 조직들은 이자율부터 크리스마스 쇼핑까지 다양한 주제에 대한 기삿거리나 코멘트를 제공하는 유용한 정보원이 될 수 있다.

## 소방서

기자들이 통화하는 주요 기관 중 하나인 소방서에서는 가옥 화재, 도로 충돌사고, 영웅적인 구조에 대해서 빠르게 통보받을 수 있다.

## 소비자단체

소비자 관련 기사는 잘못된 연금판매부터 샌드위치에서 발견된 쥐까지 다양하다. 소비자단체가 함께 행동하면 귀중한 정보원이 된다.

## 소셜네트워크

점점 더 많은 이유로 페이스북(Facebook), 마이스페이스(MySpace), 베보(Bebo) 같은 사이트 사용자들이 증가하고 있으며, 호기심 많은 기자들은 그런 이유들에 대해 관심을 갖는다. 옛날에는 사람들이 무언가에 분노하면 거리로 나와 시위를 했을지 모르지만, 오늘날에는 페이스북을 통해서 가상시위단체를 조직하는 것 같다. 대학 기숙사의 높은 음식가격에 대해 불만을 표출하는 단체가 생겼을 때 학생신문은 다음과 같이 일면에 대서특필했다. "굶주린 학생들(HUNGRY, 『셰필드스틸(*Sheffield Steel*)』, 2007년 10월 12일)". 일단의 고등학생들이 나이지리아로 추방되는 가정을 위해 캠페인을 벌일 때 재빨리 페이스북 단체를 조직해 1만 명의 서포터를 모집했다 ("학생 시위, 한 가족의 추방을 막다", STUDENT PROTEST HALTS FAMILY'S DEPORTATION, 『가디언』, 2008년 1월 28일).

이제 기자들은 갑작스럽게 뉴스의 일부가 된 사람들의 인물소개를 소셜네트워크 사이트를 통해 확인한다. 예를 들면, 로트와일러 애완견이 한 아기를 죽였을 때 아이의 부모가 베보에 게시한 글이 다음과 같은 후속기사의 출처로 사용되었다. "개에게 물려 죽은 아이의 엄마, 여동생을 칭찬하다(MOTHER OF BOY MAULED TO DEATH PRAISES SISTER,

『가디언』, 2007년 12월 31일)".

휴대폰이나 웹을 통해 아주 짤막한 최신정보를 공유하는 트위터(Twitter)도 기사를 위해 모니터된다. 트위터는 대체로 잡담을 나누기 위해 사용되지만, 보다 심각한 사건의 발생을 조기에 알려주기도 한다. 2008년 중국 지진 당시 트위터 이용자들이 땅의 진동소식을 먼저 전한 경우가 그런 예이다. 저널리즘 교수이자 신기술 애호가인 자비스(Jeff Jarvis)는 다음과 같이 말했다 (Jarvis, 2008).

트위터는 뉴스라는 탄광의 카나리아가 되고 있다. 만약 당신이 무언가 큰 사건을 겪었으면 분명히 친구들에게 그것에 대한 최신정보를 전하고 싶어할 것이기 때문에 이것은 당연한 현상이다. 상당수의 사람들이 동시에 지진에 관해 이야기하고 있으면 그것은 즉각적으로 중요한 뉴스 기사의 신호가 된다.

### 수평적 사고

수평적 사고를 위해서는 커넥션을 찾을 줄 알아야 하고 기억력이 좋아야 한다. 휘틀이 정치인들의 확언과는 다르게 소의 광우병(BSE)과 인간에게 나타나는 광우병(CJD) 사이의 연관성을 담은 보고서에 대해 알게 되었을 때 정육점에서 근무한 이후 CJD로 추정되는 병으로 사망한 여성에 대한 이전 기사를 떠올렸다.

나는 기자와 사진기자를 보내 그녀와 사별한 뒤 홀로 세 아이를 키우고 있는 남편을 취재하게 했다. 그들은 놀라운 인터뷰를 따왔을 뿐 아니라, 그에게 정말 놀라운 사진을 받아왔다. 그녀가 병원에서 죽어갈 때 그는 간호사가 그녀에게 아기를 건네주는 장면을 폴라로이드 사진으로 찍었던 것이다.

그 사진은 『데일리미러』의 일면에 "증거(THE PROOF)"라는 톱 헤드라인과 "인간은 광우병에 감

염되지 않는다는 점을 분명히 말할 수 있습니다"라는 총리의 성명 아래에 대서특필되었다(『데일리미러』, 1996년 3월 21일). "수평적 사고를 하였기 때문에 그 기사를 예증할 수 있는 희생자가 어디 있을까 자문할 수 있었고, 결국 그 사진은 지구 거의 절반에 전파되었다"고 휘틀은 덧붙였다.

### 술집

술집 주인이나 단골손님들은 지역사회에 대한 정보의 보고가 될 수 있으므로, 그들과 잡담을 나누다보면 자선행사부터 지역 유명인사의 죽음에 이르기까지 어떤 소식이든 듣게 된다. 라젠비는 젊은 기자들에게 책상 앞에 앉아 있는 기자보다는 술집의 축축한 맥주컵 받침에 무언가를 갈겨쓰는 기자가 굉장한 기사를 찾게 될 가능성이 크다고 즐겨 말한다. 물론 모든 사람이 술집에서 기삿거리를 얻을 만한 성격을 가진 것은 아니고, 오늘날 대다수 바에서는 잡담을 나누기에 꼭 도움이 되지도 않는다. 하지만 핵심은 예기치 못한 이야기는 사람들과 **대화**를 나누고 그들의 말을 **경청할** 때 얻게 된다는 점이다. 우체국과 마찬가지로, 허가 관련 소동부터 전통적인 목로주점의 쇠퇴에 이르기까지 술집 자체가 기사의 주제가 될 수도 있다.

### 스카우트(Scouts), 컵스(Cubs), 가이드(Guides), 브라우니스(Brownies), 우드크라프트 포크(Woodcraft Folk) 이상은 모두 청소년단체 – 역자 주.

신입단원을 모집해야 하는 청소년단체들은 이벤트와 교환여행 등에 관해 공지한다. 이런 단체들은 전통적인 활동, 노래, 유니폼을 바꿀 때도 기삿거리가 된다.

### 스포츠단체

승리, 패배, 참가소식 외에도 시설부족이나 구장매각에 관한 기사를 찾을 수 있다.

### 압력단체

압력단체가 더 장기적인 경향이 있다는 것을 제외하면 캠페인과 비슷하다. 영국매춘여성협회(English Collective of Prostitute)가 매춘여성 대부분의 시각을 대표하기 때문이 아니라 급할 때 접근하기 쉽고 인용할 수 있기 때문에 매춘에 관한 기사에서 그 협회가 얼마나 자주 언급되는지를 주의해서 보라.

### 업계 신문

학계 저널과 마찬가지로, 업계 신문이나 전문가 신문은 기자가 이해하고 설명할 능력만 있다면 일반 독자들의 관심을 끌 만한 여러 가지 기사를 담고 있다. 전문가 간행물 기자들은 권위 있는 출처로 인터뷰할 수도 있다. 예를 들면, 철도나 항공 관련 잡지 편집장들은 기차나 비행기 사고 후에 전문가로 자주 인터뷰를 받는다.

### 연예계

과대선전인지 저널리즘인지 그 경계선이 위험할 정도로 모호할 때도 적지 않지만, 3장과 7장에서 논의한 것처럼 연예계는 현대 미디어에서 점점 더 중요한 정보원이 되고 있다.

### 예술가 집단

예술가 집단은 향후 이벤트에 대한 정보를 제공할 뿐만 아니라 기금이나 논쟁적인 주제에 대해 소동을 일으키기도 한다.

### 온라인 포럼

전문가들의 포럼은 더 일반적인 (또는) 주요 언론에 모습을 드러내기 훨씬 전에 잠재적 기삿거리에 대해 주의를 환기시켜준다.

### 우체국

특별히 시골에서는 우체국이 그 지역 사람들이나 사건에 대한 정보와 뜬소문의 중심지가 된다. 하지만 안타깝게도 우체국을 갖고 있는 마을을 찾을 확률이 점점 줄어들고 있다. 그래서 우체국을 살리거나 심지어 다시 시작하자는 캠페인도 좋은 기사가 될 수 있다.

### 운송회사

운행취소, 파업, 요금인상, 정시운행 비율, 프랜차이즈 입찰, '지옥 같은 서비스' 그리고 충돌사고는 모두 분명히 기삿거리다. 드물지만 가끔은 운송회사로부터 새로운 투자, 아니면 새 루트 신설 발표와 같은 좋은 기삿거리를 얻기도 한다.

### 웹사이트

전 세계에서 들어오는 뉴스 외에도 특이하거나, 유쾌하거나, 기발하거나, 지식적이거나, 자극적이거나, 위험하거나, 역겹거나, 아주 불결하기도 한 다양한 웹사이트를 통해 수많은 잠재적 기삿거리를 발견할 수 있다.

### 이메일 목록

전문가들의 목록에 기자 자신의 이메일주소를 추가시키면 틀림없이 엄청난 스팸 메일을 받겠지만, 괜찮은 기사를 건질 수도 있다.

## 자동차협회

왕립자동차클럽(RAC: Royal Automobile Club)이나 자동차협회(AA: Automobile Association) 같은 단체들은 항상 뉴스가 될 만한 의견이나 조사결과를 발표하며, 자동차, 도로 또는 일반적으로 교통과 관련된 사안에 대해서 반응을 얻어낼 수 있는 좋은 정보원이다. 하지만 사람들이 대변자보다는 복구서비스가 필요해서 가입한다는 사실을 고려하면 이런 단체들이 모든 운전자를 대변한다고 가정할 수 없다. 환경교통협회(ETA: Environmental Transport Association)는 '더 환경친화적인' 관점을 제공한다.

## 자선단체

자선단체들은 대중의 기부를 받기 위해 지명도를 높여야 하기 때문에, 희생자나 사람, 동물의 사진이 완비된 비통한 이야기를 제공하며 기자들의 필요를 채워줄 준비가 되어 있다.

## 재개발사업

어마어마한 공적자금이 황폐해진 지역이나 이전의 공업단지를 재개발하는 데 지출되기 때문에 그런 사업에서 '좋은 뉴스' 기사와 공금유용 의혹을 찾을 수 있다.

## 전문가단체

의사협회나 변호사협회 같은 전문가단체를 통해서 정부정책에 대한 비판이나 징계위원회 등에 대한 이야기를 얻는다. 그들은 또한 그 직업(의료계나 법조계를 가리킨다 – 역자 주)과 관련된 사안에 대해서는 권위 있는 정보원

> **매일매일의 저널리즘 스토리는 기자와 공직자 간의 상호작용의 스토리이다.**
> – 셔드슨(Michael Schudson)

으로 취급된다.

## 정당

정당 대변인들은 기자들에게 후보자 선정이나 정강 발표 등에 관해 알려주는 데 예민한 반면, 정당 안의 연락책은 내부소통이나 분열에 관한 훌륭한 정보원이 된다.

## 정부뉴스네트워크(GNN: Government News Network, 영국의 정부홍보기관)

정부뉴스네트워크는 지역단위와 전국단위의 정부부처와 기관을 대신해서 방대한 양의 보도자료를 생산한다. 정부와 왕실의 방문도 취급하고 있다.

## 정부부처

전국적 범위라는 것만 다를 뿐 지방의회부처와 같다.

## 주민단체

지역사회단체를 보라.

## 지방의회 공보담당자

규모 있는 지방당국에서는 주로 지방신문 편집국에서 채용한 공보담당자들을 두고 있다. 그들은 의사결정자와 기자들 사이에 완충지대 역할을 하면서 정보, 인용문, 연락처를 제시하며 기자들의 질문에 **반응한다.** 그리고 그들은 잘 작성된 보도자료나 적시의 전화통화를 통해 **주도적으로 기삿거리를 배포한다.** 헬리웰은 좋은 기사에 대한 안목을 지니고 있는 공보담당자들이 "언론에서 원하는 것이 무엇인지 알고 있

기" 때문에 지방신문이나 지역신문에 정기적으로 기사가 실리도록 만드는 능력이 있다고 말한다. 그는 또한 "그들이 때로는 회의 **직전**에 급히 기삿거리를 만들기 때문에 약간 불안할 때도 있다"고 덧붙였다.

## 지방의회부처

지방의회 공보실을 거치지 않고 주택이나 도로 관련 부처의 실무자와 직접적인 관계를 맺으면 괜찮은 특종기사를 얻을 수 있다.

## 지방의회의원

하원의원, 유럽의회의원, 스코틀랜드·웨일즈·북아일랜드의 의회의원들과 함께 지방의회의원들은 가끔 마음속에서 담아두었던 이야기를 털어놓는다. 대다수 지방의회의원들은 다른 직업에도 종사하고 있기 때문에 직장 전화와 휴대폰 번호를 반드시 알아두어야 한다.

## 지방의회회의

이런 회의는 고전적인 '의회 방청석(parliamentary gallery)' 방식으로 다루어지지 않지만 좋은 기사를 제공할뿐더러 지방의회의원, 공직자, 특정사안에 대해 로비하기 위해 찾아온 공공단체 관련자들을 만나 대화할 수 있는 기회를 마련해준다. (요즘에는 대개 온라인으로 입수할 수 있는) 대부분의 어젠다를 다룬 방대한 자료도 깊숙한 곳에 보석을 감추고 있을지 모른다. 그런 회의나 보고서를 기사를 위한 종착점이 아니라 좋은 잠재적 출발점으로 생각하려고 노력해야 한다.

## 지역발전단체

이 독립정부기관들은 지역의 '지분참여자들 (stakeholders)'을 뭉치게 하며, 외자유치, 계획방향, 재개발에 관한 기삿거리를 만들어내고, 비용지출과 관련된 스캔들을 낳기도 한다.

## 지역사회단체

자신의 지역에 유치하기를 반대하는 다양한 일들에 대한 소동과 반발의 좋은 정보원이다.

## 캠페인

동물권리부터 신나는 축제에 이르기까지 다양한 주제에 관해서 여론에 영향을 주고 싶어 하는 캠페인 운동가들은 뉴스 기사가 될 만한 의견이나 이벤트를 제기할 가능성이 크다.

## 통신사

통신사는 전국·세계 단위에서 언론의 보병이며, 언론사들이 직원을 두지 못한 지역의 기사를 보도할 수 있게 해주는 곳이다. 전국지의 기자들은 매일 그레이터 맨체스터(Greater Manchester, 잉글랜드 중서부의 맨체스터를 중심으로 하는 수도권 – 역자 주)의 10개 시를 커버하고 있는 휘틀의 통신사에 전화해서 그 지역에서 발생한 사건이 있는지 확인한다. "우리는 오전 9시쯤까지는 경찰서, 앰뷸런스, 소방서에 연락을 다 하기 때문에 지역에서 일어난 일에 대해 알게 된다." 그들은 또한 지방 매체, 특히 주간신문을 저인망식으로 살펴보면서 전국지에 실릴 만한 잠재적 가치가 있는 기사를 찾는다. 그들은 또한 유명인의 결혼이 예정되어 있는지 단서를 잡으려고 교회나 등기소를 점검한다. 그리고 런던의 한 언론사가 시골에서 문전 대기하는 기자를 필요로 할 때, 메릭이 다음과 같이 회상하고 있는 것처럼 일반적으로 통신사 기자가 그 일을 맡는다.

우리 일의 상당수는 기사의 주인공을 찾는 것이다. 따라서 단지 법정사건을 좇아 보도하기보다는 피고인의 남편을 찾아가 할 말이 있는지 알아보는 식이다. 대체로 선거인 명부를 훑어보면서 사람들의 거주지를 알아낸다. 정말 많은 사람들과 어울려야 한다.

## 포스터

이 장에서 논의한 하비니콜스 이야기는 포스터로 인해 촉발된 뉴스 기사의 한 예에 불과하다. 브래드포드(Bradford)의 한 기자가 회사 옆에서 브라를 걸치고 있는 안나 쿠르니코바(Anna Kournikova, 여자 테니스 선수 – 역자 주)의 포스터 위에 하얀색 페인트가 덧칠되어 있는 것을 발견했을 때도 그런 기사가 만들어졌다. 지역 사람들에게 알아본 결과 테니스 선수의 과다한 노출을 반대하는 일부 이슬람교도들이 배후에 있었다는 사실이 드러났고 그 기사는 전국 매체에 보도되었다.

## 폭로

가까운 연락책이나 익명의 내부고발자가 정보를 폭로하면 특종기사가 된다. 2장에서 그런 정보원의 보호에 대해서 논하였고, 6장에서는 폭로로 촉발된 기사 일부를 다루었다.

## 하원의원과 유럽의회의원

하원의원, 유럽의회의원, 지방의회와 국회의 의원들은 지속적으로 유권자들에게 자신을 알려야만 기자들이 그들의 활동에 대하여 관심을 갖고 자주 찾게 된다. 이것은 수많은 지루한 성명과 위선적인 사진촬영 기회로부터 훨씬 진정한 뉴스 가치가 있는 기삿거리

> " 그들을 지나치게 잘 알게 되지 않도록 주의를 해야 한다. 그것은 건전한 불신을 유지하는 문제이다. "
> – 정치 정보원에 대해 한 스웨덴 기자가

를 가려내야 한다는 사실을 의미한다. 전국 단위에서는 정치부기자들이 많은 시간을 평의원들과 대화를 나누며 가십기사를 건지고 그들의 감정을 판단한다. 그러나 현재의 평의원이 장래의 각료가 되기도 하고 내일의 총리가 될 수도 있다는 점을 망각하면 안 된다.

## 학계 저널

학술저널에 실린 학자들, 특히 과학자들의 연구는 자주 뉴스 기사의 정보원이 된다. 기자의 임무는 이중적이다. 하나는 가치 있는 연구와 학자들이 애용하는 경고 사이에서 잠재적 기삿거리를 찾아내는 것이고 또 다른 하나는 일반 독자들이 지적으로 흥미를 느낄 정도로 기사를 써내는 것이다. 별난 연구부터 생과 사의 문제를 다룬 것까지 거의 매일 다양한 기사들이 실리고 있다.

## 학교

학교는 연구성과, 스포츠 관련 위업, 시험합격과 같은 성취에 관한 좋은 뉴스 기사를 공급한다. 학교는 특히 단체여행 사고가 났을 때 비극적 뉴스의 중심이 되기도 한다.

## 홍보회사

기자와 홍보담당자들은 상대방을 미워하거나 최소한 가볍게 조롱하기를 좋아한다. 그러나 홍보업계의 노력의 산물을 모든 사람들이 매일 미디어를 통해 보고 있기 때문에, 사실 홍보업계는 많은 기자들에게 주요 정보원이다. 미디어에 '정보 보조'

를 하는 홍보업계의 역할에 대해서는 2장에서 더 자세히 다루었다.

### 후원단체

특정 상황이나 질병을 가지고 있는 사람들을 지원하기 위해 조직된 단체들은 인간적인 흥미를 불러일으키는 매력적인 이야기를 제공한다.

## 정보를 기사로 작성하기

완벽하지는 않지만, 위의 목록은 기자들이 기삿거리를 생각해내고 확인하기 위해 이용하는 주요 정보원들이다. 기자들이 어떻게 정보원으로부터 정보를 확보하고 평가하는지에 대해서는 5장과 6장에서 논의하였다. 이 목록을 염두에 두고 TV 뉴스를 보거나, 라디오 단신을 듣거나, 신문과 온라인을 통해 뉴스를 읽는다면, 기사 대부분의 출처에 대해서 상당히 많은 아이디어를 얻게 될 것이다.

어떤 정보원은 상대적으로 눈에 띄지 않는다. 비밀정보기관인 M15와 M16에서 기자들을 채용하거나 사주하려 했으며 일부의 경우에는 포섭하는 데 성공했다는 증거도 있다 (Keeble, 2001b: 117–119). 런던에서 기자로 일했던 윈체스터(Simon Winchester)는 북아일랜드 '분쟁(the troubles)'을 보도할 때 군정보기관으로부터 비공식 브리핑을 받았다고 회상했다. 윈체스터는 "어제 영국군의 총격으로 사망한 젊은이는 무장단체 지도자였다"고 전국에 보도하면서 브리핑 내용을 수용자들에게 전달하곤 했다. 그는 나중이 되어서야 자신이 "신나게 전달했던 대부분의 소식은 흥분한 일부 영국군 정보장교들이 꾸며낸 이야기가 아니라면, 상당 부분 희망사항"이었다

는 사실을 알게 되었다 (Winchester, 2001). 바로 이러한 이유로 상대하고 있는 사람이 누구든지 관계없이 의구심을 갖는 태도가 중요하다.

첩보제공자를 통해 얻은 출처불명의 정보들은 제쳐두더라도, 가장 강력한 뉴스 기사는 기자들이 사람들과 이야기할 때 그리고 사람들이 이야기하도록 할 때 얻어진다. 심지어 보도자료나 스크랩에서 얻은 기삿거리도 사람들과 이야기를 나누면서 발전한다. 남들과 똑같은 기사가 아니라 새로운 관점이나 신선한 정보를 담기 위해서는 더 통화하고 더 찾아가야 한다. 기술 분야의 문제들을 취급하는 온라인기자이기 때문에 컴퓨터 모니터 앞에서 많은 시간을 보낼 수밖에 없는 키스(Jemima Kiss)조차 밖에 나가서 사람들에게 연락하고 잠재적 기삿거리를 얻는 것이 중요하다고 강조한다.

> 나는 기술 동호회와 컨퍼런스에 참석하거나 점심을 함께하며 자주 사람들을 만나고 나중에 전화로 당시 나누었던 이야기를 계속한다. 미국 회사에 관한 기사가 상당히 많기 때문에 직접 그들을 만나는 것이 불가능하다. 그래서 결국 대부분의 날에는 사무실을 일찍 나서서 사람들을 만나지만 그렇다고 꼭 그 날의 기사를 위해서만 그러는 것은 아니다.

> CBS가 라스트에프엠(Last.fm – 음악 네트워크)을 인수할 당시 그와 관련된 해괴한 루머가 너무 많이 떠돌았기 때문에 모두들 뭔가 큰 일이 있을 것이라고 생각했다. 그때 나에게는 오랫동안 연락하고 지내던 런던의 테크놀로지 동호인들이 있었는데, 그들과 함께 즐거운 시간을 보낸 뒤 런던에서의 모든 활동을 보상해줄 만한 소식 즉, 1억 4000만 파운드에 달하는 어마어마한 거래소식을 건졌다. 그건 정말 좋은 기삿거리였다.

마(Andrew Marr)는 "오늘날 더 강력하고 유용한 뉴스 어젠다를 얻기 위한 최고의 표어는 더 자주 밖

> " 더 자주 밖으로 나가라. "
> – 마(Andrew Marr)

으로 나가라"일 것이라고 말했다 (Marr, 2005: 116).

가능하기만 하다면 기사와 직접적으로 관련된 사람들과 이야기를 나누는 것보다 나은 일은 없다. 그렇게 하려면 때로는 강인하고 한 가지 목적에만 전념해야 한다. 그렇지만 신생독립국 자이르 (Zaïre)에서 수천 명의 벨기에 여성과 어린이들이 안전구역으로 공수되기를 기다리고 있을 때 버가 목격한 행동은 변명의 여지가 없는 일이었다.

틀림없는 영국 기자가 카메라맨과 잡다한 기술자를 이끌고 적지를 통과하는 소대장처럼 그 인파들 한 가운데로 뚜벅뚜벅 걸어갔다. 그러고는 이따금씩 멈춰서 크고 부드러운 영국 억양으로 "영어를 할 줄 아는 사람 중에 강간당한 사람이 있습니까?"라고 외쳤다 (Behr, 1992: 136).

그런 냉정함을 통해 기사를 얻을 수 있겠지만, 그로 인한 희생은 어떠한가? 언론인들은 이따금씩 하던 일을 멈추고 자기자신, 정보원, 동료시민들에 대한 책무에 대해서 생각해보아야 한다. 인간애와 공감이 없다면 저널리즘의 목적이 무엇인가? 이스트우드는 자신의 경력에서 가장 만족하는 기사를 하나 떠올렸다. 그것은 마감일에 쫓겨 흥분해서 작성한 특종기사가 아니라, 산후우울증을 겪고 있는 세 여성을 수개월에 걸쳐 촬영한 텔레비전 다큐멘터리였다.

나는 그 기사가 정말 자랑스럽다. 그 여성들은 모두 아기를 거부할 정도로 아주 심각한 산후우울증이 있다고 생각했기 때문에 다큐멘터리에 출연하기를 원했다. 그들은 기본적으로 나쁜 엄마나 바보라는 인상을 줄까봐 신경이 예민했다. 나는 과대포장하고 싶지 않았기 때문에 상당히 촬영이 까다로웠고, 그들이 최종 결과물을 좋아할지 무척 염려스러웠다. 방송이 나간 뒤에 그 세 여성으로부터 어떤 반응을 들을지 너무 긴장되었다. 그들은 모두 전화해서 "정말 대단했어요. 고마워요"라고 말했다. 내게는 다른 사람들의 생각보다 다큐멘터리에 등장한 그 여성들이 중요했고, 그들 모두 마음에 들어 했다는 사실이 중요했다.

무언가에 열중한다는 것은 좋은 일이다. 매일 사람들의 삶에 끼어들어서 카메라를 들이대고 인터뷰 등을 요청하면 그들은 놀라울 정도로 잘 해낸다. 그러면 "당신과 겨우 30분밖에 함께하지 않았네요"라고 생각하게 되는데, 시간을 조금 더 내서 그 사람들을 알게 되는 게 즐거웠다.

언론인은 사람들을 정보원으로 생각하고 그들의 인생을 잠재적 기삿거리로 간주할지도 모르지만, 인간애와 윤리의식이 좋은 저널리즘과 충돌할 필요는 없다.

## ■■■ 요약 ■

뉴스가 될지도 모르는 정보를 공급받고 다른 정보원이 제공한 내용을 확인하기 위해 기자들에게는 정보원이 필요하다. 비록 다수의 학문적 연구에 따르면 비교적 좁은 범위의 정보원에게 나오는 기사가 높은 비중을 차지하지만, 기자들의 주변에는 잠재적 기삿거리를 보유한 정보원들이 많이 있다. 정보원들에 대한 정보는 연락망 노트에 수집하며, 경찰과 같은 일부 정보원들은 잠재적 뉴스의 주요 공급원이기 때문에 정기적으로 연락한다. 기자들은 이전의 경험에 비추어 정보원들을 평가하는 경향이 있다. 일부 정보원들은 사실상 뉴스에 대한 접근을 좌우하면서 사회적 문제에 대한 논의의 틀을 규정하는 권력을 가지고 있다는 주장도 존재한다.

## ■■ 질문 ■■■■■■■■■

왜 기자에게는 정보원이 필요한가?

왜 정보원에게는 기자가 필요한가?

기자와 정보원 중에서 누가 더 권력을 가지고 있는가?

왜 어떤 사람들이나 조직들이 뉴스에 더 많이 등장하는가?

기자들이 다른 미디어를 정보원으로 사용해서 나타나는 결과는 무엇인가?

## ■■■ 추가 읽을거리 ■

『윤리적인 언론인(*The Ethical Journalist*)』(Harcup, 2007)에는 정보원에 대해 논의하고 있는 장과 기자들이 희생자 가족을 대하는 방법과 관련해 범죄보도의 윤리를 다룬 장이 포함되어 있다. 뉴스 정보원에 대한 더 실제적인 조언을 원한다면 랜들(Randall, 2007), 키블(Keeble, 2006), 프로스트(Frost, 2002) 모두 살펴볼 만하다. 매닝(Manning, 2001)에는 기자와 정보원의 관계에 관한 연구와 더 이론적인 틀이 잘 소개되어 있으며, 텀버(Tumber, 1999)에는 유익한 발췌물이 담겨 있고, 홀(Hall et al., 1978)에는 일차규정자 개념을 이해하는 데 도움이 될 만한 자료가 있다. 기자들이 이용하는 정보원들에 관한 학계 연구의 상세한 결과물은 루이스(Lewis et al., 2008a and 2008b)에서 찾을 수 있다.

### 주요 출처

Whittle, 저자와 인터뷰; Mansfield, 1936: 82; Schudson, 1989: 271; 스웨덴 기자, Larsson, 2002: 25에서 인용; McQuail, 2000: 291; Marr, 2005: 116

# 5장

# 객관적 보도자로서의 언론인

조지 엘리엇(George Eliot)은 『아담 비드(*Adam Bede*)』라는 소설에서 "거짓은 너무 쉽고, 진실은 너무 어렵다"고 적었다. "당신의 글을 잘 살펴보면, 거짓을 말할 동기가 없었을 때조차 정확한 진실을 말하기가 매우 어렵다는 사실을 알게 될 것이다"(Eliot, 1859: 150-151). 언론인들은 **진실**을 다루는 업계에 몸담고 있기 때문에 자신의 글을 잘 살펴보아야 할 이유가 훨씬 많다. 그러나 언론인들이 얼마나 자주 잘못을 범하는지를 보면 엘리엇의 관찰이 정확했다는 점이 드러난다. 얼마나 잘못하고 있는가? 『데일리미러』는 "특종: 남자 아이! 폴 매카트니, 한 달 일찍 득남(IT'S A BOY! MACCA BABY A MONTH EARLY, 2003년 10월 30일)"이라고 일면 기사로 실었다가 바로 다음날 "음 … 여자 아이! 조셉이 아니라 베아트리체(ER… IT'S A GIRL! AND SHE'S CALLED BEATRICE – NOT JOSEPH)"라고 후속기사를 냈다. 이 신문은 "폴 매카트니의 아이에 관한 특종은 절반의 진실이었다"고 깨끗하게 인정했다 (『데일리미러』, 2003년 10월 31일). 폴 매카트니(Paul McCartney)와 헤더 밀스(Heather Mills)의 아이가 실제로 출생했다는 점에서 반은 맞았지만, 다른 면에서는 상당히 잘못되었던 것이다.

기자들만 실수를 하는 것은 아니다. 2005년 7월 22일 드 메네제스(Jean Charles de Menezes)가 스톡웰(Stockwell) 전철역에서 경찰의 총격으로 사망한 날, 나는 텔레비전 뉴스 방송을 보고 있었다. 목격자들마다 야구모자를 쓰고 배낭을 맨 채 두툼한

## 진실

현대에는 명백한 확실함이란 개념이 의문시되고 있기 때문에 진실이란 개념도 점점 의미가 불분명해지고 있다. 하지만 많은 언론인들에게 진실이란 여전히 '확인하고 설명할 수 있는 사실'이라는 형태로 존재하고 있다 (Seib, 2002: 4). 그들에게는 진실에 도달하든지 못하든지 둘 중의 하나의 경우만 존재한다. 그리고 만약 진실에 도달하지 못했다면 아마도 누군가 그들을 방해했기 때문일 것이다. 많은 문화 분석(cultural analysis)에서는 이러한 '보편적 진실의 주장'이 보다 주관적인 경험을 강조한 것(Dovey, 2000:25)으로 또는 진실이 존재한다는 발상은 백인 남성 엘리트 내부에서 생산되는 자기들만의 진실에 불과한 것(Allan, 1998: 124-126)으로 여겨지고 있다. 직접 어떤 사건을 목격한 기자들도 자신이 진실이라고 간주하고 사실이라고 인식한 것에 영향을 줄 수 있는 개인적이고 문화적인 편견을 가지고 있을지 모른다 (Keeble, 1998: 182).

그러한 반론에도 불구하고, 키에란(Matthew Kieran)이 주장하는 것처럼 진실을 정의하기가 그렇게 어렵지 않다.

> 소설과 달리 저널리즘에는 문제의 진실이 있고 언론의 객관성은 바로 그것을 목표로 한다. … 보도가 진실이라는 목표를 외면하고 기자들이 자신의 편견, 추측, 뉴스 어젠다, 오락을 추구하는 상업화에 따라서 사건의 해석에 다양한 여지를 남겨둔다면, 언론의 정당성 및 언론이 스스로 밝힌 존재이유를 상실할 위험이 있다 (Kieran, 1998: 34-35).

코트를 입은 아시아인이 분명히 개찰구를 뛰어넘어 서 쏜살같이 달아나다가, 전철역에서 추격하던 경찰의 총에 맞아 죽었다고 증언했다. 증인들이 이 말을 지어냈을 까닭이 없고 이 사건을 보도한 기자들도 그들의 목격담이 경찰 내 정보원이 알려준 바와 일치하는 것처럼 보였기 때문에 그 말을 믿고 보도했음에 틀림없다. 다음날 신문들에도 예를 들어 『타임즈』의 다음과 같은 기사와 동일한 내용의 기사가 게재되었다. "아시아인으로 보이는 두툼하고 큰 외투를 입은 용의자가 개찰구를 뛰어넘다가 경찰의 제지를 받았지만 에스컬레이터를 지나 북쪽 노선 승강장을 따라 달아났다"(Fresco et al., 2005).

며칠 후 밝혀진 바에 따르면 이는 사실과 다르다 (Honigsbaum, 2005). 『타임즈』는 후속 사설에서 다음과 같이 지적했다.

총격 사건 당시 런던 경찰청은 전철역에서 드 메네제스 씨의 복장과 행동이 수상했다고 말했다. 더운 날씨에도 불구하고 그가 두툼한 재킷을 걸치고 스톡웰 역의 개찰구를 뛰어넘는 모습을 목격했다는 증인들이 경찰청의 주장을 뒷받침했다. 하지만 그가 사망할 당시 가벼운 데님 재킷을 걸치고 있었음이 밝혀졌는데, 이는 그즈음의 날씨에 아주 적당한 차림이었다. 그가 가방이나 배낭을 지니고 있었던 것도 아니다. CCTV 영상을 보면, 그는 평범하게 역으로 향하다가 무료신문을 집어 들고는 교통카드를 이용해 개찰구를 지나갔다. 전해지는 바에 따르면 그는 열차가 역으로 진입하는 것을 본 뒤에야 뛰기 시작했고, 지하철에 올라탄 후 평범하게 앉아 있었다. (『타임즈』, 2005)

따라서 기자들에게 증언한 목격자들은 자신들이 본 것을 보았을지도 모르지만, 자신들이 보았다고 생각한 것은 보지 못했을지도 모른다. 예를 들면, 한 남자가 개찰구를 뛰어넘어서

> **"미심쩍은 사실은 보도할 수 없다."**
> ― 『데이투데이(Day Today)』 표어

## 객관성 _____

객관성은 주관적 가치들과 달리 독립적으로 증명할 수 있는 사실을 분리하는 것이다 (Schudson, 1978: 293). 이 개념은 계몽운동의 합리성이라는 목표, 과학적 지식의 추구와 관련이 있다. 최근에는 일부 포스트모더니즘 이론가들이 이런 야심찬 사고, 즉 세상 '어딘가에' 담론에 구애받지 않으며 발견되기만을 기다리고 있는 진실이 존재한다는 사고를 순진한 경험주의적 발상이라고 무시하고 있다.

저널리즘에서 객관성을 추구한다는 것은 "세상에 대한 개인의 진술이 전문가집단이 적법하다고 여기는, 확립된 규칙에 들어맞는다면 진실이라고 받아들일 수 있다"는 의미이다(Schudson, 1978: 294). 나아가 셔드슨(Michael Schudson)은 이렇게 설명한다.

기자들은 객관성이라는 기준을 가지고 가치와 사실을 구별하며 오직 사실만을 보도한다. 객관적 보도란 어조가 감정적이기보다는 냉정해야 한다는 것이다. 객관적 보도를 하기 위해서는 정치적 논쟁에서 각각의 주된 견해를 공정하게 제시하려는 노력을 기울여야 한다. 객관성이라는 기준에 따르면, 기자의 업무는 '뉴스' 거리를 어떤 식으로든 논평하거나, 왜곡하거나, 정형화하지 않고 보도하는 것이다 (Schudson, 2001: 150).

그러나 사람들은 언론이 항상 객관적이어야 한다고 기대하지 않으며, 제4부로서 '중요한 정치적 논쟁에 참여하는 대중들의 진정한 핵심기관'으로 언론을 자리매김했던 18세기의 『크래프츠맨(Craftsman)』이나 『젠틀맨스매거진(Gentleman's Magazine)』 같은 간행물에서는 위에서 말한 기준이 포함되지 않았다 (Habermas, 1992: 60). 1830년대 전까지는 신문들이 당파성을 지니고 있어야 했으며 "객관성은 이슈가 아니었다"(Schudson, 1978: 291). 미국에서 정치적으로 중립적이거나 무관심한 신문들과 함께 '대중신문(penny press)'이 등장하면서 분석

열차를 향해 전력 질주한 것은 사실이었다. 다만 그 남자는 드 메네제스가 아니라 경찰이었다.

## 객관적 보도

어떤 비극적 사건을 목격한 사람들이 그 상황을 파악하기 위해 이것저것 종합해서 결론을 내렸지만, 그들이 잘못된 추정을 했을 수도 있다는 것은 어쩌면 납득할 만하다. 엘리엇이 말한 것처럼, 정확한 진실을 말한다는 것은 상당히 어려운 일이다. 그럼에도 불구하고 기자들이 추구하는 것은 '객관적 진실'이라고도 불리는 진실, 즉 근거를 바탕으로 사실이라고 확인되고 증명될 수 있는 것이다.

2장에서 논의한 제약과 위에서 요약한 이유 때문에, 기자들은 주어진 상황에서 입수할 수 있는 사건의 가장 진실에 가까운 내용을 전하려고 노력한다고 말하는 편이 어쩌면 더 정확한 표현일 것이다. 바로 이것이 **객관성** 또는 객관적 보도이며, 다음과 같이 정의할 수 있다.

- 어떤 이슈의 서로 다른 측면을 제시하는 균형과 공평성
- 보도의 정확성과 현실성
- 주요 관련 사항을 모두 보도
- 사실과 의견을 분리하면서도 적절한 의견을 취급
- 기자 개인의 태도, 의견, 관여도의 영향을 최소화
- 편향되거나 원한을 담거나 기만하려는 목적을 방지 (Boyer 1981, Watson, 1998: 98 에서 인용)

더욱이 영국의 방송 기자들은 공평해야 한다는 법적 요구사항을 따라야 한다. BBC에 따르면, **공정성**은 '정확성, 균형, 상황 이해, 거리 두

> "정치적 편견에 민감한 만큼 그것으로부터 자유로울 수 있지만, 공정하다고 주장하는 사람일수록 편견에사로잡히기 쉽다."
> – 조지 오웰(George Orwell)

이나 의견보다는 인간적인 흥미를 끄는 사실 보도를 선호하는 뉴스 가치들이 새롭게 등장하였다 (Allan, 1997: 304-305). 뉴스 보도의 규범적 표준으로 점차 객관성이 채택된 것은 1848년부터 연합통신(Associated Press)과 같은 통신사가 발달하면서 촉진되었을 수도 있다. AP는 단순한 사실에 집중해서 서두에 압축해야 한다는 시장의 요구를 알고 있었기 때문에 정치적 논조가 다양한 신문들에도 같은 기사를 팔 수 있었다. 이런 꾸미지 않는 보도 전략으로 AP 직원들은 신기술의 신뢰할 수 없는 속성을 극복하였고 간결함에 프리미엄을 두었다 (Allan, 1997: 306).

하지만 셔드슨은 기자들이 가치와 구별되는 사실에 집중하게 된 것은 19세기 말과 20세기 초 사주와의 관계에서 기자들의 지위가 상승했던 점 그리고 제1차 세계대전 이후 수년간 객관성에 관한 전문적인 논쟁이 있었던 점과 더 관련이 있을 것이라고 말한다. 따라서, "객관성이라는 자의식에 기반한 명료한 관념은 1920년대까지 거슬러 올라간다" (Schudson, 2001: 159-160). 프로스트(Chris Frost)가 지적한 것처럼 영국에서는 당파성이 덜한 보도 스타일을 향한 움직임이 20세기 초반에야 탄력을 받았고, 기지개를 펴기 시작한 방송에 공정성을 법적 의무사항으로 규정하면서 절정에 달했다 (Frost, 2000: 159).

## 공정성

'공정성'과 '객관성'이라는 단어는 가끔 뒤섞여서 사용되지만, 공정 보도가 일반적으로 중립적인 것으로 이해되는 반면, 객관적 보도는 참된 사실을 보도하는 것으로 간주된다.

맥퀘일에 따르면, 공정성이란 "균형 있게 정보원을 선택하고 이용하여, 의견과 사실을 구별하고 가치 판단이나 감정적 언어와 사진을 피하면서 다양한 시각과 뉴스 보도의 중립성을 반영하는 것이다" (McQuail, 2000: 321). 프로스트에게,

기, 공명정대, 공평성, 객관성, 열린 마음, 엄격함, 자기인식, 투명성과 진실'을 수반한다. 하지만 그것이 전부일까? 그렇지 않다. 공정성은 또한 '폭넓은 시각과 완벽성'을 요구하기 때문이다 (BBC Trust, 2007a: 5-6). 영국에서 2000명을 대상으로 실시된 여론조사에 따르면, 응답자의 84퍼센트, 그 중에서도 절반은, "매우 그렇다"로 "공정성을 갖기가 어렵지만, 방송인들은 그렇게 하기 위해 최선의 노력을 기울여야 한다"는 진술문에 동의했으며, 단지 3퍼센트만이 동의하지 않았다. 하지만, 젊은이들, 흑인들, 노동자들 사이에서는 공정성에 대한 지지가 현저하게 낮기 때문에 이런 시각 자체도 불완전한 것이다 (BBC Trust, 2007a: 19).

방송국과는 달리 신문사들은 경쟁사간의 상업적 이해관계 사이에서든지 대립하는 정책 또는 정당 사이에서든지 공정해야 한다는 법적 규제를 받지 않는다. 노동당의 기만적 세금정책(『데일리익스프레스』, 1992년 3월 23일)이나 노동당 정부는 주택 융자금 인상을 초래할 것(『데일리메일』, 1992년 4월 7일)과 같은 **어젠다설정** 헤드라인이 없다면 총선 결과는 지금과 달려졌을 것이다. 법률에 의해 방송의 공정성이 요구되고 있음에도 불구하고, TV와 라디오 기자들의 선거보도는 다른 이슈(노숙자, 가난, 일자리)를 도외시하고 특정 이슈(세금, 범죄, 유럽)에만 초점을 맞추는 신문의 어젠다에 여전히 영향을 받고 있다. 노동당과 보수당 사이의 '균형' 맞추기 성향 또한 자유민주당과 여타 군소정당을 소외시키는 결과를 낳는다.

> " 선거 기간에 적절한 지식을 바탕으로 어떤 이슈를 널리 알릴 수 있다면, 그에 관한 어젠다를 설정하기가 쉬워진다. "
> – 루퍼트 머독(Rupert Murdoch)

공정 보도란 기자가 진실을 목표로 삼는 것인 반면, 진정한 객관성을 확보하기 위해서는 전체 그림을 제시해야 하는데 (하틀리의 비유를 빌리자면) 이것은 지도제작자에게 그러한 것처럼 기자들에게 불가능한 임무이다 (Frost, 2000: 38). 왜냐하면 지도와 마찬가지로 뉴스 보도란 여전히 현실 그 자체라기보다는 선택적이고 매개된 현실의 묘사이기 때문이다.

공정성이란 것이 '선과 악, 옳고 그름, 희생자와 가해자 사이에서의 중립적인' 위치를 의미하는 상황에서는 균형과 중립성을 포기해야 한다고 주장하는 기자들에 의해서 균형과 중립성이라는 개념이 도전을 받기도 한다 (Bell, 1998: 16). 이로 인해 필연적으로 누가 선과 악을 정의하느냐는 문제 및 어느 한쪽 편을 선택하는 기자들은 자동적으로 객관적인 보도의 가능성을 부인하게 되는 것이냐는 문제가 제기된다. 예를 들면, 수용자들이 기자들의 소속을 알고 있는 상황에서는 중립성이라는 기준에 저당 잡혀 있지 않은 언론이 사실상 더 객관적일 수 있다. 이런 식으로 보면, 소셜리스트워커(*Socialist Worker*)나 인디미디어(*Indymedia*)가 BBC 뉴스나 스카이 뉴스보다 더 객관적일지도 모른다. 왜냐하면 앞의 두 매체의 정치적 · 문화적 전제는 수용자들이 인식하고 있을 만큼 분명하지만 뒤의 두 매체의 정치적 · 문화적 전제는 불분명하거나 숨겨져 있기 때문이다.

## 어젠다 설정

'어젠다 설정'이라는 용어는 맥콤(Maxwell McComb)과 쇼(Donald Shaw)가 1968년 미국대통령 선거운동 당시 미디어의 보도와 유권자들의 태도를 연구할 때 만들었다. 그들은 유권자들이 선거운동의 주요쟁점을 판단할 때 미디어로부터 상당한 영향을 받는다는 사실을 발견했다 (McCombs and Shaw, 1972: 323-324). 이 연구와 유사한 다른

# 뭐, 객관성은 존재하지 않는다고?

국론이 분열되기 마련인 선거 기간의 객관적 보도가 문제시된다면, 공통의 적에 대항해 국론이 단합되기 마련인 전시의 객관적 보도는 가능할까? 전쟁의 첫 번째 희생자는 진실이라는 말은 더 이상 설명할 필요가 없으며, 객관적 보도는 국가의 단합이라는 미명 아래 궁지에 몰리기 마련이다. 이와 관련해 영국수상 로이드 조지(Lloyd George)는 1917년 제1차 세계대전의 참상에 관해 사적인 대화를 나누는 자리에서 다음과 같이 말했다. "사람들이 (전쟁의 끔찍한 참상을 – 역자 주) 정말 알게 되면 내일 종전이 찾아올 것이다. 하지만 물론 그들은 그것을 알지 못하고 알 수도 없다. 종군기자들이 진실을 보도하지 않을 뿐만 아니라 검열을 통해 진실이 통제를 받기 때문이다"(Knightley, 2000: 116–117에서 인용).

그렇다면 현대인들은 더 나은 언론보도를 접하고 있는가? 조사에 따르면, "가서 그를 잡아와(GO GET HIM BOYS, 『데일리스타』, 1991년 1월 16일)" 같은 타블로이드 신문의 헤드라인이나 "유도폭탄(smart bombs)"과 "스타워즈(Star Wars)" 기술로 도배한 TV 뉴스로 인해 1991년 걸프전에 대한 보도가 매우 편향적이었으며, 그 결과 이라크의 민간인 사상자에 대한 보도는 말할 것도 없고 (석유 공급을 포함한) 일부 중요한 이슈의 보도는 자취를 감추었다 (Philo and McLaughlin, 1993: 146–155). 그 전쟁이 끝난 뒤 BBC 기자 심슨(John Simpson)은 영국 텔레비전의 집중 취재 속의 빈틈을 발견했다. "사상자에 관한 한, 우리는 수만 명에 달하는 사상자들이나 전쟁이 여타의 사람들에게 끼친 잔인한 결과에 대해서 제대로 보지를 못했다"(Philo and McLaughlin, 1993: 155에서 인용). 우리는 또한 이

연구에 근거해서, 비록 미디어가 우리가 무엇을 생각할지를 알려주지는 못하더라도, 우리가 무엇에 관하여 생각할지에 대해서는 영향력을 지니고 있다는 주장이 제기되었다. 하지만 어젠다 설정은 언론사와 유권자 모두 다양한 어젠다를 내놓는다는 점을 경시했다는 이유로 '기껏해야 진부한 반쪽짜리 진실'로 평가절하되고 있다 (Wilson, 1996: 30).

맥퀘일은 미디어가 어젠다를 설정한다기보다는 단지 유권자들의 태도를 반영하는 것이라는 가능성을 제시하면서, 어젠다 설정 모델의 흐름의 방향이 바뀔 수 있다는 점에 주목했다. 그에 따르면, 어젠다 설정은 "그럴 듯하지만 입증되지 않은 생각"으로 남아있다 (McQuail, 2000: 456). 어쩌면 미디어 효과에 관한 다른 이론들에 대해서도 그리고 미디어의 생산으로부터 미디어의 소비로 관심을 돌림으로써 '의미의 불안정성과 수용자들의 해석의 지평'에 주목하고 있는 포스트모던의 경향에 대해서도 비슷한 비판을 제기할 수 있을 것이다 (Stevenson, 2002: 29).

## 주관성

재귀성(reflexivity, 원인과 결과 사이의 양방향의 간섭 – 역자 주)과 주관적 경험의 전경화(foregrounding, 어떤 개념을 반복해서 언급하거나 먼저 말함으로써 관심을 끄는 것 – 역자 주)가 블로고스피어(blogosphere, 커뮤니티나 소셜네트워크 역할을 하는 모든 블로그들의 집합 – 역자 주)뿐만 아니라 주류 미디어에서도 점점 더 유행하고 있지만(Dovey, 2000), 대부분 뉴스 언론은 권위적 목소리를 갖는 '객관적' 접근의 보루로 남아있다. 문화이론가 피스케(John Fiske)는 기자들이 TV 드라마 작가들을 더 닮는다면 현실을 더 잘 반영할 수 있을 것이라고 주장하면서, 그런 상황을 매우 바람직하지 않게 보았다.

객관성은 위장된 권위다. '객관적' 사실은 항상 특정 시각을 지지하며 그들의 '객관성'은 단지 권력 행사의 일부일 뿐이다. 하지만 더 중요한 것은 객관적 사실에 이의를 제기

후 10년 동안 이라크를 향한 그 '선전포고 없는 전쟁'에 관해서 별로 들은 바가 없다. 2000년 11월 영국 국방부에서 조용히 배포한 자료에 따르면 지난 2년 동안 영국 항공기가 남부 이라크에 84톤에 달하는 폭탄을 쏟아 부었다 (Norton-Taylor, 2000). 영국 언론은 조용히 진행된 이 폭격작전을 거의 알아차리지 못했으며, "미국, 바그다드 공습 시작(US LAUNCHES AIR STRIKES ON BAGHDAD, 『데일리텔레그래프』, 2001년 2월 17일)"이나 "우리는 바그다드를 폭격한다(WE BOMB BAGHDAD, 『선』, 2001년 2월 17일)"와 같은 헤드라인으로 가끔씩 환호의 보도를 할 뿐이었다. 두 번째 헤드라인에서 사용된 '우리'라는 사소하지만 많은 의미를 함축하고 있는 단어의 사용에 주목하라.

나이틀리는 2001년 미국에서 발생한 9/11 테러 공격 이후 미국과 영국이 아프가니스탄 침공을 준비했을 때 "안타깝게도 서구 언론의 전쟁보도는 예측가능한 패턴을 따른다"고 하면서 "첫 단계는 위기 발생, 두 번째 단계는 적군 지도자에 대한 부정적 묘사, 세 번째 단계는 적군에 대한 개별화된 부정적 묘사, … 네 번째 단계는 잔학 행위에 대한 기사"라고 적었다 (Knightley, 2001). 그러한 보도양태는 "적군이 사악하고, 광기에 사로잡혀 있기 때문에 문명화된 세계에 위협적인 존재라고 소개함으로써" 대중들이 전쟁을 받아들일 수 있도록 준비시킨다 (Knightley, 2002). 도릴(Stephen Dorril)은 '신뢰받는 언론인들에게' 유출된 이라크에 관한 진실, 일부 진실, 허위 사실을 담은 정보를 추적하였다 (Dorril, 2002a). "언론의 역사가 주는 교훈이 있다면, '테러와의 전쟁'은 언론이 진실을 외면한 채 자극적인 사건을 꾸며내고 허위정보를 퍼뜨릴 수 있는 좋은 기회였다는 사실"이라고 결론지었다 (Dorril, 2002b).

할 수 없다는 점이다. 객관성은 수용자의 활동과 참여를 막는다. 따라서 TV 뉴스는 '객관적'으로 되려고 하기보다는, 드라마처럼 최대한 위계구조가 분명치 않은 다양한 관점을 제시해야 한다. … 기자들은 발생한 일에 대한 최종적 진실을 말하는 데 덜 신경쓰는 대신, 그것을 이해하는 다양한 방법과 그 다양한 방법 안에 담겨 있는 여러 가지 시각을 보여주어야 한다. 마찬가지로 그들은 기사 선택과 편집 과정을 은폐해서는 안 되며, 그 과정을 공개해서 뉴스가 있는 그대로의 보도가 아니라 생산물이라는 점을 밝혀야 한다 (Fiske, 1989: 194, 저자 강조).

그러한 형태의 저널리즘이 실제로는 어떤 모습을 띠게 될지 상상하기란 쉽지 않다. 하지만 역사적 특수성을 지닌 개념인 객관성이 계속해서 저널리즘의 주요 원칙으로 남으리라고 기대할 이유가 없다는 앨런의 말이 맞다면 우리는 그 모습을 곧 발견할지도 모른다 (Allan, 1997: 319).

# 도덕적 공황

도덕적 공황은 '타자(他者)'로 여겨진 사람이나 사건에 대한 '양식 있는(right-thinking) 사람들'의 주기적인 반응이다. 코헨(Stanley Cohen)이 1960년대 젊은이들의 하위문화였던 모드족과 폭주족(Mods and Rockers)을 연구한 뒤, 도덕적 공황을 다음과 같이 요약했다.

상황, 에피소드, 사람이나 집단이 사회의 가치나 이익에 대한 위험으로 규정되기 시작한다. 대중 매체는 그들의 속성을 정형화되고 판에 박힌 양식으로 제시한다. 편집장, 주교, 정치인 또는 여타 양식 있는 사람들이 도덕적 장벽을 조직한다. 사회적으로 인정받은 전문가들이 저마다 진단과 해법을 내놓는다. 대처 방식이 도출되거나 (그보다 자주) 행사된다. 그러면 그 상황은 사라지고, 가라앉거나 악화되어서 더 눈에 띄게 된다. 어떤 경우에는 공포의 대상이 아주 새로운 것이기도 하고 어떤 경우에는 오랫동안 존재하다가 갑자기 주목을 받게 된 것이다. 공포가 지나가면 잊히고 전승이나 집단적 기억 속에만 남게 되는 경우도 있다. 때로는 풋이 '전쟁의 열병(war fever)'이라고 명명한 것이 2003년 미국이 주도한 이라크 침공을 전후해서 전부는 아니지만 많은 영국 언론사에 영향을 준 것으로 보인다. "자비를 보이지 말라. … 그들의 영혼은 타락했다(SHOW THEM NO PITY... THEY HAVE STAINS ON THEIR SOULS, 『선』, 2003년 3월 20일)"라는 헤드라인으로 『선』이 이라크전 보도를 시작했을 때, 그곳에 일하던 기자 웨이츠(Katy Weitz)는 "내가 하는 일에 대해서 자부심을 갖고 싶지 피에 굶주린 일면기사에 부끄러움을 느끼고 싶지 않다"는 이유로 퇴사하였다 (Weitz, 2003).

일부 기자들은 군인들과 함께 살고 이동하고 그들의 보호를 받으며 군의 제약 아래서 보도를 하면서 군대에 '둘러싸이게' 된다. 따라서 미국 언론인 딜로우(Gordon Dillow)가 나중에 다음과 같이 인정했듯이 종군기자들이 자신의 보호자인 군대의 관점을 따르는 경향을 보이는 것은 아마도 놀라운 일이 아닐 것이다. "나의 관찰대상에 애정을 갖게 되었다. 나는 '나의' 해병대원들을 사랑하게 된 것이다. … 내가 진실을 보도하지 않고 있다는 것은 중요하지 않았다. 내가 해병대원들의 실상이자 나의 실상을 보도하고 있는지가 중요했다" (Brandenburg, 2007: 957에서 인용).

하지만 종군기자나 자국정부의 전쟁행위를 지지하는 언론인들만 객관성이라는 규약을 저버리는 것은 아니다. 전 세계에서 발생하고 있는 분쟁을 보도해야 했던 자신의 역할에 대해 돌이켜보면서, 베테랑 기자 카메론(James Cameron)은 다음과 같이 적었다.

어떤 상황에서는 객관성이란 것이 무의미할 뿐만 아니라 불가능하다. 지금도 나는 기자가 인위적 개념인 '객관성'을 만족시킬 만큼 충분히 입증가능한

그것이 더 심각하고 지속적인 반향을 일으켜서 법적 · 사회적 정책을 변화시키거나 사회의 사고방식을 바꾸기도 한다 (Cohen, 1972: 9).

1970년대 노상강도 현상에 대한 고전적 연구에서, 홀과 동료들은 권력을 지닌 '일차규정자'(경찰, 판사, 정치인 등)와 '화제에 대한 관념적 종결'을 가져오는 미디어가 상호 상승작용을 일으키며 특정인종의 범죄로 인식된 현상에 대한 도덕적 공황을 만들어냈다고 결론지었다 (Hall et al., 1978: 75). 이렇게 1970년대 흑인 젊은이들과 노상강도에 대한 간단한 동일시 현상은 30년 후 이슬람교도와 테러리즘을 연결짓는 미디어의 민첩성에서 되풀이되고 있다 (Richardson, 2001: 229; Karim, 2002: 102; Seib, 2002: 114). 그러나 어젠다 설정과 마찬가지로 '도덕적 공황'에 관한 미디어의 보도가 특정 시기 특정 사회집단에 대한 대중의 비난행위를 만들어냈다기보다는 반영했다고 볼 수도 있다. 아니면 그것은 '상식'이라는 형태의 대중적 시각을 상호 강화하는 좀 더 순환적인 과정인가?

## 전략적 관례

기자가 누구를 인용할 것인지, 어떤 근거를 포함할 것인지 선택할 권력을 가지고 있기 때문에 터크먼(Tuchman)의 객관성에 관한 전략적 관례는 객관성보다 의식에 더 관련된 것일지 모른다. 내가 이 책을 저술할 때, 내가 인터뷰할 사람, 인용할 출판물, 논의할 문제를 선택한 것과 똑같다. 언론인들이 2장에서 논의한 제약들의 영향 아래에서 행동하는 것처럼 나도 진공 상태에서 행동하는 것이 아니기 때문에, 나도 더 넓은 문맥 안에서 편집상 선택을 한다.

이 책에서 다룬 하비니콜스 이야기에서 내가 전략적 관례를 따랐으므로 그 기사는 진실이라고 주장할 수 있다. 내가 처음 정보를 입수한 이후 그 기사를 띄우기 위해 내가 대부분의 견해와 행동을 부추겼기 때문에 그 기사는 거

중립성을 가지고 일종의 윤리적 충돌을 수반하는 상황에 대해 어떻게 묘사할 수 있는지 모르겠다. 그런 상황에서는 내가 할 수 있는 한 분명하게 주관적인 입장을 취하자는 것 외에 다른 생각은 떠오르지 않는다 (Cameron, 1968: 72).

그는 **주관성**, 즉 기자의 태도가 분명해서 비평이나 반론에 대해 열려 있어야 한다는 점이 중요하다고 생각했다. 이와 유사하게, 조지 오웰(George Orwell)은 독자가 기자의 '편견'을 인지할 때에만 그 영향으로부터 자유로울 수 있다고 주장했다 (Pilger, 1998: 525에서 인용). "이 거짓의 전쟁이 계속된다(THIS WAR OF LIFES GOES ON)"라는 헤드라인 아래 『데일리미러』에 아프가니스탄 폭격에 대하여 기사를 쓴 필거(John Pilger)의 입장은 분명했다.

> " 진실은 순전하기 어려우며 결코 단순하지 않다. "
> – 오스카 와일드(Oscar Wilde)

> '테러와의 전쟁'은 존재하지 않았고 여전히 존재하지 않는다. 그 대신, 우리는 '나쁜' 테러리스트를 '좋은' 테러리스트로 바꾸어 놓은 대영제국의 변형된 책략을 보고 있으며, 그 사이에 한 마을, 한 가족, 한 병원, '탈레반'이라는 단어로 비인격화된 십대 징집병 등 셀 수 없이 많은 무고한 사람들이 목숨을 잃고 있다 (Pilger, 2001).

필거의 보도양식에 동의하지 않는 언론인들조차 유혈분쟁을 보도할 때 기자로서 객관성을 담보할 수 있는지에 대하여 의문을 제기한다. ITN 기자 니콜슨(Michael Nicholson)은 보스니아전쟁을 취재하는 동안 만났던 고아소녀를 양녀로 삼은 후에 다음과 같이 말했다. "나는 소위 객관성이라는 것을 믿지 않는다. 그래도 사실을 보도할 수 있다. 할 수 있는 한 진실에 근접하면서도 책임감, 즉 비통함을 표현할 수 있다. 나는 그 두 가지가 양립할 수 없다

의 독립적이고 객관적으로 존재한 것이 아니라고 주장할 수도 있다. 다음날 신문에 실린 그 기사 위에는 나의 지문이 잔뜩 묻어 있지만, 그것은 육안으로 식별할 수 없다.

하나의 기사 안에 상충하는 내용을 제시해야 한다는 해결책에 따른다면 특정 주제에 대한 전문가라고 보기 힘든 기자들이 통상적으로는 진실이라고 주장되는 상반된 견해 가운데 선택할 필요가 없다. 키블이 잘 지적한 것처럼, 기자들은 기사로부터 스스로 거리를 두기 위해 정보원을 이용한다 (Keeble, 2001a: 44). 때때로 기자들은 다른 정보원보다 한 정보원 또는 한 주장을 진실로 여기기도 한다. 예를 들면 이 장에서 나는 ACPO가 범죄와 난민에 관한 '사실'을 제공한다고 인용했다. 하지만 그들의 진술이 언론의 선정적인 헤드라인보다 더 객관적인 진실에 가까운가? ACPO의 진술이 범죄 통계에 근거하고 있다는 점에서는 그렇다. 그러나 그 통계가 실제 발생한 범죄보다는 보고된 범죄에만 기반을 두고 있다면 그 숫자들을 객관적이라고 간주할 수 있을까? 기자들은 전략적 관례를 준수하고 정보의 출처에 근거해 진술함으로써 어떤 사안에 대해서 논쟁이 있을 경우 그 문제에 대해 누가 옳고 누가 그른지 결정할 책임을 면할 수 있다. 한 언론인이 말했듯이, "우리는 사실이 아니라 누군가의 견해를 다룬다" (Gans, 1980: 246에서 인용).

## 상식

언론인들은 상식을 사용해서 어떤 일이 진실인 것 같은 느낌을 가지고 있는지 판단한다. 하지만 상식 자체도 사회적·문화적·역사적으로 구성된 것이기 때문에 어떤 '객관적' 잣대가 되기에는 매우 불완전하다. 여기에서 주도권이라는 개념, 즉 도전을 받을 때도 있지만 지배계급이 사회를 주도하면서 도덕적이고 지적인 영향력을 행사한다는 사고방식에 대해 생각해볼만하다 (Gramsci, 1971:

고 생각하지 않는다" (McLaughlin, 2002b: 154에
서 인용).

BBC 특파원이었던 벨(Martin Bell)은 소위 '애착
저널리즘(journalism of attachment)'을 촉구하였
다. 벨은 분쟁을 취재하는 기자들이 사실을 존중하
면서도 '도덕적 책임감' 곧 그들이 보도하고 있는 사
건에 대한 영향력을 행사할 수 있다는 점을 받아들
여야 한다고 생각했다 (McLaughlin, 2002b: 178에
서 인용). CNN의 아만푸어(Christiane Amanpour)
는 객관성이라는 개념 자체를 훼손하지 않으면서
비슷한 주장을 하였다.

> 나는 객관성이란 모든 입장에 귀를 기울이되 모든
> 입장을 동등하게 취급하는 것은 아니라고 생각하게
> 되었다. 보스니아와 같은 경우에서 모든 입장을 똑
> 같이 취급한다면, 그것은 희생자와 가해자에게 도
> 덕적으로 등가성을 부여하는 것이다. 그것이 중립
> 성을 향한 지름길이다. 그리고 그것은 모든 형태의
> 악, 보스니아의 경우에는 대량 학살을 방조하는 훨
> 씬 빠른 지름길이다. 따라서 객관성은 반드시 윤리
> 의식과 함께 가야 한다 (Seib, 2002: 53에서 인용).

취재 역할을 내려놓고 국제전범재판소에 증인으
로 참석한 몇몇 기자들은 이러한 주장에서 한발 더
나아간 것이다. 2002년 헤이그(국제사법재판소가
있는 도시 – 역자 주)에서 BBC 특파원 로우랜드
(Jacky Rowland)가 3년 전 코소보 사태에 대하여
증언할 때 유고슬라비아의 전직 대통령 밀로셰비치
와 대질심문을 했다. 동료 기자들은 그녀가 공정성
을 저버림으로써 종군기자들을 위험에 처하게 했다
고 주장하였으나, 나중에 그녀는 이에 대해 반발하
며 다음과 같이 설명하였다.

> 나는 기자가 본질적으로 자신이 취재하고 있는 사
> 건에 대한 목격자라고 생각한다. 헤이그 국제사법

57). 주도권은 조작된 견해들이 사회에 스며들어 결국 '상
식'으로 여겨지게 한다 (Williams, 1980: 37-38). 그렇
다고 상식에 진실이 전혀 담겨 있지 않다는 말은 아니고,
상식은 "모호하고, 모순되며, 여러 가지 형태를 가진 개념
이므로, 상식을 확정된 진실이라고 보는 것은 어불성설"
이다 (Gramsci, 1971: 423, 저자 강조).

재판소에서의 증언은 그 연장선상에 놓여 있다. …
나 다음에 증언하기로 되어 있던 목격자, 즉 세르비
아 경찰의 학살로 인해 가족 8명을 잃은 여성을 만
났을 때 증언을 하면 안 된다는 기자들의 주장은 설
득력이 없다고 느꼈다 (Rowland, 2002).

기자의 객관성이라는 전통을 고수하면서도 도덕적
책임감에 충실하기는 윤리적으로 균형을 잡기 어려
운 행위로 여겨질 수 있다. 세이브(Philip Seib)는
비밀취재원에 대한 민감한 정보를 담고 있는 한 기
자의 노트가 공개적인 조사를 받은 바 있는 또다른
재판의 예를 들고 있다. 이런 식으로 정보원을 '위
험에 처하게' 만들면 이후에 다른 취재원들이 기자
들에게 정보를 제공하려 하지
않을지도 모른다. "그것(정보원
을 공개함으로써 다른 취재원들
의 정보 제공 의사를 약화시키
는 행위 – 역자 주)이 치러야할
대가라고 하더라도, 어떤 기자
들은 전범재판의 취지를 감안해서 그것(기자가 정
의를 위해서 비밀취재원을 공개하는 행위 – 역자
주)이 이성적인 행동이라고 판단할 것이다" (Seib,
2002: 86).

마가렛 대처(Margaret Thatcher) 총리는 1984
년부터 1985년까지 1년간 탄광폐쇄에 반발해 파업
을 전개한 광부들을 특징짓기 위해 외부의 적이 아
니라 '내부의 적'이라고 하였다. 광부들의 파업에
대한 대다수 언론의 보도는 소수의 핵심 주제로 정
형화되었으며, 분쟁 기간 내내 다음과 같은 세 가지
국면이 반복되었다. 채산성이 없는 광산, 파업현장
의 폭력행위, 작업장으로 복귀 (Hollingsworth, 1986:
242-285; Philo, 1991: 37-42; Williams, 2009).
이와는 대조적으로 10년 후 또다른 노동자들의 파

업은 거의 보도되지 않았다. 1995년 300명이 넘는
리버풀의 부두노동자들이 파업에 불참하기를 거부
했다는 이유로 해고당한 뒤, 2년 동안 해고철회를
요구하는 캠페인을 벌였는데 다른 나라에서는 상당
한 언론의 관심과 지지를 받았으나 영국 언론으로
부터는 거의 관심을 받지 못했다. 당시 한 부두노동
자는 나에게 영국 정부가 자신들의 이야기를 '보도
하지 못하도록' 압력을 넣었을 것이라고 냉정하게
말하였다. 그것이 부족한 언론보도에 대해서 그가
생각해낼 수 있는 유일한 이유였다. 하지만 필거가
지적하듯이 대부분의 편집책임자들은 지시하지 않
아도 '지루한' 노동쟁의 대신 유명인들의 가십기사
를 선호할 것이다.

> " 사회과학자와 마찬가지로
> 언론인들에게 '객관성'이라는
> 용어는 언론인 자신과
> 비평가들 사이의 보루이다. "
> – 터크먼(Gaye Tuchman)

언론에서는 '시장'의 신화가 지혜로 받
아들여지고 수백만의 노동조합원들은
'공룡'으로 간주되고 있기 때문에, 부
두노동자들의 이야기는 구시대의 유
물 정도로 취급되었다. 그들의 투쟁이
전체 노동자 중에서 절반 이상이 임시직이나 시간
제 근무의 불평등한 조건에 얽매여 있으며, 영국이
유럽의 노동착취공장이라는 사실을 대변하고 있다
는 점은 진짜 뉴스로 여겨지지 않았다 (Pilger,
1998: 354, 저자 강조).

따라서 객관성은 단순히 특정 이야기를 어떻게
보도할 것인지의 문제에 국한되지 않으며, 무엇을
잠재적 기삿거리로 선택할 것이며 무엇을 취급하지
않을 것인지의 문제와 관련된다. 가끔은 어디선가
불현듯 이슈가 등장해 몇 주간 헤드라인을 장식했
다가 사라지는 것 같다. 노상강도, '광포한 개', 살
을 무는 불가사의한 벌레, 잔인한 폭력 비디오, 청
소년 범죄, 소아성애자, '해피 슬래핑(아무 의심 없
이 지나가는 행인을 철썩 때리며 휴대폰으로 그것

을 촬영하여 재미삼아 그 장면을 유통시키는 행위 – 역자 주)', 망명자 등이 **도덕적 공황**으로 알려진 일부 예들인데, 이때는 흔히 해당 분야의 지식을 지닌 전문가들이 등장해 미디어의 객관성 결여나 부정확성에 대해 놀라움을 표한다. 예를 들면, 2001년 2월, 즉 망명자들이 켄트(Kent, 영국 잉글랜드 남동부의 주 – 역자 주) 일부 지역에 범죄를 양산하고 있다는 언론의 적대적인 보도가 1년 이상 지속된 이후 경찰서장협회(ACPO: Association of Chief Police Officers)는 다음과 같이 논평하였다.

> " 견해 따위는 필요 없다.
> 견해를 가지고 있지 않은
> 사람이 어디 있는가. "
> – 더티 해리 역의 클린트 이스트우드
> (Clint Eastwood)

도버(Dover)에 망명자들이 유입된 이후 '외관상' 범죄율 증가에 대하여 지역적·전국적으로 언론이 지속적인 관심을 보여왔다. 켄트 전체의 일반적 추세와 마찬가지로 이 지역 경찰서장은 지난 3년 간 모든 형태의 범죄에서 사실상 범죄율이 **감소했다**고 보고하였다. 이러한 사실은 미디어에서 일부 지역 사람들에게 들은 바와 다르고 **언론사 편집장들이 원하는 바가 아니었기** 때문에 일반적으로 전국적으로 언론에 보도되지 않았다 (ACPO, 2001, 저자 강조).

우리는 2장에서 망명자들에 대한 『익스프레스』의 헤드라인 때문에 해당 언론사의 일부 기자들이 우려를 표했던 사실을 알고 있다. 심지어 새 사전의 간단한 출간 소식에도 "이제 망명자들이 우리의 사전에도 침범했다(NOW ASYLUM SEEKERS INVADE OUR DICTIONARY, 『데일리익스프레스』, 2002년 9월 26일)"와 같은 표제가 붙었다. 『데일리메일』의 다음과 같은 헤드라인도 그와 비슷한 수많은 예에 불과하다. "망명: 물론 영국이 최적지(ASYLUM: YES, BRITAIN IS A SOFT TOUCH!, 2001년 2월 1일)" 또는 "망명자들에게 전문의 수술을

빼앗기는 환자들(PATIENTS LOSE GP'S SURGERY TO ASYLUM SEEKERS, 2002년 9월 5일)."

『데일리메일』은 도덕적 공황에 민감하게 반응하며 세속적이고 물질주의적이며 가족의 가치를 신봉하는 보수당 지지자들로 대변되는 '영국 중산층'의 특정 세계관을 옹호하기 위해 객관성을 무시한다고 꾸준히 비판을 받아왔다. 전직 『데일리메일』 기자의 말을 빌리면 "일종의 강박관념을 갖게 되면 특정 방식으로 기사를 작성해야 한다는 것은 자명하다" (Beckett, 2001에서 인용).

## '전략적 관례'로서의 객관성

위의 예에서 알 수 있듯이 객관적 보도는 지켜지기보다는 깨지기 쉬운 것일지 모른다. 하지만 그렇다고 객관적 보도라는 개념이 현장의 언론인들에게 아무런 울림이 없는 것은 아니다. 나의 경험에 의하면, 비록 객관성이 문화, 시장, 소속된 언론사의 소유구조에 따라 달라지기는 하지만 **대부분의 언론인들은 대부분의 경우에 객관적인 태도를 취하려고 애쓴다.** 터크먼에 따르면, 객관성은 언론인들이 방어기제로 사용하는 하나의 **전략적 관례**로 볼 수 있다. 그녀는 언론인들이 자신의 글에 대해 객관성을 주장하기 위해 따르는 네 가지 의례적 절차를 보여주고 있다.

- 상충 가능성의 제시
- 입증 자료의 제시
- 신중한 인용부호 사용
- 적절한 연속성에 의거한 정보 구성 (Tuchman, 1972: 299–301).

언론인들은 출판 전에 다음의 절차를 지킴으로 써 객관성에 대한 직업적 충실성을 만족시킬 수 있을 것이다.

- 이야기의 양쪽 측면을 고려
- 상충하는 주장을 평가
- 정보원의 신뢰도를 평가
- 근거 조사
- 사실과 다르다고 여겨지는 것은 출판하지 않기
- 한마디로 이야기가 타당한지 살펴보기

> " 논평은 자유지만, 사실은 신성불가침이다. "
> – 스캇(CP Scott), 『맨체스터가디언(*Manchester Guardian*)』(가디언의 옛 이름 – 역자 주)의 편집장, 1921.

이 공식에 의거해서 4장에서 논의한 하비니콜스 이야기를 다시 살펴보자. 나는 최초 정보원을 신뢰할 만한 사람으로 여기고 있었기 때문에 처음부터 그녀의 전화를 진지하게 받아들였다. 경험상 나는 하비니콜스 백화점의 유명세 때문에 그것이 뉴스가 될 만한 이야기라고 생각했다. 내가 들은 이야기를 확인하기 위해 문제의 포스터를 살펴본 뒤에 나는 그녀에게 실제로 불평을 제기한 사람이 있을지 모른다고 알려주었다. 그녀를 통해 나는 그 회사와 광고표준단체(Advertising Standards Agency)에 발송된 항의의 편지 몇 통을 입수하였다. 그리고 하비니콜스의 PR담당자들과 대화를 나누며 그들의 입장을 확인하는 한편 스크랩을 통해 그 회사에 대한 배경정보를 얻었다. 나는 지역당국의 여성위원회 소속 고참 시의원을 접촉해서 시의회에서 공식 항의서한을 작성할 의사가 있는지 물었다. 그녀는 강도 있는 발언을 하였으며 실제로 그러한 조치를 취할 것이라고 하였다. 이제 고소인이 확보되었기 때문에 광고심의위원회에서 이 문제에 대한 조사에 착수해야 할 상황이었다. 정리

하면 나는 권위 있는 사람의 견해를 입수하였고 관련 회사에 대한 배경정보를 확보했으며, 포스터에는 문제될 만한 것이 없다는 회사측 주장을 확인하였다. 그 기사는 타당한 것이었다.

하나의 기삿거리가 타당한 것이라면 기자는 양쪽 측면을 고려하면서 기사를 작성할 것이다. 기자는 반박의 여지가 있는 주장을 명확히 할 것이고, 외부 정보원으로부터 정보와 견해를 구할 것이며, 사실로 보이는 것과 기자 자신의 의견을 혼동하지 않을 것이다. 적어도 이것이 **일반적인 현상이다.** 문제는 늘 그렇게 단순하지 않다는 것이다. 일단, 하나의 이야기에 대해 **둘 이상의 입장**이 존재하는 경우가 흔하지 않은가?

'양쪽 측면'을 고려하는 것조차 늘 철저하게 지켜지지 않는다. 한 지방신문사에서 나의 첫 업무는 집시들에 대한 주민들의 불평사항, 즉 절도 혐의, 배변, 부동산가치 하락 등에 대해 보도하는 것이었다. 내가 집시들의 입장을 듣기 위해 그들을 취재하겠다고 했을 때 편집실 사람들은 놀라는 눈치였다. 경찰이나 지역당국자로부터 의견을 확보함으로써 기사의 균형을 맞추면 충분한 것으로 보였다. 하지만 나는 주장을 굽히지 않았고 더 나은 기사를 작성할 수 있었을 뿐만 아니라 그들 대부분은 실제로 그 지역에서 태어난 '지역사람'이라는 사실을 발견하였다. 집시들은 계속해서 자신들을 쫓아내면 신성시되고 있는 마을 중앙의 초원으로 이동식주택을 옮길 것이라고 위협하고 있었다 (『해러게이트어드버타이저(*Harrogate Advertiser*)』, 1989년 9월 23일). 이것은 특별할 것이 전혀 없는 저널리즘일 뿐이다. 하지만 그들에 대한 의혹에도 불구하고 집시나 망

명자들의 말을 인용하는 것은 흔치않은 일이다. 그런 집단에 대한 사회적 편견을 고려하면, 기자들이 그들 편에서 이야기를 들어보는 것도 **무시할 수 없**을 정도로 **중요**하지 않겠는가?

## 사실 확인하기

기자들은 의례적으로 상충하는 주장을 평가하고, 정보원의 신뢰도를 저울질하며, 근거를 찾기 위해 사실을 확인한다. 그런데 정보원은 동등하지 않다. 만약 경찰에서 교통사고로 3명이 사망했다고 발표하면 기자들은 현장까지 차를 몰고 가서 사체의 수를 세어보고 맥박을 확인해야 한다는 생각 없이 그 '사실'을 보도한다. 하지만 한 운전자가 언론사에 전화해서 똑같은 이야기를 말해주면 기자는 경찰에 전화를 해서 사실을 확인한 뒤 보도할 것이다. 이야기의 사실 확인은 우리가 들은 내용과 우리가 세상에 대하여 '알고 있는' 바를 비교함으로써 시작된다. 즉 우리의 지식과 경험을 가지고 **상식적** 수준에서 그것이 진실성을 담고 있는지 확인하는 것이다. 만약 진실성을 담고 있지 않다면 잠재적인 기삿거리는 더 이상의 노력을 기울일 필요가 없는 것으로 취급된다.

만약 잠재적 기삿거리가 이 첫 시험을 통과하면, 출판물을 살펴보고, 직접 관찰하고, 관련자들을 만나보고, 별도의 관찰자나 전문가와 대화를 함으로써 사실을 확인해야 한다. 기삿거리가 어떤 범죄와 연루된 것 같다면 별도의 확인과정을 거치는 것은 더욱 중요해진다. 미국 대통령 리처드 닉슨(Richard Nixon)의 지지자들에 의해 저질러진 비민주적이고 불법적인 행위에 대한 워터게이트 취재 당시, 번스타인(Carl Bernstein)과 우드워드(Bob Woodward)에게 딥 스로트(Deep Throat)라고 알려진 비밀 정보원이 익명의 조건 하에 정보를 제공해 주었다. 그들은 다른 경로를 통해 그 정보원이 제보한 사실을 확인하지 않고는 보도를 하지 않았다. "두 명의 정보원이 범죄로 간주될 만한 행위와 관련된 혐의를 확인해주지 않는 한, 특정 혐의는 신문에 실리지 않았다"(Bernstein and Woodward, [1974] 2005: 79, 저자 강조). 이것은 삼중확인지침(three-source guideline)이라고 불리는 데, 심각한 혐의는 보통 두 명의 신뢰할 만한 추가 정보원에 의해 입증되어야 한다는 원칙이다 (Brennen, 2003: 123).

> **"당신은 누구를 믿을 것인가, 나인가 아니면 당신의 눈인가?"**
> — 막스(Chico Marx)

하지만 사실 확인 노력에도 불구하고 기자들은 종종 나중에 사실이 아니라고 판명되는 내용을 보도한다. 정보원들도 (아직) 전체 내용을 알지 못하기 때문에 부정확한 사실이 나타날 수도 있다. 2001년 9월 11일 세계무역센터에 공격 이후 처음에는 1만 명의 사망자가 발생했다고 보도되었다 (『선』, 2001년 9월 12일; 『데일리메일』, 2001년 9월 13일). 이후 기자들은 몇 주간 최소 7,000명이 사망했다고 보도하였지만, 2001년 11월 뉴욕 경찰에서는 사망자수를 3,702명으로 발표하였다 (Lipton, 2002). 테러 공격으로부터 1년이 지난 뒤 공식 사망자수는 2,801명으로 줄어들었으며 (Lipton, 2002), 2003년에는 다시 2,752명으로 더 감소하였다 (BBC, 2003). 테러 5주년에 알려진 공식 사망자수 집계는 확인되지 않은 '불법' 노동자의 사망자 수를 제외하고 2,749명으로 줄어들었다 (Tutek, 2006).

기자가 추정을 한 뒤 확인과정을 거치지 않거나, 부정확한 스크랩에 의존하거나, 확인할 시간이 부족해서 부정확한 기사가 보도될 수 있다. 해외 특파원들은 그러한 시간 제약 속에서 여러 다른 뉴스 매체에 기사를 전송하기 때문에 현장에 가서 발생한 사건을 직접 확인할 만한 시간이 거의 없다고 불평한다. 결국 그들은 런던에서 입수한 소식을 다시 그대로 되뇌고 만다(Harcup, 1996). 기자가 통계 자료를 잘못 사용하거나 이해했을 때 또는 정보원이 통계자료를 오용할 수도 있다는 점을 문제시하지 않았을 때 부정확한 내용이 보도될 수도 있다. 13명의 미술 전공 학생들이 1,000파운드 이상의 장학금을 스페인 해변에서 파티를 하는 데 사용했다고 주장한 뒤(STUDENTS USE GRANT FOR HOLIDAY, 『데일리익스프레스』, 1998년 5월 19일), 그들은 한 푼도 사용하지 않았고 요크셔에서의 휴가 사진을 거짓으로 꾸몄으며 잇따른 미디어 스펙터클(media spectacle: 현대인들의 꿈, 환상, 가치가 뒤섞여 보여지는 일종의 미디어 문화 – 역자 주)이 "예술의 본질에 대한 논지"(STUDENTS' WORK OF ART WAS CHEAP FORGERY, 『타임즈』, 1998년 5월 20일)가 되었다고 밝혔던 경우에서처럼 정보원이 거짓말을 하기 때문에 부정확한 사실이 드러날 수도 있다. 콘월(Cornwall) 해변에서 발견되고 사진까지 찍었다는 무시무시하고 거대한 백상어에 관한 수많은 기사들이 등장한 2007년 여름의 상어 소동은 어땠는가? 결국 콘월의 나이트클럽 경비원 키블(Kevin Keeble)이 남아프리카 여행 중에 찍었던 사진을 '장난삼아' 지방신문사에 보냈던 것으로 밝혀졌다(Morris, 2007).

그레트나(Gretna)축구클럽에서 (만우절에) 자기 클럽의 선수 중 한 명이 TV 연속극에 출연할 것이라는 가짜 보도자료를 발송했을 때 그 소식은 『칼라일뉴스앤스타(Carlisle News and Star)』의 지면을 장식했다. 후에 이 신문사의 부편집장 에클스(Richard Eccles)는 "보도자료를 확인하는 일에 관한 호된 교훈을 얻었다고 말할 수 있다"고 논평했다(Lagan, 2007에서 인용). 정말 그렇다.

"연을 날리는 것은 괜찮지만, 줄을 잡고 있어야 한다는 사실을 잊지 말라"는 오랜 타블로이드 격언이 있다. 그렇지만 기자가 줄에 매달려 있는데도 연이 하늘 높이 날아오르는 경우도 있다. 기자가 어떤 소재를 타당한 기삿거리로 **만들어야** 하는 압력을 받을 때 특히 그러하다. 편집장이 우리는 인도빵을 먹게 될거야(WE'LL HAVE NAAN OF THAT!)라는 예비 헤드라인을 생각해놓았다는 이유만으로 학교 급식으로 카레를 제공한 당국을 비난하는 성난 백인 학부모가 없는지 절박하게 찾고 있는 타블로이드 신문의 기자를 만난 적이 있다. 다행히 그런 기사가 실제로 실린 것 같지는 않지만, 그것은 한 편집장이 오전 회의 때 잠깐 떠올렸다가 오후에 다른 일들 때문에 잊어버린 잠깐의 생각이었다. 타허가 "정보원이나 인터뷰를 꾸미는 것 외에도 수많은 편법이 존재한다. 많은 사람들이 좋은 기사를 만들기 위해 진실을 변조한다. 저널리즘은 일상적으로 도덕적 · 지적 타협이 이루어지는 직업"이라고 경고했지만, 순전한 창작은 저널리즘에서도 매우 예외적인 경우에 속한다.

타협이 있을지 모르지만, 아무리 불완전하더라도 대부분의 언론인들은 매일의 업무 속에서 어느 정도의 객관성을 확보하고 있다. 메릭은 객관적 보도에 대한 질문에 대해 언론인의 전형적인 답변을 내놓았다.

기사를 쓰려고 앉았을 때 나는 한번도 "이것이 객관적인가?"라고 생각한 적이 없다. 하지만 한 이야기의 양쪽 측면을 모두 고려해야 하면서 공평하고 균형을 유지해야 한다는 점을 항상 의식한다. 객관적일 수 있는지에 대해서는 확신을 갖고 있지 않다. 솔직히 말하면 그 점에 대해서 생각해보지 않았다.

채널4뉴스의 스노우(Jon Snow)는 **공평함**이 가장 중요하다고 주장했다.

중립적인 언론인이라는 것이 존재한다고 생각하지 않는다. 인간이라는 존재는 그것이 무엇이든지 간에 자신이 본 것에 영향을 받아서 그것을 반대하거나 지지하고 존중하거나 무시한다. 그러한 특성은 필수적인 것이며, 그렇지 않으면 기자가 보도한 내용은 부자연스러운 사건이 되고 만다. … 나는 중립성을 거부한다. 하지만 동시에 공평성에 찬성한다. 완전한 공평성 말이다. 기자는 자신의 성향을 인지하고 다른 관점에도 귀를 기울임으로써 균형을 잡아야 한다 (Roy, 2002: 38에서 인용).

웨인라이트에게 객관성이란 열린 마음으로 이야기에 접근하고 모든 측면을 고려하며 가능한 많은 맥락을 포함시키며, 사람들의 행동 저변에 깔려 있는 것이 무엇인지를 보여주려고 하는 것이다. 그런 까닭에 그는 카메론이나 필거와 같은 속내를 드러내는 스타일의 저널리즘에 대해 비판적이다.

언론인으로서 경험을 통해 배운 것이 있다면 상황은 늘 복잡하게 뒤얽혀 있으며 **사악하기만** 한 정보원은 거의 존재하지 않는다는 사실이다. 사람들에게 잘못된 상황에 대한 경각심을 주기 위해 감정적인 저널리즘이 제한적으로 사용되지만, 실제로 사람들에게 발생하고 있는 일과 그 이유에 대해서 말해주려면 최대한 냉정을 유지해야 한다. 내 생각에

> " 아무도 믿지 말라. 우리도 믿지 말라. "
> – 라디오B92 표어

는 덜 기자다워질수록 더 좋다. 어떤 사람들은 실제로는 그렇지 않으면서 객관적인 체하는 것이 더 위험하다고 말한다. 그리고 객관성이라는 것은 불가능하기 때문에 아무도 객관적일 수 없다고 이야기한다. 모두 맞는 말이다. 그럼에도 불구하고 **객관성을 지니려고 노력할 수는 있다**고 확신한다. 우리는 모두 주관적일 수밖에 없다고 말하는 것은 궁여지책일 뿐이다.

맥케인(Anna McKane)이 "일반적으로 당신이 그것을 잘못 이해했다고 가정하는 것이 올바로 이해했다고 가정하는 것보다 더 도움이 될 것이다. 그러므로 모든 것을 세 번 확인하는 습관을 개발하라"고 지적한 것처럼(McKane 2006: 86), 부정확한 보도를 방지하는 방법 중의 하나는 실수를 범하기가 얼마나 쉬운지를 인정하는 것이다. 이러한 조언은 "당신이 쓴 단어들을 잘 점검하라"고 말한 조지 엘리엇(George Eliot, 자신의 작품이 진지하게 받아들여지기를 바라는 마음에서 남성 필명을 사용한 빅토리아 시대의 영국 소설가 – 역자 주)에게는 상당히 가슴에 와 닿는 이야기였을 것이다. 그녀의 실제 이름은 매리 앤 에반스(Mary Ann Evans)였으나 후에 그녀는 매리 앤을 매리언(Marian)으로 바꾸었다 (Drabble and Stringer, 1990: 176). 기자들이 반드시 명심해야 할 가장 기본적인 사항 중의 하나는 사람의 이름을 제대로 기록하는 것이다. 한 사람이 여러 개의 다른 이름을 사용할 수도 있다는 사실을 통해 간단해 보이는 이 업무가 얼마나 신중을 요하는지 알 수 있다.

## 요약

객관적 보도는 대체로 확인 가능한 사실과 주관적 감정을 구별하는 것으로 이해되고 있다. 언론인들은 기사로부터 거리를 두기 위한 '전략적 관례'로 객관성을 이용해왔다. 이 절차는 적절한 순서에 의거해 상충 가능성과 근거 자료, 별도의 견해와 정보를 제시하는 일을 포함한다. 객관성이라는 기준과 공정성이라는 관련 개념은 달성할 수 없는 것이며, 다양한 관점의 존재를 무시하며, 옳고 그름을 판단해야 하는 상황에서는 바람직하지 않다는 이유로 비판을 받아왔다. 그럼에도 불구하고 대부분의 언론인들은 하나의 기삿거리가 타당한지를 입증하기 위해서 정보원을 평가하거나 사실을 확인하는 것으로 어느 정도의 객관성을 유지한다.

## 질문

객관성과 공정성 사이에 차이점이 있는가?

공정성을 통해 현재의 신문들이 어떻게 변화될 수 있는가?

객관성이 달성할 수 없는 것이라면, 그것을 지향할 필요가 있는가?

주관적 저널리즘과 객관적 저널리즘 중에서 어느 것이 진실에 더 근접하는가?

언론인들은 어떻게 다양한 이야기와 다수의 관점을 취급할 수 있는가?

## 추가 읽을거리

숫자, 통계, 평균과 관련된 것을 정확히 보도하거나 알고자 한다면 블래스트랜드와 딜낫(Blastland and Dilnot, 2007)의 흥미로운 책 『가짜 호랑이(The Tiger That Isn't)』에서 유용한 힌트를 얻을 수 있다. 랜들(Randall, 2007)과 맥케인(McKane, 2006)에도 이 주제에 관련해서 도움이 될 만한 장이 수록되어 있으며, 프로스트(Frost, 2002)에는 보도와 사실 확인의 기본에 대해서 간단하면서도 실제적인 설명이 곁들여 있다. 키에란(Kieran, 1998), 브롬리와 오몰리(Bromley and O'Malley, 1997), 텀버(Tumber, 1999)는 객관성을 다룬 읽기 쉽고 영감 있는 편집서들이다. 독선적일지는 몰라도 필거(John Pilger, 1998)의 설득력 있는 비평서는 주류 언론에서 객관적 보도로 통했던 대부분의 관습에 대한 지속적인 도전을 제기하고 있다. 이와 유사하게 데이비스(Nick Davies, 2008)에는 대부분의 제4부 구성원들이 어떻게 자신들의 역할을 완수하는지 어둡게 묘사되어 있다. 맥플린(McLaughlin, 2002b)에는 부분적으로 종군기자들과의 인터뷰에 근거하여 객관성, 분쟁, '애착 저널리즘'에 관해서 흥미로운 논점이 제공되어 있다. 스티븐슨(Stevenson, 2002)에는 더 이론적인 관점에서 객관성, 헤게모니, 도덕적 공황이 다루어졌고 다양한 마르크스주의 입장에서 미디어가 설명되어 있으며 진실이라는 개념에 대해서 포스트모더니즘에 입각해 비판되어 있다. 크리처(Critcher, 2002)에는 『뉴스오브더월드』의 소아성애자에 대한 "네임 앤드 셰임" 캠페인의 맥락 속에서 도덕적 공황과 어젠다설정 개념이 비판적으로 논의되어 있다.

## 주요 출처

*The Day Today*, BBC Worldwide DVD, 2004; Orwell, Pilger, 1998: 525에서 인용; Murdoch, Channel 4, 1998; Wilde, *Importance of Being Earnest*, Act 1; Tuchman, 1972: 297; Eastwood in *The Dead Pool*, Hudson and Rowlands, 2007: 271에서 인용; Scott, O'Malley and Soley, 2000: 23에서 인용; Marx, *Duck Soup*; B92, Seib, 2002: 99에서 인용.

# 6장

# 탐사자로서의 언론인

2005년 정보공개법이 발효되었을 때 나는 영국의 어두운 구석 중 하나인 준자치 비정부기구를 파헤치는 데 그 법을 이용하려 했다. 훌륭하고 대단한 사람들이 서로서로 위원자리를 차지하고 앉아서 아무런 선거의 간섭이나 민주적 책임도 없이 매년 1000억 파운드 이상의 세금을 족히 사용하는 곳이 바로 이런 기구들이다. 새 정보공개법(FOI: Freedom of Information)을 통해서 나는 공적 자금의 지원을 받는 지역개발단체, 요크셔포워드(Yorkshire Forward)에 그들이 수혜자의 이름으로 얼마나 많은 돈을 상품, 식사, 큰 스포츠 경기 좌석과 같은 직원·고객 접대에 지출하였는지 물었다. 이에 대한 답변으로 사람들의 이름은 정보보호법에 근거한 공개가 면제된 정보이며, 설령 면제된 정보가 아니라 하더라도 그런 정보를 입수하는 데에는 과다한 비용이 청구된다는 이야기를 들었다.

결론적으로 말하면, 나는 이의 신청을 하였는데 이것이 정보감독원(Information Commissioner)으로 이첩되었고, 최종적으로 정보조사위원회(Information Tribunal)에 항소까지 하였다. 3년 후 300페이지가 넘는 분량의 서신과 증거물이 오고간 끝에 정보조사위원회에서 요크셔포워드와 정보감독원의 주장, 즉 개개인의 이름이 중요한 개인정보이기 때문에 공개법의 적용을 받으면 안 된다는 주장은 '터무니없다'고 기각하면서 나는 반쪽짜리 승리를 거두었다. 원칙적으로는 내가 승소하였지만, 조사위원회는 그러한 정보를 확인하려면 해당 기구가 정보공개법에 명

# 탐사 저널리즘

"'탐사 언론인'이라는 용어는 잘난 체하는 듯한 인상을 주며, 현장의 언론인들 중에는 이에 대한 적극적인 지지자가 거의 없다. 하지만 그것은 까다롭고 지난한 과제를 처리해야 하는 기자를 지탱해주는 동기부여, 경험과 지식, 방법론과 일련의 기술을 표현하는 데 도움이 된다"고 한나(Mark Hanna)가 지적한 것처럼 탐사 저널리즘은 다루기 어려운 개념이다 (Hanna, Franklin et al., 2005: 122-123). 이 용어는 언론인과 학자들 사이에서 특정한 언론의 취재방식을 뜻하는 것으로 통용되고 있으며, 울만(John Ullmann)과 허니맨(Steve Honeyman)은 다음과 같이 정의하고 있다.

그것은 자신의 계획과 노력의 결과를 통해서 어떤 사람이나 조직이 감추고 싶어하는 중요한 문제를 보도하는 행위이다. 탐사 저널리즘의 세 요소는 다음과 같다. 탐사는 다른 사람의 조사 보고서가 아니라 기자 자신의 조사 결과여야 한다. 기사의 주제는 독자나 시청자들이 납득할 만한 중요성을 지닌 것이어야 한다. 누군가 그 문제를 대중으로부터 은폐하려고 시도하고 있어야 한다 (Northmore, 2001: 188-189에서 인용).

'독자나 시청자들이 납득할 만한 중요성을 지닌 것'이라는 기준에 따르다 보면 (〈파노라마(Panorama)〉가 더 인기 있는 프로그램이 되기 전까지는 이 프로그램의 시청자들만을 대상으로 했던) 모호한 무기거래부터 (『뉴스오브더월드』 독자들을 위한) 유명인들의 기분전환용 약물 이용에 이르기까지 무엇이든 중요하다고 여겨질 수 있기 때문에, 이러한 정의에 문제가 없는 것은 아니다.

시된 450파운드를 상회하는 비용을 지출해야 하기 때문에 사실상 공개의 필요성은 없다고 판결을 내렸다.

이에 단념하지 않고, 나는 두 가지 새로운 정보공개(FOI) 신청을 하였다. 첫째는 더 짧은 (당연히 비용이 더 적게 소요되는) 기간 동안 상품을 받거나 식사를 대접받은 사람들의 명단을 얻기 위한 것이었고, 둘째는 나의 맨 처음 요구를 거부하기 위해 지출된 법률비용이 어느 정도였는지 확인하기 위한 것이었다. 이번에는 휴일을 제외하고 20일 내에 내가 원했던 명단을 얻었고, 요크셔포워드가 경비 사용내역을 대중에게 공개하려면 과도한 공금이 지출될 것이라는 주장을 방어하기 위해 변호사에게 지불한 공금이 1만 9,641파운드였다는 답변을 받았다. 나의 경우 준자치 비정부기구의 말도 안 되는 관례를 파헤쳐서 "감추어진 준자치 비정부기구의 비용지출(QUANGO SPENDING IS A WELL-KEPT SECRET, 『가디언』, 2008년 2월 20일)"과 "터무니 없는 사실 확인 비용(PUBLIC PRICED OUT OF GETTING THE FACTS, 『가디언』, 2008년 3월 5일)"이라는 두 개의 기사를 작성했지만, 3년은 대부분의 기자들이 조사에 착수하기에는 현실성 없는 기간이다. 그렇지만 모든 FOI 신청이 그렇게 오랜 시간이 걸리는 것은 아니며, 몇몇 기관들은 나뿐만 아니라 다른 기자들과 시민들에게 훨씬 신속하게 정보를 전달해주었다.

## "여기에 뭔가 있다"

전국, 지역, 소도시 차원에서 FOI는 체포된 적이 있는 경찰의 수부터 국회의원들의 소요경비 청구에 이르기까지 이전에는 사적 정보였던 것들을 공개하는 데 사용된다. 『돈캐스터프리프레스(*Doncaster Free Press*)』의 기자 웨인(Deborah Wain)은 이 법

도릴(Stephen Dorill)은 탐사 저널리즘 방법론이 "진실의 추구라는 면뿐만 아니라 흥미로운 이야기라는 점 때문에 기울여지는 심층적이고 거의 편집광적인 조사, 집요한 결단력, 축적된 지식, (일부 뛰어난 기자들은 혼자 힘으로 조사하기는 하지만) 공동의 노력, 편집장의 절대적 지지 및 기사에 할애되는 공간으로 특징지어 진다"고 지적했다 (Dorril, 2000). 본질적으로 탐사방법이 '일반적인' 기자들이 사용하는 테크닉과 어느 정도 동일한지는 의심의 정도와 함께 사건을 조사하는 기자에 따라 달라진다. 그렇지만 다른 면에서는 탐사의 원칙들이 단순 보도에 속할 수 있고, 탐사를 행하는 기자들도 비교적 스트레이트 기사를 작성하는 경우가 적지 않다는 점을 기억해야 한다. 탐사 기자들과 일반 기자들은 같은 공간에서 일하고 있으며, 동일한 기자가 실제로 두 가지 역할을 할 수도 있다.

## 제약

2000년까지만 해도 체임버스(Deborah Chambers)는 영국에서 탐사 저널리즘이 "20세기의 마지막 30년간 번창했다"고 적었으며(Chambers, 2000: 89), 이에 대해 도릴은 탐사 저널리즘이 "60년대에 꽃 피기 시작해서, 70년대에 잠깐 만개하였으며, 80년대에 심각하게 시들고, 이제는 사실상 죽어버렸다"고 반박했다 (Dorril, 2000). 한나는 (탐사 저널리즘이 – 역자 주) 죽지는 않았지만 분명히 하향세에 접어들었다고 하면서, 1970년대 이후 언론의 구조적 변화가 탐사 저널리즘을 뿌리부터 '시들게' 했다고 비판한다. 예를 들면, 지속적인 비용절감, 인원감축, 생산성촉진, 그리고 텔레비전의 경우 무분별한 시청률 경쟁과 같은 변화들이다 (Hanna, 2000: 2-7).

그러한 환경에서 일해야 하기 때문에 기자들이 누리던 '상대적 자율성' 즉 탐사를 위해서는 시간과 공간을 이용해야 하기 때문에 필요한 자율성이 상당히 침해를 받고 있다. 결국, 탐사 기자들은 자신의 사주는 말할 것도 없고 동료들로부터 독불장군으로 여겨질지도 모른다. 보이어

을 효과적으로 활용해서, 가난한 지역에서 전개된 영국의 가장 큰 교육 프로젝트 중 하나에 투입된 대규모 공적 자금이 호화여행, 접대, 자문비용, 최고경영자의 막대한 임금인상, 심지어 지급된 차량 BMW X5에 부착한 개인번호판에 사용되었다는 사실을 밝혀냈다.

> "공식적으로 부정될 때까지는 어떤 것도 믿지 마라."
> – 콕번(Claud Cockburnl)

그 과정에서 그녀는 탐사 저널리즘이 규모가 큰 언론사에서 일하는 전문가나 기자들에게만 국한될 이유가 없다는 점을 보여주었다. 그녀는 존스턴프레스(Johnston Press, 영국의 지역신문 체인 – 역자 주) 그룹에 소속된 주간지에서 일주일에 3일만 일하는 평기자이다.

내가 웨인에게 시의회와 대학 사이의 1억 파운드에 달하는 제휴사업인 돈캐스터교육시(Doncaster Education City)에 대한 조사과정에 대해서 이야기해달라고 했을 때, 그녀는 "처음에는 그런 탐사로 발전할 줄 몰랐다. 그저 기사와 후속기사 정도로 생각했다"고 대답했다. 18개월이 넘는 기간 동안 웨인은 20개에서 30개가량의 기사를 쓰면서 차츰 그 프로젝트의 거대한 예산과 웅대한 계획 뒤편에 감추어진 실상을 폭로하였다. 결국 그녀는 한참 후이기는 했지만 기자에게 수여되는 가장 영예로운 상을 받았다. 그 기사는 어떻게 시작되었을까?

우리는 해당 대학의 내부자로부터 여러 의혹으로 가득한 익명의 편지 한 통을 받았다. 나는 그것을 읽고는 상당한 충격을 받았다. 처음에는 그것을 책상 한 편에 치워놓으려고 했지만, 다른 정보원으로부터 자투리 정보를 듣고는 "여기에 뭔가 있다"는 생각을 하게 되었다. 이제는 어디서부터 손을 댈까가 문제였다.

학습기술위원회(Learning and Skills Council)에서

(Tom Bowyer)가 언급한 것처럼, 탐사는 대개 비생산적일 수 있으며, "성공 가능성이 희박하기 때문에 탐사 기자는 겨우 편집광이나 위험인물이라는 난처한 별명을 얻을 수 있다"(Spark, 1999: 17에서 인용). 오늘날 언론사 신입사원들은 "탐사 저널리즘이 기본적으로 일종의 신화이며 자신들의 면밀함과 능력을 기자로서의 테크닉과 관습에 적용해야만 성공할 수 있다는 점을 습득하게끔 신속히 교육받는다"고 알려져 있다 (Harrison, 2000: 113). 법률을 포함한 제약들은 2장에서 상세히 다루었다.

## 사실

탐사 보도는 대개 기자들의 관습이라 할 수 있는 의혹과 부정 또는 전문가의 견해를 포기하고 "가능하다면 어떻게든 이슈를 결정지을 사실을 확립하려고" 노력한다 (Spark, 1999: 1). 하지만 사실 자체도 결코 문제가 없는 것은 아니다. 대부분의 이슈들을 결정지으면서 보편적으로 받아들여질 만한 일련의 사실들이 수집되기만을 기다리면서 존재하고 있는 것은 아니다. 사실을 둘러싼 논쟁이 대법원이나 감옥 안에서까지 이어질 수 있다. 설사 어떤 사실이 받아들여진다 하더라도, 그 사실의 적절성이나 그에 관한 해석은 용납되지 않을지 모른다. 결과적으로 탐사 기자는 사상누각 위에 계속해서 사실을 쌓아가고 있다는 느낌을 가질 수도 있다. 그렇다 하더라도, 사실 자체에 대한 추구와 고발자의 역할을 맡으려는 기자의 의지는 전통적인 보도에서 금과옥조로 여겨지는 공식적 균형과 공정성이라는 관념에 도전하는 것이다 (Manning, 2001: 70). 사실과 진실은 5장에서 더 자세히 논의되었다.

## 민주주의

드 버그(Hugo de Burgh)는 탐사 기자가 "평범한 사람들을 대신해서 알 권리, 연구할 권리, 비판할 권리를 행사하

그 대학의 적자 상황에 대해 조사한 보고서가 있다는 사실을 알게 되었는데, 그 보고서는 내가 찾던 실제적인 정보였다. 그래서 FOI를 통해 그 보고서를 요청한 뒤, 그 대학이 재정적으로 튼튼한 상태였으나 심각한 예산부족에 처하게 되었다는 사실과 그 보고서의 목적이 재정적 문제점을 조사하려는 것이었다는 사실을 확인하였다.

그 프로젝트의 재정에 대한 의문이 제기되고 있다는 점을 공식적으로 확인한 뒤, 웨인의 기사는 제 궤도에 올랐다. 하나가 터지면 다른 것이 뒤따랐다.

탐사 과정에서의 문제점은 너무 많은 다양한 요소들이 관련되어 있다는 점이었다. 처음 두 개의 기사가 나간 뒤에 내부자들이 내게 찾아와 극단적인 의혹들을 제기하였다. 정보가 너무 세부적이면 정보원을 드러낼 수 있기 때문에 그들이 말하는 내용을 모두 사용할 수는 없었다. 그럼에도 계속 같은 상황이 반복되었다.

FOI가 열쇠였다. 아마도 나는 여섯 차례 정도 시의회, 대학, 학습기술위원회에 정보 요청을 했을 것이다. 나는 FOI를 통해 입수한 공식자료를 가지고 사실과 숫자를 확인하고 대부분의 사안을 확정할 수 있었다.

이와 함께, 그녀는 비공개를 전제로 직원들과 대화를 나누었으며, 노동조합원들은 대체로 직원들의 불만에 대하여 목소리를 높이는 경향이 있기 때문에 공개를 전제로 이야기를 나누었다. 그것이 전부가 아니다.

나는 또한 그 대학의 도서관에 가서 대학위원회의 서류들을 살펴보면서 많은 시간을 보냈다. 그 서류들은 누구나 이용할 수 있었지만 아무도 그렇게 하지 않았다. 그들은 나 때문에 그것들을 뒤져야 했기 때문에 나를 냉대했다. 한여름에 지하실에 앉아 있어야 했기 때문에 무척 더웠고, 어느 순간 내가 밤

면서 평민의 권리의 옹호자"로서 매우 중요한 민주주의적 역할을 담당하고 있다고 주장한다 (de Burgh, 2000: 315). 이것은 탐사 보도를 해본 사람들에게는 특히나 솔깃한 은유이다. 그런데 실제로 그것이 어떻게 민주적일까? 법적·경제적 제약은 별도로 하더라도 탐사 저널리즘의 민주적 성격을 주장하는 데에는 다른 제약들이 있다. 누가 무엇을 근거로 어떤 것이 탐사 가치가 있다고 결정하는가? 의심의 여지없이 다른 것들보다 훨씬 눈길을 끄는 이야기가 있으며, 괜찮은 사진이나 영상 또는 음성 자료가 있을 것 같다면 더할 나위 없이 좋다. 유사하게 더 동정할 가치가 있어 보이는 사람들이 있다면 (그런 사람들이 사진발을 잘 받는다면 그것도 도움이 된다), 악한으로 묘사하기 좋은 사람도 있다.

물론 탐사 저널리즘은 조너던 애트킨(Jonathan Aitken, 영국의 군수조달장관이었으며 탐사보도를 통해 군수 관련 비리가 드러나 투옥되었다 – 역자 주)의 수감과 같은 결과를 달성할 수 있지만, 그것이 사회는 절대 다수의 근본적으로 선량한 사람들과 소수의 근본적으로 악한 사람들로 구성되어 있다는 신화를 영속시키는 역할을 한다고 간주할 수 있지 않을까? 사회의 구조적 세력들에 대한 탐사 저널리즘은 존재하는가? 거의 찾을 수 없다는 사실은 잘 알려져 있다. 그 대신 우리는 텔레비전에서 좋은 사람과 나쁜 사람, 영웅적인 기자의 개인화된 이야기를 자주 접한다. 한나는 영국에서 탐사 저널리즘이 전성기를 맞이했던 때조차 그것이 민주주의의 정신을 형상화하기보다는 사실상 '엘리트주의적이고 오만한' 형태의 저널리즘을 보여준 것이 아닌지 생각해보아야 한다고 경고했다 (Hanna, 2000: 16).

새 그곳에 갇혀버렸다는 사실을 깨달았다. 그들이 내가 아래에 있다는 사실을 잊었던 것이다.

웨인이 작은 신문사 소속 평기자이자 건강담당 전문기자로서 특집기사와 리뷰를 작성해야 한다는 점을 고려하면, 그녀는 어떻게 시간을 마련할 수 있었을까?

수요일 오후 신문이 인쇄작업에 들어가면 다시 리서치를 시작한다. 나는 멀티태스킹뿐만 아니라 많은 기사를 동시에 처리하는 데 능숙한 편이고 정말 때가 되는 대로 리서치를 하려 한다. 경험이 쌓이면 그날그날 몇 가지 기사를 작성하고 특별히 관심이 가는 것들을 위해 시간을 만들 수 있다.

지방정부의 운영상태에 대해 관심을 가지고 있던 편집장의 지원도 분명히 도움이 되었겠지만, 웨인은 좋은 기사에 대한 애정 외에도 공적 책임감이 결여되어 있다는 사실을 발견하면서 의욕을 갖게 되었다.

> " 풋볼이나 요리법을 포함해서 모든 저널리즘은 탐사적이어야 한다. "
>
> – 필거(John Pilger)

나에게 크게 작용했던 것은 어마어마한 액수의 돈이었다. 대학의 경비 지출에 대한 해명이 별로 이루어지지 않았다. 시의회와 대학 내부에는 내가 하는 일을 받아들이지 못하겠다는 이유로 무시하는 사람들이 있었다. 그들은 여기에 1000만 파운드, 저기에 100만 파운드 하는 식으로 그 큰 액수의 돈에 대해서 아무렇지도 않게 이야기하는 데 익숙해져서, 다른 사람들이 왜 그런 질문을 하는지 이해하지 못했다.

나는 하나의 이야기를 다각도에서 접근하기를 좋아한다. 그 사건을 탐사하기 시작했을 때 신나기도 했지만 감추어진 부분을 한 꺼풀씩 벗겨내는 작업은 쉽지 않았다. 정말 끈질기고 철저해야 하며 포기하면 안 된다. 나는 스토리텔링을 좋아하기 때문에 정

말 그 사건의 실체에 도달하고 싶었다. 아직도 더 밝혀야 할 것들이 있기 때문에 지금도 그러고 싶다.

실제로 더 밝혀야 할 것이 있을지 모르지만, 그녀는 이미 탐사 저널리즘 분야에서 2007년 폴풋어워드를 수상할 정도로 훌륭한 업적을 이루었다. 이 상은 2004년 고인이 된 베테랑 언론인의 이름을 따서 제정되었다.

## 탐사의 현실

지방주간지에서 파트타임으로 일하는 차분한 여성인 웨인은 〈대통령의 사람들(*All the President's Men*)〉, 〈왕국의 비밀(*Defence of the Realm*)〉, 〈인사이더(*The Insider*)〉 같은 영화에서 묘사하는 것처럼 과감한 탐사 기자의 전형적인 모습에는 어울리지 않는다. 내가 이 책의 초판 작업 때문에 풋을 인터뷰하기 위해 그의 집을 방문하기 전날 밤, 공교롭게도 풋은 〈인사이더〉를 보았다. 그 영화에 등장하는 기자와 정보원 간의 강한 유대감이 그의 심금을 울렸다. 내가 현관문에 거의 들어서자마자 그는 "저게 탐사 저널리즘의 핵심이야, 정보원"이라고 말했다.

〈인사이더〉는 실화를 바탕으로 (알 파치노(Al Pacino)가 분한) 버그먼(Lowell Bergman) 기자가 (러셀 크로우(Russell Crowe)가 분한) 담배연구학자 위건드(Jeffrey Wigand)를 설득해서 비밀협정을 파기하고 이전의 고용주에 대한 비리를 폭로하도록 만드는 과정을 보여준다. 기업을 대변하는 변호사와 싸우고 TV 임원들에게 겁을 주면서, 두 사람은 신뢰와 불신, 재신뢰의 감정을 모두 경험하며 마침내 진실을 밝히게 된다. 영화 한 장면에서 고통

스러워하는 위건드가 기자에게 다음과 같이 말한다. "나는 당신에게 하나의 상품일 뿐이지 않은가? 나는 광고 사이에 끼워 넣을 정도의 가치밖에 없는 존재일 것이다." 이에 버그먼은 자신의 정보원이 "홀로 곤란한 지경에 처하도록" 내버려두지 않을 것이라고 약속한다. 그것은 동기부여와 책임감이라는 윤리적 문제를 제기하는, 인상적인 대화였다.

영화 속의 탐사 기자는 대체로 수염을 기른 남성으로 등장하며 어두운 곳에서 불가사의한 내부고발자를 접촉한다. 그들은 안 된다는 대답을 받아들이려 하지 않는 담배중독자요 편집광이며, 진실을 밝히기 위해 생명의 위험을 무릅쓰는 특이한 독불장군이다. 현실 속의 기자는 보통 그보다는 평범하다. 대부분의 **탐사 저널리즘**은 드라마틱한 장면을 연출하지 않는다. 이야기 맥락을 꼼꼼하게 대조확인하고, 비슷한 이름을 가진 사람들에게 하루 종일 전화하거나 누군가를 찾기 위해 페이스북(Facebook)이나 프렌즈리유나이티드(FriendsReunited)를 세밀히 조사하며, 눈이 시릴 때까지 몇 시간이고 애매모호한 서류나 컴퓨터 데이터베이스를 세세히 읽는다. 다른 형태의 취재에 비교하면, 탐사 저널리즘은 더 많은 시간, 더 많은 돈, 더 많은 위험을 필요로 한다 (Palast, 2002: 9). 게다가 종종 위협이나 폭력행위가 수반되기도 한다. 그렇지만 적어도 영국에서는 인원감축과 시간부족은 물론 법적 또는 상업적 **제약들**이 물고기 밥이 되게 하겠다는 협박보다는 더 현실성 있다.

비록 탐사 저널리즘이 언론의 이미지와 자존감, 전문직을 형성하는 주요소이기는 하지만, 실제로는 별로 실행되지 않는다. 탐사 저널리즘이라는 주제를 논의할 때마다 **모든** 저널리즘이 탐사적이어야 한다는 말로 둘러댈 수 있다. 하지만 현장에서 확인

할 수 있듯이 대부분의 저널리즘은 보고기사이다. 그것은 서술적이며 귀속성이 있다. 그것은 기자가 본 것이나 들은 것을 기사의 형태로 수용자에게 전달하는 방식이다. 웨인라이트는 이에 대해 다음과 같이 설명했다.

나는 탐정보다는 서술자에 가깝다. 어느날 누군가 나에게 전화해서 수상부터 그 아래 모든 사람들이 관련된 스캔들을 알고 있다고 말하면, '이런…'이란 생각을 하게 된다. 그것은 꽤 어려운 작업이고 시간이 별로 없기 때문이다.

한 지역 방송국의 뉴스편집국장은 자신의 업무를 너무나 바쁜 현대인들을 위해 사람들의 관심사를 다룬 기사를 제작하는 것이라고 설명했다. "우리의 역할은 탐사적인 자세를 갖지 않는 것이다" (Ursell, 2001: 191에서 인용).

## 공익

탐사 저널리즘은 서술을 넘어선다. 랜들은 탐사 보도가 **부정행위**에 대한 독창적인 조사이며, 누군가 정보를 **감추려** 한다는 점, **이해관계가 큰** 경향이 있다는 점 때문에 다른 보도형태와 근본적으로 차이가 있다고 주장한다 (Randall, 2000: 99-100). 대부분의 타블로이드 일요신문의 경우처럼 일부 탐사 보도는 우리들 다수는 그 이름도 잘 모르는 일부 유명인사들의 개인적인 기호를 폭로하는 데 그치기도 하지만, 탐사 저널리즘의 신조는 **공익**을 위해서 알아야 할 정보를 파헤치는 것이다.

그렇다면 공익이란 무엇인가? 언론고충처리위원회에 따르면, 공익이란 범죄나 심각한 비행을 찾아 폭로하고, 공중의 건강과 안전을 보호하며, 개인이나 조직의 성명이나 행위가 대중을 호도하지

않도록 방지하는 것이다 (www.pcc.org.uk). 영국언론노조는 부패 폭로, 이해관계의 충돌, 기업의 탐욕이나 권력자의 위선적 행동을 덧붙였다 (부록 참조). 정부 산하 놀란 공공생활표준위원회(Nolan Committee on Standards in Public Life)는 1995년 "탐사 저널리즘의 정당한 테크닉을 사용하는 자유 언론은 우리 민주주의에 필수불가결한 자산이며, 공중의 표준을 보호하는 일에" 공헌한다고 선언했다 (Doig, 1997: 210에서 인용).

1970년대를 정점으로 영국의 탐사 저널리즘은 쇠퇴기에 접어들었다고 흔히 말한다 (Doig, 1997: 189; Northmore, 2001: 183). 하지만 저널리즘에 관해 논할 때 '황금기'의 지위를 이전 시대에 돌리려는 경향은 오랜 전통이다. 매년 폴풋어워드에 진입하는 광범위한 후보군을 볼 때 탐사 저널리즘이 사라졌다는 주장은 매우 과장된 것이다.

탐사 보도의 예를 좀 더 살펴보기 전에, 웨인라이트의 경고를 짚고 넘어갈 필요가 있다. 그는 탐사기자들이 종종 회색지대를 무시하고 넘어가려는 유혹에 빠지게 된다고 하면서 "한 사건을 자세히 조사해보면 거기에 또 다른 측면이 있으며 처음에 본 것과는 상당히 다르다는 것을 발견하기 때문에, 나는 항상 그런 부분에 대해 의심을 품었다"고 말한다.

## 탐사 방법

소비자문제 담당기자 피치는 속임수에 능한 회사를 조사하는 경우가 많다. 그는 어떻게 사건을 파헤치기 시작할까?

종종 같은 이슈가 불쑥 나타나기 때문에 우선 파일과 공문서를 살펴본다. 그 다음에는 누군가 그 문제에 대해 글을 올린 게 있는지 보려고 인터넷을 검색

한다. 그리고는 연락책에 접촉한다. 소비자 관련 기사도 다른 전문영역과 다르지 않다. 좋은 연락책을 가지고 있으면 절반은 이기고 시작하는 것이다. 현재 나에게는 전화를 걸면 어떤 이슈에 대해서 쓸 만한 정보가 있는지 알려줄 만한 사람들이 적잖게 있다. 나는 어떤 문제에 대해 뉴스 앵글이 존재하는지 간파할 수 있지만, 법적 문제에 관한 한 설명해줄 사람이 필요하다. 따라서 범죄 담당기자의 최고 연락책이 경찰인 것과 마찬가지로, 나의 가장 소중한 연락책은 공정거래위원회(trading standards service)에 있다.

스파크(David Spark)는 신참 탐사기자들에게 다음과 같은 조언을 한다.

- 어떤 이슈의 핵심과 관련된 **사실들**을 파악하라. 대변인의 논평에 만족하지 말라.
- 까다로운 개념을 설명하라. 에둘러 표현하지 말라.
- 주요 정보원의 시각을 앵무새처럼 되뇌지 말라. 다른 시각을 가진 정보원을 찾아라.
- 최대한 많은 관련자들과 대화를 나누어라.
- 문제가 되고 있는 주제를 발전시킬 수 있는 단순명료한 질문을 던져라.
- 어떤 사람이나 사물도 겉만 보고 판단하지 말라.
- 모든 사람, 모든 조직, 모든 사건은 현재 일어나고 있는 일과 관련될 수 있는 과거를 지니고 있다는 사실을 기억하라 (Spark, 1999: xii).

단순해 보인다. 그게 핵심이다. 이 주제(탐사 저널리즘 – 역자 주)와 자주 연관되는 비법 따위는 필요치 않다. 풋은 탐사 저널리즘을 '대단한' 기자들이 행하는 특별한 장르로 취급하는 것은 문제가 있다고 말했다.

탐사 기자라는 종족이 따로 있다는 생각은 완전한 허구다. 평범한 기사를 쓰는 평범한 기자가 그런 역할을 할 수 있다. 무언가에 접근할 때 열정을 가지고 있는가 아니면 회의적인 태도를 지니고 있는가의 차이만 있을 뿐이다.

또 다른 차이가 있다면 이용가능한 **시간**이다. 하루에 12개 정도의 기사를 작성해야 하는 기자에게는 매사에 의문을 갖는다는 것 자체가 불가능할 것이다. 그렇지만 자신이 발굴한 기삿거리에 별도의 시간을 투자하는 기자라면 업계에서 '주도적인 사람'이라고 소문이 날 것이다. 만약

> "**항상 호기심과 함께 의심하는 습관을 갖는 것이 핵심이다.**"
> – 풋(Paul Foot)

그 기자가 솜씨 있고 운도 따라준다면, 특별한 탐사 업무에 고용되는 드문 기회를 맞이할 수 있을지 모른다. 그런 과정을 통해서 풋은 『데일리미러』와 『프라이빗아이』에서 "어떤 잘못이나 음모의 상황을 제시하기 위해 사실을 축적해나가는 데" 그토록 많은 시간을 쏟아부을 수 있었다 (Foot, 1999: 82).

풋은 나에게 가장 유명한 그의 탐사 보도 중 하나였던, 신문배달소년 칼 브릿지워터(Carl Bridgewater) 살해 혐의로 억울하게 옥살이한 네 남성의 이야기를 들려주었다.

1980년에 그 사건에 대해 쓰기 시작했다. 유죄 판결을 받은 아들의 어머니 윌란(Ann Whelan)이 『미러』에서 일하던 나에게 상당히 감명 깊은 편지를 보냈다. 하지만 "자기 자식의 무죄를 주장하지 않는 엄마가 어디 있겠어?"라는 것이 나의 첫 느낌이었다. 그래서 그녀를 만나러 가기까지는 어느 정도 시간이 흐른 뒤였다. 결국 나는 버밍햄에 가서 그녀와 그녀의 가족을 만났다. 너무나 끔찍한 살인사건이었고 용의자들에게 불리한 **약간의 증거**와 자백도 있었기 때문에 처음에는 확신을 가질 수 없었다. 어떤 식으로든 확신을 갖기까지는 상당한 시간이 필요했지만 끝내 나는 완전한 확신을 갖게 되었고, 그

렇게 되자 더욱더 분명하게 글을 쓰게 되었다.

월란은 "나는 새빨간 거짓말을 하였다. 그게 그처럼 심각한 것인지 몰랐었다"고 말한 증인들도 갖고 있었다. 하지만 나는 주로 법정에서 용의자들의 유죄를 입증하기 위해 제시된 증거를 살펴보고, 증언 녹취록, 판사의 사건 요점 설명 등을 읽었으며, 관련된 사람들과 모두 이야기를 나누었다. 사건 발생 당시 그들이 다른 곳에 있었으며, 다른 누군가가 살해했다는 사실들이 나타났다. 아마 『미러』에 최소한 30개의 기사를 썼을 것이다. 마침내 그 사람들은 1997년에 석방되었다.

풋의 법의학적 지식과 셀 수 없이 많은 법률문서를 탐독했던 의지력을 별도로 하고, 그의 이야기에서 주목할 만한 것은 오랜 기간에 걸쳐 **반복**된 기사를 썼다는 점이다.

『미러』의 편집부 직원들은 "신문배달부 살해자의 변호자가 납시었네"라고 농담을 하곤 했으며, 가끔씩 편집장이 "이런, 자네 또 그 기사를 쓰려고 하는 건 아니겠지?"라고 말했다. 그렇지만 반복해야만 또 다른 정보원들이 나설 수 있기 때문에 반복하는 일이 절대적으로 필요하다.

또 한 명의 노련한 탐사 기자인 TV 리포터 허드(Christopher Hird)는 자신의 **작업방식**을 다음과 같이 묘사했다.

- 구할 수 있는 곳이라면 어디에서든지 공개되어 있는 자료를 모두 입수한다 (도서관, 법인등기소 [Companies House] 등)
- 사건을 시간 순으로 재구성한다. 그러면 이전에 보이지 않던 커넥션을 발견하게 되는 경우가 많다.
- 무언가를 알고 있는 사람이라면 그가 누구든지 끊임없이 찾는다 (Spark, 1999: 53에서 인용).

이런 절차에는 중복되는 부분이 있다. 조사 중인 회사의 세부사항을 확인하다보면 연락할 사람들을 더 얻게 된다. 그들에게 연락하다보면 확인해야 할 기업을 더 알게 된다. 그러다 보면 다른 커넥션을 발견하게 된다. 이런 식으로 계속된다. 이런 이유로 랜들은 "아무 것도 버리지 말라"고 충고하였는데, 그것이 언제 필요하게 될지 당장은 알 수 없기 때문이다 (Randall, 2000: 108). 워터게이트 취재 당시, 우드워드와 번스타인은 여러 개의 캐비닛에 자신들의 노트, 메모, 이전의 기사들을 채워넣고, 정기적으로 그 파일들을 재검토하면서 이전에는 몰랐던 새로운 관점을 목록으로 만들었다 (Bernstein and Woodward, [1974] 2005: 50 and 330).

또 다른 형태의 탐사 저널리즘은 기자를 잠복 근무시키는 것이다. 이것은 기자가 공개된 외적 모습 이면의 진실을 파헤치려는 목적으로 기자가 아닌 다른 사람의 역할을 떠맡는 것이다. 피치는 오리로 위장활동을 한 적이 있다. 그렇지만 따로 분장할 필요는 없었고, 신용카드로 물건을 구입한 뒤 실명 대신 '도널드 덕(Donald Duck)'으로 서명을 해서 서명확인이 거의 이루어지지 않는 현실을 예시로 보여주었다. 그는 또 인터넷을 통해 가짜 학위를 구입해서 위조 자격증 업계를 폭로했다. 그는 "탐사를 통해 재미있는 경험을 할 수도 있다"고 말한다.

잠입취재는 신중을 요할 뿐만 아니라 위험에 처할 수도 있다. 그렇지만 다른 매체에서 기사를 인용할 정도로 성과를 거두면 꽤 만족스런 경험이 될 것이다. 『선데이타임즈』의 기자 타허는 가장 보람된 업무 중 하나로 프랑스에 잠입취재 갔던 일을 꼽았다.

> "〈대통령의 사람들〉은 아주 특이한 경우이기 때문에 영화로 만들어졌다는 점을 기억하라."
> – 팔라스트(Greg Palast)

우리 기사는 이민자들의 실태가 점점 더 악화되고 있다는 소식이 있었기 때문에 칼레(Calais)의 이민문제를 다시 점검해보아야 한다는 단순한 아이디어에서 출발했다. 나는 영국 입국을 시도하는 방글라데시 출신 불법이민자로 행세했다. 2주간 정보와 소식을 수집하였는데 좋은 훈련이 되었다. 나는 불법이민자로 가장한 채 다른 불법이민자들, 자선단체 종사자들, 불법이민 알선업자들과 대화를 나누었고, 칼레의 이민문제를 제대로 파악할 수 있었으며, 이민자들이 아시아에서 칼레로 오기까지 이용하는 루트를 얻었다.

우리는 그것들을 통해서 프랑스가 칼레에 새로운 상가트(Sangatte) 난민캠프를 건설할 예정이라는 줄거리의 기사를 보도했는데, 이것이 정치적인 논란을 불러일으켰고 영국의 내무장관이 그에 대한 논평까지 하였다. 당시 대통령 당선자였던 니콜라스 사르코지(Nicolas Sarkozy)도 그 안을 비난했다. 그 기사는 거의 한달 동안 전국지에 오르내렸다.

지금까지 논의한 다양한 테크닉 외에도 민감한 정보원과의 통화를 위해 미등록 휴대폰을 사용하거나, 식사값을 현금으로 지불해서 문서궤적(사람의 행적을 밝히는 증거가 되는 문서 – 역자 주)을 남기지 않는 방법 등이 있다. 소위 '교묘한 수법(dark arts)'의 탐사방법도 있는데, 주로 정보제공자를 매수하거나 정보를 입수하기 위해 사설탐정이나 부패한 경찰을 이용하는 것이다. 정보매수나 위장취재와 관련된 윤리적 고려사항을 제쳐두더라도, 이런 방법은 신참 기자와는 거리가 먼 업무이기 때문에 여기서는 자세히 다루지 않는다.

최근 미국에서 수입된 '컴퓨터응용(computer-assisted) 보도'라는 용어가 등장했다. 이것은 기사가 될 만한, 패턴, 트렌드, 실수, 누락 정보를 찾기 위해 이미 존재하거나 특별히 제작된 데이터베이스와 스프레드시트에서 자료를 수집하거나 조작하는 것이다. 워드(Mike Ward)는 "그런 기삿거리들이 데이터 안에 늘 존재해왔다"고 지적했다. "기자는 단지 올바른 질문을 제기하고, 올바른 순서로 숫자를 나열하면 된다"(Ward, 2002: 69). FOI 법안 덕택에 그런 정보를 입수하는 일이 용이해졌지만, 그것을 분석하려면 시간과 기술이 필요하다.

다른 형태의 저널리즘에서와 마찬가지로, 겉보기에 그럴싸한 커넥션이 우연의 일치일 가능성이 있으며, 네트워크가 반드시 음모의 결과가 아닐 수 있다는 점을 명심해야 한다. 따라서 추적과정의 스릴에도 불구하고, 탐사과정 중에 자기 **자신**의 예상과 추정에 대해 의문을 제기하는 것이 중요하다. 그러므로 상당수의 정보원들로부터 자료들을 모은 뒤에는 기사가 될 만한 잠재성이 있는지 심사숙고해야 한다. 만약 타당성이 없다면 그것을 잊어버리거나 파일로 보관하라. 문제가 될 만하다면 조만간 혐의가 있는 '표적(target)'과 맞닥뜨려야 한다. 피치는 "사건에는 양면이 존재하며 누구나 답변의 기회를 가져야 한다"고 설명했다.

만약 그들이 답변을 거부한다면 그걸로 족하지만, 할 수 있는 한 모든 노력을 다해야 한다. 경우에 따라서는 10개의 주요 항목을 적은 편지를 그들이 있을 만한 곳의 문틈으로 집어넣고, "기사를 작성할 예정인데, 몇 가지 이슈가 제기되었습니다. 우리는 당신의 답변을 기다립니다"라고 말해야 한다. 그들에게 충분한 시간, 보통 이틀 정도를 주어라. 언제 메시지를 남겼는지 파악하기 위해 통화일지를 기록하라. 나는 두어 번 정도 전화를 끊는 무례함을 범한 사람들과 통화한 적도 있다. 이 또한 기사에서 쓸 만한 내용을 제공한다.

돈캐스터 탐사 당시, 웨인은 반복해서 물의를 빚은 대학과 그곳의 최고책임자에게 연락했다. "나는 그에게 수차례 응답할 기회를 주었지만 그는 한번도 응대하지 않았다"고 그녀는 말했다. 하지만 그녀가 수집한 자료들, 즉 공식 문서와 만약의 경우를 대비해 날짜별로 정리되고 속기로 기록된 여러 정보원과의 인터뷰는 기사가 될 만큼 충분한 가치가 있었다. 더 큰 언론사라면 변호사가 그런 기사들에 대해서 법률 자문을 했겠지만, 웨인은 NCTJ 교육 기간 동안 습득한 자신의 법률지식에 의존했다. "지방 신문사에서는 모든 것이 법률적으로 완전해야 하며, 전국지와 똑같은 위험을 감수할 수 없다. 법을 알고 보도 가능한 범위를 아는 것이 핵심이다. 우리의 기사는 모든 면에서 흠잡을 데가 없었다."

기사의 보도 여부에 대해서 고민할 때 기자들과 편집장들은 '레이놀즈 디펜스'(글상자 6.1 참고)로 알려진 내용을 참조하면 된다. 1999년 상원의 법적 판정에서 유래한, 이 디펜스는 『선데이타임즈』와 아일랜드의 전 총리 알버트 레이놀즈(Albert Reynolds) 사이의 명예훼손사건에서 비롯되었기 때문에 그렇게 명명되었는데, 판사가 명예훼손 가능성이 있는 내용의 출판이 공익을 위한 것인지 판단할 때 고려해야 할 열 가지 항목으로 구성되어 있다.

"우리는 레이놀즈 디펜스가 가져다준 새 세상에서 일하는 경험을 발전시키고 있다"고 말하는 리(David Leigh)는 앞에서 언급한 웨인과 동료 에반스(Rob Evans)와 함께 영국에서 가장 큰 무기제조업체 BAE시스템(BAE Systems)이 관련된 뇌물 및 부패 사건에 대한 『가디언』의 집중적인 탐사 보도에 대한 공로로 2007년 폴풋어워드를 공동수상하였다. "그 결과 BAE의 변호사들이 우리에게 손을 대지 못하고 있다"(Smith, 2007에서 인용).

물론 그 항목들이 철저하거나 아주 간단한 것은 아니고 판사의 생각에 따라 다른 해석이 나올 수 있

**1999년 상원 판정에서 니콜스 경이 기초한 레이놀즈 디펜스 10개 항목**

미디어가 명예훼손 혐의에 대한 방어수단으로 공익을 추구했는지 판단할 때 판사가 고려해야 할 상황들

1. 혐의의 심각성. 혐의가 사실이 아니라면, 비난이 심각할수록 대중이 오인하거나 개인이 피해를 입는 정도가 커진다.

2. 정보의 본질과 관련 주제가 대중의 관심사와 관련된 정도.

3. 정보의 출처. 일부 정보제공자는 해당 사건에 관한 직접적인 지식을 갖고 있지 않다. 일부는 자신만의 속셈을 가지고 있거나 정보에 대한 대가로 금전적 보상을 받는다.

4. 정보를 입증하기 위해 취해진 절차.

5. 정보의 상태. 혐의가 이미 존중받아야 할 정도의 탐사 주제가 되었을 수도 있다.

6. 사안의 급박성. 뉴스는 대체로 사멸하기 쉬운 상품이다.

7. 고소인으로부터 답변을 구했는지의 여부. 고소인은 다른 사람이 소유하지 않았거나 밝히지 않은 정보를 가지고 있을 수 있다. 고소인에 대한 접근이 늘 요구되는 것은 아니다.

8. 기사가 고소인 측의 핵심 입장을 반영하고 있는지의 여부.

9. 기사의 어조. 신문은 의문을 제기하거나 조사를 요청할 수 있다. 신문은 혐의를 사실의 진술로 간주할 필요가 없다.

10. 시의성을 비롯한 출판 당시의 상황.

출처: Welsh et al. 2005: 250-251.

---

지만, 레이놀즈 디펜스는 많은 언론인들이 권력자나 권력기관에 대한 의혹을 가지고 탐사를 할 때 체크리스트로 활용된다. 판례법이 아직 만들어지고 있는 중이기 때문에 기자들은 가장 최근의 해석이나 안내를 신속히 숙지하고, 『언론인을 위한 맥내의 필수 법률(McNae's Essential Law for Journalists)』 최신판을 확인해야 한다.

## 예감을 따르기

이번에는 내가 예감에 의존해서 탐사 보도했던 기사를 살펴보자. 나의 예감이라고 말하고 싶지만, 그렇지는 않았다. 당시 나는 『요크셔온선데이(*Yorkshire on Sunday*)』에서 프리랜서로 일하고 있었는데, 편집장 글로버(Mike Glover)가 그날 아침 『요크셔포스트』에 실린 간단한 기사 스크랩을 건네주었다. 그것은 한 민간의료회사가 홍보물 인쇄

비 지급을 하지 못해서 파산했다는 내용으로 특별할 것이 없는 기사였다. 글로버는 그 단락의 행간이 이상해 보인다는 사실에 의혹을 품고 아마도 법률적 자문에 근거해 마지막 순간에 어떤 내용이 기사에서 삭제되었을 것이라고 생각했다. 그는 이에 관해 무언가 찾을 만한 정보가 있는지 조사해보라고 하였다.

결과는 일면 특종기사 ("스캔들에 휩싸인 병원 CLINIC HIT BY SCANDAL CLAIMS")와 신문 안쪽의 두 면을 채울 만한 기사 ("병원장의 수수께끼: 개인 병원에서 3일간 고통받은 환자 PATIENT'S THREE DAYS OF AGONY IN PRIVATE HOSPITAL", 『요크셔온선데이』, 1995년 2월 19일)로 판명되었다. 추가 기사가 잇따랐고, 국회의원들이 조치를 요구했으며, 마침내 정부가 개인병원에 대한 감독절차를 재검토하게 되었다. 어떻게 하나의 예감이 성공적인 탐사보도물이 되었을까? 허드가 말한 것처럼, 공개되어 있는 자료를 통해 가능한 모든 정보를 취합하고, 커넥션을 추적하고, 관련자들을 최대한 찾아내는 방법으로 그렇게 할 수 있었다.

달리 말하면, 임원에 대한 세부사항, 지배주주와 기업회계를 포함해서 180만 개 이상의 회사에 대한 기록을 보유하고 있는 까닭에 언론인들에게 정보의 보고라고 할 수 있는 법인등기소에(지금은 웹사이트가 있다) 수시로 방문했다. 나는 여기서 파산한 회사가 동일인이 설립한 49개의 사업체 중 하나라는 사실을 확인했다. 그 사업체들은 대부분 임신자문활동, 개인낙태클리닉, 성형클리닉을 포함한 민간의료사업체였다. 외관상 그 회사는 인쇄비용을 지불하지 못한 것처럼 보였지만 낙태시술을 통해서 수십만 파운드의 수익을 내고 있었다. 나는 그 사업주와 몇몇 사업체의 공동 소유주로 등록되어 있는 그 아내의 주소를 입수했다.

살펴보아야 할 회사 이름을 몇 개 더 확보한 뒤, 나는 관련된 기사가 있었는지 지방신문 스크랩을 찾아보았고 그 낙태클리닉이 연루된 고용재판 사건을 발견했다. 그 기사에서 추가로 접촉해야 할 퇴사직원들의 명단을 얻었고, 그들을 통해 몇몇 사람의 이름을 더 확보하였다. 기사가 낙태 문제와 연관되었기 때문에 우리는 정반대의 관점에서 동일인물이 임신 '자문' 서비스 회사를 운영하면서 자신의 낙태클리닉에 환자들을 보내서 이윤을 남기고 있는 점에 대해서 윤리적 문제를 제기하고 있는 '낙태찬성(pro-choice)' 운동단체와 '낙태반대(pro-life)' 운동단체에 연락하였다. 그 중 한 단체는 나에게 문제의 인물과 관련된 사업체의 의료사고 혐의에 대해 보도한 라디오 프로그램을 소개해 주었다. 이에 대하여 추가로 조사하고, 지방의 사무변호사를 만나면서 추가적인 사례를 확인할 수 있었다. 변호사들은 기꺼이 그 클리닉의 운영방식에 대해 심각한 우려를 낳을 수 있는 세부정보를 건네주었다. 잇따른 탐문을 통해서 그 클리닉의 면허와 감독을 담당하고 있는 지방보건당국이 클리닉의 규범에 대한 직원들의 우려에 대해서 은밀하게 전해들었다는 사실이 드러났다.

나는 이 모든 단서의 도움을 받아서 접촉해야 할 수많은 사람들의 명단을 입수하였고, 전화번호부, 인명록, 병원 명부와 선거인 명단에서 연락처를 확인한 뒤, 통화하고 참고자료도서관에서 자료를 찾고, 법인등기소에 다시 방문하고, 요크셔 구석구석을 운전하며 예고도 없이 사람들의 집을 찾아가는 데 수많은 시간을 할애하였다. 몇 사람은 이사를 가서, 그 집의 새 입주자들에게 처음 보는 낯선 사람에게 이전에 살던 사람의 새 주소를 알려주어야 하는 이유를 빠르게 설명해야만 했다. 이런 경우에 가장 좋은 방법은 그들이 낯선 이에게 주소를 알려주는 것은 지극히 정상적인 일이라는 듯이 자신감을 가지고 친절하게 행동하는 것이다. 의도했던 사람들을 만났을 경우에는 흔쾌히 자신들의 경험을 이야기해주는 사람도 있었고, 예전 일에 대해서 완전히 잊고 싶어하는 사람도 있었으며, 어떤 말을 하기 전에 익명이 보장되는지 확인하려는 사람도 있었다. 그런 사람들에게 필요한 정보를 얻는 데에는 대단한 비법이 따로 있는 것은 아니지만, 동정적이면서도 위협적이지 않은 말투로 대하면 대체로 도움이 될 것이다.

이미 공개되어 있는 정보들, 변호사와 관련자들의 우려의 말과 함께 사람들을 방문하고 통화하면서 들은 이야기를 종합해서 그 사업가를 기사의 중심에 놓을 만큼 충분한 근거를 확보하였다. 우리는 그에게 전화, 자택 방문, 편지로 부단히 접촉을 시도했지만 아무 소용이 없었다. 이 경우에는 그런 것들이 문제될 리 없었다. 우리는 충분한 준비가 되어 있었다. 보건당국, 의료위원회(General Medical Council)의 의견 외에도 부인과전문의로부터 별도의 자문을 확보하였기 때문에 기사를 내보냈다. 그것은 다른 사람들도 나설 수 있도록 해주었으며, 거기에 근거해 후속기사를 보도했다. 우리는 보도된 기사를 정치인들에게 발송했으며, 그들의 반응이 다시 기사가 되었고 정부의 재검토를 이끌었다. 이 모든 것이 하나의 예감에서 비롯되었다.

> "일어나 나가서
> 문을 두드려라."
> – 『LA타임즈』 보도국 표어

## 발품과 수평적 사고

지금까지의 설명이 보여주듯이, 필요한 것이 무엇인지를 알고 있다면 이미 공개되어 있는 정보는 핵심이라고 할 수 있으므로 누군가 어딘가에 당신이 필요로 하는 정보를 이미 제공해놓았다는 전제에서 시작하라 (Northmore, 2001: 192). 부자와 권력들을 조사할 때 주로 공적 기록에 의존하는 온라인 탐사기자는 다음과 같이 말했다.

> 나는 지역의 참고자료도서관 근무자들과 좋은 유대관계를 유지하고 있다. 그들은 정말 도움이 되며, 그것이 그들의 삶을 즐겁게 만들어주는 것 같다. 커넥션을 찾기 위해 연례보고서, 기업회계보고서와 같은 것들을 입수한 다음 몇 주간 그것을 읽어야 한다. 법인등기소와 출생·결혼신고서와 같은 여타 이용가능한 공개 기록도 봐야 한다. 그런 다음 사람들이 있는 곳에 방문하고 대화를 나누거나 그렇게 하려고 애쓴다. 나는 그저 느낌을 얻기 위해 사람들을 보러 그들이 있는 장소에 **가는** 것을 좋아한다. 뭔가 특이한 일이 아니라, 그저 근면하고 성실하면 된다.

목적을 가지고 FOI를 사용할 수 있다는 것이 이제는 탐사 기자의 무기가 되었지만, 그렇다고 거리로 나설 필요가 사라진 것은 아니다. '발품'과 '수평적 사고'의 조합을 통해서 휘틀의 통신사에서는 연쇄살인범 해롤드 쉬프먼 의사에 관한 다수의 기사를 만들어낼 수 있었다. 쉬프먼의 재판 이후 그 통신사의 기자들은 그가 사반세기 전 살인적인 의료행각을 시작한 소도시를 다시 찾았다. 휘틀이 아래와 같이 설명하고 있는 것처럼 그들은 쉬프먼이 기소되지 않은 살인사건들을 조사하였다.

> 다른 사람들이 미처 생각하기도 전에 우리는 그가 토드모던(Todmodern)에서 의료행위를 할 때 사망확인 서명을 한 22명의 사망신고서를 모두 입수했다. 그 사망신고서들을 훑어보기만 했는데 세 사람이 한날 죽었다는 사실을 알게 되었다. 그래서 우리

는 해당 주소지들을 찾아다녔다. 그 중 1/3은 더 이상 존재하지 않았고, 1/3은 다른 곳으로 이사를 가 버렸기 때문에 연락할 길이 없었다. 하지만 같은 날 사망한 세 사람의 친지들을 찾았고, 첫 번째 남성 희생자의 친척도 만날 수 있었다.

그것은 구식 취재였다. 집문을 두드리고 사람들에게 말을 건다. 직접 찾아가면 말을 해줄 수도 있지만, 전화만 걸면 끊어버린다. 누군가에 관해서 알고 싶은 게 있으면 그 **사람**의 집이나 **옆집**만 찾아가서는 안 되고, 그 집이 있는 거리 전체에 있는 건물들을 알아보아야 한다. 두 사람이 **양쪽** 거리를 담당하는 것이다. 사람들이 낮에는 집에 없을지도 모르기 때문에 밤에 다시 찾아가야 한다. 그렇게 **모든** 주소를 찾아가서 "25년 전 이곳에 살았던 이 사람에 대해서 알고 있습니까?"라고 묻는 것이다.

어떤 사람을 만나게 될지 알 수 없다. 희생자의 아들이 될 수도 있다. 22개의 주소 중에서 예닐곱은 황금 같은 정보를 알려주었다. 약 한 달 후에 경찰이 수사를 시작해서 검찰에 여러 사건을 넘겼을 때 우리의 수고는 완전히 정당화되었다.

영국 희대의 대량 학살범에 대한 새로운 정보를 밝혀내는 일 외에도, 이 통신사에서는 반복적인 가구 방문을 통해서 '살인 박사(Dr Death)'가 자신의 아내와 함께 파티를 즐기는 사진, 즉 엉뚱한 모자를 쓴 채 웃고 있는 사진들을 여러 장 구할 수 있었다. 그 사진들은 지식적인 면에서는 별다른 기여를 하지 않았지만, 2001년 1월 『선데이미러』와의 독점계약 덕분에 사진의 주인뿐만 아니라 통신사에 금전적 이익을 안겨주었다. 일찌감치 사람들의 집을 찾아가는 테크닉은 국내 뉴스의 최전선에서 일하는 통신사 기자들에게 친숙한 방법일 것이다. 그들 대부분은 스스로 탐사 기자라고 여기지 않

> **"그들은 거짓말하고, 거짓말하고, 거짓말한다는 점을 결코 잊지 말라."**
> – 토말린(Nicholas Tomalin)

겠지만, 탐사는 그들이 하는 업무(의 일부)이다.

## 그렇다면 탐사 저널리즘은 무엇을 위한 것인가?

탐사자의 역할을 떠맡는 언론인들이 성취하는 것은 무엇인가? 우선 브리지워터포(Bridgewater Four), 버밍햄식스(Birmingham Six), 길포드포(Guildford Four)처럼 잘못된 판결을 폭로한 기자들 덕분에 결국 죄없는 사람들이 감옥에서 풀려났다. 경우에 따라서는 결백한 사람들을 감옥에서 빼내는 것보다 죄지은 사람들을 감옥으로 보내는 데 더 신경을 쓰는 기자들도 있다. 크릭(Michael Crick)은 끈질기게 제프리 아처(Jeffrey Archer)를 추적해서 귀족의 신분이었던 아처가 런던시장이 아니라 철창 신세로 전락하게 만드는 데 공을 세웠다 (Tench, 2001). 1990년대에는 『가디언』의 집요한 탐사 보도로 인해, 마지막 순간에 신문사에서 법원에 제출한 결정적 증거 때문이기는 했지만 장관이었던 조너던 애트킨이 위증죄로 감옥행을 피하지 못했다 (Spark, 1999:99).

종종 발생하는 죄없는 사람들의 석방이나 죄 지은 정치인들의 투옥을 제외한다면 탐사 저널리즘은 무엇을 위한 것인가? 그것은 실제로 **민주주의**의 수호자인가 아니면 단지 연예계의 작은 하위분야일 뿐인가 (de Burgh, 2000: 315; Northmore, 2001:185)? 1970년대 탈리도마이드(Thalidomide, 임신 초기의 입덧 증상을 완화시키기 위해 임신 4주에서 6주 사이에 이 안정제를 복용하였던 임신부들이 기형아를 출산했다 – 역자 주)를 복용한 후 태어난 아이들에 대한 『선데이타임즈』

의 보도는 탐사 저널리즘 중에서 가장 자주 인용되는 성공 사례 중 하나다. 그것은 그 약으로 피해를 입은 사람들에게 보상이 이루어졌다는 점에서 성공적인 기사였다. 그럼에도 불구하고 당시 취재를 담당했던 일부 기자들은 실제 성과물에 관해서 지속적으로 의문을 제기해왔다.

『선데이타임즈』의 탈리도마이드 기사가 보기와는 다르게 대단한 성공이 아니었다는 사실에 직면하기까지 20년이 걸렸다. … 모여서 그 아이들을 위해 싸웠던 시절을 되돌아볼 때면 우리는 결국 두 가지 중요한 질문에 대해서 토론하게 되었다. 우리가 제대로 일을 처리했는가? 그 모든 상황을 피했다면 더 나았을까? … 우선 일부 부모들은 언론에 노출되는 고통스런 경험을 해야만 했다. … 그리고 보상방식에 대한 불만이 있었다. … 탐욕과 시기에 찬 충격적인 소식들이 나타나기 시작했다 (Knightley, 1998: 155–178).

존 펄슨(John Poulson, 부패 혐의로 투옥된 영국의 건축가 – 역자 주)의 부패한 지방정부 제국에 관한 기사를 포함해서 『프라이빗아이』에서 행했던 초기 탐사보도를 아는 사람은 거의 없는 것처럼 느껴졌다고 당시 풋은 회상했다. "거듭거듭 진짜로 폭로된 것들은 무거운 돌처럼 가라앉았다" (Foot, 1999: 82). 하지만 그는 그것이 사회적으로 가치 있는 작업이었다는 점에 대해서 조금도 의심하지 않았다.

감옥에 있으면 안 되는 사람들을 석방시키는 일 외에도, 인간을 더 빨리 죽게 만드는 암치료제 같은 것들이 있다. 『프라이빗아이』에 그와 관련된 네다섯 개의 기사들이 실린 결과, 전체 프로젝트가 폭로될 수 있었다. 스코틀랜드의 버스운전사 휠러(Frank Wheeler)는 국영버스회사(National Bus Company)가 민영화되었을 때 정부가 왜 그 회사의 잉여 연금을 빼앗아가고 있는지에 대해 계속해서 질문을 하였다. 그것은 3억 파운드에 달하는 액수였다. 내가 그곳에 가서 그와 그의 아내와 함께 이틀을 보낸 뒤 『가디언』에 기사 하나, 『프라이빗아이』에 몇 개의 기사를 기고한 뒤 그는 모든 것이 변했다고 말했다. 그들이 자신들의 돈을 돌려받게 되었다는 점에서 그 기사들은 의미가 있었다.

웨인은 돈캐스터에서 아무런 실효적 책임도 없어 보이는 곳으로 수천만 파운드의 공적 자금이 사용되고 있다는 사실을 밝혀냈다. 언론이 실상을 보도하고 독자들, 즉 그 도시의 시민과 유권자들에게 정보를 공급함으로써 대중의 책무를 유일하게 감당하였다.

탐사 저널리즘에서는 논의의 주제만큼이나 접근법도 중요하다. 그것은 하나의 장르라기보다는 일종의 태도에 가깝다. 탐사를 실행하는 기자들이 '일반적인' 기사를 취재할 때 사용하는 대부분의 테크닉들을 그대로 사용하거나 더 자주 사용하는 것과 마찬가지로, 더 호기심 어리고 탐구적인 태도를 통해서 평범한 보도도 달라질 수 있다. 예를 들면, 점점 더 많은 언론인들이 온갖 종류의 주제에 관해서 정보를 얻기 위해 의례적으로 FOI 요청을 한다. 이전에 탐사 전문가의 영역이라고 여겨졌던 주제에만 국한되지 않는다. 지방의 테이크아웃 전문점 위생상태 점검부터 보고된 UFO 목격담에 대한 정부의 파일에 이르기까지 공공기관이 무언가에 대해서 정보를 보유하고 있을 것 같다면, 사실상 어떤 기사를 쓰고 있는 기자든 FOI 신청을 고려해볼 만하다.

## 호기심과 의심을 가져라

풋은 효과적인 탐사자가 되려는 기자에게 필요한 속성을 어떻게 요약하고 있는가?

경험을 통해서 배우는 특정 기술들이 있지만, 호기심과 의심을 갖는 것이 핵심 중의 핵심이다. 언제나 호기심과 의심을 갖지 않으면 탐사 기자가 될 수 없다. 또한 항상 사람들에게 전화하고 그들과 이야기를 나누는 능력, 십중팔구 말도 안 되는 헛소리를 할 때조차도 사람들이 말해주는 가장 터무니없는 이야기까지도 믿을 수 있는 능력이 필요하다.

헨케(David Hencke)는 취재의 기본에 대해서 배우는 동안 어느 정도 겸손의 가치를 알아야 한다고 강조했다.

몸값이 비싼 기자로 시작할 수는 없으며, 교구축제, 유스 클럽, 치안재판소를 취재하는 일부터 시작해야 한다. 나는 여전히 실수를 하지만, 그다지 심각한 피해를 끼치지 않는 수준에 있을 때 평범한 실수를 하는 편이 낫다 (C. Adams, 2001에서 인용).

그는 또한 기자들이 텔레비전 탐사물에서 유행하는 경향, 즉 비밀 촬영에 의존하거나 "종국에는 존 웨인(John Wayne)의 영화에서처럼, 우리는 모든 악당들이 응당의 대가를 치르게 된다는 것과 우리의 영웅이 모든 역경을 무릅쓰고 자신의 과업을 이루어 승리하게 된다는 것을 알고 있기 때문에 안전하게 잠자리에 들 수 있다"와 같은 식으로 기자를 영웅으로 묘사하는 트렌드에 휩쓸리지 않도록 조심해야 한다고 생각한다 (Hencke, 2001).

풋은 모든 문제의 핵심은 기자와 정보원의 관계라고 말한다. "정보원이 기사보다도 중요하다. 있던 자리를 박차고 나온 내부고발자는 '이건 뭔가 잘못된 것이기 때문에 더 이상 이런 일을 할 수가 없다'고 말한다. 그들은 정보의 보고라 할 수 있다. 돈을 위해서 그들을 팔아먹으면 안 된다." 정보원이 기사보다 중요하지만, 기사가 기자보다 더 중요하게 여겨져야 한다고 웨인은 말했다.

(이 책의 초판에서) 당신은 탐사 기자를 영웅으로 인식하는 문제에 대해서 논했는데, 나 역시 미디어의 관심은 돈캐스터에서 그 많은 돈이 어떻게 사용되었는지 밝힌 원래의 기사보다는 그 상(폴풋어워드 – 역자 주)을 수상한 나에 대해서 훨씬 많은 관심을 갖고 있다는 사실을 알게 되었다. 사람들은 작은 신문사의 기자 이야기를 좋아했다. 나는 그들이 그때 기사에 좀 더 관심을 가졌어야 했다고 생각한다.

## 요약

탐사 저널리즘은 대개 권력을 지닌 개인이나 조직과 관련된 정보를 밝혀내기 위해 단순 묘사나 전문가의 견해라는 범위를 넘어선다. 대부분의 탐사 기술은 매일 기자들이 사용하는 것들이다. 탐사 기자는 이미 공개된 정보와 유출된 정보를 함께 고려하거나 최대한 많은 수의 관련자들을 접촉함으로써 사건을 조사한다. 탐사 저널리즘은 1970년대 절정을 이룬 뒤 하향세에 접어들었으며, 오늘날 특히 텔레비전에서 대부분의 탐사 보도가 정보보다는 연예와 관련된 내용이라는 주장이 제기되고 있다. 탐사 보도는 민주주의의 필수요소, 연예계의 일부, 구조적 세력을 파헤치기보다는 '선과 악의 대결' 구도 이야기 선호, 대중과는 무관한 엘리트주의적 형태의 저널리즘, 평범한 사람들의 권리의 옹호자 등 다양한 관점에서 설명되고 있다.

## 질문

탐사 저널리즘은 다른 저널리즘과 어떤 면에서 차이가 있는가?

탐사자로서의 언론인이 직면하는 주요 장애물은 무엇인가?

탐사 저널리즘은 실제로 쇠퇴하고 있는가?

탐사 저널리즘은 민주주의에 필수불가결한가?

탐사 기자는 선과 악의 대결이라는 신화를 만들고 있는가?

## 추가 읽을거리

정보공개법 이용에 관한 실제 지침을 얻으려면 브룩(Heather Brooke, 2007)의 『당신의 알 권리(*Your Right to Know*)』가 상당히 도움이 될 것이며, 국회의원들의 경비를 폭로한 3년간의 싸움을 포함해서 그녀 자신이 이 법을 이용해 성공한 사례들에 대한 상세한 설명을 포함하고 있는 동명 웹사이트(www.yrtk.org)를 참조하라. 번스타인과 우드워드(Bernstein and Woodward, [1974] 2005)가 저술한 『대통령의 사람들(All the Presdient's Men)』은 닉슨 대통령의 스캔들뿐만 아니라 기자의 탐사과정을 담고 있기 때문에 탐사자로서의 언론인에 대해 더 알고 싶은 사람이 있다면 이 책부터 시작해야 한다.

풋(Foot, 1999)은 탐사 보도에 대해서 간략하지만 매우 흥미롭게 개인적인 소개를 담고 있으며, 팔라스트(Palast, 2002)는 탐사 보도의 세부과정 뿐만 아니라 저자 자신의 탐사 보도물을 일부 소개하고 있다. 스파크(Spark, 1999)는 탐사 기자들에 대한 일련의 인터뷰에 근거해서 일부 주요 테크닉을 명쾌하게 소개하고 있으며, 조너던 애트킨의 몰락에 대해서 자세한 분석은 아니지만 설명을 하고 있다. 인터넷을 통한 조사방법에 대해서는 워드(Ward, 2002)의 한 장에서 도움이 될 만한 내용을 소개하고 있다. 드 버그(de Burgh, 2000; 2008)의 저자들은 자신들의 다양한 성공담과 함께 탐사 저널리즘을 더 넓은 사회적·학문적 맥락 안에서 풀어가려고 시도하였다. 하컵(Harcup, 2007)은 공익의 개념을 심도 있게 논의하고 있을 뿐만 아니라, 여왕의 종복으로 일하며 버킹검 궁에서 2개월간 잠입 취재한 기자와의 인터뷰를 싣고 있다.

## 주요 출처

Cockburn, Foot, 1999: 82에서 인용; Pilger, C. Adams, 2001에서 인용; Foot, 저자와 인터뷰; Palast, 2002: 8; *LA Times*, Brennen, 2003: 126에서 인용; Tomalin, Hastings, 2004에서 인용.

# 7장

## 엔터테이너로서의 언론인

영화 〈브리짓 존스의 일기(*Bridget Jones's Diary*)〉를 본 사람이라면 브리짓이 한 소방서에서 철봉을 타고 바로 카메라 위로 미끄러져 내려오면서 뉴스 전달을 마무리하는 장면을 기억할 것이다. 지역방송국 기자 이스트우드는 폴 댄싱의 유행에 관한 보도의 '그리고 마침내(And finally…, 진기한 이야기를 다룬 기사를 지칭함 – 역자 주)' 식의 기사를 제작하기 위해 현장에 취재를 나갔을 때 그 장면을 회상했다.

현재 폴 댄싱은 평판이 좋지 않은 선정적인 춤이 아니라 일종의 운동으로 여겨지고 있다. 매력적인 여자들이 많이 있었고 내가 폴 댄싱에 적합한 타입의 사람은 아니었지만, 나 자신을 웃음거리로 만들어서 보도를 재미있게 해야겠다고 생각했다. 그래서 나도 브리짓 존스처럼 카메라 정면을 향해서 철봉을 타고 내려갔는데 효과가 있었다. 다행히 나는 바지를 입고 있었다.

그런 가볍고 시시한 이야기들은 오랫동안 언론의 일부였다. 찌는 듯이 더운 어느 날 신문사에서 일하던 중 "도로에다 계란 후라이를 할 정도로 덥다"는 속담을 테스트해보아야겠다는 생각이 문득 떠올랐다. 동조자들을 모아서 그 가설을 시험해보기 위해 거리로 나갔지만, 달걀이 전혀 익을 기미를 보이지 않았다. 반시간 정도 후에 우리는 실패를 인정하고 자리를 정돈한 뒤 옆의 술집에서 햇살과 구경거리를 즐기던 술꾼들의 조롱소리를 들으며 황급히 되돌아왔다.

그것은 내가 참여했던 최고의 탐사 보도에 속하

## 우둔화

소위 '우둔화(dumbing down, 지적 내용의 수준을 지나치게 낮추거나 단순화하는 경향 – 역자 주)'에 대한 논쟁이 저널리즘의 영역을 넘어서 교육, 예술, 사회 전반으로 확대되고 있다. 저널리즘과 직접적 연관성이 있는 것은 뉴스가 '뉴잭(newszak, 질 낮은 오락물이나 가십거리가 주 내용이지만 뉴스처럼 구성된 텔레비전 프로그램 – 역자 주)' 즉 "특정 시장을 위해서 기획되고 '처리되며' 점점 더 동질의 '단편 소식들'로 전달되어 그저 적당한 수의 수용자를 필요로 하는 상품으로서의 뉴스"로 바뀌고 있다는 주장이다 (Franklin, 1997: 5). 우둔화 가설을 옹호하는 사람들은 뉴스가 '오락으로 변질되고' 있다며 탄식한다 (Franklin, 1997:5). 프로스트는 언론인들이 '수용자에게 정보를 제공하기보다는 즐겁게 해주고, 지식을 전달하기보다는 기분좋게 자극시켜야 하는' 오락인이 되어야 한다는 압력을 점점 더 받고 있다고 주장했다 (Frost, 2002: 5). 부르디외는 그 결과 언론인들이 지루하게 비쳐지는 걸 두려워해서 더욱 더 다음과 같은 것들을 선호하게 된다고 지적했다.

- 토론보다는 대립
- 철저한 논증보다는 논쟁이나 양분화된 시각
- 충돌의 장려
- 개인들의 주장보다는 그들 자신의 대결
- 정책의 본질보다는 정치적 술책에 대한 논의
- 사건의 탈역사화 및 파편화 (Bourdieu, 1998: 3-7)

"최근 들어 언론의 수준이 낮아졌다"는 불평이 '반복되는' 현상은 새삼스러울 것이 없다고 윈치(Samuel Winch)는 말한다. 그는 뉴스와 오락의 경계가 '사회적으로 구조화되지는 않는다. 그것은 그저 재미, 즉 오락이었다. 어떤 기사들은 소재 자체로 즐거움을 준다. 어떤 기사들은 잘 쓰여서, 수용자의 시선을 끌어서, 일화나 여담을 사용해서, 아니면 유머를 곁들여서 즐거움을 선사한다. 한 동료는 뉴스에 오락적인 요소를 가미하기 위해 추가로 개성적인 문체나 드라마를 더함으로써 뉴스 위에 "톱스핀(topspin, 공의 윗부분을 깎아 쳐서 공을 앞으로 회전시키는 방법 – 역자 주)과 마법의 별가루(stardust)를 뿌린다"고 표현하곤 했다. 사실 우리는 스토리텔러의 여러 가지 방식을 차용하고 있기 때문에 뉴스 기사(news item)를 이야기(story)라고 부른다.

아래의 19세기 시가 밝혀주고 있는 것처럼, 즐겁게 하는 일은 언론인들에게 새로운 역할이 아니다.

> 대중을 만족시키고 그들을 웃게 하라,
> 더 만족감을 줄수록 더 부유해질 것이다.
> 대중을 가르치려고 하면 절대로 부자가 되지 못한다.
> 거지처럼 살다가 객사하게 될 것이다 (Engel, 1997: 17에서 인용).

언론인들이 기사를 너무 지루하게 만들어서 아무도 그것을 읽거나, 보거나, 듣지 않는다면, 아무리 대중을 가르치고 싶어도 그것은 요원한 일이 될 수밖에 없다. 수용자 없이 언론인이 존재할 수 없으며, 언론인들이 정보제공 외에 적어도 부분적으로 수용자를 즐겁게 하려고 노력하지 않는다면 많은 수용자를 끌어들일 수 없다. 그 구분이 사라진 것처럼 보일 때 문제가 발생하기도 해서, 다큐멘터리 감독 미르조에프(Eddie Mirzoeff)는 진지한 BBC2 시리즈가 더 신나게 보이려고 '음악을 곁들여 MTV화(MTV-ised)'했을 때 자신의 이름을 빼달라고 요청했다. BBC는 그 다큐

> "우리는 오락사업을
> 하고 있다."
> – 루퍼트 머독(Rupert Murdoch)

기' 때문에 어느 정도는 작위적이라고 주장한다 (Winch, 1997: 6 and 13). 지난 1960년대에는 문화이론가 홀은 어느 정도 경멸스런 어조로 일부 영국 신문들이 유명인의 사생활에 집착한다고 말했다.

유명인의 결혼, 약혼, 이혼이 실제로 대중의 관심사일 수도 있으며, 보편적인 의미에서 그런 뉴스들이 대부분의 평범한 시민들과는 다른 사람들의 삶에 대해서 막연하나마 엿볼 수 있게 해줄 수 있다. 하지만 전체적으로 그런 소식들은 우리가 현대의 삶을 이해하기 위해 알아야 할 뉴스라고 하기 어렵다. 그것들은 일종의 '가십(tittle-tattle)'이며, 기자들이 '기사를 만들기 위해' 험담, 스캔들, 부적절한 사회적 관음증(social-voyeurism)에 편향되어 있다는 경향성을 보여준다 (Hall, 1967: 111, 원저자 강조).

미디어 역사가 콘보이(Martin Conboy)가 지적한 것처럼, 통속적인 기사에 대한 이와 같은 경멸은 1960년대 훨씬 이전까지 거슬러 올라간다.

사실상 신문이 많은 판매부수를 목표로 인가나 승인과 관계없고, 엘리트 계급의 고상한 취향을 벗어난 형태의 글을 싣기 시작하자 연감, 싸구려 책, 인쇄된 발라드(민간 전승의 담시 – 역자 주)가 주로 시장의 하층부를 겨냥했기 때문에 신문업이 탄생한 시점부터 통속적 취향의 조짐이 보였다고 할 수 있다 (Conboy, 2002: 31).

오늘날 대중적 형태의 저널리즘은 '계몽과 교육을 위한 좀 더 진지한 기관이기보다는 문화적 · 상업적 계획의 일환으로서 대중들에게 어필하려는 신중한 정책으로 또한 오락을 지향하는 분명한 방향전환으로 특징지어졌던' 19세기의 '뉴 저널리즘'에 뿌리를 두고 있는 듯하다 (Conboy, 2002: 94).

오락과 계몽을 양립불가능한 것으로 볼 필요는 없다. 언론학교수 템플(Mick Temple)은 '우둔화는 유익하다'고까지 주장한다. 그러한 제목으로 발표한 그의 논문에는 다음과 같이 적혀 있다.

멘터리가 단지 '각색(reversioned)'되었다는 입장이었는데, 그 의미는 애매모호하다 (Brown, 2003). BBC의 텔레비전 다큐멘터리 책임자 중 한 명인 클라인(Richard Klein)은 리얼리티 프로그램처럼 보이게 하려고 리자 타벅(Lisa Tarbuck, 영국 여배우 – 역자 주) 같은 유명 연예인들을 이용해야 했다고 완곡히 말하면서 다음과 같이 덧붙였다. "더 밝고 즐거운 다큐멘터리 프로그램을 찾는 것이 덤이다. 다큐멘터리는 다소 고통스런 복용약이라고 볼 수 있으며, 우리는 사람들을 즐겁게 해주어야 하는 직업이라고 생각한다" (Brown, 2005에서 인용).

다큐멘터리에서처럼 시사방송에서도 탐사 저널리즘은 매킨타이어(Donal MacIntyre)나 케니언(Paul Kenyon)처럼 스타가 되어버린 개별 기자들이 보도의 일부가 되는 방향으로 바뀌고 있다. 저널리즘과 오락의 경계선이 불분명해져서 섹스, 마약, 범죄처럼 선정적이면서도 시청률에 도움이 될 만한 주제에 집중하는 현상에 대해서도 꾸준히 비판이 제기되고 있다. 전문가들에게 충분히 말할 수 있는 시간을 주는 대신, 짧은 코멘트(soundbite), 빠른 편집(fast cut), 과도한 카메라 앵글, 비밀 촬영, (항상 그렇지 않지만 흔히) 불필요한 재편성(gratuitous reconstruction)이라고 불리는 편집 등에 점점 더 의존하는 경향도 보인다. 극적인 분위기를 조성하는 음악은 이제 의례히 강력범죄 재구성물을 포함해서 TV 시사프로그램에 쓰이고 있으며, 라디오 패키지(이미 제작이 완료되어 바로 방송이 가능한 프로그램 – 역자 주)에서는 음악의 삽입이 훨씬 더 흔해지고 있다. 가끔은 이 모든 것들이 흥미를 끌고 매력적이면서도 유익한 저널리즘의 형태로 대중적이면서도 진지하고, 혁신적이면서도 적절한 스타일로 전달되도록 하는 데에 이바지할 수 있다. 가끔은 말이다.

주로 언론인들이 '심각한' 뉴스를 단순화하고 선정적으로 만드는 현상을 일컫는, 소위 정치 보도의 '우둔화'는 현대 민주사회에서 사람들을 자원의 분배에 대한 논의에 관여토록 하는 과정에서 꼭 필요한 부분이다. … 문화적 엘리트의 시각보다는 더 광범위한 계층의 관심사를 반영하고 있기 때문에 분명히 뉴스는 더 민주적 성격을 띠게 되었다 (Temple, 2006: 257 and 262).

바꾸어 말하면, 이 장에서 언급한 언론계와 학계의 비평가들은 대부분 일종의 엘리트주의자들이며 신화에 가까운 언론의 황금기를 회상하고 있다는 것이다 (Temple, 2006: 260).

## 권위

신문과 다른 미디어 생산물은 갈수록 더 일반적이고 권위 있는 '진실의 주장(truth claims)'을 도외시하고 개인의 주관적 경험을 강조하거나 중시하고 있다고 도비(Jon Dovey)는 주장한다 (2000: 25). 이런 과정의 일부로, 어떤 경우든 상대적으로 좁은 의미의 남성 중심 '우리'라고 할 수 있는 부르주아적 공론의 장인 '우리'가 '파편화되고 개인화된 주관성'으로 붕괴되고 있다는 것이다 (Dovey, 2000: 165). 이것은 미디어 생산물을 바라보는 두 개의 대조적인 시각으로 나뉜다 (글상자 7.1 참조).

그러한 견해는 현재 미디어의 많은 영역에서 전문 기자가 조사한 권위 있는 기사보다 사용자제작 콘텐츠와 수용자의 의견에 더 많은 신뢰를 부여하고 있는 현상을 옹호하는 문화적 배경의 일부가 되고 있다.

## 엘리트주의

우둔화 가설의 비평가들은 그것이 오늘날의 언론 또는 언론들의 복잡성을 올바로 평가하기에는 지나치게 단순한 엘리트주의적 개념이라고 주장한다. 매닝은 "뉴스 수용자

**미디어 생산물에 대한 전통적 시각과 대중적 시각 (Dovey, 2000: 4)**

| 전통적 시각 | 대중적 시각 |
|---|---|
| 권위적 | 반사적 |
| 영화 | 비디오 |
| 공공 서비스 | 리얼리티 TV |
| 관찰자적 다큐멘터리 | 다큐 소프(Docu-soap, 다큐멘터리를 찍어<br>만든 연속극 – 역자 주) |
| 탐사 | 오락 |
| 논쟁 | 즐거움 |
| TV 뉴스 | TV 토크쇼 |
| 일 | 쇼핑 |
| 엘리트주의적 | 민주적 |
| 지루함 | 재미 |

## 범죄자, 유명인, 기적적인 치유

많은 언론인들이 뉴스와 시사프로그램이 과도하게 오락적인 방향으로 기울어졌다고 생각한다. BBC의 전직 종군특파원 벨(Martin Bell)도 그런 비판가 중 한 명인데, 그가 BBC를 가볍게 힐책하자 다른 직원들도 BBC뉴스가 "마케도니아보다 마돈나에게 관심 있다"며 비난을 더했다 (Wells, 2001b). 그는 상업 TV 뉴스에 대해 가장 비판적이다.

내 생애에서 지금처럼 우리나라 바깥의 소식에 대해서 더 잘 알아야 함에도 불구하고 실제로는 잘못된 보도가 횡행했던 적이 없다고 생각한다. … 영국 텔레비전 우둔화의 황금종려상(본래는 칸 영화제에서 최고의 작품에 주는 상이지만 화자가 은유적으로 비꼬아 사용하고 있다 – 역자 주)은 한때 언론계에서 자랑스런 이름이었던 ITN에 돌아가야 한다. … ITN은 광고주들에게 저당잡혀서 1990년대 초반에 범죄, 유명인, 기적적인 치유 같은 어젠다가 각광받는 트렌드가 되도록 만들었으며, 영국과 가까

들이 사회학 세미나 느낌이 나는 포맷을 좋아할 리 없기" 때문에 언론에도 오락적인 요소가 어느 정도 필요하다고 지적한다 (Manning, 2001: 7). 낙관주의자 맥네어(Brian McNair)의 관점에서는, 엘리트 문화와 대중문화 간 경계가 흐려지는 것과 함께 최근 번창하고 있는 미디어와 스타일들은 언론이 과거처럼 기득권 세력에 대해서 우호적이지 않다는 점을 의미한다 (McNair, 2000: 59-60). 그는 다음과 같이 설명했다.

'진지한'과 '사소한' 정보의 구분은 더 이상 공론의 장을 평가하는 기준으로 받아들여질 수 없다. … 이전과 같은 형태의 냉정하고, 정중하며, 다소 축자적인 정치 보도는 인쇄 미디어에서 사라졌으며, … 과거의 세련되고 지위를 의식하는 저널리즘보다는 더 예리하고, 비판적이며, 폭로적이고, 권력을 비신화화하면서도 동시에 오락적인 스타일과 어젠다로 대체되었다. 바로 시장의 상업적인 영향력이 이런 결과를 낳았다 (McNair, 2000: 60).

실제로 〈트리샤(*Trisha*)〉나 〈리처드와 주디(*Richard & Judy*)〉 같은 TV 프로그램들(TV 토크쇼를 가리킨다 –

운 지역에서 더 잘 팔릴 만한 사건이 발생하지 않는 한 매주 화요일과 목요일로 해외뉴스가 보도되도록 축소시켰다. 이런 결정은 편성의 문제가 아니라 상업적인 문제이다 (Bell, 2002).

비슷한 맥락에서 〈채널4 뉴스〉 앵커 스노우(Jon Snow)는 ITV 뉴스가 라이프스타일과 연예 기사를 점점 더 선호하고 중대한 뉴스보도를 도외시함으로써 민주적 절차를 퇴보시키고 있다고 비판하였다 (Arlidge and Cole, 2001). BBC 직원들과 마찬가지로 ITN의 기자들은 "게리 아담스(Gerry Adams, 아일랜드 신페인당 지도자 – 역자 주)보다 게리 할리웰(Geri Halliwell, 영국의 가수로 1990년대를 대표하는 아이돌 팝 그룹 스파이스 걸스의 멤버 – 역자 주)을 내보내는 뉴스 방송을 만들어야 하는 환경에 대한 불만을 터뜨렸다 (Wells, 2001a).

20세기의 마지막 25년 동안 TV 뉴스의 트렌드 변화에 대한 연구 결과에 따르면, 실제로 정치 보도량이 감소하였고 선정적인 국내 뉴스를 선호하는 변화가 있었지만, 그럼에도 불구하고 아직까지는 '중대 뉴스, 가벼운 뉴스, 국제 보도 간의 건강한 균형'이 유지되고 있다. 하지만 이 연구자들은 21세기에는 점증하는 상업적 압력이 그러한 균형적인 접근에 심각한 위협을 가할 수 있다고 경고했다 (Barnett and Seymour, 2000).

방송 뉴스가 선정적인 어젠다를 받아들였을지 모르지만, 타블로이드 신문들이야말로 섹스, 연속극, 연예인들에 대한 보도로 뉴스와 오락의 경계를 모호하게 하는 데에 독보적이다. 『선』의 전형적인 3면을 보라. 그 페이지의 톱뉴스는 주인의 친구들에게 생채기를 입힌 애완용 토끼에 관한 '특종'이다 ("물러서! 폭력적인 토끼가 루스의 남자친구들을 몰아내다 [HOP OFF! THUGS BUNNY SCARES

역자 주)은 사회적 · 정치적 이슈들에 대해서 보다 대중적인 접근방법을 취함으로써 이전의 전통적인 보도방식에 무감각한 수용자들을 사로잡고 참여케 할 수 있는 좋은 예로 여겨졌다 (Temple, 2006: 257). 브란츠(Kees Brants)도 마찬가지로 '오락과 의식화(conscious-raising)'의 혼합을 통해서 '정치의 논증적이고 의사결정적인 영역뿐만 아니라 가정생활의 광범위한 분야까지도' 흡수하면서 '대중이 다시 정치에 참여하도록' 도울 수 있다고 주장했다 (Brants, 1998: 332-333).

콘보이에 따르면, 우둔화와 선정주의에 대한 토론은 이전까지 여론을 주도했던 사람들의 '통제력이 감소'하는 상황을 둘러싼 불안감을 반영하고 있다 (Conboy, 2002: 181). 우셀(Gill Ursell)은 잠재적인 수용자들이 이용할 수 있는 매체들과 그에 대한 경험의 다양성을 고려할 때, "어떤 형태의 뉴스에 노출되는 것이 전혀 노출되지 않는 것보다 분명히 낫다"고 보았다 (Ursell, 2001: 192, 저자 강조).

AWAY ALL BOYFRIENDS RUTH HAS EVER HAD"]). 외설적인 사진도 단골소재인데, 이 신문은 두 개의 장난감 오리와 함께 거품으로 가득한 욕조에 누워 있는 나체의 모델을 실어서 며칠 전 실었던 1면 특종, "욕실에 장난감 오리를 가지고 있는 여왕(QUEEN HAS RUBBER DUCK IN HER BATH)"을 상기시키고 있다. 같은 면의 다른 네 기사 중에서, 하나는 TV 토크쇼에 관한 기사이고, 다른 하나는 한 연예인의 임신 관련 내용이며, 나머지 둘은 우스꽝스러운 외국인들에 대한 기사다 (『선』, 2001년 11월 7일). 하지만 『데일리스타』의 편집장 니솜(Dawn Neesom)은 『선』조차 너무 진지하다고 설명한다.

『데일리스타』가 하는 일은 사람들을 웃게 만드는 것이다. 젊은 사람들은 웹사이트나 24시간뉴스채널을 통해서 뉴스와 정보를 얻을 수 있다. 신문은 역할이 바뀌었다. 물론 사람들이 뉴스를 접하는 것은 중요하지만, 그들이 재미있어 하는 것, 신문을 펼쳤을 때 그들을 웃음짓게 만드는 것도 중요하다. 내가 보기에 『선』은 감을 못잡고 있다. 그 신문에는 웃을 만한 내용이 없다. 내게는 소아성애자들과 관련된 또 다른 캠페인 기사를 읽고 싶은 마음이 없다. 나는 그런 사람들이 실제로 있고 문제가 된다는 사실을 알고 있지만, 월요일 아침부터 "이런, 또 한 주가 비관적인 전망으로 시작하는구나"라고 생각하고 싶지 않다 (Plunkett, 2003에서 인용).

프랭클린 같은 학계의 비평가에 따르면 (1997: 7-10), 지금까지 10년 이상의 기간 동안 그러한 타블로이드 신문의 뉴스 가치들이 보통 사이즈의 신문(broadsheet, 타블로이드판 신문에 비해 진지한 신문 - 역자 주)과 이전에는 진지했던 전국지까지 파고들었다. 예를 들면, 『타임즈』는 1960년대 비틀즈의 음반에 대해서 클래식음악의 입장에서 비평을 한 이후로 바뀌었는데, 이 그룹의 자연단음계(aeolian cadences)와 범(汎) 온음계적 구성(pan diatonic clusters)에 대한 기사는 비틀즈와 그 팬들을 모두 당황스럽게 만들었다. 『데일리텔레그래프』의 한 기자의 표현을 따르면 진지한 신문들도 이제는 '더 가벼워진 느낌'이 난다 (Ponsford, 2006에서 인용). 신문에도 잡지의 아이디어와 스타일이 채택되고 있다. 하지만 대중문화, 레저, 라이프스타일, 오락에 치중한다고 해서 신문들이 전통적으로 무겁다고 여겨지는 주제들을 완전히 무시한다고 볼 수는 없다. 『가디언』의 러스브리저(Alan Rusbridger) 같은 편집인들은 그들의 신문이 온라인판과 함께 진지한 소재와 대중적인 소재를 섞어서 과거보다 훨씬 더 광범위한 주제를 다루고 있다고 주장한다. 즉 더 많은 지면과 웹사이트가 있기 때문에 중대 뉴스, 외신, 정치 분석이나 문화예술 보도의 양이 감소하지 않았다는 것이다 (Rusbridger, 2000).

헬리웰(David Helliwell)에 따르면, 이와 유사하게 지역 매체들도 정보사업과 함께 오락사업에 관여하고 있다.

최우선적으로 우리는 정보제공 역할을 하지만, 이 시대에는 경쟁이 너무 치열하기 때문에 그 이상의 역할을 해야만 한다. 신문에는 늘 특집, 여성을 위한 부록, 여행 기사, 거리의 최신 유행 같은 것들,

> "그것은 언론인 학교에서는 배울 수 없는 일의 일부이다. 새벽 세 시까지 전화기를 붙잡고 TV에서 바보짓을 해 대는 어떤 사람의 에이전트에게 인터뷰 약속을 받아내는 것 말이다."
>
> – 프리스(Mark Frith), 『하트(Heart)』편집장

> "우리는 진상을 좋아한다. 그것이 재미있기 때문이다."
>
> – 힐(Peter Hill), 『데일리스타』의 편집장 시절

즉 독자들에게 읽을거리를 제공하고 즐거움을 주기 위한 지면들이 있을 것이다. 균형이 존재하기는 하지만 지역 뉴스와 지역 스포츠가 여전히 제일 잘 팔리는 기사다.

## 오락 가치

3장에서 언급한 것처럼 편집국장들은 즐겁게 또는 재미있게 만들 여지가 있는 이야기를 반기는 경향이 있다. 성인 2만 5000명을 대상으로 실시된 전국 여론 조사에 따르면, 1/3 가량이 정보습득을 위해 신문을 본다고 한 반면, 1/5은 뉴스보다는 오락을 위해 일간지를 읽는다고 응답했다 (Powell, 2001). 이것은 실망스런 결과라고 볼 수 없다. 영국의 전국지들에 대한 연구에 따르면, 많은 뉴스 기사들이 독자들에게 중대한 정보를 담고 있기 때문이 아니고 오락적인 가치 때문에 기사화된 것으로 보인다 (Harcup and O'Neill, 2001: 274). 홀랜드(Patricia Holland)는 『선』에 대해서 '뉴스와 오락의 개념이 점점 뒤엉키고 있다'고 썼는데 이것은 다른 신문에도 적용되는 말이다.

> 오락적인 가치를 향한 끊임없는 압박은 '뉴스'를 구성하는 것들의 정의 자체가 계속 변하고 있음을 의미한다. 이제는 신중하게 사실과 의견을 구분하는 일이 용이하지 않다. 농담, 반어적인 과장이나 분노의 표현을 통한 과도한 헤드라인의 사용으로 인해서 정확성에 대한 요구가 사라지고 있다 (Holland, 1998: 31).

여러 요소들이 함께 오락 패키지를 형성하면서 왕년의 '진지한' 미디어가 뉴스를 선정하는 데 영향을 주고 있을 뿐만 아니라 대중적인 시장의 요구를 더 강화하고 있다. 이러한 오락적인 가치들에는 유머, 연예계, 섹스, 동물, 범죄, 사진들

> " 우리는 연예계에
> 종사하고 있는 것 아닌가? "
> ―데스몬드(Richard Desmond)

이 포함된다.

### 유머

웃긴 이야기들은 편집국에서 인기가 많다. 공무원들이 가로등을 보수하는 데 이례적으로 많은 시간이 걸렸을 때 그것은 어떤 중요한 의미 때문이 아니라 전구 하나 교체하는 데 많은 사람이 필요하다는 농담을 상기시킨다는 이유 때문에 전국적인 기삿거리가 되었다. "가로등 보수에 16명의 인력이 1,000 파운드로 4개월이 걸리다 (FOUR MONTHS, 16 MEN AND £1,000 TO MEND LAMP, 『선』, 2002년 9월 16일)." 해리스(Rolf Harris, 오스트리아의 음악가이자 연예인 – 역자 주)의 아코디언에 불이 붙었을 때처럼, 경우에 따라서는 헤드라인으로 말장난을 할 수만 있어도 기사가 되기도 한다. "나에게 아코디언을 노릇노릇하게 구워주게, 친구(FRY ME ACCORDION BROWN, SPORT, 『데일리미러』, 2002년 8월 5일)."

### 연예계

타블로이드 신문에 TV 스타나 연예인들에 대한 기사가 가득하지만, 『파이낸션타임즈(*Financial Times*)』나 BBC 계열의 좀 더 진지한 매체 한두 개를 제외하면 지금은 영국의 모든 전국 매체들이 연예계 소식을 전하고 있다. 『인디펜던트』의 발레리(Paul Vallely)는 기자들이 가상의 인물을 '배우가 아니라 실제 인물처럼' 묘사하면 '세계관을 혼란스럽게 만들' 것이라고 생각한다 (BBC, 2002). 논평 없는 뉴스 보도에 활력을 넣기 위해 영화나 TV에서 따온 캐릭터나 플롯을 소개하는 관행도 있다. 다음의 도입부는 하드뉴스(hard news)에

서 인용한 것이다. "잔인한 도끼 살인마를 추적하는 형사들이 범인의 프로필을 구성하기 위해서 〈크래커(Cracker)〉(영국의 ITV에서 방영된 범죄물 시리즈 – 역자 주) 스타일의 심리학자들을 참여시키다"(SEND FOR CRACKER, 『요크셔이브닝포스트』, 2001년 5월 31일)." 이와 유사하게, 『선데이타임즈』 비즈니스섹션의 근로시간에 관한 기사에서는 북쪽 지역 상사들의 태도를 "〈코로네이션 스트릿(Coronation Street)〉(세계에서 가장 오랫동안 방영된 영국의 연속극 – 역자 주)의 마이크 볼드윈(Mike Baldwin, 〈코로네이션 스트릿〉에 등장하는 인물 – 역자 주)"처럼 묘사하면서 사진 한 장에 다음과 같은 캡션을 붙였다. "북부의 상사: 마이크 볼드윈"("더 강도 높게 근무하는 남동부 상사들 BOSSES WORK HARDER THAN IN SOUTHEAST, 『선데이타임즈』, 2002년 2월 24일").

## 섹스

어떤 기사에 성적인 측면이 존재하면 비록 그것이 주변적인 요소라 할지라도 더 흥미를 준다고 여겨지기 때문에 사용될 가능성이 크다 (Harcup and O'Neill, 2001: 274). 다른 조건이 모두 같다면 성적인 측면이 관련된 소송사건이나 고용재판이 그렇지 않은 경우보다 보도될 가능성이 많다. "상사의 성희롱에 모욕감을 느낀 렌(WREN HUMILIATED BY SUPERIOR'S SEX BANTER)"이라는 기사가 전형적인 예이다 (『데일리텔레그래프』, 1999년 3월 23일).

## 동물

많은 오락적인 기사에서 동물들의 특이한 행동을 다루고 있다. 예를 들면, 이그위그라는 이구아나가 『타임즈』의 일면을 장식했는데, 그 주인이 술집에서 쫓겨난 뒤 경찰에게 그 이구아나를 던져서 소송에 연루되었기 때문이었다 ("재판정에 선 이구아나 IGUANA IS CALLED TO THE BENCH", 『타임즈』, 2002년 2월 26일).

## 범죄

조지 오웰이 "이제는 평범한 살인사건은 절대로 보지 못할 것 같다"는 신문 독자들의 불평을 기록한 지도 60년이 훌쩍 넘었다 (Orwell, 1946a: 10). 하지만 범죄 기사들은 여전히 언론인과 독자들을 모두 매혹시키고 있다. 2002년 8월 소함(Soham)의 한 마을에서 두 명의 소녀가 실종되었다 죽은 채 발견되었을 때 이 사건의 전개과정을 보도한 모든 타블로이드 전국지들은 영국 전역에서 판매부수가 증가했다 (ABC, 2002). 2007년 마들린 맥캔(Madeleine McCann)이 포르투갈에서 가족 휴가 기간 중 실종되었을 때 BBC는 더 이상 보도할 만한 새로운 뉴스가 없어 보이는데도 불구하고 현장에서 BBC TV 뉴스를 생중계하기 위해 자사의 간판 앵커 휴 에드워즈(Huw Edwards)를 보냈다 (Jenkins, 2007). 『뉴욕데일리뉴스(New York Daily News)』의 범죄담당 기자였던 크라지섹(David J Krajicek)은 기자들이 사실이나 전문적인 분석을 보도하기보다는 수용자를 즐겁게 하려는데 우선순위를 둔다면 범죄 뉴스의 타당성이 약화될 것이라고 주장했다.

대부분의 범죄보도는 드라이브바이 저널리즘(drive-by journalism, 스캔들과 어젠다 중심의 선정적인 보도 – 역자 주)이 되고 만다. 경찰의 사건기록부에서 취한 각각의 사건들에 대해서 수많은 일화와 생생한 묘사로 지면을 채우지만 범죄의 윤곽을 잡거나 설명하는 데 도움이 되는 구조적인 맥락에 대해서는 손톱만큼도 다루지 않는다. 이런 보도들은 너무도 흔하게 '누가 누구에게 어떤 짓을 했는지'로 시작과 끝을 장식하고, 살해당한 희생자 어머니의 통곡이나 체포되었지만 양심의 가책을 느끼지 않는 살인자의 조소를 가미한다 (Krajicek, 1998).

> " 호기심을 자극하면서도 분석은 필요없는 것들에 초점이 맞춰진다. "
>
> – 브루디외(Pierre Bourdieu)

## 사진

위에서 언급한 기사들은 대부분 즐겁고, 재미있으며, 극적이면서도, 비극적이거나 성적 자극을 주는 사진이나 영상을 삽입할 기회를 만들어준다. 『선데이익스프레스(*Sunday Express*)』의 편집국장 주너(John Junor)는 "아름다운 젊은 여성 한 명이 따분하기 짝이 없는 지면을 매력적으로 만든다"고 말한 적이 있는데(McKay, 1999: 188에서 인용), 그의 고집스런 견해는 오늘날의 미디어에서도 상당히 각광받고 있다. 사진의 중요성에 대해서는 11장에서 더 자세히 논의하고 있다.

## 오락인가 엘리트주의인가?

기사를 재미있는 방식으로 전달하는 것과 마찬가지로 재미있는 이야기를 전하는 것도 언론인이 해야 할 일의 일부분이다. 이스트우드가 설명하는 것처럼 더 가벼운 이야기들은 즐거울 수 있다.

나는 창의성을 발휘할 수 있는 '그래서 마침내…' 식의 이야기를 쓰기 좋아한다. 거대한 버섯 이야기, 풀에 알레르기가 있는 개에게 빨간 웰링턴부츠를 만들어준 사람의 이야기를 쓴 적이 있다. 근사한 기사들이었다. '최고의 아동교통정리원' 상을 수상한 남자의 이야기를 쓸 때는 그가 랩을 할 줄 알아서 아이들과 함께 춤을 추게 했었다. 헐(Hull) 지역의

한 슈퍼마켓에서 베이비붐에 관한 기사를 썼는데, 계산하기 위해 줄을 선 사람들이 모두 아기를 데리고 있었다. 우리는 아기가 스캔될 때 계산대에서 '핑' 소리가 나도록 해서 마지 심슨(Marge Simpson, 미국 애니메이션 심슨 가족에 등장하는 캐릭터로 호머 심슨의 아내이자, 바트, 리사, 매기의 어머니 – 역자 주) 흉내를 내게 했다. 그들은 심지어 내셔널클리비지데이(National Cleavage Day)를 위해 나의 가슴골 사진을 찍기도 했다.

TV에서도 재미있는 일들을 할 수 있다. 가령 홍수 같이 심각한 기사를 전했다면 가벼운 내용도 다루는 게 좋다. 최근에 내가 보도했던 가장 특이한 기사는 환경 문제를 강조하기 위해서 시위자들이 요크(York)에서 나체로 오토바이 타기 행사를 벌였을 때 생중계한 것이었다. 그 보도의 경우에 ITN의 기자로서 나는 카메라를 향해서 이야기해야 하는 소관을 소홀히 할 만한 정말 좋은 이유가 됐다. 기사 전체가 벌거벗은 사람들에 관한 것이었지만 우리 방송국에는 생식기를 보여주면 안 된다는 엄격한 지침이 있었기 때문에 까다로운 작업이었다. 어떻게 했는지 모르겠는데 어쨌든 해냈다.

그러면 그런 기사들이나 앞에서 언급한 브리짓 존스 식 철봉 이야기가 기자의 품위를 손상시킬 뿐만 아니라 너무 틀에 박힌 것이라고 말하는 사람에게 그녀는 어떤 대답을 할까? "나는 절대로 틀에 박힌 방식이라고 생각하지 않는다. 오히려 뉴스 기사가 틀에 박힌 것이라고 생각한다. 살인 현장에 찾아가고, 목격자를 만나고, 희생자 가족을 추적한다. 그게 틀에 박힌 방식이다. '그래서 마침내…' 식의 이야기들은 정말 도전할 만하다."

언론인들이 '대중적인' 주제를 다루거나 즐겁게 하기 위한 방식으로 보도할 때, **우둔화**한다거나 **권**

**위**가 떨어진다는 비난을 받을 위험이 있다. 반면에 비평가들이 언론인들의 우둔화에 대해서 비판하면, 그들은 문화적 **엘리트주의**라는 비난을 받는 경향이 있다. 하지만 가장 중대한 뉴스조차도 수용자를 끌어들이기 위해서 재미있는 방식으로 보도된다. 그래서 뉴스가 대부분 추상적 개념들보다는 개인들에게 초점을 맞춘 이야기의 형태로 전해지는 것이고, 뉴스 기사가 이해하기 쉬운 능동태 언어로 때로는 다채롭게 작성되는 것이고, 수용자를 끌어들이기 위해서 뉴스 기사가 시각적으로 또한 창의적으로

제시되는 것일지 모른다.

언론인의 업무는 정보를 제공하고 즐겁게 해주는 것 **둘** 다 포함한다. 언론인과 수용자 모두에게 요구되는 태도는 이 둘 사이의 차이점을 인식하고 정보를 제공하지 못하면 언론이라고 할 수 없다는 점을 이해하는 것이다. 그리고 경우에 따라서는 단순히 어떤 이야기의 사실을 들려주는 것 자체가 가장 즐겁게 해주는 것일 수도 있다는 점을 기억할 필요가 있다.

## 요약

언론인들은 오랫동안 수용자에게 정보를 제공하고, 그들을 끌어들이고 붙잡아두면서도 즐겁게 해주는 길을 찾아왔다. 그래서 오락적인 주제(유머, 연예, 섹스, 동물, 범죄, 사진)를 선택하고 재미있는 방식으로 이야기를 전달하는 형태가 취해졌다. '우둔화'로 알려진 과정의 일부로써 최근 정보와 오락의 경계선이 불분명해졌다는 주장이 제기되어왔다. 우둔화 가설은 차츰 엘리트주의라고 비판을 받게 되었다. 앞으로도 언론인의 역할이 정보제공과 함께 오락적인 요소를 수반할 것이기 때문에, 언론인과 수용자 모두 둘의 차이점을 구분할 줄 알아야 할 것이다.

## 질문

언론이 지식을 전달하면서 동시에 오락적인 성격을 띨 수 있는가?

왜 언론인들은 뉴스를 이야기처럼 전달하는가?

왜 수용자들은 범죄 이야기를 좋아하는 것처럼 보이는가?

권위 있는 뉴스라는 개념은 무조건 엘리트주의에 속하는가?

어떤 뉴스든 뉴스가 없는 것보다는 나은가?

## 추가 읽을거리

엔겔(Matthew Engel, 2007)의 『대중을 만족시켜라(*Tickle the Public*)』는 대중오락으로써 언론의 역사를 재미있게 서술하였다. 콘보이(Conboy, 2002)는 비슷한 주제를 좀 더 분석적인 접근법으로 다루었다. 프랭클린(Franklin, 1997)은 영국 신문과 방송 매체의 선정주의에 대해서 유창하면서도 설득력 있게 비판을 가한 반면, 맥네어(McNair, 2000)는 특별히 정치 보도가 우둔화되지 않았다고 적고 있으며, 템플(Temple, 2006)의 논문은 자극적인 제목 그대로 "우둔화는 유익하다"고 주장한다. 콘보이(Conboy, 2006)의 『타블로이드 영국(*Tabloid Britain*)』은 영국 타블로이드 신문의 특수성을 그들의 어휘 사용에 초점을 맞추어 논의하고 있으며, 도비(Dovey, 2000)는 권위, 원작자, 공론의 장에 관한 문제를 제기하면서 소위 리얼리티 TV의 과도한 '카니발적(carnivalesque, 전통적 문학 작품들의 질서나 가치를 우스꽝스러운 유머와 무질서를 통하여 전복시키거나 해방시키는 문학 양식 – 역자 주)' 표현을 살펴보고 있다. 마지막으로, 부르디외(Bourdieu, 1998)의 언론에 대한 견해는 언론인들이 점점 더 인간적 흥미를 유발하는 어젠다에 집중하면서 시민들을 비정치화시키고 있다는 것이다.

**주요 출처**

Murdoch, O'Neill, 1992: 30n에서 인용; Frith, Hilton, 2007에서 인용; Hill, *British Journalism Review*, Vol 13, No 2 (2002)에서 인용; Desmond, Ruddock, 2001에서 인용; Bourdieu, 1998: 51, 159.

# 8장

## 인 터 뷰

이제는 역사상 가장 유명했던 '사죄의 하나'라는 전설로 남아버린 사건이 있다. 그것은 공직 선거에 입후보하기로 결정한 가수의 인물평 기사와 관련이 있다. 그 가수는 흑인여성으로서 자신을 인터뷰하던 기자에게 남아프리카의 오래된 인종분리와 차별정책에 대해 놀라울 정도로 동정심을 보이는 것 같았다. 그에 뒤이은 사죄는 본래 내용 그대로 인용할 필요가 있다.

어제 G2(특집기사, 칼럼 등을 수록한 부록 – 역자 주)의 6면에 실린 "블랙앤드블루(BLACK AND BLUE)"라는 제하의 기사에서 우리는 런던광역의회에 보수당 후보로 입후보하기로 결심한 패티 보레이(Patti Boulaye)를 인터뷰하였다. 인터뷰는 보수당중앙사무국(Conservative Central Office)에서 이루어졌다. 그 기사에서 우리는 저명한 흑인배우이자 가수인 보레이 씨가 "지금이 아파르트헤이트에 대한 지지를 보낼 때이다. … 아마 사람들은 '왜 당신은 그 정책이 합법적이었을 때 지지를 표명하지 않았느냐'고 말할 것이다. 그때는 그게 유행이 될 수 있었기 때문이다. 지금은 그것이 유행에 뒤떨어진 것이기 때문에 아파르트헤이트를 지지할 시기다"라고 말한 것처럼 인용하였다. 보레이 씨가 실제로 말했던 바는 보수당을 가리키는 '하나의 정당'이었다. 인터뷰 동안 아파르트헤이트는 한번도 언급되지 않았다. 관련 기자가 보레이 씨의 말을 잘못들었는데도 자신이 들었다고 생각한 것에 대하여 후속 질문을 하지 않았다. 이런 잘못 알아들은 발언의 일부를 기사 중간에서 부제로 뽑아 쓰는 바람에 상황이 악화되었다. 『가디언』은 그녀가 자신이 극

## 의사사건

의사사건이라는 개념은 2장에서 소개하였다. 부어스틴은 언론 인터뷰를 기자 회견, 보도자료와 함께 의사사건으로 분류하면서, 의사사건은 뉴스를 보도하는 것이 아니라 뉴스를 만드는 방법 중 하나라고 하였다. 19세기 후반부 이후로 인터뷰는 처음 미국에서 그 다음으로 영국에서 점점 보편적인 언론의 관행이 되었다 (Chalaby, 1998: 127). 하지만 당시에는 인터뷰를 프라이버시 침해로 여기거나 전적으로 꾸며낸 이벤트로 취급하였다. 19세기의 한 편집장은 인터뷰를 "저널리즘에 모욕을 주기 위해 고안된 가장 완벽한 발명품, 즉 모든 고상한 사람들에게 악취를 풍기는 것"이라고 묘사하였다. 그러한 적대감에도 불구하고 인터뷰는 결국 언론이 정보를 수집하는 적절한 방법 중 하나로 인정받았다 (Boorstin, 1963: 26-27). 단지 자료 수집만이 아니라 자료를 창조하기도 한다.

오늘날 기자로서 성공하기 위해서는 뉴스의 산파 또는 더 흔한 경우에 뉴스를 낳는 사람이 되어야 한다. 기자는 인터뷰라는 기술을 가지고 공인이 뉴스처럼 들리는 발언을 하도록 유도한다. 20세기 동안 이 기술은 능수능란한 언론인들을 통해 국가 정책을 구체화하는 우회적인 장치로 발전하였다 (Boorstin, 1963: 34).

셔드슨은 인터뷰가 보편화되기 전에는, 미국 대통령 링컨(Lincoln)이 기자들과 곧잘 비공식적으로 대화를 나누었지만 "아무도 그의 발언을 직접적으로 인용하지 않았다"고 지적했다 (Schudson, 2001: 156). 셔드슨은 대서양 양편(미국과 유럽을 가리킴 – 역자 주)에서 인터뷰가 정착해감에 따라 언론인들이 노트를 손에 든 채 이른

도로 혐오하는 것을 지지하는 듯한 발언을 한 것처럼 만든 일에 대해서 보레이 씨에게 진심으로 사죄하는 바이다 (『가디언』, 1999년 3월 18일).

누군가를 인터뷰해야 하는 언론인이라면 이 이야기를 명심하는 것이 좋다. 안타깝게도 잘못 들을 수는 있지만, 인터뷰하는 동안 그 부분에 대해서 재확인하지 않은 것은 큰 실수이다. 그렇게 이상해 보이는 발언에 대해서는 추가 질문을 함으로써 오해한 부분을 충분히 바로잡을 수 있었을 것이다.

그래도 보레이 인터뷰는 최소한 있었던 일이지만, 『선』이 포클랜드전쟁에서의 공적으로 사후에 빅토리아십자훈장을 수여받은 남성의 미망인을 인터뷰했다는 기사는 그렇지 않았다. '단독 특종'이라고 밝힌 이 기사는 "빅토리아십자훈장 수상자의 미망인 맥케이(Marcia McKay)가 지난밤 눈물을 훔치며 '남편이 너무 자랑스럽다'고 말했다"라며 시작했다. 하지만 그녀는 사실 신문과의 인터뷰를 거절했다. 그래서 『선』은 그 군인의 유족 중 어머니로부터 전해들은 말과 예전의 스크랩에서 발췌한 인용문을 짜깁기한 뒤, 미망인과의 인터뷰기사로 보도했다. (언론고충처리위원회의 전신인) 신문평의회(Press Council)는 이 신문이 "개탄스러울 정도로 무분별하게 대중을 기만"했다고 판결하였다 (Chippindale and Horrie, 1992: 163–165).

『가디언』과 『선』만 독자들에게 인터뷰의 진실성을 의심할 만한 구실을 만들어준 것은 아니다. 대다수의 인터뷰가 훨씬 정확하게 보도되지만, 모든 인터뷰는 꾸며진 만남, 즉 **의사사건**이라고 표현할 수 있다. 그러나 질문하고 대답을 기록하는 인터뷰는 뉴스와 특집기사의 기본적인 구성요소다. 풀포드(Cedric Pulford)는 이에 대하여 다음과 같이 설명했다.

바 객관적 보도를 행하는 하나의 구분된 집단으로 자리잡게 되었다고 설명했다.

19세기 말과 20세기 초입에는 유력한 언론인들이 메모에 대해 거부감을 가지고 있었으며 기자들은 자신의 기억력에 의존하라고 훈련을 받았다. 하지만 1920년대가 되면서 저널리즘 교과서들은 "현명하고 구별되게 메모를 하라"고 과감하게 권하기 시작했다. 점차 메모를 받아들이게 되었다는 것은 인터뷰가 자연스럽게 수용되었음을 암시한다. 그렇다고 인터뷰가 더 이상 논쟁의 여지를 남기지 않게 되었다는 말은 아니다. … 여전히 '인터뷰'는 기자들이 유명세를 추구하는 인물과 결탁하여 뉴스를 보도하기보다는 지어내는 방식의 꾸며진 이벤트라는 견해가 존재한다. 1926년까지만 해도 연합통신(Associated Press)은 자사의 기자들이 인터뷰 기사를 작성하지 못하도록 금했다. 그러나 일반적으로 당시 미국에서 보도는 인터뷰를 의미했다. … 그것은 주로 정치적 논평에 치우치거나 문학적 열망에 사로잡히기보다는 손쉽게 사실중심 및 뉴스중심의 저널리즘을 실행하는 데 부합하였다 (Schudson, 2001: 157).

## 통제력

서전트는 토니 벤(Tony Benn, 영국의 노동당 소속 하원의원 – 역자 주)과의 만남에 대해서 누가 인터뷰의 통제력을 가져야 하는지에 대한 질문을 중심으로 서술하였다(p. 132 참조). 로코(Fiammetta Rocco)는 인터뷰하는 사람과 인터뷰 대상자 사이의 관계를 '양면 가치의 관계(ambivalent coupling)'라고 묘사하였다 (Rocco, 1999: 49). 이런 양면의 가치는 부분적으로 현대 언론의 스타일이 반세기 전보다 덜 정중해진 데 반해 인터뷰 대상자는 이전보다 미디어 해독력이 뛰어나고 정보조작에 대해 잘 교육받았기 때문에 발생한다.

서스먼(Gary Susman)이 아래에서 설명하는 것처럼, 일부 유명인사들은 (제한적인) 취재 허락에 대한 단서를 붙이는 방식으로 인터뷰에 대한 엄격한 통제력을 행사하려고 한다.

영화사나 스타가 고용한 다수의 홍보담당자들이 우리 어깨 인터뷰는 적극적인 저널리즘의 주요 수단이다. 전화나 면담을 통해서 정보 또는 의견을 제공해주는 사람과 이야기하지 않는다면, 우리는 다른 사람들이 보내준 것을 인쇄하거나 다른 어딘가에 소개된 내용을 재활용할 수밖에 없을 것이다 (Pulford, 2001: 17).

## 준비

인터뷰는 전화상의 짧은 대화일 수도 있고, 점심을 겸한 긴 만남, 독립된 세트에서의 생방송, 또는 이메일로 주고받는 몇 가지 질문이 될 수도 있다. 무엇이 되었든지 왜 그 특정인물을 인터뷰하려고 하는지 어떤 목적이 있어야 한다. 그것은 한두 가지 질문에 대한 사실 확인, 의견, 인용문, 감정, 설명, 단편적인 입장, 배경 등 실로 다양하다.

왜 누군가를 인터뷰하려고 하는지 결정하였다면 그 다음에는 **어떻게** 그것을 시작할 것인가? 많은 언론인들이 통제력을 유지하기 위해 질문을 준비하거나 심지어 특정 관점을 가지고 고안된 '원고(script)'를 마련하는 방식으로 꼼꼼히 준비해야 한다고 특별히 강조한다 (Aitchison, 1988: 40-42). 원고 같은 것을 준비하면 인터뷰가 다소 딱딱하고 융통성 없이 진행되겠지만, **일부 질문을 미리 생각해보는 것은 좋은 아이디어다**. 물론 인터뷰가 예기치 않은 방향으로 진행되는 동안 원하던 길을 찾을 수도 있겠지만, 인터뷰하는 동안 꼭 짚어야 할 부분을 확실히 해두어야 한다.

대개 인터뷰 전에 시간을 내서 배경지식을 얻기 위한 조사를 해야 한다. 뉴스 보관소를 검색해서 해당 주제에 관한 스크랩을 읽어보면서 기본적인 정보, 쓸 만한 통찰을 얻고 나아가 아무도 생각해내지 못한 관점에 대해서 고민하느라 두어 시간을 보낼

> "분명히 작문 실력과 방송 솜씨가 중요하지만 꼬치꼬치 캐묻기 좋아하는 재수없는 놈이 되지 않고서는 아무것도 얻지 못한다."
> – 해튼스톤(Simon Hattenstone)

너머로 지켜보면서 무례하거나 당혹스런 질문 또는 홍보대상 영화와 별 상관없는 질문을 하지 못하도록 간섭한다. 말로 표현하지는 않지만 늘 무언의 압력을 준다. 가령 당신이 어떤 스타의 전처에 대해서 질문하면 그 스타는 자리를 박차고 나갈 것이고, 당신과 동료들은 그 인터뷰를 망치게 될 것이다. 설상가상으로 다음부터는 그런 인터뷰 기회 자체를 얻지 못할 수도 있다 (Susman, 2001).

이처럼 인터뷰에 대해서 '점점 더 PR이 간섭'하면 '언론이 균일화된 홍보정책에 순응하거나 수동적으로 반응'하게 된다고 포드(Eamonn Forde, 2001: 28)는 주장한다. 극단적인 경우에는 편집장들이 사회적으로 유명한 인사들을 대변하는 홍보회사들에게 '기사수정권한(copy approval)'을 부여하는 데 동의하기도 한다. 『옵저버(*Observer*)』가 한 가수의 PR회사에 그러한 권한을 주었다고 비판 받았을 때, 그 신문사의 부편집장은 단지 인터뷰가 논쟁의 여지가 없어 보였기 때문에 그 '바보 같은 서류'에 서명했다고 말하면서 다음과 같이 덧붙였다. "그런 것(기사수정권한을 가리킨다 – 역자 주)에 서명한 사람에게 우리가 하고 싶은 충고는, 보잘 것 없는 PR회사와의 계약을 위반하게 되는 결과를 가져온다고 하더라도 원하는 기사를 쓰는 데 방해가 된다면 그런 서명은 무시하라는 것이다"(Morgan, 2002b에서 인용). 사정이 그러하다면 애당초 서명할 필요가 있을까? 아니면 최소한 기사에 취급주의 경고를 붙이면 안 될까?

기자와 정보원의 관계에 대해서는 2장과 6장에서 더 자세하게 다루었다. 최종 결과물에 대한 통제력 논의는 아래의 인용문에 관한 설명에 포함되어 있다.

## 피해자

언론에서 피해자는 자주 등장한다. 피해자에 대한 정보는 생존자의 경우, 피해자로부터 직접 얻고 사망자의 경우,

수도 있다. 구글로 검색할 때에는 검색 결과의 첫 번째 페이지에만 머물러서는 안 되며, 위키피디아는 잘못된 정보를 담고 있을 가능성을 염두에 두어야 한다. 사실 무엇도 절대 신뢰할 수 있는 자료로 여기면 안 된다. 전문잡지를 찾아보거나 참고자료를 뒤져보고, 해당 주제에 대해 어느 정도 지식이 있거나 궁금한 부분에 대해 무언가를 알고 있는 동료와 친구의 조언을 구해도 좋다. 예를 들면 해튼스톤(Simon Hattenstone)이 영화감독 우디 앨런(Woody Allen)을 인터뷰하려고 했을 때, 이 기자의 친구 한 명이 "어떻게 추남이 수많은 미녀들을 사귈 수 있는지 물어보라"고 제안하였다. 그것은 우디 앨런이 '성인이 된 후 오랫동안 집착해왔던' 질문이었다는 점에서 친구의 충고는 적절했다(Hattenstone, 2007).

## 인터뷰에서의 '매력적인 품위(winning grace)'

상당히 규범적이기는 하지만 인터뷰 기술에 관한 다수의 조언들이 존재함에도 불구하고 대부분의 수습기자들은 첫 번째 인터뷰를 진행하면서 시행착오를 경험한다. 다양한 상황에서 다양한 접근법을 시도해보면서 적합한 방법을 찾아야 한다. 자신의 본래 성격과는 전혀 다른 사람인 것처럼 행동하는 것은 별로 좋은 생각이 아니다. 인터뷰할 때마다 "왜 이 거짓말쟁이가 나한테 거짓말을 하고 있을까?"라고 말했다고 회자되는 팩스먼(Jeremy Paxman)을 신참기자들이 꼭 따라할 필요도 없다. 사실 이 말은 그가 한 게 아니고, 『타임즈』의 헤렌(Louis Heren)의 말을 인용한 것이며(Wells, 2005), 그의 방식은 금혼식

> "사람들이 내게 가장 좋았던 인터뷰가 무엇이냐고 물으면 나는 언제나 '다음 인터뷰'라고 말한다."
> – 프로스트(David Frost)

유가족으로부터 입수한다. 생각이 있는 언론인이라면 가끔씩 기자 혹은 독자들이 피해자의 삶에 대해서 왜 그토록 자세한 내용을 알고 싶어할까라고 고민할지 모른다. 프로스트(Chris Frost)는 "범죄의 피해자가 되면 사생활 노출은 자명하다"고 주장하면서 다음과 같이 덧붙였다.

> 언론인들은 범죄 피해자가 스스로 선택해서 그렇게 된 것도 아니고 자신의 잘못으로 그렇게 되는 경우도 거의 없다는 사실을 잊지 말아야 한다. 보도로 인해 피해자의 상황이 더 악화된다면, 언론인들은 어떻게 보도를 해야 하는지에 대해서 신중하게 생각해야 한다 (Frost, 2000: 146).

그렇다면 '유가족취재'라는 발상을 삼가야 한다고 비판하는 사람들은 지난 밤 자기 동네에서 사망한 사람에 대해 알고 싶은 마음이 없을까? 그들은 비탄에 잠긴 가족, 친구, 이웃, 직장동료들을 인터뷰하지 않으면 어디에서 그런 정보를 얻을 수 있다고 생각하는 걸까? 저널리즘을 강의하는 던컨(Sallyanne Duncan)은 2008년 언론교육협회(Association for Journalism Education)의 한 세미나에서 저널리즘을 공부하는 학생들에게 유가족취재에 대해서 기자들이 상황을 파악하고 사건 당사자들의 의견을 구할 수 있는 적법한 수단으로써 긍정적으로 받아들여야 한다고 말했다. 강사 뉴튼(Jackie Newton)은 같은 세미나에서 유가족을 취재하는 기자들은 자신이 맡은 이야기가 궁극적으로 기자가 아니라 그 가족들의 것이며, 그들의 가슴속에서는 평생 하나의 기삿거리 이상으로 자리잡게 된다는 점을 기억해야 한다고 말했다 (Harcup, 2008).

피해자에 대해서는 9장에서 더 자세히 다루고 있다.

## 인용문

적절한 인용문은 높은 평가를 받는다. 벨에 따르면, 직접 인용문은 언론에서 세 가지 중요한 기능을 갖고 있다.

을 맞이한 노부부를 인터뷰할 때보다 약삭빠른 정치인에게 질문을 던질 때 확실히 더 적합하다.

언론인들은 백만장자부터 노숙자에 이르기까지 각계각층의 사람들과 대화하는 데 어려움이 없어야 한다. 이것은 지난 1930년대에 맨스필드(Frederick Mansfield)가 훈련생들을 교육시킬 때와 마찬가지로 맞는 말이다.

> 성격은 상당히 중요하다. 기자는 언제든지 뉴스의 정보원이 될 소지가 있는 모든 계층의 사람들을 만나야 한다. 행상인뿐만 아니라 정부 각료들과 대화하기 위해서는 그들의 수준에서 말해야 하며, 인터뷰의 성공에 꼭 필요한 자신감을 가져야 한다. '열등감 콤플렉스'와 자신만만한 대담함 중간 정도의 태도, 즉 충분한 지식으로 무장한 적당한 자신감이 적절하다. 주지사나 노동조합 간사로부터 똑같이 뉴스를 이끌어낼 수 있는 매력적인 품위는 큰 자산이다. 기자는 인생의 모든 상황을 다루기 때문에 아무리 다른 사람에게 동의하지 않더라도 행동거지에서 그들의 감정과 의견에 대한 존중감이 드러나야 한다. 저널리즘이 냉소적인 사고방식과 지나치게 비판적인 태도를 낳는 경향이 있지만, 좋은 매너와 더불어 외교적 수완을 통해 대체로 무시하는 듯한 감정을 노출시키지 않을 수 있다 (Mansfield, 1936: 87-88).

인터뷰에 노련한 웨인라이트는 인터뷰할 때 기자가 갖추어야 할 중요한 능력은 사람들에 대해 **호기심**을 갖는 것과 그들이 말할 충분한 **시간**을 주는 것이라고 믿고 있다.

> 조심스러운 사람들의 경우 흥미로운 이야기는 종종 인터뷰 말미에 가서야 나온다. 그것은 놀라울 정도로 맞는 말이다. 기자는 대부분의 시간을 바쁘게 보

> 우선 하나의 인용문은 당사자 자신의 말이기 때문에 더 이상 논쟁의 여지가 없는 사실로 간주된다. … 두 번째 역할은 기자나 언론사가 정보원의 발언에 거리를 둠으로써 자신들과 관계가 없으며 책임도 없다는 점을 가능하게 해준다는 것이다. … 직접 인용의 세 번째 기능은 당사자 자신의 표현으로 기사를 다채롭게 만들어준다는 점이다 (Bell, 1991: 207-209).

하지만 대부분의 인터뷰에서 나온 이야기들은 대개 직접적으로 인용되지 않는다. 오히려 정보원으로부터 수집된 다수의 정보는 배경지식으로 사용되거나 기사체로 바뀐다. 벨은 이런 편집 권한을 사용해서 "기자는 기사에 집중하고, 인터뷰 여기저기에서 나온 정보와 표현을 조합할 수 있다는 통제력을 갖게 된다"고 주장했다 (Bell, 1991: 209, 저자 강조).

바버(Lynn Barber)가 아래에서 설명하는 것처럼, 인터뷰에서 인용할 부분, 바꾸어 말할 부분, 버릴 부분을 선택하는 기자의 역할과 관련된 윤리적 문제가 제기된다.

> 기사를 작성하는 일에 관한 한 기자는 전권을 쥐고 있다. 기자는 사용할 인용문, 생략할 부분, 강조할 부분, 축소할 부분을 고른다. 나는 대부분의 다른 회견기자들에 비하면 많은 인용문을 사용하는 편이지만, 그것도 20~30페이지에 달하는 전문에서 기껏해야 2페이지 정도밖에 되지 않는다. 자연히 이러한 선택의 여지가 있기 때문에, 기자는 우호적으로든지 비판적으로든지 인터뷰를 '왜곡할' 수 있는 거의 무제한적인 기회를 가지고 있다. 나로서는 그렇게 할 마음이 없고 그렇게 되지 않기를 바란다는 점을 말할 수 있을 뿐이다 (Barber, 1999: 202, 원저자 강조).

내지만, 할 수 있는 한 사람들과 함께 시간을 보낼 가치가 있다. 또한 기자가 순진해 보이면 사람들은 더 마음을 열 것이다.

누군가 마음을 터놓은 사례는 단명한 보수당 대표 이아인 던컨 스미스(Iain Duncan Smith)가 지방신문 기자들과 만찬을 가졌던 경우에서 찾을 수 있다. 『원스테드앤드우드포드가디언(*Wanstead and Woodford Guardian*)』의 젊은 기자가 몇 가지 우호적인 질문을 하자, 이 보수당 당수는 노동당 출신 총리(토니 블레어를 가리킨다 – 역자 주)를 추켜세우기 위해 토니 블레어(Tony Blair)의 자녀들이 '무분별하게' 이용되고 있다는 발언을 하였다. 그 지방신문이 발행된 다음날, 이 인터뷰는 전국의 미디어에서 인용되었다. 기자 딕슨(Sara Dixon)은 자신의 특종에 대하여 다음과 같이 회고하였다.

> 우드포드의 한 식당에서 다이어트코크를 마시고 있는 젊은 기자가 앞에 앉아 있으면 앤드류 마(Andrew Marr, BBC 기자 – 역자 주)나 조너던 딤블비(Jonathan Dimbleby, 영국의 시사프로그램 진행자 – 역자 주)가 번쩍이는 스튜디오 불빛 아래서 정강 정책에 대하여 심문할 때보다 분명히 덜 위협감을 느낄 것이다. 하지만 접근방식의 문제이기도 하다. … 지난 6개월 동안 던컨 스미스 대표가 어떻게 지냈는지에 대하여 이러저런 질문을 하지 않았다면 그렇게 논쟁을 불러일으킬 만한 말이 나오지 않았을 것이다. 블레어와 그의 자녀들에 대한 언급은 호전적인 인터뷰에서 나올 만한 것이 아니다. 그것은 오히려 **대화중에 자연스럽게 나온다** (Dixon, 2002, 저자 강조).

좋은 인터뷰를 위해서는 대화가 열쇠이다. 가장 간략한 인터뷰에도 대화의 기술이 수반되며, 여기에는 말하는 것뿐만 아니라 듣는 것이 포함된다. 하지만 워터게이트로 명성을 얻은 번스타인에 따르면, 듣는 부분은 너무나 자주 무시된다. "수도 없이 인터뷰를 받으면서 관찰한 것들 중의 하나는 기자들이 잘 경청하지 않는다는 사실이다. 그들은 대개 인터뷰를 하기도 전에 기사의 내용을 정해놓으며, 가장 논쟁거리가 될 만한 부분을 취합한다" (Silver, 2007에서 인용). 따라서 인터뷰를 하는 사람은 자신의 질문 목록에서 다음 질문을 하기 위해 우두커니 기다리고 있기보다는 경청하면서 상대방이 하는 말에 집중해야 한다. 대면 인터뷰에서는 시선을 맞추는 것이 중요하며, 어떤 종류의 인터뷰든지 인터뷰하는 사람은 말이나 몸짓을 통해서 자신이 계속 알아듣고 있으며, 나아가서는 여전히 관심을 가지고 있다는 점을 인터뷰 대상자에게 확인시켜줄 필요가 있다.

> " 토니 블레어의 이라크전에 대한 옹호론을 꿰뚫어볼 수 있었던 유일한 순간은 그에게 그가 별로 유감스러워 하지 않는 것처럼 보인다고 말하면서 시선을 맞출 때였다. "
>
> – 앤드류 마(Andrew Marr)

## 전화

전화상으로는 눈을 맞출 수 없지만, 방송되지 않는 인터뷰는 거의 대부분 이런 방식으로 이루어진다. 전화에는 인간적인 면이 부족하기도 하지만, 많은 언론인들이 (전화 통화만을 가지고 – 역자 주) 한 번도 직접 만나보지 않은 정기적인 연락책들과 허물없는 관계를 만들어간다.

목소리의 톤도 분명히 통화를 시작하는 매너만큼 중요하다. 기자가 전화를 걸어서 누군가 전화를 받았을 때 그 사람이 무엇을 하고 있었는지 혹은 어떤 전화를 기다리고 있었는지 알 길이 없기 때문에, 상대방이 전화를 받자마자 연달아 질문을 퍼붓는 것은 별로 좋은 생각이 아니다. 명료하고 공손하며 빠르지 않은 어조로 자신이 누구이고 왜 전화를 하였는지 설명해야 한다. 상대방에게 몇 분 정도 시간을 내줄 수 있는지 물은 뒤 밝고 민첩하면서도 위협적이지 않고 친절하게 들리도록 노력해야 한다. 만약 마감시간에 쫓기는 것이 아니라면 정해진 시간에 다시 전화할 마음의 준비도 해두어야 한다. 서서 통화하면 신뢰감을 좀 더 줄 수 있으며, 표정을 짓거나 팔로 제스처를 하면 적절한 톤으로 목소리를 조절하는 데 도움이 된다는 말도 있다 (Keeble, 2001a: 63). 나는 "전화를 걸면서 웃어라(smile while you dial)"라고 권면하는 광고문구를 들은 적이 있다. 무감각해진 글쟁이들을 구역질나게 만드는 일을 권하는 것일지도 모르지만, 아담스(Sally Adams)도 그것의 가치를 인정하면서 "아마도 가장 중요한 것은 전화 통화를 **좋아하는 일**"이라고 덧붙였다 (Adams with Hicks, 2001: 85, 저자 강조).

전화 인터뷰는 거의 항상 대면 인터뷰보다 짧기 때문에 기자들은 재빨리 세부내용으로 들어가는 경향이 있다. 보통 "당신에게 일어난 일에 대해 설명해주시겠습니까?", "당신이 목격한 것을 이야기해주세요", "…에 대한 당신의 생각은 어떻습니까?"라고 질문해서 인터뷰 대상자가 말하도록 한다면 괜찮다. 그들의 답변은 추가적인 질문을 필요로 할 것이다. 기자가 누군가에게 전화를 해서 알아낸 내용이 기억에 생생할 때까지는 그것도 괜찮다. 하지만 그들이 몇 시간 혹은 며칠 후에 기자에게 다시 전화할 때쯤이면 그 기자는 애초에 자신이 왜 그들에게 전화를 하려고 했는지조차 잊었을지 모른다. 그러한 이유 때문에 많은 기자들이 혹시 온다 하더라도 별로 알맞지 않은 순간에 오는 답신 전화를 기다리기보다는 꾸준히 상대방에게 전화하는 편을 선호한다.

전화 인터뷰할 때 주의사항이 있다. 인터뷰 대상자가 진심으로 하는 말인지 농담을 하고 있는지 확실히 짚고 넘어가야 한다. 시각적인 단서가 주어지지 않는 점을 고려할 때 "정말입니까?"라고 물어보아야 할 수도 있다. 성의가 없거나 반어적인 말을 진짜 의견처럼 보도하는 위험을 감수하기보다는 유머감각이 부족하다고 여겨지는 편이 낫다.

## 이메일

전화 인터뷰도 인간적인 면이 부족하지만 이메일을 이용한 필담으로 라포르(rapport)를 형성하는 일은 훨씬 더 까다롭다. 전통적으로 이메일 인터뷰는 이전의 팩스 인터뷰와 마찬가지로 상대방에게 접촉할 수 있는 유일한 방법이 아닌 한 권장되지 않았다. 그 이유는 대체로 이메일에서는 실제 대화에서처럼 즉각적인 주고받음이 어렵기 때문이다. 경우에 따라서는 다소 딱딱하고 공적인 어투로 답장을 보내는 인터뷰 대상자도 있을 것이고, 한쪽이 싫증을 내지 않을 때까지 질문과 답변을 주고받으려면 횟수의 제한이 있을 것이다. 그 결과 이메일을 통한 만남은 대면 혹은 전화 인터뷰보다 딱딱하고 사무적인 경향을 띤다. 이메일을 통한 의견교환이 구어보다는 문어의 형태이기는 하지만 종종 이메일로 일종의 라포르를 형성해서 어느 정도는 대화처럼 생각을 주고받을 수 있다. 이 책에 소개된 언론인들과의 인터뷰는 거의 대부분 대면하여 이루어졌지만, 두 개의 인터뷰는 이메일로 실행하였다. 그것이 어떤 인터뷰였는지 구분할 수 있겠는가?

편리한 대로 답장을 보낼 수 있는 까닭에 이메일을 이용한 인터뷰를 선호하는 사람들도 있다. 예를 들면, 이메일은 서로 다른 시간대에 따라 확인이 가능하기 때문에 전 세계의 다양한 학자들에게 접촉할 수 있는 최적의 방법일 것이다. 또한 구체적인 질문을 할 경우에도 이메일에서는 상대방이 기자에게 글로 답변해야 하기 때문에 장점이 있다. 답변을 잘못 인용할 확률이 현저히 줄어들기 때문이다.

틀림없이 이메일로 인해 권력을 소유한 사람들이 예전의 방식으로는 자신에게 접근할 수 없었던 기자들로부터 피하기가 어려워졌다. 『데일리미러』에서 일할 때는 풋이 전화하면 사람들은 그 신문의 명성 때문에 그의 전화를 잘 받는 편이었지만, 『프라이빗아이』로 근무지를 옮겼을 때는 전화할 때마다 그 사람들이 '회의중'인 경우가 많았다. 풋이 아래에서 설명하는 것처럼, 관련자들에게 의혹을 가지고 불법행위 혐의에 대한 탐사를 하고 있다면 그것은 실망스런 경험이 될 것이다.

혐의를 두고 있는 사람들로부터 정보를 입수하는 일은 전체 작업을 위해 절대적으로 필요하다. 이메일이 우리의 삶을 바꿔놓은 것처럼 팩스도 그러하다. 나에게는 사람들에게 팩스로 질문을 보내는 습관이 있다. 전화를 하면 절대로 연결되지 않지만 일단 팩스를 보냈다면 안심해도 된다. 왜냐하면 답신을 받지 못해도 언제나 "그래도 나는 팩스로 이런 질문들을 했다"고 말할 수 있기 때문이다. 전화라면 아예 질문 자체를 할 수 없을지도 모른다.

이메일로 인터뷰 대상자를 접촉하려 한다면 상대방이 정확한 철자와 구두점을 사용한 메시지와 함께 비공식적인 메일보다는 격식을 갖춘 메일을 받기 좋아할 것이라고 가정하는 편이 가장 안전하다. 발송을 클릭하는 순간 이메일은 통제할 수 있는 범위를 벗어나고 수신자가 원하면 누구에게나 그 메일을 재전송할 수도 있다는 점을 명심해야 한다.

## 대면

내가 노련한 노동당 정치인 토니 벤(Tony Benn)을 체스터필드에 있는 그의 사무실에서 인터뷰했을 때, 그는 대화를 녹음하려고 자신의 녹음기를 가져왔다. 그는 자신을 잘못 인용했는지 확인하기 위해서 또한 기자들이 기사를 작성할 때 자신에게 누명을 씌우지 못하도록 경계심을 주기 위해 자신의 모든 인터뷰를 녹음했다. 내가 인터뷰했던 사람 중에서 스스로 대화를 녹음한 또 한 명의 인물은 광부노조위원장 아더 스카길(Arthur Scargill)이었다. 인물소개 기사를 쓰는 바버는 인터뷰 대상자들이 잘못 인용될 경우를 대비해서 자신의 녹음테이프를 만드는 경우가 거의 없다는 사실에 놀라움을 표시했다 (Barber, 1999: 201).

벤은 기자가 인터뷰에 대해서 전적인 **통제력**을 가져야 한다는 생각을 받아들이지 않음으로써 베테랑 기자 서전트(John Sergeant)를 당혹스럽게 하였다. 서전트는 1984년부터 1985년까지 진행된 광부들의 파업 기간 동안 인터뷰를 녹음하기 위해 그 국회의원의 집에 방문했던 때를 다음과 같이 회상하였다.

그가 문을 열었을 때 나는 그가 앞으로 내민 자그마한 녹음기를 발견했는데 빨간 불이 켜있는 것으로 보아 이미 녹음이 시작되었음을 알 수 있었다. 그가 "안녕하십니까"라고 말했을 때 나는 그를 향해서 대답해야 할지 녹음기에 대고 말해야 할지 갈피를 잡지 못했다. 나는 녹음기를 향해 "안녕하세요"라고 대답했다. 이후 그는 나에게 BBC가 광부들의 파업에 대하여 공정하지 못한 보도를 하고 있다며 잠시 성토하였다. 나는 꽤 좋은 마음으로 이를 받아들였지만, 나의 말이 모두 녹음되고 있다는 사실을 생각하면서 나를 공격하는 데 사용될지도 모르는 말은 전혀 하지 않았다 (Sergeant, 2001: 236-237, 저자 강조).

인터뷰 상대보다 기자가 말하기 전에 한 번 더 생각해야 하는 경우는 상황이 뒤바뀌었다고 할 만큼 드문 사례다. 이 인터뷰는 결국 벤이 자기소거기로 BBC 테이프의 녹음내용을 지워버리면서 끝나버렸고, 기자는 "놀라서 말문이 막혔다"(Sergeant, 2001: 238).

다행히 대부분의 만남은 덜 까다롭다. 인터뷰 상대의 비행에 대하여 의혹을 제기하는 경우가 아니라면 기자는 둘 사이에 **라포르**를 형성하기 위해 애쓸 필요가 있기 때문에 이것은 다행스러운 일이다. 첫인상이 중요하기 때문에 약속시간에 늦으면 안 된다. 상대와 어울리는 데 도움이 된다고 여기지 않는 이상 술이나 담배 냄새를 풍기지 말고 알맞은 옷차림을 갖추어야 한다. 결혼식이나 장례식에 가는 것처럼 차려입으라는 말이 아니고 옷차림으로 상대방을 거스르게 하지 않을 정도는 되어야 한다는 말이다. 비언어커뮤니케이션이 중요하기 때문에 시선을 맞추면서 관심을 표현하되 노려보지는 말아야 하고 고개를 끄덕이는 것은 괜찮지만 졸면 안 된다. 말로 맞장구를 치면서 상대방이 허공에 대고 말하고 있는 것이 아니라는 점을 인식시켜야 한다. 그들의 농담에 웃어주고, 아픔에 대하여 공감하고, "정말입니까?", "그렇지요", "아, 네"와 같은 말로 경청하고 있음을 보여주어야 한다. 하지만 과유불급이다.

마감시간이 임박했는데 상대방이 너무 곁길로 새는 경우가 아니라면 상대방의 말을 끊지 말고 경청하는 법을 배워라. "악어에게 처음 희생당한 소년의 이름은 무엇입니까?"라는 식으로 사소한 세부사항을 확인하기 위해서 흥미진진하게 진행되고 있는 이야기를 가로막으면 짜증이 날 수 있다. 메모를 해두었다가 마지막에 확인하라. 하지만 이해하지 못한 부분을 분명히 하기 위해서 또는 구체적인 예를 몇 가지 얻기 위해서 끼어드는 것은 괜찮다. 귀뿐만 아니라 눈을 열어두면 인터뷰 대상자의 성격에 대한 시각적 단서 또는 예외적인 질문에 대한 시각적 힌트를 발견할 수 있다. 옷, 머리, 문신, 피어싱, 벽의 그림, 책장의 책들, 창가의 풍경 등 모든 것이 질문을 유발할 수 있고 새로운 관점을 찾는 데 도움을 줄지 모른다.

전화나 이메일을 통한 인터뷰보다는 직접 만나는 인터뷰의 경우 잡담으로 끝나는 경우가 흔한데, 가끔은 이것이 더 알아보아야 할 정보나 관점을 이끌어낸다. 앞으로 인터뷰 대상과의 관계가 어떻게 되든지 개의치 않을 작정이 아니라면, 공식적인 인터뷰가 끝나기 전에 "이 말을 인용해도 되겠습니까?"라고 묻지 않은 경우에는 어떤 말을 인용할 때 심사숙고해야 한다. 뒤에 나오는 '오프 더 레코드(off-the-record, 제보자가 기자에게 정보를 제공할 때 보도하지 않는다는 조건을 붙여 비공식적으로 하는 말 – 역자 주)' 부분을 참고하라.

## 음성 및 방송 인터뷰

이 장의 상당 부분에서 인쇄 저널리즘과 온라인 저널리즘을 막론하고 텍스트 중심 저널리즘을 위한 인터뷰에 대해서 다루었다. 하지만 이전에는 인쇄 매체만을 다루었다가 이제는 온라인 미디어에 음성 심지어 영상 보도를 올리는 기자들이 증가하고 있다. 예를 들면, 『가디언』의 웨인라이트는 현재 의례적으로 디지털 레코더를 이용해서 인터뷰를 녹음한 뒤 노트북에 저장한다. 그리고 신문 기사나 특집 기사에 필요한 정보와 인용문을 선별한 뒤 음성 파일을 웹에 올려놓는다. "여기서 마음에 드는 것은 사람들이 직접 말하도록 할 수 있다는 점이다"라고 그는 말한다.

온라인이든지 라디오나 텔레비전이든지 관계없이 음성 및 영상을 사용하기 위해 시행하는 인터뷰는 잡지나 신문에 싣기 위해 행하는 인터뷰와 거의 같은 기술에 의존한다. 그러나 다른 점도 적지 않다. 가장 현저한 차이점은 말하는 사람의 말뿐만 아니라 **목소리**까지도 사용할 수 있다는 사실 그리고 방송 인터뷰는 대체로 인터뷰 **실행** 이상의 의미를 갖는다는 사실이다. 인쇄물을 통해 인터뷰 글을 읽는 독자들은 질문과정을 거의 볼 수 없지만, 대부분의 음성·영상 인터뷰에서는 그것(질문과정을 가리킨다 – 역자 주)이 중심이 된다. 팩스먼이 대답을 듣지 못한 채 내무장관 마이클 하워드(Michael Howard)에게 똑같은 질문을 12번씩이나 했던 경우가 가장 극명한 예이다 (Wells, 2005). 그것이 인터뷰 기자의 도덕적 승리였다고 하면, 〈뉴스나잇(Newsnight)〉의 진행자 피터 스노우(Peter Snow)가 행했던 인터뷰는 그에게 재앙이었을 것이다. 광부노조위원장 아더 스카길은 허세의 유혹에 넘어간 이 능숙한 언론인과의 인터뷰 당시 주객을 전도시켰다.

> "계속하십시오. 아직 5초가 남았습니다. 뭔가 심한 말을 해보세요."
>
> – 빌 그룬디(Bill Grundy)가 섹스 피스톨즈(Sex Pistols)에게

스카길: 내가 모스크바에서 한 연설의 전문을 읽어 보았습니까?

스노우: 그렇습니다.

스카길: 그래요? 미안하지만 믿지 못하겠습니다. 다른 모든 방송인들은 그렇게 하지 못했다고 하는데 스노우 씨 당신은 전문을 읽었다는 겁니까? 정말 그것을 보았습니까?

스노우: 당신은…?

스카길: 아니오, 내가 당신에게 질문을 하고 있습니다. 그 다음에 당신의 질문에 대답하겠습니다. 당신은 전문을 보았습니까?

스노우: 언급할 만한 것을 찾지는 못했습니다….

스카길: 그건 물어보지 않았습니다. 당신은 전문을 보았습니까?

스노우: 언급할 만한 것을 찾지는 못했습니다….

스카길: 전문을 보았습니까?

스노우: 말해주시겠습니까 스카길 씨? 말해주시겠습니까…?

스카길: 나는 지금 당신에게 질문을 하고 있습니다.

스노우: 이런 말을 해도 될지 모르겠지만 제가 질문을 하고 있습니다.

스카길: 글쎄요, 이번에는 그렇지 않습니다. 내가 당신에게 묻고 있습니다. 당신은 전문을 보았습니까?

스노우: 엄밀히 말하면, 전문을 보지는 않았습니다.

스카길: 그렇지요….

(*Newsnight at 20*, BBC2, January 29 2000)

이 모든 승리담과 패배담은 많은 인터뷰에 수반되는 대립적인 속성을 잘 보여주고 있다. 스튜디오 세트에서 진행되는 말싸움이나 불량배의 집을 방문하는 경우를 제외하면 공격적인 접근방식은 일반적으로 권장되지 않는다. 지역 자선단체의 자선 바자회를 조직하는 사람에게 "자, 어서 질문에 답변해주십시오!"라는 식으로 재촉해서는 별 소득을 얻지 못할 것이다.

## 질문하기

기자가 해야 할 질문의 정확한 내용은 인터뷰의 목적과 자료조사 결과에 달려 있지만, 상대방의 대답을 주의깊게 들으면서 필요하다면 질문의 방향을

수정해야 한다. 일반적으로 말하자면 비록 마지막에는 뭔가 부정한 행위에 대해서 캐물으려는 의도가 있다 하더라도 처음에는 인터뷰 대상자가 자유롭게 말하도록 하는 편이 좋다. 따라서 특별히 "예"나 "아니오"라는 대답이 필요한 경우가 아니라면, "그 사건을 목격했습니까?"처럼 **닫힌** 질문은 삼가야 한다. 사람들이 말하게 하려면 "무엇을 보았습니까?"와 같이 보다 **열린** 질문을 해야 한다. 사람들은 한두 문장을 말한 뒤에 그것이 기자가 원하는 답인지 확인하려고 멈추는 경향이 있다. "그 다음에는 어떻게 되었습니까?" 또는 "다음에 무슨 일이 있었나요?"와 같은 질문을 던져서 안심하고 말하게 해야 한다.

어떤 토픽이 되었든지 1장에서 소개한 저널리즘의 5W 즉, 누가? 무엇을? 어디서? 언제? 왜? 라는 다섯 가지 질문에 대한 답을 들어야 할 필요가 있다. 물론 어떻게? 라는 질문도 포함된다. "인터뷰 상대가 자신에 대하여 하는 이야기는 대부분 전체 내용을 아우르지 못한다. 그래서 내가 가장 자주 하는 질문은 '왜'이다"라는 로코의 말을 감안할 때, 그런 질문들을 하기 위하여 계속 노력해야 한다(Rocco, 1999: 50). 경청하는 동안 자주 수평적 사고를 할 필요가 있다. 저 사람은 **누구**인가? 아무개와 저 사람의 관계는 **무엇**인가? 그들은 **어디서** 만났을까? 그들은 **언제** 도착했을까? 그들은 **왜** 거기에 갔을까? 그들은 **어떻게** 이동했을까? 이러한 질문들 중 한 가지에 대한 답만 얻어도 하나의 이야기와 관련해서 가장 뉴스 가치가 있는 시각을 얻을 수 있을지 모른다. '최근에'나 '대략'과 같이 모호한 답변을 명확히 하라. "예를 들면?"이라

> " 나는 신참기자들에게 늘 이렇게 말한다. '여보게 자네가 해야 할 일은 시간을 엄수하고, 예의를 지키고, 질문을 하는 것뿐이라네.' "
> – 바버(Lynn Barber)

는 질문을 통해 구체적인 사례를 구하면 지루한 인터뷰에 예기치 못한 생명력을 불어넣을 수 있다. "죄송합니다만 제가 그 말을 이해하지 못한 것 같습니다. 그 부분에 대해서 다시 설명해주시겠습니까?"라고 주저하지 말고 이야기하라.

실황으로 중계되는 경우가 아니라면 인터뷰 끝 무렵에 "덧붙이고 싶은 이야기가 있습니까?"라고 묻는 게 좋다. 그것이 공손한 자세이며, 그렇게 함으로써 인터뷰 대상자가 특별히 관심을 갖고 있는 주제에 대하여 말할 기회를 얻지 못했다고 불만을 갖지 않도록 방지할 수 있으며, 그 과정에서 상대방이 이전까지 했던 말보다 훨씬 중요하고 흥미로운 내용을 내놓을 수도 있다. 그 다음에 특히 이름을 포함해서 철자를 제대로 확인했는지, 세부적인 연락처를 교환했는지 확인하라. 그리고 상대방이 시간을 내주고 도움을 준 것에 대하여 고마움을 표시해야 한다는 점을 잊지 말라.

## 오프 더 레코드

인터뷰 대상자가 무언가에 대해서 '오프 더 레코드'를 요청하면 기자는 그 사람에게 입수한 정보라고 밝혀서는 안 된다. 출처를 밝히지 않는 형태로 그 정보를 포함시킬 수 없다는 말은 아니다. 상대방이 정확하게 어떤 정보를 가리키고 있는 것인지 확인하라. 예를 들어, 고용주를 공개적으로 비난함으로써 직장을 잃을 수도 있는 것처럼 그럴만한 이유가 있을 수도 있고, 아니면 정당한 이유도 없이 과대망상에 사로잡혀 있을 수도 있다. 인터뷰가 계속되면서 상대방이 기자를 더 신뢰하게 되

면, 기자는 앞에서 오프 더 레코드를 요구했던 사항에 대하여 온 더 레코드로 보도해도 될지 다시 확인해볼 수 있을 것이다. 기자가 오프 더 레코드에 동의해놓고서는 약속을 어기면 정보원을 속이는 것이다.

어떤 정치인이 공공의료서비스에 대한 인터뷰가 진행되는 동안 총리의 아내에 대한 험담을 하면서 기자의 녹음기 위로 손을 갖다 대는 경우에서처럼, 누군가 의도를 명확히 밝히지 않은 상태에서 기자가 자신의 말을 오프 더 레코드로 처리할 것이라고 **가정할** 때 혼란이 발생한다. 이 정치인의 발언은 이후 기사에 포함되었고 정부를 격분케 하였다. 『프레스가제트』는 당시 사설에서 다음과 같이 말하였다.

> (윈스턴 경의) 순진한 행위로 인해 우리는 인터뷰 대상과 기자가 오프 더 레코드의 성립요건에 대하여 매우 다른 생각을 지닐 수 있다는 점을 상기하게 되었다. 대부분의 대중은 윈스턴이 마이크를 덮는 행동으로 셰리 블레어(Cherie Blair, 토니 블레어 총리의 부인 – 역자 주)와 관련된 내용을 보도에서 제외시켜 달라고 표현했다고 여길지 모른다. 하지만 대부분의 언론인들은 그렇게 간주하지 않는다. **인터뷰 대상과 기자가 그렇게 합의를 하는 경우에만 오프 더 레코드가 성립된다** (『프레스가제트』, 2000년 1월 21일, 저자 강조).

그러한 합의는 인터뷰 대상자가 일방적으로 강요할 수 없으며, "물론 내가 했던 말은 모두 오프 더 레코드였다"고 말하면서 소급 적용될 수도 없다. 그러한 경우에는 기자가 동의할 **수도** 있지만 여전히 선택의 여지는 남아 있다.

사람들은 나중에 되돌아보면 하지 않는 편이 좋았을 말을 한다. 예리한 뉴스 센스(news sense, 기자가 취재물의 보도 가치를 잘 알아내는 감각 – 역자 주)로 대화의 어조를 식별할 줄 아는 기자는 가

끔 '운좋게' 그런 감정상태에서 이야기하는 인터뷰 대상을 간파한다. 메릭은 2000년 9월 영국을 마비시켰던 기름값 인상 반대 파업이 시작되었을 때 영국보도연맹의 기자로서 석유회사의 홍보실에 일상적인 전화를 했던 순간을 다음과 같이 회고했다.

> 시위대가 정유공장을 처음으로 봉쇄했을 때였다. 런던에 있는 본사에서는 석유 공급에 차질이 없을 것이라고 말하였다. 하지만 북서부에 위치한 지사의 PR담당자에게 전화했을 때 나는 운좋게도 그로부터 "일요일 밤까지는 석유가 동날 것이라는 사실을 사람들은 모르고 있나요?"라는 짜증 섞인 대답을 들었다. 내가 "정말입니까?"라고 물었고, 그는 "그래요, 그래서 짜증이 납니다"라고 말했다. 나는 "알겠습니다"라고 말하며 전화를 끊은 뒤에 "일요일이면 석유가 부족할 것"이라는 기사를 썼다.

이 경고는 전국적인 화두가 되었고 그 결과 석유를 사재기하는 혼란이 야기되었다. 메릭은 다음과 같이 말을 이었다.

> 그 홍보담당자는 곤란에 빠졌다. 그는 월요일에 내게 전화해서 "오프 더 레코드를 요청하지 않았기 때문에 그 말은 오프 더 레코드가 아니었지만, 우리의 공식적 입장은 문제가 없다는 것이었기 때문에 내가 그때 그런 말을 하지 말았어야 했다"고 이야기했다. 하지만 당시 사정은 명백하게도 문제가 없지 않았다.

## 호별방문과 유가족취재

몇 시간이 되었든 누군가 문 밖으로 나오기를 기다리면서 집 근처를 맴돌아야 하는 지루함부터 면상에 주먹이 날아올 가능성에 이르기까지, 다양한 난관으로 가득한 인터뷰들도 있다. '호별방문'과 '유가족취재'는 기자와 인터뷰 대상자로부터 각각 다

른 감정을 불러일으킨다.

엔겔(Matthew Engel)은 호별방문이 영국의 특이한 관습에 속한다고 주장한다. 그런데 특이하게 비효과적으로 보이기도 한다.

> 사진기자와 기자들이 어떤 스캔들이나 비극적 사건에 휘말린 사람의 집에 갑자기 몰려들어서… 사건의 주인공 중 누군가의 사진을 찍으려는 희망을 가지고 혹은 훨씬 가능성이 낮기는 하지만 코멘트를 들으려는 바람을 가지고 기다린다. 기사가 실제로 돈이 되지 않는 한 기자들에게 그것은 따분한 일일뿐만 아니라 거의 항상 무의미한 일과로 끝난다 (Engel, 1997: 279).

하지만 데이비스(Nick Davies)의 생각은 다르다. 그는 협박을 일삼고 남의 집 밖에서 죽치고 앉아 창문 틈을 엿보는 기자들을 싫어하지만, 사람들의 집 문 앞에서 무작정 기다리는 일이 여전히 기자의 핵심 무기에 속한다고 주장한다. "그렇게 해야 좋은 기사를 취재할 수 있다. 그것이 우리의 업무 중에서 가장 흥미롭고 가장 솜씨가 필요한 부분이다"(Stevens, 2001에서 인용).

유가족을 찾아가서 정보, 인용할 말, 사진 등을 요청하는 유가족취재에 관한 한, 으스대면서 자신의 무용담을 늘어놓는 기자도 간혹 있지만 거의 대부분의 기자들이 맡기를 꺼려한다. 언론고충처리위원회와 영국언론노조 모두 기자들에게 슬픔에 잠긴 사람들을 건드릴 때는 주의하라고 권고하고 있으며, 그런 힘든 시간을 보내고 있는 가족들은 기자들의 질문 공세에 대단히 적대적일 수도 있다. 메모장을 들고 있는 낯선 사람에게조차 가까운 사람의 죽음에 대하여 말할 수 있는 기회가 생긴 점에 대하여 진심으로 반기는 사람도 있지만, 언론에 부정확한 사실이 보도되지 않게 하려고 질문에 답변하는 사람도 있고, 단지 거절할 생각을 못해서 응대하는 사람도 있다.

웨인은 범죄나 사고가 발생한 뒤 또는 검시가 끝난 뒤에 희생자의 가족들을 만난 경험이 많다. 사람들이 그녀에게는 말을 잘하는 것처럼 보여서, 나는 그 비결을 물어보았다.

> 나는 그들을 인터뷰할 때 정말 솔직해지려고 노력한다. 정중하게 대하려고 노력하면 상대방도 거기에 반응한다. 내가 하려고 했던 일 외에 다른 의도가 있다는 인상을 주지 않으려고 애쓰는 편이다. 유가족취재 시에는 진솔해야 한다. 기자는 사망자에 대해서 잘 알지 못하기 때문에 과장되게 동정을 표현하거나, "유감입니다"라고 말하면 안 된다. 올바르게 처신하기란 여간 어려운 게 아니기 때문에 그때그때 형편을 봐가며 행동해야 한다. 이 이야기가 신문에 실릴 것이며 우리는 당신들, 가족들에게 당신의 아들 혹은 누가 됐든 희생자에 대해서 무언가 말할 기회를 제공하고 싶다고 숨김없이 말한다. 무작정 찾아가기보다는 미리 전화를 해서 방문해도 괜찮은지 물어보는 경우도 적지 않다. 대부분의 사람들은 방문을 허락한다. 나는 무언가 하고 싶은 말이 있는 사람들은 틀림없이 다시 전화를 줄 것이라고 믿는다. 물론 전화로 방문 가능 여부를 묻거나 음성메시지를 남겨보았자 답신전화는 오지 않는다고 말하는 사람도 있지만, 나는 그들과 생각이 다르다. 유가족들이 누군가에게 하고 싶은 말이 있고 기자가 그런 가능성을 활짝 열어두기만 하면 답신 전화는 얼마든지 올 것이다. 나는 여자들이 유가족취재에 더 능하다고 생각한다. 나도 여성 기자들을 보

> "나는 '스미스 부인, 강도가 당신의 아들을 칼로 찔러 죽였을 때 기분이 어땠습니까?'라고 질문하는 일에 신물이 났다. 상대방이 '아, 나는 그 아이를 별로 좋아하지 않았어요?'라고 대답하겠는가?"
>
> – 프래챗(Terry Pratchett),
> '왜 언론계를 떠났는가'라는 질문에 대하여

내는 게 진부한 생각이라는 점을 알고 있지만 거기에는 그럴 만한 이유가 있다.

화이트(Sue White) 기자도 정중함과 지나치게 밀어붙이려 하지 않는 자세의 중요성에 동의하면서 다음과 같이 자기만의 접근방식을 설명했다.

보통 집 안에서는 아무런 소리도 들리지 않지만 문에 노크를 한다. 문이 조금 열리면서 누군가 용무를 묻는다. … 나는 "안녕하세요, 『버밍엄이브닝메일(*Birmingham Evening Mail*)』의 화이트 기자입니다. 경찰을 통해 지난 밤 발생한 끔찍한 사고에 대해서 들었습니다. 제가 들어가서 당신과 몇 마디 말을 나누어도 되겠습니까?"라고 말한다. 거의 대부분의 사람들이 "그러세요"라고 대답한다. … 매우 정중하고 동정어린 태도를 갖는 것이 중요하다. … 그러면 상대방은 나를 집 안으로 들여서 거실 소파에 앉게 한다. 충격에 빠진 유가족들은 조용히 침묵을 지키기 마련이다. 내가 솔직하게, 그리고 가능한 상냥하고 동정어린 어조로 사람들에게 차례로 질문을 하면서 몇 가지 사실을 확인하고 싶을 뿐이라는 점을 분명히 한다면, 사람들이 내게 필요한 정보를 줄 것이라고 생각했다. 대체로 나의 생각은 옳았다 (Adams with Hicks, 2001에서 인용).

일반인들에게는 이 말이 냉정하게 혹은 저돌적으로 들릴지 모른다. 하지만 어딘가에서 살인사건이나 끔찍한 사고가 발생했을 때 우리는 미디어가 **피해자**에 대해서, 즉 그들의 이름과 나이, 그들의 성격이나 관심사 등에 관해서 이야기해줄 것이라고 **기대한다**. 이런 정보는 저절로 언론에 등장하는 것이 아니다. 아직도 페이스북 계정을 가지고 있지 않은 사람들이 많을뿐더러 (페이스북에 소개된 정보가 정확하리라는 보장도 없으며), 경찰이나 제삼자가 세부적인 정보를 제공하는 경우도 거의 없다. 그렇게 자세한 정보들은 대개 기자가 피해자 가족의

집을 방문하거나 친지, 이웃, 친구, 학교나 직장에 전화해서 입수한다.

기자들이 꼭 상심에 빠진 유가족만 접촉하는 것은 아니다. 메릭이 지역 통신사에서 일할 때 비틀즈의 멤버였던 조지 해리슨(George Harrison)이 테러를 당했으며 그 사건과 관련된 용의자가 경찰서에 붙잡혀 있다는 소식을 들었다. 그녀는 다음과 같이 당시를 회상했다.

우리는 한 소식통을 통해서 체포된 남성의 이름을 확보한 뒤 전화번호부에 나와 있는 동명의 사람들에게 모두 전화한 끝에 용의자의 어머니를 찾아낼 수 있었다. 내가 기자라고 소개하자 그녀는 아들에게 무슨 일이 생겼는지 물었다. "심려하지 않으셔도 됩니다. 아주머니와 이야기를 나누고 싶어서 전화했습니다"라고 말하자, 그녀는 "무슨 일인지 알려주세요. 아들이 무사합니까?"라고 물었다. 나는 "아드님은 아주 무사합니다만, 제가 아주머니를 직접 찾아뵙고 싶습니다"라고 대답했다. 그러자 그녀는 상당히 방어적인 자세를 취하면서 영문이 무엇인지 알려주지 않으면 전화를 끊겠다고 하였다. 그래서 나는 "아드님이 연루된 약간의 사건이 발생하였습니다. 하지만 아드님은 정말 무사합니다." 그녀는 이것저것 생각한 끝에 남편을 향해서 "아 이럴수가, 마이클이 비틀즈 멤버를 칼로 찔렀나봐요"라고 소리쳤다. 그리곤 전화를 끊어버렸다. 결국 나는 그 집을 찾아갈 수밖에 없었다. 그녀가 모든 기자들을 집 안에 들여놓는 바람에 우리는 단독으로 취재할 수 없었다.

당시의 경험을 회상하며 메릭은 이렇게 말했다.

나는 "당신의 아들이 어떤 사람을 칼로 찔렀습니다"라고 솔직히 말할 수 없었기 때문에 애를 먹었고, 경찰이 그녀에게 연락을 하지 않았다는 사실에 상당히 놀랐다. 그녀에게 사실을 말하기란 정말 어려웠기 때문에 최대한 완곡하게 표현하려고 하였지

만, 사실 계속 비밀스럽게 굴면서 "당신에게 방문해서 이야기를 나누고 싶습니다"라고 끝까지 우길 수도 없는 노릇이었다. 나중에 생각해보니 나는 그녀가 용의자의 어머니라는 사실에 의지해서 무작정 찾아가 대화를 나누었어야 했다.

휘틀은 상대방이 전화를 끊을 수 있도록 기회를 주기보다는 개인적으로 접근하는 방식을 선호한다. 물론 사람들이 문을 열지 않은 채로 기자에게 그냥 가라고 말할 수도 있다. 언론고충처리위원회는 공익이 달려 있는 사안인 경우를 제외하고 기자들이 "한번 거부의 의사를 밝힌 사람에게 집요하게 질문을 하거나, 전화하거나, 좇아 다니면서 사진을 찍어서는 안 된다"고 권고하고 있다 (PCC 직업규약). 그런 괴롭힘이 아직도 계속되고 있기는 하지만, 예전보다는 많이 줄었다. 통신사 기자인 캐시디 (Denis Cassidy)는 "이제는 그만 가라는 얘기를 들으면 그냥 가야 한다"고 말한다 (Stevens, 2001에서 인용).

## 인용하기

인터뷰는 기자들이 정보를 입수하는 수단일 뿐만 아니라 직접 인용문을 확보하는 방법이다. **인용문**은 기사에 권위, 극적 효과, 강력한 또는 구어체 표현을 더해주기 때문에 언론에 꼭 필요한 요소다. 인용문을 편집하는 방법에 대해서는 다양한 견해가 존재하지만, 말하는 사람의 특징을 강조하려는 목적이 아니라면 '같은(like)', '무슨 말인지 알지 (know what I mean)', '저(um)'처럼 어구의 반복을 그대로 인용하는 것은 좋지 않다는 점에 대해서 거의 이견이 없다. 랜들은 인용문이 '한마

> **"내가 그렇게 말했다고 보도되었다면, 잘못 인용된 것이다."**
> – 핸슨 경(Lord Hanson)

디 한마디 한음절 한음절 그대로 정확하게 실제 발언을 보도'하지 않는다면 인용문의 가치가 있는지를 묻는다 (Randall, 2000: 187). 하지만 기자들은 주로 인용문들을 "깔끔하게 정리한다." 그렇지 않다면, 타블로이드 신문의 기자들이 인터뷰한 정보원은 한결같이 짧고 신랄하게 말하고, 보통 사이즈 신문의 기자들이 인용하는 사람들은 한결같이 더 복잡한 문장구조로 말하는 현상은 너무나 보기 드문 우연의 일치라고 해야 할 것이다. 심지어 말한 사람이 동일인물일 경우에도 그러하니 말이다.

휘틀은 인용문 편집 관행을 다음과 같이 변호하였다.

기자는 대부분의 사람들이 그렇게 박학다식하지 않다는 점을 고려해서 보통 사람들의 수준에 맞추어서 글을 쓴다. 기자의 업무에 대해서 조금이라도 알고 있는 사람이라면 여기에 전적으로 동의하겠지만, 오직 경험을 통해서만 이 점을 이해할 수 있다. 기자들은 사람들이 한 말을 거듭 살펴본다. 여기에 대해서 내 말을 곡해하지 말라. 우리는 정말 신중하게 인용한다.

메릭은 지역 통신사에서 영국보도연맹으로 직장을 옮긴 후 상반된 정책이 사용되고 있다는 사실을 발견했다. "통신사에서는 대부분 사람들의 말을 고쳐 써도 그것이 더 깔끔해 보이기 때문에 인용문으로 간주하는 반면, 보도연맹에서는 말한 **그대로** 옮겨야 한다. 현재 나는 보완책으로 두 개의 구술녹음기(dictaphone)를 가지고 속기를 하는 동안 사람들의 말을 녹음해서 나중에 실제로 재확인한다."

힉스(Wynford Hicks)와 홈즈(Tim Holmes)도 이와 비슷한 주의를 당부한다.

깔끔하게 정리하는 게 어려운 경우에는 직접 인용문을 언제든지 요약할 수 있지만, 그 반대로 해서는 안 된다. 다시 말해, 간접 인용문을 바탕으로 인용문을 조합해서는 안 된다. … 정확성이 생명이며, 원래 말의 의미가 그대로 보존되어야 한다. 인용문을 압축하고 명료히 할 때 … 기자는 강조점을 바꾸면 안 된다. 따라서 만약 어떤 사람이 어떤 식으로든 단서가 달린 발언을 했다면, 기자는 그 단서를 제거할 위험도 있다 (Hicks and Holmes, 2002: 65).

(인용문을 – 역자 주) 정리하는 것과 바꾸는 것을 가르는 윤리적 기준은 미묘하다. 특히 기자가 누군가의 발언을 받아 적는 동안 편집을 가하고, 기사를 작성하면서 살짝 강조점을 더한 뒤 기사를 넘겼는데, 편집기자가 다시 그 기사의 인용문을 좀 더 정리하는 상황까지 가면 그 윤리적 기준은 완전히 사라질 수도 있다. 그러면 결국 인터뷰 대상자가 신문에 보도된 결과물을 보고서 단어 차원에서뿐만 아니라 의미의 차원에서도 자기가 한 말을 식별할 수 없게 되는 지경에 처하게 된다. 인용문을 선택하고 축소할 때 그리고 반복어구나 불필요한 부분을 가지치기할 때 적용해야 할 황금률은 인터뷰 대상자의 **목소리**(voice)뿐만 아니라 말한 사람의 **뜻**(sense)까지 유지해야 한다는 것이다. 그렇지 않다면 굳이 인용할 필요가 없지 않은가?

## 요약

기자들은 전화나 방문, 이메일을 통해서 정보, 사실, 견해, 분석, 설명, 감정, 입장, 배경, 직접 인용문 등을 얻으려고 정보원을 인터뷰한다. 인터뷰는 양면 가치를 지닌 만남으로 묘사되는데, 인터뷰 대상자가 전해주는 정보에 대한 통제력을 보유하고 있는 반면, 생방송을 제외한다면 인터뷰하는 사람은 수용자에게 전달되는 인터뷰 내용에 대한 통제력을 지니고 있다. 인터뷰 자체가 뉴스가 될 수 있기 때문에, 그런 의미에서 인터뷰는 의사사건으로 볼 수 있다. 고통에 잠긴 사람들에 대한 간섭, 인터뷰 기회의 통제, 자료 선택, 기사수정권한, 직접인용문 수정 등이 인터뷰와 관련된 윤리적 문제로 제기된다.

## 질문

왜 기자는 사람들을 인터뷰하는가?

왜 사람들은 기자의 인터뷰에 응하는가?

기자들은 어떻게 인터뷰를 준비하는가?

인터뷰를 하는 사람과 인터뷰 대상자 중 누가 가장 큰 힘을 지니고 있는가?

사람들의 인용문을 편집하는 것이 정말 옳은가?

## 추가 읽을거리

다소 규범적인 어조가 있기는 하지만, 애덤스와 힉스(Adams with Hicks, 2001)는 도움이 될 만한 다양한 팁과 교훈적인 일화를 담고 있다. 또한 보디랭귀지에 관한 흥미로운 내용이 다소 포함되어 있지만, 그 모든 대중심리학을 복음처럼 여기면 안 된다. 랜들(Randall, 2007), 시슨스(Sissons, 2006), 키블(Keeble, 2006), 프로스트(Frost, 2002), 페이프와 페더스톤(Pape and Featherstone, 2005) 모두 인터뷰에 관한 부분을 포함하고 있으며, 맥케이(McKay, 2006)는 특별히 잡지 인터뷰에 관해서 두 개의 장을 할애하고 있다. 방송 인터뷰의 다양한 테크닉과 규칙에 대한 보다 자세한 내용을 보려면 허드슨과 로우랜즈(Hudson and Rowlands, 2007)나 보이드(Boyd, 2001)를 참고하라. 비먼(Beaman, 2000)도 라디오 인터뷰에 관한 실제적인 지침을 제공하고 있다. 유가족취재에 관한 여러 관점을 살펴보려면, 하컵(Harcup, 2007)에서 범죄담당 기자뿐만 아니라 피해자 가족과의 인터뷰를 수록한 범죄보도 관련 장을 보라.

**주요 출처**

Hattenstone, 2007; Frost, Martinson, 2005에서 인용; Marr, Barnicoat, 2007에서 인용; Grundy, 1976: 12; Barber, 1999: 200; Pratchett, Jeffries, 2008에서 인용; Hanson, Boyd, 2001: 117에서 인용.

# 9장

## 뉴스 작성

한때 아더(Arthur)는 미래의 희망이었다. 아더는 통신을 이용해 가공되지 않은 사실들을 수집한 뒤 효과적인 뉴스 기사로 재배열하기 위해 2001년에 개발된 컴퓨터 프로그램에 붙여진 이름이다. 아더를 지지하는 과학자들은 이 프로그램이 허구와 사실을 분간할 인간적 능력이 부족하다는 점을 유일한 결함으로 여긴다 (Millar, 2001). 인간 기자들을 대체할 로봇을 사용하는 것은 태도 문제, 윤리적 거리낌, 출산 휴가 등을 신경 쓸 필요가 없기 때문에 대부분의 언론사 회계직원들이 꿈꾸는 바일지 모르지만, 그런 발상 자체는 보기보다 새로운 것은 아니다. 프레인이 자신의 소설『양철 인간』에서 그러한 뉴스 기계를 고안해낸 지도 이미 40년을 훌쩍 넘겼다.

어시스턴트들이 이론적으로 디지털 컴퓨터가 다양하면서도 인간의 손을 거친 기사와 같은 뉴스 감각을 갖춘 완벽할 정도로 만족스러운 일간신문을 생산하는 프로그램을 갖출 수 있는지 공개실험하기 위해 (신문) 부서의 공동 실험의 구성부품들을 허리를 구부린 채 살펴보고 있다. 무척 단조롭고 조용하게 그들은 계속해서 쌓여 있는 신문 스크랩들을 점검하면서 기사의 패턴을 확인하고 이야기들을 표준변수들과 독립변수들로 나누어 분석한다. 다른 작업대에서는 또 다른 어시스턴트들이 변수들과 독립변수들을 카드에 복사한 뒤 문서보관함에 카드를 분류해 넣어서, 이론적으로 컴퓨터가 논리적 순서에 따라서 카드들을 조심스럽게 검토한 뒤에 뉴스 기사를 조합할 수 있도록 코딩하고 있다. (Frayn, [1965] 1995: 37)

## 이야기

벨(Allan Bell)은 언론인들이 기사를 쓴다기보다는 이야기를 서술한다고 주장한다. "언론인들은 우리 시대의 전문적인 스토리텔러들이다. 동화는 '옛날 옛적에'라고 시작한다. 기사는 '버스 한 대가 돌진하면서 15명의 부상자를 낳았다 …'와 같이 시작된다 (Bell, 1991: 147). 버코위츠(Dan Berkowitz)에 따르면, 언론인들은 "실제로 어떻게 '줄거리'가 전개될지, 핵심인물이 누가 될지를 포함해서 기삿거리의 주제에 대한 목록"을 마음속으로 만든다 (Cottle, 2000: 438에서 인용).

전통적으로 이야기는 서론부터 시작해서 이어지다가 마지막에 일종의 해결을 보며 끝난다. 그러나 뉴스 기사는 결말부터 시작해서 대개 중간 부분에서 끝난다. 벨이 말한 것처럼, 뉴스 기사의 중심 사건은 시간순과 관계없이 서술되며, "결말이 먼저 소개된 뒤 다양한 시간대를 넘나드는 방식으로 설명이 덧붙여진다" (Bell, 1991: 155). 따라서 전형적인 뉴스 기사는 "시간상으로 앞뒤를 오간다" (Bell, 1991: 153).

뉴스 기사는 깔끔하게 마무리되기보다는 '중도(mid-air)'에서 끝나는 경향이 있다 (Bell, 1991: 154). 이것은 중요하지 않은 내용을 끝부분에 배치해야 한다는 뉴스 가치와 기자 훈련의 결과이기도 하지만, 대부분의 이야기가 여전히 진행중인 까닭도 있다. 신문에 보도된 사건은 단지 마감시간에 맞추어 급하게 작성된 단편적 내용이다. 온라인 뉴스 및 24시간 방송 채널의 도래와 함께 정해진 마감시간이 사라지면서 꾸준히 기사를 업데이트할 가능성이 열렸지만, 업데이트를 계속해도 반드시 최종 결론에 따라서 불량한 복장 때문에 학교에서 귀가 조치된 학생의 기사는 세 가지 변수만을 가지게 될 것이다. 용납되지 않는 복장의 특징, 학생의 흡연 여부, 학생이 전교생들 앞에서 모욕을 당했는지의 여부. 그 부서에서는 그러한 기사를 대단히 만족스러운 것으로 판단할 것이다. "기본적인 줄거리는 절대로 변하지 않는다. … 보도 횟수는 9일에 한 번이다" (Frayn, [1965] 1995: 38). 여기에 이상한 머리모양, 문신이나 피어싱을 덧붙이면, 언론인이자 소설가였던 프레인이 진심으로 그런 기사가 생산될 수 있다고 말했을 때와 마찬가지로 오늘날에도 흔하게 반복되는 문제를 발견할 수 있을 것이다.

이미 3장에서 살펴본 바와 같이 뉴스는 예측이 가능하고 반복적일 수 있다. 이것은 부분적으로 과거에 어딘가에서 발생하지 않은 일이 거의 없다는 사실에 기인한다. 하지만 그것은 또한 상당수의 뉴스가 예측 가능하고 프레인이 풍자한 것처럼 거의 정형화된 방식으로 쓰이고 구성되는 경향에 기인한다. 언론인들은 '술술 쓰이는' 특정 기사들이 있다고 곧잘 말한다. 이야기가 너무 좋아서 도입부 혹은 상단에 게재할 만한 글을 확립하고 나면 나머지 부분은 메모장에서 최종 결과물까지 거의 노력을 기울이지 않아도 풀려나가는 경우가 있다. 경험이 풍부한 언론인은 법정이나 기자회견장에서 돌아오자마자, 바로 몇 초 후에 또 다른 정보원과 전화 통화를 하면서 거의 완벽한 뉴스 기사를 구술하여 받아쓰게 할 수 있다. 단어 하나하나를 세세히 살펴보아야 하는 초심자에게는 마술처럼 보이겠지만, 연습을 통해 배울 수 있을 뿐만 아니라 기자들이 머릿속에 이미 잠재적인 **이야기들**을 가지고 있다는 사실을 고려하면 충분히 가능한 일이다. 심지어 많은 뉴스 기사들이 현대적인 상황에 맞추어 옛날의 **신화**들을 고쳐 쓴 것이라는 말도 있다.

이르는 것은 아니다.

## 신화 ─────────────

코틀(Simon Cottle)은 오랫동안 인간 사회에서는 "자신의 기본적인 신화들을 사회에 들려주고 또 다시 들려주기" 위해 스토리텔링을 이용함으로써, 베네딕트 앤더슨(Benedict Anderson)의 용어를 빌리자면 (코넬대학교 국제학과 명예교수인 앤더슨은 국민국가가 상상의 공동체라고 설파하였다 – 역자 주) 사회가 하나의 '상상의 공동체(imagined community)'임을 재확인한다고 주장한다. 그런 관점에서 보면, 뉴스는 특정 '이야기'의 정보를 담고 있는 내용보다는 그 이야기 형태 자체 안에 형상화된 신화적 '진실'의 반복을 더 중요하게 취급하는 하나의 상징체계가 되고 있다 (Cottle, 2000: 438).

룰(Jack Lule)은 언론인들이 반복적으로 신화라는 관점에서 뉴스를 작성한다고 주장한다. 즉, 이야기들이 '인생의 본보기를 제공해주는 모범적인 인물이나 행동들'에 초점을 맞추고 있다는 것이다 (Lule, 2001: 15). 모든 뉴스 기사가 그런 식으로 작성되지는 않지만, 상당수는 그렇다. 이유가 무엇일까? 룰에 따르면, 작성되기도 전에 이미 이야기가 존재하고 있기 때문이다.

> 기자들은 이미 마음속으로 이야기를 구상해놓고 사건에 접근한다. 그들은 보편적인 분별력을 활용한다. 그들은 이미 공유되고 있는 내러티브를 차용한다. 그들은 이야기를 가지고 뉴스 기사에 다가간다. 기자가 추가적인 정보를 수집하면서 그 이야기가 바뀌는 경우도 있다. 하지만 그런 이야기도 이전에는 보지 못했던, 완전히 새로운 형태로 바뀌지는 않는다. 이야기가… 또 하나의 이야기로 변할 뿐이다 (Lule, 2001: 29, 원저자 강조 및 생략).

그는 언론인들이 새로운 뉴스 기사를 가지고도 다음과 같은 일곱 가지 신화를 말하고 또 바꾸어 말한다고 주장한다.

# 뉴스의 언어

매체의 종류에 따라서 뉴스 기사에 사용할 수 있는 다채로운 표현의 양이나 형용사의 수를 포함해서 작문 스타일에 몇 가지 분명한 차이점이 있다. 예를 들면, 메릭은 대부분 타블로이드지에 기사를 공급하는 지역 통신사에서 일할 때 '용감한', '대단한', '비극적인'과 같은 형용사를 기사에 간간이 포함시켰다. 그러나 영국보도연맹으로 근무지를 옮긴 뒤에 그곳의 문체를 따르려면 그러한 형용사들을 모두 제거해야 한다는 사실을 깨달았다.

서로 다른 매체에 종사하는 언론인들이 뉴스 가치나 문채(stylistic flourishes)에 관해서 차이를 보일 수는 있지만, 그들은 대부분 보편적인 언어 즉, 저널리즘의 기본적인 문법을 공유한다. 신문 기사나 뉴스에 기반한 웹사이트의 기사를 자세히 살펴보면 대부분의 뉴스가 과거시제로 쓰여 있으며, 발생한 일이나 발언된 것을 보도하고 있다는 점을 확인하게 된다. 이와 대조적으로 방송 뉴스와 일부 온라인 뉴스에서는 과거 시제나 미래 시제까지도 등장하기는 하지만 현재 시제가 더 보편적이다. 기자들의 문장은 대체로 수동태보다는 능동태이며, "무엇이 누구에게 행해지다"라는 표현보다는 "누가 무엇을 하다"라는 표현이 사용된다. 또한 간명한 글이 표준이다. 언론인들은 그저 집들을 돌아다닐 수 있을 때 주거지들을 순회하지 않는다 (journalists never circumambulate the domiciles when they could simply go round the houses, 간결한 표현을 놔두고 어색하고 어려운 표현을 사용하지 않는다는 의미 – 역자 주).

> " 평이하게 진술되고 극적으로 배합되며 약간의 감상이 곁들여진 여러 가지 사실들이면 충분하다. 그밖에 아무 것도 필요없다. 그것이 기자의 칵테일이다. "
> – 밀른(James Milne)

- 피해자 – 죽음을 희생으로 탈바꿈
- 희생양 – 사회의 관습에 도전하거나 그것을 무시한 사람들이 맞이하는 결과
- 영웅 – 비천한 출생, 노력, 승리, 보상
- 현모 – 선한 모델
- 사기꾼 – 조잡하고 어리석으며 저속한 욕망에 사로잡힘
- 다른 세상 – '우리의' 생활방식과 '그들의' 방식을 대조
- 홍수 – 인간을 겸손하게 만드는 자연의 힘(Lule, 2001: 22-25)

특히 지역 및 지방에서, 범죄 뉴스가 신문과 방송에서 그토록 많은 비중을 차지하고 있다는 사실을 생각해보라. 4장에서 본 것처럼, 대부분의 범죄 소식은 경찰이 알려준다. 기자들은 자기가 사는 지역에서 어느 정도로 꾸준하게 범죄 소식이 공급되는지, 어느 정도로 다양한 범죄가 발생하는지 예측할 수 있다. 살인 사건은 작은 시골 마을에서는 충격적인 소식이겠지만, 대도시 중심의 빈민가에서는 (비록 근처에 사는 사람들에게는 충격을 준다 할지라도) 일어날 법한 일이다. 신참 기자들이 특정 범죄의 보도 방식을 파악하는 데는 그리 오랜 시간이 걸리지 않는다. 예를 들면, 살인 사건의 희생자는 (파리 한 마리 잡지 못할 정도로) 순진하거나, (일반시민 영웅처럼) 영웅적이거나, (마약조직의 영역 다툼에서 총격으로 숨진 경우처럼) 부패한 인물이기 십상이며, 이런 식으로 접근하면 가족, 친구, 이웃들의 말을 덧붙이고 가족 앨범에서 꺼내온 몇 장의 사진으로 적당히 꾸며서 피해자들의 삶을 동정적인 어조로 묘사하는데 어느 정도의 노력을 기울여야 할지 결정할 때 도움이 된다.

룰은 유람선 납치범들에 의해 살해당한 미국인 여행자에 대한 보도를 연구한 뒤, 기자들이 "생존자들의 깊은 애도를 곁들여 희생자를 영웅으로 치켜세움으로써" 의식적으로 또는 무의식적으로 "무의미에 의미를 부여하며…설명이 불가능한 것을 설명한다"고 결론지었다 (Lule, 2001: 58-59). 희생자의 이야기는 뉴스에서 이런 식으

이처럼 뉴스 문장들은 능동태와 간결한 언어로 구성된다. 뉴스 문장에는 또한 단문이 많다. 주어가 암시적인 경우에도 뉴스 문장에는 반드시 주어와 동사가 있어야 한다. 다른 형태의 글보다 단락도 훨씬 짧아서, 한 단락이 한 문장이나 두세 문장의 길이인 경우도 적지 않다 (저널리즘에서는 이렇게 짧은 단락을 par라고 말한다 – 역자 주). 신문의 세로단(column)에 기사가 배열될 때 긴 단락은 이해하기 어렵고 눈길이 가기 쉽지 않은 텍스트 덩어리처럼 보이기 때문에 기자들은 짧은 단락을 사용하라고 교육받는다. 웹 '페이지'의 기사들은 그렇게 좁은 세로단에 배열되지 않겠지만 그래도 기자들은 여전히 이해하기 쉬워 보이도록 단락을 짧게 나눈다. 장문의 기사에서는 어느 정도 변화를 주는 것이 괜찮을 수도 있지만 짧은 단락이 독자의 주의를 유지시킬 가능성이 크다. 힉스(Wynford Hicks, 1998: 43)는 다음과 같은 조언을 하고 있다. "뉴스에서 한 단락이 세 문장을 넘어가면 너무 길다고 보아야 한다. … 절대로 한 단락에서 두 사람을 인용하지 말라. 두 번째 인용문은 새로운 단락에서 사용하라. 절대로 단락의 끝부분에 새로운 주제를 첨가하지 말라." 초심자의 경우에는 확신이 서지 않을 때 새로운 단락으로 시작하면 큰 실수를 범하지는 않을 것이다.

> " 도대체 누가 두 번째 단락을 읽겠는가? "
> – 〈프런트페이지(The Front Page)〉
> (타블로이드 신문사 기자를 다룬 브로드웨이 코미디 연극 – 역자 주)

## 구조: 간결한 서술

대부분의 뉴스 기사들은 '간결한 서술(KISS and tell)' 공식을 따르는데, KISS는 'keep it short and simple' 혹은 'keep it simple, stupid'의 준말이다. 지방의 무가지 기자들은 "할머니에게 글을 쓴다"고 상상하라는 이야기를 듣곤 한다. 복잡함, 추상적

로 계속해서 전해진다.

이름과 장소만 바뀔 뿐이지 본질적으로 이야기는 동일하다. 단지 우연의 일치, 좋지 않은 타이밍, 잘못된 시간에 잘못된 장소에 있었다는 불행한 운명의 탓으로 죄 없는 희생자가 납치, 비행기 사고, 화재, 강도, 홍수나 폭발 등 이러저러한 이유로 죽는다. 그리고 나면 뉴스는 미망인이나 생존자의 말을 통해서 그 사람의 인생사에 관한 정보를 수집하고 전하며, 그 죽음을 두드러지게 애도함으로써 희생자를 영웅으로 치켜세우고 변모시킨다 (Lule, 2001: 54).

필립스(Angela Phillips)는 룰의 신화 목록을 '선택과 배제'를 통해 뉴스 기사에 영향을 주며 '정보의 강조점이나 해석을 압도하거나 완전히 변화시키는' 다섯 가지 기본 내러티브로 정리하였다. 그녀의 내러티브 목록은 악에 대한 승리, 변화, 비극, 로맨스, 가난뱅이에서 부자가 되는 신데렐라 이야기로 요약된다 (Phillips, 2007: 13–20).

룰은 뉴스 기사를 신화적으로 구성하면 대개 기존 사회 질서에 대한 '동조를 유발'하는 데 도움이 된다고 말한다. 그러나 뉴스는 '혼란스럽고 복잡'하며 '기자가 착상하는 순간부터 독자가 이해하는 순간까지 개인적·사회적·정치적 투쟁의 장'이기 때문에 그러한 이데올로기적 힘이 미리 결정지어진 것은 아니다. 따라서 신화적 이야기는 사회에 대한 대안적 시각을 제공하는 데에도 사용될 여지가 있다 (Lule, 2001: 192). 필립스도 다음과 같이 동의했다.

신화와 은유가 그 자체로 보수적이고 무비판적이지는 않다. 그것들은 현재 상태에 이의를 제기하거나 관습을 해체하는데 사용될 수도 있다. 관습에 거스르는 이야기들이 틀에 박힌 규범의 틀에 얽매인 이야기들보다 더 눈에 띄는 경우가 많다. 우리가 으레 부랑자로 취급되는 사람들에 대한 동정적인 기사를 읽을 때 그 기사들은 우리의 상식에 도전한다. …그 도전은 신화의 힘을 이해하고 그것을 어떻게 사용할 것인지 배우는 것뿐만 아니라, 그것을 어떻게 전복시킬 것인지 배우는 것이다 (Phillips, 2007: 23–24).

개념, 모호함, 대답 없는 질문 등은 눈살을 찌푸리게 하며 기사에서 제외되는 경향이 있다. 기자의 개인적인 코멘트로 보이는 것도 마찬가지다.

뉴스 기사는 대부분 언론의 출발점인 육하원칙, 즉 누가? 무엇을? 어디서? 언제? 왜? 어떻게? 에 답해야 한다. 예를 들면, "레이디 고디바가 (누가) 어제 (언제) 세금삭감을 요구하며 (왜) 코벤트리 거리에서 (어디서) 나체로 (어떻게) 말을 탔다 (무엇을)"(Hicks et al., 1999: 15). 뉴스는 포괄적이면 안 되고 구체적이어야 하며, 모호하면 안 되고 명료해야 한다. 육하원칙을 지키는 것이 이러한 목적을 달성하는 하나의 방법이다. 대부분의 경우 도입부에서 이 **모든** 질문들에 대해서 답하려고 하면 너무 장황하고 어색해지기 때문에 좋지 않고, 육하원칙 중에서 두세 개의 질문에 대한 답만을 도입부에 넣는 편이 무난하다. 나머지 질문들에 대한 답은 보통 이어지는 문장에서 바로 따라온다.

좋은 뉴스 기사는 수용자에게 중요한 의미를 갖거나 흥미를 준다. 좋은 기사는 정보의 출처와 의견의 주체를 분명히 밝히면서 타당한 근거에 바탕을 둔다. 그리고 분명하고 정확하며 능동적인 언어로 작성된다. 그렇다면 어떤 구조를 갖추어야 할까? 전통적으로 신입기자들은 뉴스 기사의 구조를 삼각형, 피라미드, 또는 더 보편적인 표현으로는 **역삼각형**으로 생각하도록 교육을 받는다. 어떻게 비유를 하든지 간에 가장 중요한 정보가 맨 위에 있어야 하고, 설명과 세부사항이 그 뒤를 이으며, 가장 덜 중요한 정보가 맨 밑에 있어야 한다는 점이 핵심이다 (Hicks et al., 1999: 16). 지면이 부족한 경우에 편집기자가 맨 밑에 있는 내용을 없애도 나머지 부분만으로 충분히 뜻이 통해야 한다. 따라서 500개의 단어로 이루어진 기사는 즉시 단신으로 변형될 수 있으며, 웹사이트에 올리기 위해 네 단락으로 줄

## 역삼각형 구조

역삼각형 구조는 저널리즘 교육에서 흔히 사용되고 있지만 그에 대한 비판도 존재한다. 예를 들면, 미국 소재 포인터연구소(Poynter Institute)의 프라이(Don Fry)는 역삼각형 모델로 쓰인 뉴스 기사는 "배경정보가 아랫부분 어딘가 '지루하고 따분한' 위치에 놓이므로 독자들은 필요한 정보를 얻기도 전에 읽기를 포기해버리고, 배경정보가 없으므로 그 기사를 이해하지 못한다"면서, 독자들은 그런 기사를 완전히 파악할 수 없다고 주장했다. 그는 "서론에서 본론의 형태와 내용을 예고하고, 결론에서 요점을 독자들의 기억 속에 각인시키는" 형태의 서론, 본론, 결론으로 구성된 '블록의 더미' 구조를 선호한다 (Fry, 2004).

또한 역삼각형이라는 개념과 함께 정보의 중요도를 결정짓는 순서에 대해 고찰할 때 누가 정보의 중요도를 결정하는가라는 문제가 제기된다. 할린(Daniel Hallin)은 기사의 어느 부분에서 정보가 등장하는지, 단어의 어형이 어떻게 변화되었는지에 따라 어떤 시각이 강조되고 다른 시각이 무시되므로 이데올로기적 효과가 발생한다고 주장했다. 그는 정보가 진실에 가까울수록 뉴스 기사의 더 아래쪽에 위치했던 베트남전 보도의 '뒤집힌 역삼각형' 구조 사용을 예시로 들어가며 그러한 사실을 보여주고 있다 (Schudson, 1991: 148-149에서 인용). 여기서 우리는 앞에서 살펴본 바와 같이 진실 자체가 항상 단순한 문제는 아니라는 점을 알게 된다.

## 귀속

벨은 뉴스란 누가 무엇을 말하는지에 바탕을 두고 있는 만큼, 언론인과 독자들이 던져야 할 적절한 질문은 정보원이 어떤 자격을 갖추고 있는지를 묻는 것이라고 제안하면서, 저널리즘에서 핵심 질문 중 하나는 "누가 말하는가?"라고 주장한다.

뉴스 기사를 전할 때 귀속 여부는 중요한 역할을 담당한다.

어들 수도 있으며, 심지어 휴대폰이나 트위터 메시지를 위해 한 문장의 헤드라인으로 축소될 수도 있다. 육하원칙과 함께 역삼각형 구조는 비교적 단순한 뉴스 기사를 작성할 때 좋은 출발점이다. 일반적으로 누가? 무엇을? 어디서? 언제? 왜? 어떻게? 라는 질문 중 몇 가지 답을 포함해서 가장 눈에 띄거나 중요한 정보가 맨 위로 가고 중요한 순서에 따라서 나머지가 뒤따라온다.

## 도입부

도입부(신문이나 방송 따위의 보도 기사에서, 그 내용의 핵심을 담은 첫머리의 짧은 구절을 가리키며 '리드'라고 부른다 – 역자 주)는 뒤따라오는 내용의 톤을 결정짓기 때문에 매우 중요하다. 형편없게 작성된 도입부는 독자들을 혼란스럽게 하고 오도하거나 지루하게 만들지만, 잘 쓰인 도입부는 독자로 하여금 첫머리에서 제시된 정보와 관점에 힘입어 계속 기사를 읽도록 자극한다. 번즈는 도입부의 중요성을 다음과 같이 설명했다.

> " 우리는 네 단락 세대(four-par generation, 장문을 싫어하고 짧은 글에 익숙한 세대를 비유 – 역자 주)를 만들어내고 있다. "
> – 벌린(Hugh Berlyn, BBC 뉴스 인터랙티브의 편집국장)

기사 작성은 가장 중요한 사실부터 시작해야 한다. 축구 경기를 보도할 때 경기가 시작된 순간부터 쓰지 않고 최종 스코어부터 알려주어야 한다. 뉴스도 마찬가지다. 오늘 당신이 일하는 곳 근처에서 누군가 건물을 폭파시켰다면, 당신은 집에 가서 "오늘도 평소와 별반 다르지 않은 날일 줄 알았지, 어떤 일이 생길지 내가 어떻게 알았겠어"라고 서두를 꺼내지 않을 것이다. 당신은 "어떤 사람이 직장 근처에 있는 건물을 폭파시켰어!"라는 말부터 내뱉을 것이다. 저널리즘에서도 다른 종류의 글에서는 서론, 본문, 결론을 갖추어도 괜찮을 것이다. 하지만 뉴스 기사는 중요한 내

그것은 수용자들에게 어떤 이야기가 특정 개인이나 조직에서 유래한 것인지를 상기시켜준다. 그것이 논란의 여지가 없는 절대 진리는 아니지만, 여러 가지 있음직한 대안적 이야기들 중에서 사람이 인식하고 만들어낸 하나의 열매다. 원칙적으로 하나의 뉴스 기사는 한 더미의 귀속 이야기들로 구성된다고 간주되며, 각각의 귀속 이야기는 정보원, 시간, 장소를 포함한다 (Bell, 1991: 190).

키블은 정보원에 대한 귀속 여부는 기사의 균형이라는 개념에 중요한 역할을 한다고 적고 있다.

기자들은 조사 중인 이슈들로부터 거리를 두기 위하여 정보원을 이용한다. 기자들은 어떤 주제에 대한 자신의 견해를 밝히기보다는 정보원들을 통해 일련의 시각을 소개함으로써 객관적이고 중립적인 입장을 유지할 수 있다. 인용한 사람에 대하여 제목이나 설명을 덧붙이면 그 사람의 성향을 분명히 밝힐 수 있다. 하지만 그것은 정보원의 성향이지 기자의 성향이 아니다. (Keeble, 2001a: 44)

데이비스는 언론업계를 비판적으로 조명한 『평평한 지구 뉴스(Flat Earth News)』라는 책에서 훌륭한 귀속 여부가 훌륭한 뉴스 생산의 충분조건은 아니라고 쓰고 있다. 그는 영국보도연맹의 편집국장 건(Jonathan Gunn)의 말을 빌어서 "우리의 일은 사람들이 한 말을 정확히 보도하는 것이다. 우리의 역할은 귀속적인 저널리즘 즉, 사람들이 하고 싶어하는 말을 전하는 것이다. 중요한 내용은 인용부호 안에 담겨 있다"고 설명한다. 데이비스는 "누군가 한 말이 그 자체로 세상에 대한 진실된 이야기인지 아닌지는 기자들의 관심사가 아니다. … 만약 총리가 이라크에 화학무기가 있다고 말하면, 훌륭한 뉴스 통신사는 그 말을 그대로 보도할 것이다." 따라서 이런 식의 접근으로는 기자들이 진실을 찾아낼 수 없다고 생각한다 (Davies, 2008: 83).

용을 먼저 내놓고 자연스럽게 설명이 뒤따라야 한다. … (Sheridan Burns, 2002: 112).

아무 날짜의 신문이나 집어서 뉴스의 도입을 살펴보면, 다양한 테크닉이 사용되고 있다는 사실을 발견하게 된다. 저널리즘 교육과 관련된 문헌에서는 이런 테크닉들에 '지연 리드(delayed drop)'처럼 그럴싸한 명칭을 붙이기도 한다. 아래는 지연 리드의 예이다.

완벽한 추격을 추구하는 최첨단 경찰 항공기가 등장했다.

위성 네비게이션, 열화상카메라, 탐조등, 촬영 장비, 확성기로 무장한 웨스트요크셔 주의 경찰 헬리콥터는 경보 발생 몇 분 안에 이륙이 가능하다.

공원에서 범죄가 발생했다는 전화가 오면, 미국에서 제작한 MD902 익스플로러는 시속 180마일의 속도로 긴급 발진한다.

곧 두 개의 제트 엔진이 굉음을 내면서 330만 파운드에 달하는 이 기계는 호수 위를 맴돌면서 페달 보트를 타고 도망가는 두 남자를 추격한다.
("저 페달 보트를 잡아라! CATCH THAT PEDALO!", 『데일리메일』, 2004년 9월 11일)

이러한 지연 리드에서는 요점이 바로 제시되지 않기 때문에 위의 예처럼 다소 가볍고 재미있는 이야기에서 자주 사용되지만, 뒤의 예에서 볼 수 있듯이 좀 더 섬뜩한 주제에도 적합한 경우가 있다. 저널리즘에서 지켜지는 대부분의 원칙들이 그렇듯이, 특정 종류의 기사에는 특정 종류의 도입부가 사용되어야 한다는 식의 엄격한 규칙은 존재하지 않는다. 관찰과 시도를 통해서 "어떤 것이 효과적일까?"라는 질문에 대한 최선의 답을 찾을 수 있다.

흔한 뉴스 기사, 즉 비극적인 기사의 예를 하나

## 텍스트

지난 수십 년간 미디어 텍스트가 단지 단어나 이미지의 집합체가 아니고 '독자와 콘텐츠가 조우함으로써 발생하는 의미 있는 결과물'이라는 관점에서 다양한 분석이 이루어졌다 (McQuail, 2000: 249, 저자 강조). 바꾸어 말하면, 기자의 생산물은 오직 누군가에 의해서 읽혀질 때만 텍스트가 된다. 또한 우리가 뉴스 기사를 읽을 때 우리 자신의 지식, 경험, 기대와 편견을 반영하기 때문에 동일한 기사도 여러 가지 의미를 지닐 수 있다 (다의적일 수 있다). 이런 면에서, 언어는 대화적이다. 즉, "우리가 말하거나 쓴 것은 모두 어떤 의미에서 이미 말해진 것에 반응하는 것이며 앞으로의 반응을 기대하는 것이다"라고 이야기한 미하일 바흐친(Mikhail Bakhtin, 러시아의 문학평론가 – 역자 주)의 주장이 흥미롭다.

특정한 사회적 맥락 안에서 특정한 역사적 순간에 의미와 형태를 취하고 있는 살아 있는 발언은 수많은 살아 있는 대화체적 망을 반드시 스쳐지나간다. … 결국, 그 발언은 그 대화로부터 발생한 대화의 연속체이고 대화에 대한 답변이다. … (모든) 말은 하나의 대답을 지향하고 있으며 그것이 기대하고 있는 답변의 심오한 영향을 피해갈 수 없다. … (Bakhtin, 1935: 76).

이것이 모두 언론인과 무슨 관련이 있을까? 텍스트에 대한 문화적 분석(cultural analysis)에 의하면 언론의 생산물이 수용자가 만들어낸 의미와는 상관이 없는 것처럼 보일 때가 있다. 하나의 텍스트가 다양하게 해석될 여지가 있다고 해서 그것이 꼭 그렇게 해석될 것이라는 말은 아니며, "대부분의 경우 상당수 미디어 장르들은 대부분의 수용자들에 의해서 예측가능한 방식으로 이해된다"(McQuail, 2000: 485). 스파크스(Colin Sparks)는 다음과 같이 설명한다.

어떤 텍스트도 다의적이라는 점을 인정한다는 것과 그 텍스트가 어떤 해석에도 열려 있다고 하는 것은 같은 말이 아니다. 더 구체적으로 말하면, 사람들이 신문 기사를 이해들어보자. 우선 꾸밈없고 직설적인 사실 전달 스타일의 기사가 있을 것이다.

> 어제 강풍으로 인해 요트 소유자 한 명이 사망하고 낚시꾼 한 명이 사망한 것으로 추정된다 ("강풍으로 80세의 선원 사망 SAILOR, 80, DIES IN GALE", 『데일리미러』, 2002년 10월 21일).

같은 날 이 신문의 다른 기사를 살펴보자.

> 두 명의 딸기 채집자들이 기계 안으로 떨어져 처참하게 사망한 것으로 어제 밝혀졌다. ("농장에서 두 명 사망 TWO KILLED AT FARM", 로자 프린스 [Rosa Prince, 기자 이름 – 역자 주], 『데일리미러』, 2002년 10월 21일)

위의 두 도입부는 모두 너무 자세한 세부사항에 사로잡히지 않았고, 핵심적으로 어떤 일이 (이름을 사용하지 않고 간편한 호칭을 사용해서) 누구에게 발생했는지 알려주고 있다.

때로는 이야기의 한 요소가 특별히 시선을 끄는 다음의 예에서처럼, 기삿거리를 알아보는 능력이 있는 기자는 그 부분을 도입부로 사용할 수 있다.

> " 언제나 첫 단락에서 독자의 시선을 사로잡고, 두 번째 단락에서 완전히 독자를 매료시킨 다음 결정적인 구절이 나올 때까지 붙잡아둬라. "
>
> – 닐(Paul O'Neill)

> 13세 소녀가 임신 진단 결과를 기다리는 동안 괴로움에 목을 매 죽었는데, 그녀는 임신하지 않았던 것으로 판명되었다. ("임신을 두려워한 13세 소녀, 목 맨 상태로 발견되다 BABY FEAR GIRL OF 13 IS FOUND HANGED", 조프 마쉬[Geoff Marsh], 『데일리익스프레스』, 2002년 10월 24일)

다음과 같은 예도 있다.

하는 방식은 적어도 부분적으로는 애초에 기자들이 신문에 실제로 쓴 내용에 달려 있다 (Sparks, 1992: 37, 저자 강조).

멕퀘일이 말한 것처럼 "텍스트에 힘이 있기 때문에 그것을 무시하는 것은 어리석은 짓이다" (McQuail, 2000: 485).

학자들은 종종 미디어 텍스트를 소위 '비판적담론분석', 즉 '텍스트 안에 명시적으로 또는 암시적으로 내재하고 있는 여러 가지 사회적 권력관계를 폭로하려는' 목표를 가지고 본문과 언어를 분석한다 (Machin and Niblock, 2008: 246). 그러한 분석은 하나의 텍스트가 어떻게 읽힐 수 있는지 가르쳐줄 수 있겠지만, 특정 작업물이 어떻게 그리고 왜 현재의 모습을 띠게 되었는지 설명하는 데 그치고 말 가능성이 크다. 매친(David Machin)과 니블록(Sarah Niblock)이 지적한 것처럼, 담론분석가들은 한 장의 사진이 특정한 이데올로기적 메시지를 전하기 위해 선택되었다고 생각할지도 모르지만, 사실은 그 사진이 싸고 (또는 무료이고) 구하기 쉬웠기 때문에 채택되었을 수도 있다. "요약하면, 우리는 하나의 텍스트를 그것이 만들어진 맥락으로부터 분리해서 이해할 수 없다" (Machin and Niblock, 2008: 246-247).

병원에서 네 명의 자녀를 둔 아버지를 술에 취했다는 이유로 귀가시켰는데, 그는 집에 온 뒤 뇌종양으로 사망했다. ("'술 취한' 환자 뇌종양으로 사망 'DRUNK' PATIENT DIES OF A BRAIN TUMOUR", 마틴 샤프[Martyn Sharpe], 『선』, 2002년 7월 20일)

아래의 예에서처럼 심지어 정보의 **결**여가 리드가 되기도 한다.

만삭의 십대 소녀의 주검이 블랙컨트리(Black Country)의 고층빌딩 아래에서 발견된 후 그녀의 사망을 둘러싼 미스터리가 증폭되고 있다. ("아파트 사망 수수께끼 FLATS DEATH RIDDLE", 사이먼 하디[Simon Hardy], 『버밍엄이브닝메일』, 2002년 9월 17일)

다음의 예처럼 **사망**한 형태보다 기사 주인공의 **삶**과 관련된 내용이 시사점을 부여하기도 한다.

청소년 후원에 헌신적이었던 볼링 챔피언이 갑자기 사망하였다. ("볼링 챔피언 사망 BOWLING CHAMP DIES", 『요크셔이브닝포스트』, 2002년 10월 14일)

또는 기사의 초점이 유가족에게 맞추어지기도 한다.

오늘 목이 부었다고 아파하다가 갑자기 쓰러져 죽은 십대 아들의 어머니가 비통에 잠겨 고통을 호소하였다. ("19세 스캇의 죽음을 괴로워하는 어머니 MOTHER'S GRIEF OVER DEATH OF SCOTT, 19", 킴 맥래이[Kim McRae], 『브래드포드텔레그래프앤드아구스(Bradford Telegraph and Argus)』, 2001년 11월 27일)

다음의 예처럼 어떤 도입부에서는 희생자, 애통해하는 가족들, 발견 당시의 모습 등을 결합시킨다.

부동사 재벌과 그의 아내는 자신들의 '사랑스럽고 순한 괴짜' 아들이 피범벅이 된 채 사망해 있는 것을 발견하였다. ("부동산 재벌, 자신의 '순한' 아들이 집에서 사망한 것을 발견하다 PROPERTY TYCOON FINDS 'GENTLE' SON KILLED AT HOME", 로라 피크[Laura Peak], 『타임즈』, 2002년 10월 25일)

위의 도입부들과 수없이 많은 변형 도입부들은 하나 또는 두 개의 요소에 초점을 맞추는 경향이 있다. 그것들은 기자들이 가장 좋은 리드로 결정하는 것이 무엇인지를 알려줄 뿐만 아니라 그들이 신속하고 분명하게 그런 결정을 내린다는 점을 보여준다. 가끔 그러한 뉴스 작성의 관례를 깨는 도입부가 눈에 띄기도 한다. 심지어 가장 진지한 뉴스 기사에서조차 가장 중요한 정보가 뒤로 미루어지는 경우를 아래의 두 가지 사례에서 살펴볼 수 있다. 두 기사는 모두 너무나 큰 사건을 다루고 있기 때문에 대부분의 독자들이 사건 발생 다음날 발행된 신문의 일면을 읽을 때쯤이면 기본적인 사실에 대해서 이미 알고 있을 것이라고 가정할 수 있다는 점에서 효과적으로 보인다.

> **"언제나, 언제나 사람들을 통해서 뉴스를 전달하라."**
> – 크리스찬센(Arthur Christiansen), 『데일리익스프레스』의 전설적인 편집장

비록 안을 직접 들여다볼 수 없었지만 세관원은 묵직한 반회전문을 여는 순간 뭔가 잘못되었다는 사실을 깨달았다. 하얀색 메르세데스 대형트럭의 뒤에 연결된 냉동 컨테이너에서 덥고 악취 나는 공기가 뿜어져 나왔다. 흐릿한 빛 속에서 그는 두 명의 중국남성이 숨을 헐떡거리며 큰 대자로 바로 앞에 드러누워 있는 것을 보았다. 어둠속에서 그 세관원은 자기 동료의 표현대로 '악몽 같은' 현장을 발견하였다. 58명의 사체가 토마토를 담은 일곱 개의 나

무상자 사이의 철로 된 바닥에 여기저기 흩어져 누워 있었다. ("대형트럭에서 발견된 무시무시한 58명의 사체로 인해 밀수업자들의 사악한 거래가 드러나다 GRIM FIND OF 58 BODIES IN LORRY EXPOSES SMUGGLERS' EVIL TRADE", 닉 홉킨스[Nick Hopkins], 지반 바사거[Jeevan Vasagar], 폴 켈소[Paul Kelso], 앤드류 오스본[Andrew Osborn], 『가디언』, 2000년 6월 20일)

기자는 경찰이 연쇄살인사건이 발생했다는 사실을 깨닫는 순간을 묘사하고 있는 다음의 예에서도 유사한 테크닉을 사용했다.

레빙턴(Levington) 마을 근처의 올드펠릭스토우 도로(Old Felixstowe Road)를 따라 걷던 남자는 처음에 확신할 수 없었다. 그는 어두워지는 어스름한 빛 속에서 도로 밑으로 내려가 검은 형체를 향해 다가갔다. 그때서야 그는 확신을 갖게 되었다. 습한 관목지에 버려진 한 여성이 나체로 누워 있었다. 오후 3시 5분이었다.

40분 후 수사관들이 현장을 봉쇄하고 주검을 방수포로 덮는 동안 경찰 헬리콥터가 입스위치(Ipswich) 남부의 개활지 상공을 맴돌았다. 헬리콥터 탐조등의 불빛이 아래쪽의 황무지를 비추었고, 경찰들이 분주하게 움직이고 있는 곳으로부터 100미터 떨어진 지점에서 조종사는 두 번째 사체를 발견하였다. ("납치되어 살해된 후 버려지다 SNATCHED, KILLED AND DISCARDED", 산드라 래빌[Sandra Laville], 『가디언』, 2007년 12월 13일)

위의 예들은 전통적인 뉴스 스타일이 아니지만 그럼에도 불구하고 이 도입부들은 이야기의 시작 부분에서 서술을 시작하지 않고 사체가 발견되기 직전, 즉 기사에서 가장 중요한 정보가 드러나기 바로 전에 시작하고 있다. 두 이야기 모두 정보를 전달하려는 목적 외에 분위기를 알려주고 현장의 그림을 보여주기 위하여 작성되었다.

그러나 횡단보도 설치를 촉구하는 캠페인을 다룬 아래의 기사에서처럼, 기자가 더 흥미로운 접근법이라고 생각하면 분명한 뉴스 앵글을 뒤로 배치하는 경우도 있다.

허스피스(Jade Hudspith)가 자라는 동안 그녀의 뜻을 거스르는 사람에게는 화가 있을 것이다. 브램리(Bramley)에 사는 이 학생은 9살이라는 어린 나이에도 불구하고 혼잡한 브로드레인(Broad Lane)에 위치한 샌드포드초등학교(Sandford Primary) 앞에 횡단보도를 설치해달라는 자신의 청원서에 무려(no less than) 100명 이상의 서명을 받아내는 기개를 이미 보여주었다. ("횡단보도 설치를 위해 싸우고 있는 제이드 JADE ON WARPATH FOR ZEBRA CROSSING", 소피 하잔[Sophie Hazan], 『요크셔이브닝포스트』, 2002년 10월 30일)

('fewer'를 사용해야 하는데) 'less'로 잘못 사용한 것을 제외하면, 이 예는 비교적 직설적인 기사조차도 상상력이 넘치는 도입부를 통해서 활력을 불어넣을 수 있다는 사실을 보여준다.

하지만 인쇄 매체에서 사용되는 지연 리드와 같은 테크닉이 온라인에서도 효과적이라는 보장은 없다. 그러한 까닭에 신문이나 잡지의 텍스트를 그대로 웹에 업로드하는 소위 '셔블웨어(shovelware)'는 환영받지 못한다. 맨체스터 소재 MEN 미디어의 하틀리(Sarah Hartley)는 "온라인팀의 직원들이 각각의 기사에 대한 작업을 한다. 많은 신문 헤드라인들이 웹에서는 어울리지 않기 때문에 그들은 웹에 더 적합하게 헤드라인을 바꾸어야 하는지 검토한다"고 말한다. 그런 작업을 하는 동안, 그들은 웹의 '현재성(nowness)'을 반영하기 위해서 시제를 과거에서 현재로 바꾸기도 할까? 그녀가 말하는 것처럼 가끔은 그렇게 하지만 그다지 자주 바꾸지는 않는다. "우리는 꽤 자주 '말했다'를 사용한다. 나는 그 점이 마음에 들지 않는다. 웹은 본질적으로 방송 매체이기 때문에 물론 이상적으로는 현재시제로 바꾸어야 할 것이다. 하지만 하루 동안 할 일은 많고 시간은 너무 적다."

요즘에는 많은 유저들이 뉴스 기관의 홈페이지 첫 화면보다 검색엔진을 통해서 기사를 대하기 때문에 온라인 저널리스트들은 검색엔진을 사용하는 사람들의 눈길을 끄는 헤드라인과 도입부를 작성하는 데에도 신경을 써야 한다. 하틀리는 "우리도 그런 부분에 조금 신경을 쓰기는 하지만 검색엔진에 목을 매지는 않는다"고 말한다. 『타임즈』의 온라인 편집국장 스팩맨(Anne Spackman)은 자사의 웹 사이트에 들어오는 유저들이 검색엔진에 입력하는 용어들을 모니터함으로써 기자들이 수용자의 관심사를 더 잘 이해할 수 있게 되었다고 말한다. 하지만 스팩맨이 다음에서 설명하는 것처럼, 그들이 무한정 그러한 데이터에 좌지우지되는 것은 아니다. "『타임즈』의 독자들은 집값이나 도로세에 관심이 많다. 타트게임(tart game, 타트처럼 원형으로 생긴 판을 분할해서 각각의 면에 하고 싶은 일을 적어 놓고 고르는 게임 – 역자 주)을 한다고 치면 브리트니 스피어스(Britney Spears) 이야기처럼 우리가 늘 쓸 수 있는 특정 주제들이 있다. 하지만 그것은 『타임즈』가 지향하는 바가 아니다"(Stabe, 2008에서 인용).

온라인 스토리텔링 테크닉에 대해서는 11장과 13장에서 더 논의하였다.

> " 단어가 사실이다. 다른 것을 확인하면서 (철자와 의미를 포함해서) 단어를 체크하라. "
>
> – 워터하우스(Keith Waterhouse)

## 기사의 나머지 부분

피라미드 구조가 도입부와 기본적인 뉴스 기사를 위해서 좋은 출발점이라면, 그것은 특히 다양한 정보원에 기반을 두고 있는 좀 더 복잡하고 긴 기사에는 부적합하게 보일 수도 있다. 랜들은 그러한 기사들은 서로서로 논리적으로 연결된 '구성요소들(building blocks)'을 가지고 구성해야 한다고 말한다(Randall, 2000: 175). 키블은 **일련의 역삼각형** 구조로 이루어진 기사 개념을 선호한다.

> 단락이 다섯 개든지 서른다섯 개든지, 뉴스 기사는 주제와 관련된 부분들이 연결됨으로써 만들어진다. 독자는 극적인 효과를 위해서 핵심 내용이 뒤에 배치된 소수의 경우를 제외하고는 중요도순으로 읽어 나간다. 기자의 뉴스 감각은 도입부뿐만 아니라 기사 전체에서 작동되어야 한다. 인용해야 할 가장 중요한 인물은 누구인가? 다음으로 중요한 사람은 누군가? 어떤 세부사항이 강조되어야 하고 어떤 내용이 마지막에 배치되거나 제외되어야 하는가? 얼마나 많은 배경정보가 필요하며 어느 지점에 포함시키는 것이 가장 좋은가? 이 모든 질문들은 기자가 지니고 있는 일련의 뉴스 가치에 따라 답이 주어진다. (Keeble, 2001a: 108)

앞에서 소개한 기사들로부터 두 가지 예를 취해 보자.

요트 소유주의 사망에 관한 『데일리미러』의 기사는 빽빽하게 작성되었으며, 다섯 개의 한 문장짜리 단락들을 만드는데 71개의 단어가 사용되었으므로 한 문장의 평균 길이가 겨우 14개의 단어에 불과했다. 도입부 다음 단락에서는 사고 지점과 사망자의 나이를 알려주고 있으며, 세 번째 단락에서는 해군 헬리콥터가 사체를 발견했다는 사실을 전하고 있다. 이어진 두 단락에서는 실종된 낚시꾼을 찾는 별도의 탐색 노력과 관련된 세부내용이 등장하고 있다. 아래쪽에서부터 몇 단락을 제거해도 여전히 기사의 뜻이 통한다. 상당히 단순한 구조이다.

부동산 재벌의 괴짜 아들에 관한 『타임즈』 기사는 다양한 정보원을 도입하고 있기 때문에 더 길고 복잡해 보이지만 여전히 간결한 뉴스 문체로 작성되어 있다. 그 기사는 602단어, 34문장, 19단락으로 구성되어 있으며, 한 문장의 평균 길이도 18단어수 이하이기 때문에 위에서 나온 타블로이드지의 기사와 그다지 다르지 않다. 도입부 바로 뒤이어 이름, 시간, 장소와 함께 경찰이 심문한 사람의 정보가 등장하고 있다. 기본적인 이야기를 전달한 뒤 이 기사는 세부사항, 분위기, 문맥, 인용문과 출처가 제시되고 있다. 이웃들과의 인터뷰를 바탕으로 피해자에 대한 설명, 장소에 대한 배경정보, 부검결과, 사망에 대한 경찰의 인용문, 제보요청이 잇따르고 있다. 아들을 잃은 부모는 지역 파출소 직원들 때문에 안정을 찾고 있다는 사실이 지속적인 경찰의 방문으로 암시되고 있으며, 여기서 가족들의 발언에 대한 인용문도 이어진다. 이 기사는 그 아버지의 약력이 좀 더 덧붙여지면서 끝나고 있다.

> **" 뉴스에서 순서는 중요하지만 시간순은 전혀 중요하지 않다. "**
> – 벨(Allan Bell)

기본적인 이야기를 전달하고 이어서 더 자세하게 그 이야기를 다시 설명하는 방식은 뉴스에서 보편적이다. 뉴스를 작성할 때 대부분의 경우 시간순 서술은 문제가 되지 않는다. 하지만 모든 중요한 정보를 포함하고 싶다는 마음에 **주요 항목을 나열한 리스트**와 같은 기사를 쓰면 안 된다. 요점, 문장, 단락들은 연결되어야 하며 일종의 논리적 순서, 즉 일련의 연속성을 따라야 한다. 사실, 묘사, 문맥, 간접인용문, 직접인용문은 전체를 위해서 텍스트 안으로 **엮여져야** 한다. 뉴스 기사들의 구조를 연구해 보면, 연결이 얼마나 깔끔하고, 전환이 얼마나 매끄러우며, 추가정보가 어떻게 흐름을 방해하지 않으면서도 스며드는지 확인할 수 있을 것이다.

또한 인용문과 **귀속**이 사용되고 있는 점에 주의하라. 직접인용문은 독자에게 인용된 사람의 목소리나 성격에 대한 느낌을 전달하면서 동시에 이야기에 권위, 긴장감, 직접성 또는 감정을 더할 수 있다. 보통은 직접인용문보다 간접인용문 및 출처를 밝힌 사실이나 견해가 수적으로 많이 등장한다. 이 모두는 독자에게 '누가 그렇게 말했는지'를 알려준다. 키블은 의혹과 그에 대한 반박을 보도할 때 특히 분명한 귀속이 중요하다고 말한다 (Keeble, 2001a: 103). 그러나 일부 기자들은 랜들의 표현을 빌자면 "기자로서의 힘을 상실"할까봐 기사에 귀속을 제대로 밝히지 않는다. 그는 "독자로 하여금 '이 신문은 이 사실을 어떻게 아는거야?'라는 질문을 하게 만들면 안 된다"고 주장한다 (Randall, 2000: 179). 영국보도연맹의 기자로 일하는 동안 메릭은 이러한 엇갈린 태도를 직접 목격하였다.

우리의 고객(신문사를 지칭 – 역자 주)에게 정보의 출처가 정확하다는 사실을 입증하기 위해서 우리는 기사의 도입부에 항상 귀속을 밝힌다. 우리는 반드시 "경찰이 오늘 …라고 말했다" 또는 "오늘 있었던 심문에 의하면 …"이라고 쓴다. 그런데 신문사에서는 자신의 도입부에서 이러한 귀속을 제거한다.

좋은 언론의 자세는 기사의 어딘가에 귀속을 밝히는 것이다.

어떤 뉴스 기관을 위해서 기사를 작성하든지 다른 사람이 자신의 **텍스트**를 읽고 이해해야 한다는 사실을 항상 기억해야 한다. 워터하우스(Keith Waterhouse)가 지적한 것처럼, 사람들은 버스 정류장에서 '입찰하다(bid)', '탐사하다(probe)' 같은 단어나 '양육권 다툼 중인 엄마(love-tug mum)'나 '휘황찬란한 대형 슈퍼(blaze superstore)' 같은 표현을 거의 사용하지 않는다. 마찬가지로 사람들은 "내가 너한테 프레드가 직장 상사를 혹평하고 나서 맹비난을 받고 있다고 말했었나? 그는 자기가 잘릴 거라고 생각하고 있어"와 같이 말하지 않는다. 워터하우스는 다음과 같이 주의를 주고 있다.

> 주류 언어에 편입되지 않는 단어들은 보편적인 커뮤니케이션의 수단에 적합한지 의심스럽다. 그것들은 어디까지나 꼬리표(label, 사람이나 물건의 성격 등을 묘사하는 꼬리표 – 역자 주)다. 그런 단어들은 정확한 의미를 전하지 못한다. 독자는 상표를 보고 통조림을 개봉했는데 통에 상표만 가득하면 어떻게 하겠는가 (Waterhouse, 1993: 230).

꼬리표도 용도가 있지만, 언론인은 정확한 의미를 목표로 삼아야 한다.

## ■■■ 요약 ■

뉴스는 능동적이고 간결한 언어로 쓰이며 단문과 짧은 단락을 중요시한다. 뉴스에서는 가장 뉴스 가치가 있는 정보가 맨 앞에 놓인다. 뉴스는 이야기의 형태로 전달되지만 그 이야기들은 보통 시간순으로 서술되지 않는다. 언론인들은 사건에 접근할 때 이미 마음속으로 줄거리를 생각하고 있는 경우가 많으며, 이것이 이야기 구성 방식에 영향을 주기도 한다. 상당수의 뉴스 기사가 현대적인 상황에서 오래전 신화를 다시 들려주는 것이라는 주장이 있다. 독자들이 뉴스 기사를 다양한 방식으로 해석할 수도 있지만, 그들의 해석은 적어도 부분적으로 기자들이 쓴 내용에 바탕을 두게 될 것이다.

## ■■ 질문 ■

왜 대부분의 뉴스는 시간순으로 전달되지 않는가?

왜 뉴스 기사는 이야기라고 불리는가?

이야기가 저절로 작성될 수 있을까?

뉴스는 이름만 바뀔 뿐 익숙한 유형의 인물로 채워지는가?

귀속의 역할은 무엇인가?

## ■■■ 추가 읽을거리 ■

랜들(Randall, 2007)과 맥케인(McKane, 2006)의 책 모두 뉴스 작성에 관해서 풍부하고 유용한 조언을 담고 있으며, 필립스(Phillips, 2007), 페이프와 페더스톤(Pape and Featherstone, 2005), 시슨스(Sissons, 2006), 힉스와 애덤스, 길버트(Hicks, with Adams and Gilbert, 1999), 키블(Keeble, 2006)도 살펴볼 가치가 있다. 레아(Reah, 1998)는 뉴스 기사의 본문비평 입문서이고, 벨(Bell, 1991), 콘보이(Conboy, 2007), 리처드슨(Richardson, 2006)은 모두 뉴스 언어를 상세하게 언어분석하고 있다. 콘보이(Conboy, 2002)는 바흐친의 연구에 근거해서 대중지의 '카니발적' 속성을 조망하고 있다. 뉴스를 신화로 다루고 있는 룰(Lule, 2001)의 통찰력 있는 연구는 현장의 언론인뿐만 아니라 뉴스 생산에 대한 언어적 설명에 대안적인 관점을 제공한다. 무엇보다 다양한 미디어를 통해서 다양한 뉴스 기사를 읽고, 보고, 들어야 한다는 점을 기억하라.

### 주요 출처

Milne, Mansfield, 1936: 221에서 인용; Hecht and MacArthur의 *The Front Page*, 1974; Berlyn, Hudson and Rowlands, 2007; 161에서 인용; O'Neill, Randall, 2000: 162에서 인용; Christiansen, Williams, 1959: 191에서 인용; Waterhouse, 1993, 249; Bell, 1991: 172.

# 10장

# 특집기사 작성

그것은 이렇게 시작한다. 짧은 문장 뒤에 또 하나의 문장이 잇따른다. '이렇게'는 말할 것도 없고 심지어 '그것'이 무엇인지도 설명하지 않으며, 아무 것도 설명하지 않는다. 여기서 그것은 특집기사의 서두가 어떤 방식으로 시작하는지를 보여주는 하나의 예이다. 하드 뉴스 기사와 달리 특집기사의 도입부는 이야기가 끝나는 것처럼 보이는데도 방향을 다른 곳으로 전환하고, 말을 빙빙 돌리거나 아주 복잡하게 하며, 한가하게 경치가 좋은 길을 이용해 목적지에 다다른다. 분명히 목적지가 있고 독자 역시 그 길을 따라가기만 한다면 말이다.

## 특집기사는 어떻게 뉴스와 다른가

특집기사라는 단어는 뉴스, 스포츠 뉴스, 운동 경기, 통신, 블로그와 유저들의 코멘트를 제외한 모든 편집 콘텐츠를 망라한다. 따라서 그것은 뉴스 배경정보, 분석기사, 해설기사, 이미지 중심 기사(picture spread, 보통 3단 이상에 걸쳐 사진·그림을 중심으로 만든 기사 – 역자 주), 인물 소개, 유명인 인터뷰 외에도 리뷰, 별점, TV 편성표, 상담란, 정원 손질법 등을 포함한다. 잡지도 뉴스 섹션을 포함할 수 있지만 거의 대부분 특집기사로 도배되고 정의된다. 보이드(Andrew Boyd)가 언급한 것처럼, 방송에서 '특집기사'라는 단어는 인간적 관심사를 다룬 내용이나 '소프트 뉴스' 기사를 의미한다.

## 특집기사

뉴스와 특집기사의 구분은 널리 받아들여지고 있다. 하지만 랜들은 너무 많은 언론인들이 "기자는 진지하게 '사실'을 수집한다고 여기면서도 특집기사 전문기고가는 많이 조사해야 하는 수고를 덜어줄 수 있는 좋은 문구를 고민하면서 돌아다니는 사람쯤으로 여긴다"고 주장하면서 다른 관점을 제시했다 (Randall, 2000: 193, 원저자 강조). 그는 다음과 같이 말하고 있다.

> 사실 뉴스와 특집기사를 구분하려고 하는 일은 별 도움이 되지 않는다. 오히려 그것은 대단히 위험하다. 그러한 구분은 사고의 범위를 축소시켜서 뉴스 보도를 전통적인 주제에 국한시킬 수 있고, 기사 작성을 메마른 공식의 틀에 가둘 수 있다. 또한 특집기사는 정확성이라는 일반적 기준과 철저한 조사가 적합하지 않으며, 사실성이 부족한 생산물 정도밖에 되지 않는다는 잘못된 관념을 갖게 할 수 있다. … 하지만 그 반대의 경우도 가능하다. 대부분의 뉴스면은 더 큰 모험심과 더 융통성 있는 이야기 접근법을 통해 더 나아질 수 있다. 마찬가지로 대부분의 특집기사섹션에서는 더 예민한 조사가 뒷받침되어야 하는 반면 방만한 글쓰기는 더 자제되어야 한다. 뉴스와 특집기사 사이에는 큰 차이점이 없다. 그 모두를 보도로 간주하는 편이 최선이다. (Randall, 2000: 193-194, 저자 강조)

하지만 휜(Francis Wheen)이 불평한 것처럼, 시장(market)은 무언가를 파헤치기 위해 부끄러운 일도 마다하지 않는 기자들보다는 유명세 있는 칼럼니스트들을 더 높이 평가하는 것처럼 보인다.

하드 뉴스의 공식을 따르면 이야기의 핵심이 첫 번째 줄에 등장해야 한다. … 사실을 처음에 제시하기보다는 수용자를 이야기 속으로 인도하는 특집기사 스타일은 직설적일 뿐만 아니라 간혹 인간미 없어 보이는 하드 뉴스보다는 오락과 가벼운 느낌이 강조되는 내용에서 훨씬 자유롭게 사용된다. (Boyd, 2001: 73)

그렇다고 특집기사를 오락의 동의어로 여겨서는 안 된다. 특집기사는 단순한 보도에서는 불가능한 깊이와 길이로 심각한 주제의 이슈를 다루기도 하기 때문이다 (Boyd, 2001: 127).

아일랜드의 언론인 맥카퍼티(Nell McCafferty)는 아래와 같이 우리가 뉴스라고 생각하는 것과 특집기사로 여기는 것의 차이점을 일부 적고 있다.

대문짝만 한 헤드라인과 함께 일면 상단 좌측에 배치되어 그 날의 주요 사건에 대해서 세상에 전하는 일면 기사를 쓰는 일은 모든 기자들의 온당한 포부이다. 일면 기사는 어디서 언제 무슨 일이 발생했는지를 알려주며, 보통 책임자에 대한 설명을 제공한다. 하지만 책임자가 아닌 나머지 사람들의 생각이 어떤지 알고 싶다면 신문 안쪽 지면들을 보아야 한다. 나는 일찍부터 내가 일면 기사를 쓰지 못할 것이라는 사실을 깨달았다. 나는 책임자와 논쟁을 하고 싶고 잘 알려지지 않은 다른 관점을 전해야 한다는 의무감을 느낀다. 나는 특히 데리(Derry)의 피의 일요일(Bloody Sunday, 1972년 1월 30일 북아일랜드의 데리시에서 항의시위대가 정부의 집회 금지를 어기고 시민의 권리를 위해 평화적 시위를 벌였는데, 영국군이 이를 무력 진압하는 과정에서 13명이 사망하고 14명 이상이 부상당했다 – 역자 주)에 길 위에서 죽어 있는 사람들과 함께 누워 있는 동안 그 사실을 깨달았다. 다른 기자가 후방에 있을 때 나는 모든 것을 목격했다. 누군가는 책임장교의 이름을 분명히 밝혀야 하고 그를 인터뷰해야 하며 사상자

신문이 돈을 바라고 자신의 애정사나 쇼핑 습관에 관한 시시한 이야기를 털어놓는 섹시한 여자들과 자기중심적인 사람들을 실으며 '라이프스타일 패키지'로 변해가면서, 정보의 수집과 전달이라는 신문의 역할은 이제 미미해보인다. … 라이프스타일에 대해 마구 떠들어대는 사람이나 삼류 가수들의 홍보자료를 가져다 연예면을 채우는 한심한 사람들보다도 기자의 지위가 심각할 정도로 약화되었다. (Wheen, 2002: xii-xiii)

물론 칼럼니스트들이 전부 라이프스타일 찬양자들은 아니다. 그보다는 사회적·정치적 문제들에 집중하는 칼럼니스트도 많이 있다. 『가디언』의 토인비(Polly Toynbee)부터 『선』의 카바나(Trevor Kavanagh)에 이르기까지 가장 저명한 칼럼니스트와 논평가들은 '분석가(commentariat)'로 불리면서 "상당수 정계의 인물들에게 진지하게 받아들여지고" 있다 (Hobsbawm and Lloyd, 2008).

## 주제

뉴스의 주제는 상대적으로 제한적인 데 비해 특집기사의 주제는 사실상 무제한적인 이유는 무엇일까? 특집기사가 3장에서 논의한 '뉴스 가치'라는 개념을 반드시 따를 필요는 없지만, 언론인들이 주제와 스타일을 선택하는데 얼마나 많은 자율성을 가지고 있을까? 특정 출판물 혹은 특정 시대에 특정 주제가 관심을 받거나 도외시되며, 언론인들은 일련의 '공식, 관습, 규범적 가치, 세대를 이어 전해져 내려온 저널리즘의 신화들'을 공유하면서 재빠르게 자신들에게 요구되는 것이 무엇인지를 터득한다 (Harrison, 2000: 108).

일부 주제들은 '단지 특정 광고주들을 끌어들이기 위해서' 특집기사로 다루어진다 (Randall, 2000: 21). 이런 현상은 특히 패션, 미디어, 교육, 컴퓨터, 원예, 자동차, 여행, 음식 등 다채로운 주제를 다루는 잡지와 함께 점점 증가하고 있는 잡지성격의 주말보충판(newspaper supplements)에서 두드러지는데, 여기서 특집기사는 보

와 관련된 세부내용을 보도해야 하기 때문에 그 기자가 일면 기사를 쓴 것은 당연하다. 만약 내가 그 장교에게 전화를 해야 했다면 언쟁이 오갔을 것이고 기사는 작성되지 못했을 것이다. 내가 쓴 기사는 안쪽 지면에 실렸다. 나는 그 날 땅바닥에 누워 있던 사람들의 관점에서 기사를 작성했다. (McCafferty, 1984: 14)

여전히 많은 야심찬 기자들이 대서특필 기사를 작성하려는 포부를 가지고 있지만, 자신이 찍은 사진과 함께 개인적인 칼럼을 쓰는 것이 점점 더 보편적인 목표가 되고 있다.

신문과 잡지 모두 더 두툼해지고 있으며, 전통적인 인쇄매체의 뉴스 속보 역할이 일부 온라인 및 방송 플랫폼으로 옮겨가면서, 칼럼니스트들이 증가하고 있다. 일부 칼럼니스트들은 그들의 지식과 통찰력 때문에 선호되고 다른 일부는 흥미로운 문장을 쓸 수 있는 능력 때문에 선호된다. 보통 논쟁을 불러일으키고 출판물이 사람들의 입에 오르내리게 하는 것이 그들의 임무이다. 그러나 맥레오드(John MacLeod)의 경우를 기준으로 판단한다면 거기에도 한계가 있다. 그는 소함(Soham)의 두 여학생이 사망한 사건과 관련해 너무 논쟁적인 글을 쓰는 바람에 글래스고(Glasgow)의 『헤럴드(Herald)』에서 해고되었다 (Morgan, 2002a).

확고한 견해, 전문가 분석, 개인 프로필이나 해설 등 무엇을 다루든지 간에 좋은 특집기사에는 콘텐츠와 스타일이 모두 요구된다. 거기에는 시작, 중간(middle), 끝이 (대개 그 순서대로) 있어야 하며, 라킨(Philip Larkin)이 표현한 것처럼 시작, 뒤죽박죽(muddle), 끝과 혼동되어서는 안 된다 (Adams, 1999: 50에서 인용). 일부 신문과 잡지의 독자들은 의례적으로 콘텐츠가 한물 간 내용이라고 생각할 수도 있지만, 특집기사에는 주제 혹은 견해, 즉 무언가 말할 내용이

충판의 경제적 존재이유인 광고들로 독자를 유인하기 위한 미끼로 기능한다. 프랭클린은 예전에는 진지했던 출판물들이 점점 더 광고주 친화적인 특집기사를 생산하고 있으며, 자신이 보기에 '진부하기 짝이 없는' 주제들에 관해서 사실보다는 의견을 중시하는 사례가 많아졌다고 말한다 (Franklin, 1997: 7-10). 미국에서 활동하고 있는 하트(Hanno Hardt)는 그러한 기업 친화적인 '후원' 시스템은 사실상 비민주적인 것이라고 주장한다.

> 현대의 광고와 홍보업계의 관행으로 인해서 세상에 대한 공평하고 진실된 보도를 지향하는 상식적 바람이 희생된 반면, 기업의 현실을 반영하기 위해 애쓰는 새로운 유형의 저널리즘이 도래하였다. … 대중을 참여요 민주권력의 원천으로 존중하는 사회가 아니라 대중을 소비자로 취급하는 사람들이 (표현의 자유를 대변하는) 콘텐츠를 규정하는 현상은 충분히 예상할 수 있는 혹은 이미 나타나고 있는 미디어의 기업적 사고방식의 위험성을 보여주는 하나의 사례다. (Hardt, 2000: 218-219, 저자 강조)

## 기자의 존재

파울러(Roger Fowler)에 따르면 인칭대명사 '나'는 '보통 인쇄된 본문'(뉴스 기사 - 역자 주)에 등장하지 않는다. 하지만 특집기사에서는 자주 발견된다. 도비는 '고백체의 표현'이 1990년대 이후 언론에서 급증했다고 말했다 (Dovey, 2000: 1). 이야기를 더 흥미롭게 전달하려는 목적을 가지고 기자가 사건의 관여자로 등장하는 듯하지만, 도비는 그것이 변화하고 있는 문화적 풍토를 반영한다고 주장했다.

> (우리는) 사실에 대한 보다 일반적인 주장을 도외시하면서 개인의 주관적 경험을 전면에 배치하는, 새로운 '사실성 체제(regime of truth)'가 도래하였음을 목격하고 있다. … 주관성, 개인적인 것, 체험적인 것들이 혼란스럽고 무분별하고 통제불가능한 세상에 대한 유일한 응답으로 남겨졌으며 완전한 내러티브에서 요구되는 일종의 객관성은 더 이

있어야 한다. 라디오 프로그램 〈선데이포맷(Sunday Format)〉에서 패러디한 것처럼 일부에게는 스타일이 가장 중요하다.

목차. 이번 주 〈선데이포맷〉에서는. 상대적 가치: 유명 연예인과 그의 가족이 서로의 소중함에 대해 이야기한다, 5 페이지. 나와 이름이 같은 책: 여성그룹 올세인츠(All Saints)의 전 멤버 루이스 샤즈네이(Lewis Shaznay)가 『사자와 마녀와 옷장(The Lion, the Witch and the Wardrobe)』에 대해 논의한다. 3 페이지. 나와 나의 누비이불: 살만 루시디(Salman Rushdie), 49페이지. … 당신 이름이 내 이름처럼 들린다: 팝 가수 게리 할리웰(Geri Halliwell)이 전직 마약단속왕(drugs tsar) 키스 헬리웰(Keith Helliwell, 영국의 경찰관으로 1998년부터 2002년까지 활동하며 마약단속왕이라고 불렸다 – 역자 주)과 스파이스걸스(Spice Girls)의 유명세, 지역별 경찰당국의 체포율 차이에 대하여 대화를 나눈다, 42부터 59페이지. … 현대인의 로맨스에서 치아가 정말 중요한가? … 어떻게 우리가 아직까지 만나지 못했을까? … 유명인의 성생활 … 제철 맞은 과일 열 가지 … 각광받는 직업 열 가지 … 다우닝가 10번지 (영국 총리 관저 – 역자 주) … 고양이보다 큰 열 가지 … 유행어 열 가지 … 인기 없는 직업 열 가지 … 자기 계발을 위한 열 가지 방법 … 건강을 해치는 열 가지 … (BBC Radio Four, 〈선데이포맷〉, 2001년 9월 18일 및 25일)

가혹하지만 맞는 말이다. 휘틀이 지적하는 것처럼 실제로 상당수 특집기사들이 정형화되어 있다.

여성 잡지를 보면 기사들은 한결같이 비극보다 성공을 다루고 있다. 해피엔딩이 아니면 잡지가 팔리지 않는다. 잡지들이 믿을 수 없을 정도로 정형화되어 있고 비슷비슷하다. 현대판 하이틴로맨스(Mills and

> "우리의 특집면은 여성들이 결혼식 때 착용해서 시선을 사로잡을 수 있는 보석들로 가득채워야 한다."
> – 크리스찬센(Arthur Christiansen)

상 가능하지 않게 되었다. (Dovey, 2000: 25–26)

이러한 견해는 (최소한) 두 가지 질문을 제기한다. 첫째, 뉴스에서 기자가 전면에 등장하는 것은 어느 정도나 새로운 현상인가? 바버(Lynn Barber)에 의하면 그리 새로운 현상은 아니다.

(이러한) 건달 중심의(picaresque, 기자를 피카레스크 소설의 주인공인 악한으로 비유 – 역자 주) 인터뷰가 포스트모던 시대의 새로운 양상으로 여겨지지만 실제로는 아주 오래된 역사를 지니고 있다. 1889년 키플링(Rudyard Kipling)이 마크 트웨인(Mark Twain)과 가졌던 인터뷰는 무려 열 단락에 걸쳐서 택시기사가 길을 모르는 탓에 마크 트웨인의 집을 찾느라 헤맸던 이야기로 시작한다. (Barber, 1999: 199)

둘째, 특집기사가 최근 몇 년간 재귀적 경향을 보이고 있다면, 이것이 궁극적으로 전통적인 뉴스 보도의 비인칭적 방법으로 대표되는 '사실성 체제'를 변화시킬 것인가? 이러한 문제에 대해서는 5장에서 다루었다.

## 일화

일화를 통해 '일반적 사실'을 예시할 수 있다는 버(Behr)의 주장은 '일반적 사실이 정확하게 무엇인가'라는 질문을 낳는다. 어쨌든 일화는 그만큼 일반적으로 잘못된 생각도 예시할 수 있지 않은가?

Boons, 로맨스 소설 시리즈로 유명한 영국의 출판사명을 은유적으로 사용 – 역자 주)라고 할 만하다.

하지만 그것이 전부는 아니다. 특집기사 중에는 계몽적인 내용, 실컷 웃겨주거나 음식을 먹다 울게 만드는 힘을 지닌 글, 정보를 전해주거나 일반적인 가정을 문제시하는 내용, 사물을 새로운 관점에서 보게 해주는 글, 어두운 구석에 빛을 밝혀주는 글도 있다. 또한 글 자체가 명문인 경우도 있다. 특집기사에 대해서 배울 수 있는 가장 좋은 방법은 많은 특집기사들을 읽고, 많은 특집기사들을 쓰고, 다른 사람들이 그 글을 읽어보도록 하는 것이다. 언론의 다른 모든 생산물과 마찬가지로, 특집기사도 **필자**가 아니라 **독자**를 위해 생산되어야 한다.

## 특집기사는 어디서부터 출발하는가?

사실상 무엇이든지 특집기사의 주제가 될 수 있으며, 특집기사의 아이디어를 얻기 위한 정보원도 4장에서 다룬 뉴스의 정보원과 유사하다. 그렇지만 특집기사에서는 개인적인 경험으로부터 아이디어가 나오는 경향이 많다. 예를 들면, 와일드(Leah Wild)는 장애를 갖고 있는 자신의 딸에게 맞는 변기를 얻기 위하여 관료주의와 맞서야 했던 경험을 2페이지에 달하는 특집기사로 작성하였는데, 편집과정에서 "장애를 가진 내 딸의 변기 이야기(THE STORY OF MY DISABLED DAUGHTER'S TOILET SEAT, 『가디언』, 2002년 3월 7일)"라는 다소 건조한 제목으로 소개되었다. 만약 20대의 친구들이 독립하지 못하고 부모의 신세를 지고 있다면 현 세대가 맞닥뜨리고 있

> " 현재 대부분의 영국 신문에는 아크로폴리스보다 더 많은 칼럼(column, 이 단어가 칼럼과 기둥이라는 뜻을 가지고 있다 – 역자 주)이 있다. "
> – 잭(Ian Jack)

는 기회와 문제들에 대해서 특집기사를 써볼 수 있을 것이다. 승용차 대신 자전거로 출퇴근하고 있다면 대형트럭 운전자들이 얼마나 위협적으로 운전하는지에 대해서 특집기사를 써봄직하다. 대학원 저널리즘 교육 과정에 있다면, 전국지의 미디어면이나 업계신문 『프레스가제트』에 자신의 경험담을 투고할 수도 있다. 마지막의 경우는 이미 몇 차례 시도된 적이 있지만 그것도 하나의 방법이다.

뉴스가 서로서로 기삿거리를 공급해주는 것처럼, 특집기사도 다른 특집기사나 뉴스로부터 실마리를 얻는 경우가 적지 않다. 예를 들면, 타블로이드에서 대서특필한 기사("세계 최장신, 니스덴 거주 WORLD'S TALLEST BLOKE LIVES IN NEASDEN", 『선』, 2002년 2월 18일)가 '수준 있는' 특집기사("꼭대기는 힘들다 TOUGH AT THE TOP", 『가디언』, 2002년 2월 21일)의 소재가 된 적이 있다. 비록 뒤의 기사는 표면상 "키가 너무 큰 사람은 일찍 죽는다"는 주장에서 촉발된 건강 문제에 관한 진지한 논의로 보였지만, 『선』이 사용한 사진 중 하나를 이용해서(기둥 모양의) 우체통보다 훨씬 더 큰 7피트 7인치의 비사드(Hussain Bisad)를 보여주었다. 6주 후 비사드의 이야기는 30분짜리 라디오 특집기사, "나의 이야기(It's My Story, BBC Radio Four, 2002년 4월 8일)"가 되었다.

보통의 경우 하나의 뉴스 기사가 보도되면 더 많은 뉴스 기사가 그 뒤를 잇고, 배경을 다룬 특집기사가 등장하며, 3일이나 4일 정도 지나면 칼럼니스트들이 자신의 개인적인 견해를 덧붙이는 구실이 된다. 그 다음에 (소위 '분석가'로 불리는) 수많은 유명 칼럼니스트들이 해당 주제에 대해 달려들 정

도가 되면, 그것은 자연스럽게 뉴스 어젠다에 영향을 줄 정도가 된다. 가끔은 그 주제가 일요 신문의 "도대체 왜?(why oh why?)" 식의 기사로 실리면서 마무리되기도 한다. 인기 영화배우 케이트 윈슬렛(Kate Winslet)이 〈라디오타임즈(Radio Times)〉와의 인터뷰에서 아이를 낳은 뒤 살을 빼고 싶다고 언급했을 때처럼, 우스꽝스러운 비율로 보도되는 경우도 있다. 그녀의 말로 인해서 타블로이드와 보통 사이즈의 신문 모두 경쟁적으로 비만과 다이어트, 할리우드의 너무 마른 스타들, 식이 장애, 운동에 관한 특집기사를 연달아 내보냈고, 결국 한 칼럼니스트는 케이트 윈슬렛이 몸무게에 관한 이야기를 그만해야 한다고 불평하는 지경까지 다다랐다. 『프라이빗아이』가 당시 논평한 것처럼, 이것은 "황금 덩어리 뉴스를 수 톤의 질 낮은 금속으로 바꿔버리는 역연금술(reverse-alchemy)의 완벽한 예"이다 (*Private Eye*, 2001).

위의 예보다 나은 아이디어가 있다고 가정해보자. 그 다음에 4장, 5장, 6장에서 제시한 방법대로 조사를 하였다. 그렇다면 컴퓨터로 기사를 작성하기 전에, 아담스(Sally Adams)가 제안한 대로 조사 결과를 살펴보면서 다음과 같은 질문을 던져보아야 한다.

- 발견한, 가장 놀랄만한 사실은 무엇인가?
- 발굴한, 최고의 일화는 무엇인가?
- 가장 뜻밖의 인용문은 무엇인가?
- 가장 놀라운 사건은 무엇인가?
- "이봐, …을 알고 있었나?"라고 말할 만한 최고의 요소는 무엇인가? (Adams, 1999: 74)

이런 질문들에 대한 답을 생각해보고 취해야 할 관점에 대해서 좋은 아이디어를 얻었다면, 기사를 작성할 준비가 된 것이다.

## 시작

리드라고도 불리는 특집기사의 도입부에는 너무나 다양한 스타일이 존재하기 때문에 이 부분을 간단히 설명하기는 쉽지 않다. 도입부의 주된 목적은 독자들이 계속 읽고 싶게 만드는 것이므로 "무엇이 효과적인가?"가 핵심 질문이 되어야 한다.

다섯 자녀를 살해한 텍사스 여성 사건 기사에서처럼 가끔은 일반적인 진술이 도입부가 되기도 한다.

> 뛰어난 형벌제도로 여겨지는 미국 형법체계에서는 정신질환이 결코 중요한 정상참작요인으로 여겨지지 않아왔다. (검블[Andrew Gumbel], 『인디펜던트』, 2002년 3월 14일)

검블은 다른 두 사례를 자세히 다룬 뒤에서야 "누가 왜 예이츠(Andrea Pia Yates)의 가슴 아픈 사례는 뭔가 다를 것이라고 생각하겠는가?"라는 질문을 던진다. 그는 오랜 시간이 지난 뒤에 이야기의 '중심부분(meat)'을 우리에게 전하고 있는 것처럼 보인다. 하지만 우리는 이러한 첫 문장들을 별개로 읽어서는 안 된다. 그것들은 특집기사에서 매우 중요한 페이지 장식물(page furniture, 헤드라인 및 스탠드퍼스트를 가리킨다 – 역자 주)에 의해 만들어진 문맥 속에서 보아야 한다. 이 사례의 경우에는 "하나님의 이름으로(IN GOD'S NAME)"라는 극명한 헤드라인이 그 엄마의 사진 위에 겹쳐 있고 다음과 같은 해설적 스탠드퍼스트(standfirst, 기사의 맨 앞에 크고 굵은 활자체로 인쇄되어 기사를 요약해 놓은 단락 – 역자 주)가 뒤따르고 있다.

> 예이츠는 하나님을 경외하는 가정을 꾸리는 존경받는 아내요 엄마였다. 그런데 작년 여름 어느 좋은 날 아침 그녀는 자신의 다섯 자녀를 익사시켰다. 이유가 무엇이었을까? 이제야 끔찍한 전모가 밝혀졌

다. (앤드류 검블, 『인디펜던트』, 2002년 3월 14일)

표현 방법은 언론이 소비되는데 중요한 역할을 하며, 하드 뉴스보다는 특집기사가 기사의 '분위기와 저변에 깔려 있는 실체'를 이끌어내는 '헤드라인, 이미지, 선전문, 스탠드퍼스트 … 표제와 비중 있는 인용문의 복합적인 수단에' 더 의존해서 독자에게 팔린다 (Hodgson, 1993: 247-248).

체벌에 대해 논의하고 있는 아래의 예에서처럼, 일부 특집기사는 **과감한 주장**과 함께 곧바로 핵심으로 파고들며 시작한다.

내가 정말 경멸하는 부모들을 도처에서 발견할 수 있다. 당신도 그들을 보았을 것이다. 그들은 슈퍼마켓이나 쇼핑센터에서 갑자기 자기 자녀들을 향해 말 안 듣는 개에게도 사용하지 않을 잔인한 말투로 말을 내뱉는 사람들이다. (제인 도슨[Jayne Dawson], 『요크셔이브닝포스트』, 2002년 4월 3일)

이것은 특히 완곡한 표현보다도 '경멸하다'라는 단어를 사용하면서 강한 감정적 표현을 하고 있기 때문에 주의가 요구된다. '당신'도 그러한 행동을 목격했을 것이라고 가정하는 어법을 통해 필자와 함께 쯧쯧 하고 혀를 차게 만듦으로써 독자를 끌어들이고 있다.

뉴스를 작성할 때는 질문하기보다 답을 제시하는데 집중하는 경향이 있지만, 특집기사는 해결되지 않은 문제에 더 열려 있다. 종종 **질문**과 함께 특집기사를 시작할 수도 있다.

국립극장에 도대체 무슨 일이 일어나고(going on) 있는가? 우리는 분명히 무슨 일이 일어나지 않을지(not going on)에 대해서는 알고 있다. 공연 예정이었던 〈이상한 나라의 앨리스(Alice and Wonderland)〉와 〈서쪽나라에서 온 플레이보이(The Playboy of the Western World)〉가 무기한 연기되었다…. (마이클

빌링톤(Michael Billington, 『가디언』, 2000년 10월 10일)

'going on'이라는 표현의 이중적 의미에 주목하라. 빌링톤의 도입부는 이 특집기사가 국립극장에서 발생한 최근의 사건에 대해서 논의할 것이라는 점을 꽤 분명히 밝히고 있기 때문에, 독자가 무슨 일이 일어나고 있는지 알기를 원한다면 계속 기사를 읽어나갈 것이다.

어떤 경우에는 기자가 **서술적인 글**로 좀 더 에둘러 말하며 독자를 끌어들이려고 한다.

엔트위슬(Nik Entwistle)은 새로 배달된 자신의 새하얀 가죽 소파의 포장을 처음으로 풀었다. 그는 시험삼아 쿠션을 쓰다듬어보고, 마치 잃어버린 동전을 찾기라도 하는 것처럼 팔안장과 등받이 사이의 틈으로 손을 넣어보기도 하고 나서는 살며시 미소를 지었다. 그는 "아주 좋아"라고 말했다. "정말 뭔가 다르군. 현대적이고 군더더기가 없어. 아파트에 잘 어울리는군." 불과 2년 전만 해도 엔트위슬은 시의 변두리에서 하숙하며 리즈메트로폴리탄대학교(Leeds Metropolitan University)를 다니던 학생이었다. IT분야의 샛별로 떠오른 그는 이제 23세에 불과하지만 리즈 도심지의 방직공장을 개조한 아파트에서 빛이 잘 드는 방 하나짜리 집을 손수 마련하였다 (수잔나 허버트[Susannah Herbert], 『데일리텔레그래프』, 2000년 2월 19일).

아니면 더 음산하게 쓸 수도 있다.

드리사(Drissa)는 자신의 티셔츠를 벗었다. 뼛속까지 파고든 깊고 심한 상처들이 여기저기에 보였다. 피부에 붙어 있는 구더기들이 아니었으면 그는 분명히 괴저에 걸렸을 것이다.

드리사는 코트디부아르(Ivory Coast) 코코아 플랜테이션의 노예였다. 하루에 18시간이나 노동을 하

면서도 음식은 거의 먹지 못했고 밤에는 다른 노예들과 좁은 방에 갇혀 지냈으며 정기적으로, 조직적으로, 잔인하게 구타를 당했다. 초콜릿 바가 만들어지기까지 그토록 잔인하게 인간의 존엄성을 짓밟는 과정을 거쳐야 한다는 사실이 정말 믿기 어렵다. (피오나 모로우[Fiona Morrow], 『인디펜던트』, 2000년 9월 27일)

엔트위슬에 대한 도입부에는 많은 세부적인 묘사, 인용문, 'IT분야의 샛별'이라는 멋지면서도 모호한 구절이 포함되어 있지만, 그 무엇도 뉴스 기사와는 관련이 없어 보인다. 그와는 대조적으로, 드리사에 관한 도입부의 내용들은 "…에 따르면, 코코아 플랜테이션의 노예들이 체계적으로 구타를 당하고 있으며 음식도 공급받지 못하고 있다"는 표현을 사용해서 뉴스 기사로 고쳐 쓸 수 있다. 하지만 이 특집기사의 도입부는 개인에게 초점을 맞추었을 뿐만 아니라, "정기적으로, 조직적으로, 잔인하게 (regularly, systematically, brutally) 구타를 당했다"에서처럼 글의 운율을 맞추었고, 끔찍한 현실에 대한 묘사와 그런 잔인함의 목적이 겨우 초콜릿 바의 생산을 위한 것이라는 인식을 차차 대조시킴으로써 효과를 거두고 있다.

특집기사에서 자주 사용되는 장치는 아래의 예에서처럼 **필자를 등장시키는 것**이다.

그것은 단순한 임무였다. 바로 인명사전(Who's Who)의 편집책임자를 만나서 인터뷰하는 일이었다. 나는 적절한 절차에 따라 메서 A & C 블랙(Messrs A & C Black) 출판사에 요청을 하였다. 그 회사의 대변인 버로우즈(Charlotte Burrows)는 "안 될 것 같다"고 근엄하게 답변을 하였다. "모든 편집책임자를 보호하려면 이름이 알려져서는 안 된다"

> " 당신의 글을 꼼꼼히 읽어보고 스스로 생각하기에 아주 괜찮다고 여겨지는 구절을 발견할 때마다 그 부분을 지워버려라. "
> – 사무엘 존슨 박사(Dr. Samuel Johnson)

는 것이었다. 무엇으로부터 그들을 보호한다는 말인가? "인명사전에 등재되고 싶어 하는 사람들로부터"라는 것이다. (프랜시스 휜[Francis Wheen], 『선데이텔레그래프』, 1996년 3월 17일)

기자와 취재 대상의 접점은 독자에게 흥미를 주기 때문만이 아니라 이어지는 내용의 톤을 설정해주기 때문에 특집기사 필자들에게 인기 있는 소재가 된다. 예를 들면, 위의 예에서 휜이 출판사의 콧대를 꺾어놓을 필요가 있다고 생각했다는 데에는 거의 틀림이 없다. 뉴욕시장 루돌프 줄리아니(Rudolph Guiliani)에 대해서 우호적으로 소개하고 있는 다음의 도입부는 다소 다른 분위기를 설정하고 있다.

루디는 늦었다. 그는 여왕과의 만찬에 적합한 정장을 마련하기 위해 자신의 재봉사에게 가고 없었다. 내가 얼마나 기다려야 하는지는 신경 쓰지 않았다. 이제 교양 없는 루디(Rudy the Rude)는 인기 있는 루디(Rudy the Rock)가 되었기 때문이다. (앨리스 톰센[Alice Thomsen], 『데일리텔레그래프』, 2002년 2월 12일)

장문의 인터뷰 첫머리에 자리한 짤막한 단락이지만, 우리는 이미 전 뉴욕시장의 격식을 차리지 않는 태도(루디[애칭을 사용하고 있다] – 역자 주), 그가 9·11 뒤에 무명에서 영웅이 되었다는 사실('인기 있는')과 더불어 그의 영국 방문의 문화적 중요성('여왕과의 만찬')에 대하여 알게 되었다. 이러한 주제들은 이후로 특집기사 전반에 걸쳐 발전된다.

아래에 나오는 범죄담당기자의 인물소개에서처럼 때로는 다소 **놀라운** 파격이 사용되기도 한다.

필명 잭 히긴스(Jack Higgins)로 유명한 스릴러 작가 해리 패터슨(Harry Patterson)은 철저한 습관을 지닌 사람이다. 나는 그의 단골 이탈리안 레스토랑에서 늘 이용하는 자리에 앉아 언제나 그렇듯이 손에 샴페인 잔을 들고 있는 그를 발견했다. 그의 앞 테이블에는 변함없는 디자인의 색안경이 놓여 있었고 그에게서는 청부살인자와 같은 느낌이 들었다. (카산드라 자딘[Cassandra Jardine], 『데일리텔레그래프』, 2000년 2월 25일)

혹은 다음과 같이 서부영화 같은 분위기를 살리면서 도입부를 장식할 수 있다.

페티트(Mark Pettitt)가 모습을 나타냈을 때 노팅엄(Nottingham)과 사우스요크셔(South Yorkshire)의 접경지역에 위치한 블리드워스(Blidworth)의 폐탄광마을에 있는 졸리프라이어 술집 주차장 뒤편 잔디 깔린 레이싱 트랙 위로 침묵이 깃들었다. 그것은 카우보이영화에서 총잡이가 작은 마을에 등장할 때 드리우는 불편한 침묵이었다. 페티트는 요즘 휘핏(whippet, 소형의 경주 사냥용 개 – 역자 주) 레이싱에서 가장 인기 없는 사나이였기 때문이다. (폴 발레리[Paul Vallely], 『인디펜던트』, 2000년 8월 11일)

하드뉴스 기사의 육하원칙과 달리 특집기사의 도입부에서는 이따금 어떤 주제를 다룰 것인지 독자에게 거의 실마리를 제공하지 않기도 한다. 다음의 **일화적**이고 일상적인 예를 살펴보자.

보스니아헤르체고비나의 바냐루카(Banja Luka)에 있는 한 나이트클럽에 우두커니 서 있는 동안 나는 다소 긴장감을 느끼기 시작했다. 우리는 다섯 명의 술 취한 신병과 함께 시내에서 금요일 밤을 보내기 위해 나토(NATO)의 거대한 금속 공장에서 빠져나왔는데, 신병들이 셰필드유나이티드(Sheffield United, 잉글랜드 축구 클럽 – 역자 주) 셔츠를 입고 있기 때문에 현지인들은 우리가 영국인이라는 사실을 눈치챘다. 위협적으로 보이는 세 명의 세르

비아 얼간이들이 우리 주변으로 너무 가까이 다가와서 불편했다. 아무도 우리에게 말을 걸지 않았다. 우리의 존재는 눈에 확 띄었다. (스티븐 암스트롱[Stephen Amstrong], 『가디언』, 2000년 9월 25일)

이 특집기사는 젊은 현지인들의 '마음'을 사로잡기 위해서 영국군이 운영한 전 유고슬라비아의 음악전문 라디오방송국에 관한 내용이었다.

타깃수용자에 대한 지식이 있으면 특집기사의 서두를 열 때 도움이 되기도 한다. 예를 들면, 아래와 같이 세부적인 묘사와 함께 문화적으로 친숙한 내용을 언급하고 있는 도입부는 잡지 〈워드(Word)〉에는 더할 나위 없이 좋겠지만, 여타 덜 자의적인 '정통한' 인쇄매체에는 적당하지 않다고 여겨질 수 있다.

윌 셀프(Will Self)의 작업실은 놀랍게도 이 작가의 머릿속에 앉아 있는 것과 같은 느낌을 줬다. 건물 꼭대기에 위치한 이 공간에는 사전, 담배, 파이프, 재떨이 등이 놓여 있다. 가느다란 철제 의자들뿐만 아니라 자전거도 한 대 있다. 스톡웰(Stockwell)의 전망이 보이는 창문도 있다. 그리고 포스트잇이 있다. 수백 개가 넘을 것이다. 그것들은 피어오르는 수증기처럼 완벽하게 노란색 열을 지어 사방의 벽을 뒤덮고 있었으며, 각각의 포스트잇에는 나중에 기억할 수 있도록 셀프의 강력한 이탤릭체 글씨로 한 구절씩 적혀 있었다. "존재하지 않는 국가들에 대한 안내", "마약에 찌든 창녀", "베니 힐(Benny Hill, 영국의 코미디언, 배우, 가수 –역자 주)의 열정" 솔직히, 윌 셀프의 작업실은 흡사 〈세븐(Seven)〉이나 〈양들의 침묵(Silence Of the Lambs)〉의 클라이맥스 장면에 나오는 편집적인 미치광이의 비밀 서재 같은 느낌이 들었다. (앤드류 해리슨(Andrew Harrison), 〈워드〉, 2008년 3월)

하드뉴스의 제약으로부터 자유로운 특집기사 필자들은 가끔 시적인 문체를 사용한다. 묘사, 일화,

기자의 등장과 함께 은유를 확장시켜서 코카콜라의 문제에 대한 분석을 소개하는 다음의 예를 살펴보자.

> 코카콜라 유럽 본사의 정문에는 약간의 문제가 있었다. 눈부시고 넓은 자동유리문처럼 보이는 그 문에는 건너편에서 반짝거리는 거대한 코카콜라병의 윤곽이 드리워지고 있었지만, 제대로 열리지를 않았다. 문닫이가 고장난 것 같았고, 방문객이 안내인의 주의를 끌려면 노크를 해야만 했다. 하지만 본사는 런던 서부에서 아마도 가장 분주한 교차로 한복판에 위치하여 소란스러운 쇼핑센터 한가운데에 있었고 유리가 너무 두꺼웠다. 안내인이 나를 쳐다보고, 로비를 뚜벅뚜벅 가로질러와서, 문을 열어주기까지는 상당한 시간이 걸렸다. 로비의 휘황찬란한 로고와 번쩍이는 빨간 벽을 보고 있으니 마치 그 건물이 고장난 커다란 코카콜라 자판기처럼 느껴졌다. (앤디 베켓[Andy Beckett], 『가디언』, 2000년 10월 2일)

여기서 핵심 구절은 '고장난'이고 이 특집기사는 뒤에서 코카콜라가 다국적기업으로서 실제로 문제를 일으키고 있지 않은지 살펴보고 있다.

이른바 신도시(boom city)의 도심지역에 관한 지방신문의 특집기사에서는 어느 정도 시각적인 표현을 사용하고 있다.

> 화창한 날이면 비스톤(Beeston)과 홀벡(Holbeck) 일부 지역의 주민들은 리즈 도심지에 우뚝 솟은 크레인을 보면서 수백만 파운드에 달하는 재개발 공사가 진행되고 있다는 사실을 떠올린다.

> 에어 강(Aire) 북쪽 지역에 거주하는 많은 사람들에게, 최신식 고급 아파트나 으리으리한 사무실 건물을 건설하는데 사용되고 있는 크레인들은 희망과 기회의 상징이다.

> 하지만 가난에 찌든 비스톤과 홀벡의 일부 주민들에

게 그것은 자신들과 상관없는 지역 경제의 활성화를 상기시켜주는 고통스런 상징물이다. (데이비드 마쉬[David Marsh], 『요크셔이브닝포스트』, 2002년 3월 20일)

아래에서 볼 수 있는 존스턴(Alan Johnston)이 진행하는 라디오 방송 도입부 대본처럼, 말로 표현해야 하는 글일 경우에는 운율을 가미하고 대조법을 사용하여 이미지를 상기시키는 것이 효과적이다.

> 가자는 황폐하고 가난에 찌들어 있으며 인구밀도가 높다. 돈도, 공간도, 희망도 그밖에 여러 가지도 부족하다. 하지만 총기류는 부족하지 않다. 대략 12개 정도의 서로 다른 보안군이 주둔하고 있다. 경찰 및 군과 더불어 대통령경호대가 있고, 예비군부대 등이 있다. 지구상의 어느 곳보다도 인구일인당 보안인원의 수가 많지만, 슬프게도 그들은 보안과는 별 상관없이 활동하고 있다. (앨런 존스톤[Alan Johnston], 통신원 소식[*From Our Own Correspondent*], BBC Radio Four 7, 2006년 10월 7일)

부분적으로는 수준 있는 글 솜씨 때문에 그리고 부분적으로는 우리가 이 글이 현장과는 거리가 먼 런던의 뉴스편집국이 아니라 가자의 '이곳(here)'에서 작성되었다는 사실을 알고 있다는 점 때문에 위의 단락은 효과적이다. 이것은 좋은 산문체와 좋은 보도에 기초를 두고 있다.

지금까지 본 것처럼 특집기사의 도입부는 대체로 큰 그림보다는 작은 부분을 색칠하는 뭔가 특징적인 것, 뭔가 인간적인 것, 좀 사소한 디테일에 초점을 맞췄다. 물론 풍자가 모리스(Chris Morris)를 소개하고 있는 다음의 글처럼 완전히 잘못 틀어질 수도 있다.

> 홈리스를 주제로 해서 소송을 초래할 수도 있을 만큼 역겨웠던 〈천국에서의 하루(Another Day In

Paradise)〉라는 곡으로 한때 떼돈을 벌었다가, 후에는 보수당에 투표하지 않으려면 나라를 떠나라고 협박했던 인물 필 콜린스(Phil Collins)가 며칠 전 자신에 대한 모리스의 최근 풍자에 노하고 있는 동안, 그가 감당할 수 없는 상대(모리스를 가리킴 - 역자 주)는 옥스퍼드서커스 지하철역에서 나와 쏟아지는 빗속으로 걸어들어가고 있었다. (퍼거슨[Euan Ferguson], 『옵저버』, 2001년 7월 22일)

63개의 단어로 이루어진 과장된 문장 안에는 '소송을 초래할 수도 있을 만큼 역겨운'이나 '쏟아지는 비'처럼 괜찮은 전환구절들이 포함되어 있지만, 초점이 명확하지 않고 너무 많은 종속-종속-종속절이 있다. 기자들이 전화로 자신의 잠언을 불러주던 시절에 그 말을 받아 적어야 했던 직원은 전혀 감동을 받지 않은 채 "이런 게 아직 더 남아있나요?"라고 자주 묻곤 했다. 언론인은 자기 자신을 위해 글을 쓰는 게 아니라는 사실을 항상 기억해야 한다.

# 본문

독자들이 지루한 도입부에서 읽기를 그만두어버린다면 나머지 부분이 아무리 좋아도 무용지물이 되기 때문에 도입부가 특집기사 **작성**에서 가장 중요한 단일 요소라면, 본문은 특집기사의 **요지**이다. 세상에서 가장 훌륭한 도입부라 할지라도 전해줄 내용이 없고, 아무런 알맹이가 없는 특집기사를 구해줄 수는 없다.

특집기사의 콘텐츠와 구조는 주제, 인쇄매체의 스타일, 독자들의 관심사에 대한 인식, 필자의 의도, 조사에 투자할 수 있는 시간과 에너지의 양에 따라 달라진다. 하드뉴스 기사와 달리 특집기사는 그 자체로 모든 것이 설명되는 경우는 거의 없다. 특집기사의 필자는 관련 없는 부분을 계속 넘나들

거나 쓸데없이 주제를 우회하지 않도록 노력을 기울여야 한다. 따라서 주제가 소개되고, 강조점이 전환되고, 글의 톤이 변경되는 순서에는 어느 정도 논리가 있어야 한다. 그것은 공식이라기보다는 내적 논리이며, 특집기사마다 다르고 필자마다 다르다.

특집기사는 다음의 요소들의 일부나 전부를 종종 겹쳐지게 사용한다.

- 사실
- 인용문
- 묘사
- 일화
- 의견
- 분석

## 사실

모든 특집기사에는 사실이 필요하다. 직접적인 기고문이나 가장 개인적인 '라이프스타일' 칼럼을 제외한다면, 그것은 조사가 필요하다는 말이다. 특집기사를 위해 사실을 수집하는 과정은 인터뷰, 데이터베이스 검색, 보고서 탐독, 이벤트 목격 등으로 뉴스를 위한 과정과 본질적으로 동일하며, 가장 큰 차이점이라면 특집기사가 더 오랜 기간 동안 작성되며 더 분량이 많은 경향이 있다는 점이다. 자연히 조사를 하는 동안 더 광범위한 정보원을 접촉해야 할 시간과 더 많은 정보를 포함할 수 있는 지면이 주어진다. 예를 들면, 코카콜라에 대한 베켓의 특집기사에는 관련자 및 '전문가'에 대한 인터뷰와 함께 스크랩, 웹사이트, 서적을 포함한 다양한 정보원으로부터 수집한 사실들로 가득하다. 특집기사를 구성하고 있는 분석, 묘사, 일화를 뒷받침하기 위하여 날짜, 가격, 퍼센트, 성분이 모두 제시되고 있다.

포함시킬 사실들을 많이 확보했다면 그 사실들을 이상한 덩어리로 만들기보다는 텍스트의 적절한 지점에 배치함으로써 특집기사를 이해하기 쉽게 작성해야 한다. 일부 사실들은 '박스(factbox)'로 편집하는 것도 하나의 대안이다.

## 인용문

뉴스 기사처럼, 직접 인용문은 이야기에 권위, 극적 분위기, 강렬한 표현을 더해줄 수 있다. 위에서 소개한 텍사스 엄마의 특집기사에서는 필자가 이미 자신의 언어로 많은 이야기를 들려준 뒤 한참 후에 첫 번째 인용문이 등장한다. 하지만 그 인용문은 신뢰할 만한 정보원의 입에서 나온 의견으로 논쟁적인 성격을 띠고 있기 때문에 기다릴 가치가 있는 것이었다.

> 화요일 오후 평결이 내려진 후 예이츠의 변호사 판햄(George Parnham)은 "우리는 아직도 세일럼마녀사냥(Salem witch trials, 17세기 말 미국 동북부의 세일럼에서 마녀 사냥이 횡행하였다 – 역자 주) 시대에 사는 것 같다"고 논평하였다. (검블, 『인디펜던트』, 2002년 3월 14일)

기사 주인공의 음성, 어휘 사용 자체도 그가 하려는 말의 내용과 마찬가지로 기사에서 중요한 역할을 하기 때문에 더 직접적인 발언은 보통 개인에 대한 소개에 포함된다. 그래서 자기 자신에 대한 루돌프 줄리아니의 말이 우리에게 소개되고 있는 것이다.

> "사랑을 받는데 익숙해지는 일은 쉽지 않다. … 나의 찌푸린 표정이 미소짓는 얼굴로 변했다. 나는 부드러워지고 있다. … 가끔은 화장실로 몰래 가서 울어야 할지도 모르겠다." (톰센, 『데일리텔레그래프』,

2002년 2월 12일)

## 묘사

"말하지 말고 보여줘라"라는 언론의 격언이 있다. 바꾸어 말하면, 묘사를 통해 본 것을 표현함으로써 독자들이 거기에 대해서 어떻게 생각할지 스스로 결정하게 만들라는 것이다. 우리는 이미 위에서 인용한 도입부들 속에서 묘사의 예를 여러 차례 살펴보았다. 랜들은 다음과 같은 조언을 하고 있다.

> 묘사는 이야기에 생명력을 불어넣으며, 당신이 다녀왔던 곳으로 독자들을 인도하고 분위기를 살린다. … 최근 익힌 어휘를 과시하기 위한 기회로 삼기 위해서가 아니라 독자들의 이해를 돕기 위해서 이야기에 묘사를 집어넣는 것이라는 사실을 기억하는 한, 묘사는 명료성을 해치는 것이 아니라 더해준다. … 모호하고 단정적인 형용사나 묘사를 피하라. 사무실 건물이 "으리으리하다"고 말해도 뭔가 알려주기는 하지만 그다지 많은 것을 전해주지는 않는다. 건물이 너무 커서 한 구획에 차 두 대를 주차할 수 있을 정도였고, 호화스러운 레드 카펫이 깔려 있는 사무실에는 새로 구입한 황동장식의 검정색 책상이 놓여 있었으며, 창밖으로는 수도의 전경이 한눈에 들어왔다고 말하는 편이 훨씬 낫다. 그 편이 훨씬 나은 생각을 불러일으킨다. 사람에 대해서도 이런 식으로 묘사하라. … 묘사적인 글쓰기는 기사 여기저기에 형용사를 아무렇게나 뿌려놓는 것이 아니고 무언가에 생명력을 불어넣는 방법을 찾는 것이다. (Randall, 2000: 182-183, 저자 강조)

## 일화

일화는 제한된 단어수와 사실에 대한 강조로 압축되는 뉴스 기사보다는 특집기사에서 큰 역할을 담

> " 대부분의 특집기사 섹션에는 더 정밀한 조사가 필요하며 덜 자기만족적인 글쓰기가 요구된다. "
> – 랜들(David Randall)

당한다. 때로는 웃음과 감동을 선사하는 일화들은 이야기 속의 당사자가 어떻게 느끼고 반응했는지를 설명하고, 인간사에 대하여 무언가를 말해주며, 충분히 상세하게 작은 그림을 그려줌으로써 하나의 큰 그림을 만들도록 도와준다. 해외특파원 버(Edward Behr)는 심지어 가장 '사소하고 무의미한 **일화**가 보편적인 진리를 예시하는데 사용될 수' 있고 '꼼꼼하게 사실을 나열'한 것보다 더 많은 것을 시사할 수 있다고 말한다 (Behr, 1992: x). 파업(학교 취업상담가들이 일으킨 파업 – 역자 주) 에 대한 배경특집기사를 쓰기 위해 학교 취업상담가들을 인터뷰하는 동안, 나는 하드뉴스기사에는 삽입할 수 없지만 지루하나 의미 있는 특집기사에 활력을 불어넣어줄 수 있는 부수적 사건을 메모하였다.

> "의견에 문제가 있는 것은 아니다.… 단지 어느 정도 사실에 바탕을 둔 의견이 필요하다."
>
> – 휜(Francis Wheen)

> 직원들은 임대한 유카(용설란과에 속한 여러해살이풀 – 역자 주)가 인정사정없이 처분되고 펜과 종이 같은 사무용품이 갑자기 바닥난 여름부터 뭔가 좋지 않은 일이 진행되고 있다는 사실을 깨달았다. 쿠퍼(Lisa Cooper)는 "학교의 책임자 중 한 사람은 유카가 처분된 것과 같은 재정난은 없을 것이라고 말했다"고 회상했다. (하컵, 『가디언』, 1995년 10월 10일)

편집기자는 순간적인 기지를 발휘해서 마르틴 니묄러 목사(Pastor Niemoller, 제2차 세계대전 당시 히틀러 정권에 항거한 독일교회의 대표적인 지도자 – 역자 주)의 유명한 탄식 "그들은 먼저 유대인을 찾아왔다. …"라는 말을 차용해, "그들은 먼저 유카를 찾아왔다"라는 헤드라인을 생각해냈다.

## 의견

필자의 의견을 분명하게 해주는 특집기사가 있는가 하면 그렇지 않은 기사도 있다. 그것은 문제, 주제, 인쇄매체, 그리고 필자가 의견을 가지고 있는가에 달려 있다. 하지만 뉴스보다는 특집기사에 훨씬 다양한 정보원에게 확보한 의견이 담겨 있다. 대부분의 뉴스에서 채택되는 전형적인 '양쪽편의 이야기'와 달리 특집기사에서는 더 미묘하고 뉘앙스가 다른 의견이 표현되게 할 수 있는 여지가 있다. 또한 필자가 밝힌 의견이 특집기사의 끝부분에 가서는 바뀌는 일도 없지 않다.

## 분석

물론 모든 특집기사가 분석적인 것은 아니지만, 보다 당면한 주안점을 가지고 빽빽하게 작성되는 뉴스기사보다는 특집기사가 더 많은 분석 기회를 가지고 있다. 베켓의 코카콜라 특집기사는 그 회사의 역사적인 위치, 생산품목의 다양화, 브랜드 이미지에 근거해서 그들의 활동에 대하여 다양한 분석을 시도하고 있다. 현 상황에 대한 필자 자신의 분석은 별도로 하고, 그는 코카콜라의 유럽지사 책임자와 일련의 개별 전문가를 접촉해서 자신들의 견해를 제시하도록 하였다. 텍사스 엄마의 특집기사에서는 영국에서 이와 같은 사건이 어떻게 처리되었을지 분석하고 있는데, 한 영국의 변호사는 그 여성이 영국에서 재판을 받았다면 일시적인 정신이상에 의거해서 혐의를 벗었을 것이라고 설명하고 있다. 그녀가 석방되어도 충분할 정도로 건강을 찾았다고 확인되기 전까지는 정신병원에서 생활했을 가능성이 더 크다. 특집기사에서 이러한 분석의 목적은 단순히 어떤 일이 일어나고 있는지를 알려주는 것이 아니라 우리가 그것을 조금 더 이해할 수 있도록 도와주면서 언론의 기능을 보도와 묘사 이상으로 확대하는 것이다.

## 결말

도입부와 마찬가지로, 끝까지 글을 읽은 독자에게 보답을 해준다는 의미에서 '클라이맥스(payoff)'라고 불리는 특집기사의 결말에는 다양한 형태와 분량이 있다. 뉴스기사는 보통 밑에서부터 편집될 수 있도록 가장 중요도가 덜한 정보로 끝을 맺지만, 특집기사는 더 완성된 결말로 맺어지는 경향이 있다. 그것은 앞에서 이야기한 내용들의 요약, 도입부에서 언급한 장면으로의 회귀, 독자에게 생각할 여지를 남겨주는 새로운 반전 등이 될 수 있다.

자신의 자녀들을 익사시킨 엄마에 대한 검블의 기사는 완고한 주 검사(state prosecutor)를 언급하며 끝나면서 보상을 하고 있다.

그녀의 유죄 판결이 분명히 그에게 또 하나의 자랑 거리가 될 것이다. 그러나 그것이 문명사회의 복리를 발전시켰는지는 또 다른 문제이다. (검블, 『인디펜던트』, 2002년 3월 14일)

필자는 가끔씩 잔학한 세부사항을 곁들여 개별 이야기를 들려주고 있지만, 이 특집기사의 주제는 사실상 예이츠가 아니고 미국의 사법제도다.

위에서 언급한 루돌프 줄리아니 소개기사는 이전 뉴욕시장의 말로 끝을 맺고 있다.

"여왕의 접견 말고 내가 영국에서 가장 고대하는 일이 뭔지 아는가? 의회정례문답(Prime Minister's questions)이다. 거기에 참석할 수만 있다면 뭐든 하겠다. 쟁점에 대해서 절반도 이해하지 못하지만

그래도 꽤 박진감이 넘친다. 집중하고 집중하고 또 집중해야 한다." 그는 웃으며 "아마도 나는 영국 정계에 진출해야 할지도 모르겠다"고 말했다. (톰센, 『데일리텔레그래프』, 2002년 2월 12일)

도입부에서 밝혀진 그의 영국 방문 목적에 대한 주제로 다시 돌아가고 있지만, 영웅으로 추대받고 있는 미국의 정치인이 실은 훨씬 조롱받는 영국의 의회정례문답 제도를 추켜세우는 반전이 있다. 마지막 문장의 제안은 심각하게 받아들이면 안 되지만 ("그는 웃으며 말했다"), 그 말로 인해 특집기사의 주인공이 영국의 독자들에게 더 친숙해지고 있다.

나토가 주도하는 보스니아 평화유지군의 일환으로 라디오 방송국을 운영하는 영국군에 대한 암스트롱의 특집기사의 클라이맥스에는 도입 장면으로의 회귀와 함께 더 큰 반전이 있다.

다시 클럽으로 화제를 돌리면, 다소 희망이 있다는 사실을 믿게 될 것이다. 신병들은 흩어져서 모두 댄스 플로어의 한가운데 서서 디제이가 만드는 광란의 무대에 맞추어 손을 올리고 춤을 추었다. 거기에는 크로아티아인, 세르비아인, 보스니아인들이 모두 있었는데 그들은 이전에 보스니아 평화유지군을 헐뜯었을지도 모르지만, 이 병사들에게 암스텔 맥주를 돌렸다. 단상에서 요란한 녹색 형광봉을 흔들던 젊은이는 내려와서 나와 음악에 관해서, 오직 음악에 관해서 이야기를 나누었고, 그는 내가 정치 이야기를 꺼내기를 원치 않았기 때문에, 나는 그 소박한 1988년 사랑의 여름(1998 Summer of Love, '두 번째 사랑의 여름'이라고 불리는 1988년 여름은 애시드 하우스의 발흥, 일렉트로닉 댄스 음악과 엑스타시의 광범위한 보급, 레이브 파티의 활성화로 인해 영국 젊은이들 전반에 행복감이 만연한 시기였다 – 역자 주)의 순간에 음악이 정말 변화를 가져올 수 있겠다는 생각을 하게 되었다. 아니면 그저 맥주를

마시며 나누는 대화일 수도 있다. (암스트롱, 『가디언』, 2000년 9월 25일)

이렇게 우리는 다시 돌아간 도입 장면에서 모든 사람이 좀더 편안해진 모습을 발견하게 되고, 음악이 평화, 사랑, 상호이해를 가져올 수 있다는 낙관적인 이야기를 듣게 된다. 그리고 마지막 문장은 그 전까지 독자들이 읽은 모든 내용의 의미에 대해서 의문을 제기하는 지점까지 나아간다. 이와 비슷하게, 유럽에서 코카콜라가 낳고 있는 문제점에 대하여 다룬 베켓의 긴 특집기사는 한 분석가의 클라이맥스에 해당하는 인용문에 의해 균형감을 갖게 된다.

"만약 코카콜라가 중국과 인도의 국민들로 하여금 일 년에 한 병만 더 마시게 할 수 있다면, 우리 같은 사람들은 안중에 둘 필요도 없을 것이다." (베켓, 『가디언』, 2000년 10월 2일)

이로써 우리는 특집기사의 첫 부분에서 보다 더 많은 것을 알게 되었지만, 그렇다고 모든 것을 알게 되었다고 착각하지는 말자.

## 모두 종합하기

인쇄 매체에서 뉴스 기사가 일반적으로 과거시제로 작성되는데 반해, 특집기사는 대개 현재시제로 쓰인다. 특집기사에서 시제와 관련된 엄격한 규칙을 하나만 꼽자면 전체적으로 일관성을 유지해야 한다는 점이다. 그러나 너무 긴 문장이 많으면 지루해지고 너무 짧은 문장이 많으면 가벼워지므로 문장의 길이에 관한 한 다양성이 중요하다.

좋은 특집기사가 되려면 다른 부분이나 다른 논점으로 넘어갈 때 매끄럽게 전환되도록 하여야 한다. 물 위에 떠 있는 오리처럼 표면에 잔잔한 물결을 일으킬 수 있도록 최선을 다해야 한다. 필자가 어디로 향하고 있는지 알아내기 위해 독자가 땀흘려가며 찾도록 하면 안 된다. 좋은 글에는 연결어와 연결구가 필수적이다. 독자에게 서로 상관없어 보이는 논점들을 연달아 던져주지 말고, 인용문이 허공에서 홀로 펄럭이게 하지 말라. 하나의 논점을 다른 논점에, 하나의 단락을 이전의 단락에 연결짓기 위해 분투하라.

연결어와 연결구는 그리고나 그러나처럼 단순할 수 있다. 여기서도 다양성이 중요하다. 예를 들면, 이 장에서는 지금까지 특히 다음과 같은 연결어와 연결구가 포함되어 있다. 이 경우에는(in this case) … 왜냐하면(because) … 그래서(so) … 이지만(though) … 또한(also) … 그러나(but) … 이므로(as) … 예를 들면(for example) … 마찬가지로(just as) … 그럼에도 불구하고(although) … 그 다음(then) … 위의(the above) … 주의하면(note) … 그렇지만 다른 경우에는(at other times, though) … 또는 더 음산하게(or the more stark) … 이러한(this) … 이 점을 고려하면(consider this) … 으로 밝혀졌다(it turns out that) … 보면(see) … 이것을 예로 들면(take this) … 위의 단락(the above passage) … 지금까지 우리가 본 것처럼(as we have seen) … 다시(again) … 에서처럼(as with) … 그리고는 돌아가서(a return, then) … 더 큰 반전(a bigger twist).

신문이나 잡지에서 특집기사를 한 편 취해서 연결어나 연결구에 색칠해가며 탐독하면 좋은 연습이 될 것이다.

## ■■■ 요약 ■

특집기사는 화제가 되고 있는 이슈에 대해서 배경정보나 분석을 제시하고, 인물, 장소, 조직에 관한 자세한 소개를 해주며, 논쟁이 될 만한 의견을 전달하고, 스타일이나 콘텐츠를 통해 즐거움을 주기도 한다. 비록 독자나 광고주들의 이해관계에 따라서 소재가 선택될 가능성이 있지만, 사실상 무엇이든지 특집기사의 주제가 될 수 있다. 특집기사는 뉴스 기사보다 분량이 많고 더 많은 정보원을 활용하는 경향이 있다. 특집기사를 작성하는 다양한 스타일이 존재하며 특집기사는 대부분의 뉴스 보도에 적용되는 '역삼각형' 공식을 따르지 않는다. 특집기사를 쓰는 기자들은 새로운 스타일을 시도할 수 있는 여지가 훨씬 많으며, 기자 자신이 기사에 등장하는 일도 흔하다. 최근 몇 년 사이에 '고백적' 형태의 특집기사가 널리 퍼졌는데, 이것은 대중들에게 '일반적인 사실을 주장(하는 언론의 관습 – 역자 주)'하는데 도전하는 광범위한 사회적 변화를 반영하고 있다.

##  ■ 질문 ■

특집기사는 무엇을 *위한* 것인가?

특집기사는 뉴스와 어떻게 다른가?

뉴스보다 특집기사에 더 적합한 주제가 있는가?

스타 칼럼니스트들이 기자보다 더 많은 돈을 받는 이유는 무엇인가?

특집기사에서는 '나'라는 표현을 볼 수 있지만 뉴스에서는 발견할 수 없는 이유는 무엇인가?

## ■■■ 추가 읽을거리 ■

필립스(Angela Phillips, 2007)의 역작 『좋은 기사 작성법(*Good Writing for Journalists*)』은 다양한 특집기사를 분석하고 재현하였을 뿐만 아니라, 그 과정에서 더 나은 글을 쓰는데 도움이 되는 수많은 조언을 제공하고 있다. 페이프와 페더스톤(Pape and Featherstone, 2006), 키블(Keeble, 2006), 애덤스(Adams, 1999)도 살펴볼 가치가 있으며, 맥케이(McKay, 2006)는 한 장을 할애해서 특별히 잡지의 특집기사를 유익하게 다루었다. 랜들(Randall, 2007)은 뉴스와 특집기사를 엄격히 구분하는데 비판적이기는 하지만, 그의 보도에 대한 강조는 환영할 만하며 기사작성에 관한 팁도 상당히 유용하다. 리뷰 작성 과정의 입문서로는 길버트(Gilbert, 1999)를 보면 된다. 저널리즘과 그 밖의 분야에서 재귀성 문제에 관한 논의를 알고 싶다면 도비(Dovey, 2000)가 좋은 출발점이 될 것이다. 무엇보다 다양한 미디어를 통해 다양한 특집기사를 읽어야 한다는 점을 명심하라.

**주요 출처**

Christiansen, Williams, 1959: 190에서 인용; Jack, 2006; Johnson, Hicks et al., 1999: 124 에서 인용; Randall, 2000:194; Wheen, 2002: xiii.

# 11장

# 이미지를 활용한 보도

### 주요 용어

24시간 뉴스(24-hour news); 라디오(Radio); 방송 저널리즘(Broadcast journalism); 사용자제작콘텐츠(User-generated content); 쌍방향성(Interactivity); 영상(Video); 음성(Audio); 인터넷(Internet); 컨버전스(Convergence); 크라우드소싱(Crowd sourcing); 텔레비전(Television)

불과 11초에 불과하지만 『맨체스터이브닝뉴스』의 웹사이트에서 가장 많은 인기를 누린 동영상이 있다. CCTV에 찍힌 이 동영상은 버스 뒤를 따라가던 승용차 한 대가 통행 제한 '통로'에 들어서자마자 허가받지 않은 차량이 통과하면 자동으로 지면에서 솟아오르는 강철기둥에 충돌하는 장면을 담고 있었다. 저런! 수천 명의 **인터넷** 유저들이 그것을 시청하였고 친구나 동료들에게 이메일로 링크를 보내주었을 뿐만 아니라, 사람들은 해당 사이트의 '당신의 의견(Your Comments)'란에 수십 개의 글을 게시하여 교통안내표지의 위치에서부터 동영상의 기가 막힌 타이밍에 이르기까지 다양한 논쟁을 하였다. 참으로 재미있는 순간이었다.

그 차량진입 방지용 기둥 이야기는 비디오를 이용해 만들어졌다. 그것은 또한 온라인 테크놀로지의 발전과 (웹에서 독자와 시청자를 가리키는 용어인) 유저들이 자신의 생각과 일화를 게시함으로써 이야기의 일부가 되는 현상이 보여주는 가능성의 한 예이다. 그것은 심지어 한 소방관이 회전식 건조기 안에서 빙빙 도는 장면을 휴대폰으로 촬영한 장난스런 동영상이 누렸던 인기를 능가하였다. 하지만 MEN 미디어 온라인 편집국장 하틀리가 아래에서 설명하고 있는 것처럼, 맨체스터온라인(Manchester Online)이라고도 불리는 『맨체스터이브닝뉴스』의 웹사이트가 웃기지만 대수롭지 않은 동영상만을 취급하는 것은 아니다.

## 인터넷

영상, 애니메이션, 사진, 지도, 음성 혹은 그 밖에 어떤 이야기 전달방식을 사용하든지간에, 인터넷상의 저널리즘도 여전히 저널리즘에 속한다. 워드(Mike Ward)에 따르면, "최초의 아이디어부터 최종 페이지나 사이트에 이르기까지 온라인 콘텐츠 제작과 공개의 전 과정에서 핵심적인 언론의 원칙과 과정이 적용되어야 한다"(Ward, 2002: 6, 저자 강조). 그는 이 과정을 다음과 같이 정의했다.

- 주요 수용자/독자들을 끌어들이고 그들이 관심가질 만한 뉴스와 정보를 찾아 확인한다.
- 이야기를 전하고 정보를 제공하는 데 필요한 모든 자료를 수집한다.
- 수집된 것들 중에서 최상의 자료를 선택한다.
- 그 자료를 최대한 효과적으로 제시한다.
 (Ward, 2002: 30, 저자 강조)

그러나 네덜란드에서 이루어진 연구에 따르면, 온라인 기자들은 수용자와 관계를 맺는 방식에서 다른 매체의 기자들과 다르다.

상향식 '대중' 개념은 이런 기자들(온라인 기자를 지칭 — 역자 주)이 오프라인 기자들보다 수용자들의 능동적인 역할에 대하여 훨씬 많이 인지하고 있다는 점을 보여준다. 그것은 뉴미디어 기술을 둘러싼 담론, 즉 그 기술이 사람들에게 힘을 부여하고 있으며 (뉴스든 정보든) 콘텐츠의 소비자와 생산자 관계를 더 민주화시킨다는 인식과 일치한다는 점에서 흥미로운 결과다. 그것은 또한 온라인 미디어의 논리 즉, 저널리즘 작업을 재정의할 때 수용자를 능동적인 행

그 사이트는 여러 수준의 동영상을 마련해놓고 있기 때문에 다채롭다고 말할 수 있다. 웃기는 영상들도 있다. 수천 명의 사람들이 시청한 차량진입 방지용 기둥 이야기가 클릭 수에서 단연 압도적이다. 소방관 이야기도 썩 괜찮았지만 기둥 이야기만큼은 아니었다. 그건 바보같은 영상들이다. 그런 수준의 영상도 있지만 우리 비디오저널리스트(video journalist, 취재·촬영·편집·조명 등 4~5명이 팀을 이뤄 제작하던 기존의 뉴스나 다큐멘터리와는 달리 이 모든 과정을 혼자서 처리하는 사람 – 역자 주)가 스타이얼(Styal) 교도소에 가서 여죄수들과 간수들을 인터뷰한 탐사물도 있다. 그것은 세 부분으로 나뉜 정식 미니시리즈와 같으며, 그와 관련된 특집기사 텍스트도 곁들여 있다. 또한 시민들과의 인터뷰나 거리의 소리(voxpop)도 볼 수 있기 때문에, 우리 사이트는 정말 다채롭다.

## 통합적인 뉴스편집실

현재 신문의 생산물을 텔레비전, 라디오와 결합시키고 있는 언론사의 일부로서 하틀리의 온라인팀은 텍스트와 더불어 수많은 영상과 음성 자료를 활용하고 있다. 이제는 모든 언론인들이 유저들과 마찬가지로 시각 자료를 제출하라는 요청을 받고 있다.

우리는 통합적인 뉴스편집실 같은 곳을 만들려고 노력한다. 다행히 우리는 텔레비전 방송국을 소유하고 있기 때문에 기자들이 매일 취재가 가능한 현장으로 나가서 영상을 담아올 수 있다. 마찬가지로 우리는 신문 기자들도 온라인을 이용한 뉴스 수집에 적응하도록 하기 위해서 지급받은 휴대폰으로 영상을 찍어서 그들이 있는 현장을 보여주라고 독려한다. 그 밖에도 우리는 사무실에 쓸 만한 수준의 소니 A1 카메라를 구비해놓고 신문팀이나 온라인팀 등에서 휴대폰으로 할 수 있는 것보다 더 그럴듯한 패키지를 짜맞출 수 있도록 하고 있다. 따라서

위저로 이해하는 개념과 연결된다. (Deuze and Dimoudi, 2002: 97, 저자 강조)

웹사이트 유저들은 "정보 더미로부터 음성 파일, 데이터베이스, 그래픽, 텍스트 요약, 영상, 자료보관소에 이르기까지" 자신이 원하는 곳이라면 어디든지 갔다가 다시 돌아오거나 일차자료와 본래 문서를 확인하기 위해 바깥으로 나갈 수 있는 재량을 지니고 있다 (Ward, 2002: 121). 시작, 중간, 끝이 분명한 방송 저널리즘의 전통적인 선형 구조에 비해서, "그래픽에 기반을 두고 있는 온라인 스토리텔링은 차이가 있다"고 허드슨(Gary Hudson)과 로우랜즈(Sarah Rowlands)는 설명한다.

온라인에서는 플래시 같은 프로그램을 사용해서 다른 방식으로 스토리텔링 요소를 연결시킬 수 있다. 영상, 사진, 사운드, 텍스트, 그래픽 모두 이야기를 전달하는 데 사용된다. 그것들이 서로 연결된 방식을 고려할 때 유저들은 어느 정도까지 보거나 들을 것인지 마음대로 결정할 수 있다. 이어지는 줄거리가 존재하지만, 그것을 경험하는 수준은 유저가 통제한다. … 기자가 온라인 패키지를 준비할 때 이야기를 전개시키면서 어떤 요소를 추가해야 할지 막막할 수도 있다. 그런 경우에 유저들로부터 피드백을 받는 기자들도 있다. 그러므로 기자의 콘텐츠는 실로 쌍방향적이라고 할 수 있다. (Hudson and Rowlands, 2007: 300-301)

점점 더 많은 언론인들이 다양한 미디어 플랫폼을 넘나들며 소식을 전달할 것이라는 점은 분명하다. 이로 인해 이전에는 확연히 구분되었던 인쇄매체, 라디오, TV, 온라인 기자들의 세계 사이의 경계가 이미 사라지고 있다. 하지만 지금까지 기자들은 항상 매체를 넘나들며 다른 기자의 생산물을 활용해왔다. 방송 기자들이 기삿거리를 찾기 위해 신문을 읽는 것처럼, 인쇄매체 기자들도 TV와 라디오를 모니터한다. 인쇄매체와 방송 모두 인터넷에 의존하는 것처럼, 인터넷도 인쇄매체와 방송에 의존한다. 워커(David Walker)는 자신의 경험을 바탕으로, 인쇄매체에 어떤 기사가 실리지 않는 한 BBC 뉴스편집국에도 관

여러 가지가 혼합되어 있다. 우리가 직접 제작하는 영상 외에도 (경찰과 같은) 공공기관이나 유저들이 제공한 동영상도 자료로 사용된다. 요즘에는 사람들이 카메라나 휴대폰으로 촬영하는 일에 꽤 익숙하다.

동영상뿐만 아니라 사진도 마찬가지다. 2008년에는 www.Flickr.com에 MEN Your Pictures 사이트가 마련되었는데 불과 2개월 만에 맨체스터를 찍은 2,500개가 넘는 사진이 게시되었다. 직원들이 사진뿐만 아니라 촬영장소에 대한 유저들의 코멘트를 사전에 검토하여 불쾌한 콘텐츠와 짓궂은 사진을 제거하고 온라인으로 공개하였다. 분명히 따분해 보이는 건물 사진들도 있었지만, 지역의 축제부터 도시의 정치적 시위에 이르기까지 다양한 이벤트에 참여한 사람들의 사진도 상당히 많았다. MEN의 기자들이라면 이런 이벤트 사진들을 촬영하지 않았을 것이고, 설령 그랬다 하더라도 신문에서는 그 중 한두 개만 선택하였겠지만 웹사이트에서는 수많은 사진을 보여줄 수 있다. 하틀리는 그 기획의 의도에 대하여 다음과 같이 설명한다.

> " 비선형적인 온라인 패키지는 방송이 출현한 이래로 가장 새로운 형태의 저널리즘에 가깝다. "
>
> – 허드슨과 로우랜즈(Gary Hudson and Sarah Rowlands)

그것은 다른 무엇보다도 사람들이 있는 곳으로 찾아가자는 시도였다. 과거라면 우리는 "이곳은 우리 신문사 웹사이트입니다. 여러분의 투고를 기다립니다"라고 말했을 것이다. 반면에 이제 우리는 "많은 사람들이 맨체스터 사진을 찍고 있으니까 사람들에게 그것을 요청하기보다는 우리가 찾아보자"고 이야기한다. 상당히 효과가 있다. 나는 신문에서 매주 '이뷰(e view)'라는 한 지면을 담당하고 있는데 거기에 있는 사진들 중에서 일부를 활용한다. 그것은 이미지에 관심이 많은 사람들의 공동체이기

련 이야기들이 "존재하지 않았다"고 쓰고 있다 (Walker, 2000: 239). 지역의 라디오방송국들은 오랫동안 지역 신문들과 함께 서로 상대방을 이용하는 관계를 형성해왔으나, 이제는 미디어의 모든 구성원들이 점점 더 경쟁적으로 서로를 소비하고 있다. 인터넷의 발전은 그런 과정이 더 빨라지고 범위가 전 세계로 확대된다는 사실을 의미하며, 수용자의 입장에서는 더 많은 참여기회를 갖게 된다는 점을 뜻한다.

## 사용자제작콘텐츠 (user-generated content)

'UGC'라고도 알려진 '사용자제작콘텐츠'라는 용어는 최근에 사용되기 시작했지만, 그런 현상은 새로운 것이 아니다. 신문이나 잡지에 실리는 독자 투고가 전통적인 미디어에서 실행되고 있는 하나의 예이며, 독자가 보낸 역사적인 사진, 일반인이 꽃박람회나 스포츠이벤트를 소개한 글, 라디오 방송에 청취자의 전화 참여, 아직도 지역신문과 지방신문에 실리고 있는 아마추어 지역사회 또는 마을 특파원의 조잡하고 장황한 글도 그러한 예에 해당한다. 그럼에도 불구하고 디지털 커뮤니케이션은 속도와 양의 면에서 그러한 현상을 완전히 변화시켰으며, 이제는 대부분의 언론 기업에서 디지털 커뮤니케이션을 중요하게 고려하게 되었다. "UGC의 폭발적인 증가를 가져온 대중들의 변화된 행동양식으로 인해서 주류 미디어의 편집국과… 뉴스 기사 안에 UGC 제작을 담당하는 공간이 마련되었다는 사실이 중요하다"고 비븐스(Rena Kim Bivens, 2008: 116-117)는 이야기한다. "어떤 경우에는 뉴스 속보와 관련된 UGC가 쇄도해서 전통적인 뉴스의 흐름이 실제로 역전되기도 한다."

## 방송 저널리즘

라디오와 텔레비전 저널리즘은 인쇄 저널리즘과 뉴스 취

때문에, 우리는 신문에 필요한 이미지가 있을 때마다 그곳을 방문해 허락을 구하고 사람들을 참여시킨다. 우리는 공짜로 그 사람들의 작품을 도용할 마음이 없다. 다른 신문에서 하는 것보다 더 간단한 연락이 필요할 뿐이다.

동영상 클립, 동영상 패키지, 사진 갤러리 외에도 현재 온라인 뉴스 사이트들은 슬라이드쇼, 텍스트와 음성, 그래픽, 지도를 곁들인 슬라이드쇼를 통해서 기사를 전달하는 등 다양한 방법을 활용하고 있다. 온라인 지도의 강점은 쌍방향성이다. MEN 사이트에서 처음 시도된 온라인 지도는 그레이터맨체스터 지역에서 발생한 총격 사건의 위치를 보여주었다. 그 지점을 클릭하면 그 사건을 다룬 온라인 기사의 링크와 함께 피해자의 사진과 약력이 나타난다. 하틀리는 그 이후로 기술이 더 발전했다고 설명한다.

총격 사건 지도는 단지 장소를 보여준 것이기 때문에 진정한 의미에서 쌍방향적이라고 할 수 없다. 하지만 그 이후로 우리는 지역 전체에 걸쳐 사고다발 지점을 표시하는 쌍방향 지도를 구축해서, 사람들이 웹사이트로 와서 교통정보를 추가하도록 만들었다. 유저들은 단지 지도를 클릭해서 자신의 문제를 덧붙이면 되기 때문에 수백 명의 유저들이 참여하고 있다. 그들은 자신의 경험을 설명한다. 이것이 바로 크라우드소싱(제품 개발이나 서비스 개선 과정에서 회사나 조직 내부 인적자원에만 의존하지 않고 네티즌이나 일반 소비자 의견을 적극 수용해 반영하는 방식 – 역자 주)의 원칙이다.

이미지와 동영상을 업로드하고 기사나 블로그에 코멘트하는 사람들과 함께 바로 이 '크라우드소싱'은 업계에서 '사용자제작콘텐츠'라 불리는 현상의 일부다.

재와 전달의 기본 테크닉을 공유하지만, 방송 저널리즘에서는 사운드와 영상이 차지하는 비중 때문에 어떤 이야기가 선택될지, 어떻게 이야기가 보도될지는 달라진다. 챈틀러(Paul Chantler)와 해리스(Sim Harris)는 "라디오에서는 스크린의 사이즈에 따라 그림의 크기가 제한되지 않기 때문에" 라디오가 "상상력을 자극하는 데에는 최적의 매체"라고 주장한다 (Chantler and Harris, 1997: 5). 라디오에서는 (머릿속의) 그림이 중요한 것처럼 텔레비전에서는 사운드, 특히 사람들의 목소리가 중요하다 (Holland, 2000: 79). 따라서 방송국에서는 좋은 그림이나 음성을 곁들일 만한 이야기들이 그렇지 않은 것들보다 훨씬 보도될 확률이 높다. 중요하지만 따분한 이야기를 취재하는 기자는 쓸 만한 청각 또는 시각 자료가 없을 경우 아슬아슬한 행위, 광범위한 메타포, 상상력 넘치는 카메라 연출 등을 통해서 기발하게 그런 자료를 창조할 수도 있다.

방송 저널리즘은 인쇄 저널리즘보다 더 실감나는 효과를 창출하는 경향이 있으며, (사실은 그렇지 않다 하더라도) 과거에 발생한 일보다는 현재 발생하고 있는 일을 보도한다. 텔레비전업계에 대한 고전적인 연구에 따르면, 방송 저널리즘은 보이는 것과는 달리 '임의적인 사건에 대한 임의적인 반응'과는 거리가 멀다.

오히려 반대로, 그것은 전자 생산라인에서 문화 상품을 제작하는 일상적 과정으로서 강하게 규제된다. 방송 뉴스는 기획, 취재, 선별, 제작 단계에서 하루 주기로 구성 순서와 조직의 요구에 따라 만들어진다. 뉴스는 가공되는 것이며, 다른 상품과 마찬가지로 그것을 탄생시킨 기술적·조직적 구조로부터 자유롭지 않다 (Golding and Elliott, Manning, 2001: 51에서 인용).

'전자 생산라인'이라는 강력한 이미지에도 불구하고, 개별 기자들은 자신의 연락책, 능력, 자세를 통해서 어느 정도 콘텐츠에 영향을 끼칠 수 있다 (Manning, 2001: 53). 예를 들어, 이 책에 소개된 TV 기자 이스트우드의 이야기를 들여다보면, 그녀가 회사 및 방송 규제당국이 가하는 제약에도 불구하고 자신의 연락책을 넓혀나가고, 스스로

**사용자제작콘텐츠**는 이제 주류 **방송 저널리즘** 내에서도 흔한 현상이 되었으며, 요크셔 ITV의 이스트우드에 따르면 직업적 기자들에게 매우 유용한 것으로 판명되었다.

특히 카메라와 인력이 부족한 주말에 우리는 꽤 많은 동영상을 이메일로 받는다. 보통 사람들은 자신의 동영상에 대해 보상을 바라지 않고 그저 스릴을 느끼는 것 같다. 형편없는 것도 일부 있지만 상당히 괜찮은 것도 있어서 정말 도움이 된다. 가끔은 놀라울 정도로 뛰어난 것도 있다. 공항 같은 곳에서는 촬영이 제한되어 있기 때문에 우리는 몇 시간 전에 허가를 받기 위해 전화를 해야 한다. 글래스고 공항 테러 이후 공항 보안이 강화되었을 때 그 사건의 후속기사를 만들 당시, 공항에 기자와 카메라를 보내서 단지 무장 경찰을 촬영하려고 했는데도 꽤 오랫동안 전화를 걸어야 했다. 우리는 엄격한 통제를 받는데도 불구하고, 비디오카메라를 가지고 있는 일반 시민들은 원하는 것을 무엇이든 촬영할 수 있다면 공항에도 문제가 발생할 수 있을 것이다.

> "인터넷은 규모가 큰 길거리 만담일 뿐이다."
> – 벤(Tony Benn)

요즈음에는 일반 시민들만 디지털비디오카메라를 들고 다니는 것이 아니다. 이스트우드가 말하는 것처럼, 전통적인 TV 촬영팀이 취재차 나가보면 점점 더 '통합되고 있는' 뉴스편집실의 웹사이트를 위해 현장을 찍고 있는 신문 기자나 온라인 기자를 마주칠 가능성이 크다.

> "앞으로는 엄청나게 많은 사람들이 기자 역할을 할 것이다."
> – 드러지(Matt Drudge)

취재를 위해 현장에 나가면 다른 TV 채널에서 나온 낯익은 얼굴들뿐만 아니라 소형 비디오카메라를 들고 있는 사람들을 보고, "어디서 온 사람들이지? 학생들인가?"라고 생각하게 된다. 하지만 그들은 『요크셔포스트』나 『헐데일리메일(Hull Daily Mail)』

기삿거리를 찾고, 언론인으로서 자신의 창의성을 개발하는 여유를 가지고 있었음이 분명하다.

보이드에 따르면, 최근 몇 년 동안 라디오와 TV에서 24시간 뉴스 프로그램이 출현하기 시작했다.

24시간 뉴스 포맷이 등장한 이후 다양하고 독특한 스타일이 개발되었다. 여기에는 하루 종일 다채로운 프로그램과 인물들을 소개하는 잡지식 접근, 연장된 뉴스 방송을 반복하고 업데이트하면서 대개 20분에서 1시간 가량 지속되는 뉴스 사이클 등이 포함된다. (Boyd, 2001: 130)

그러한 뉴스가 '현재 관심을 모으고 있으며 극적인 것들을 너무 강조'하고 '귀중한 정보(nuggets)'는 너무 단순화해서 전달하는 경향이 있다는 우려도 있다 (Harrison, 2000: 209). 현실에서는 24시간 뉴스가 똑같은 방송을 반복하고 있으며, 그 연속성에도 불구하고 여전히 기자들의 선택과 중계에 의존하고 있다. 이제는 너무 많은 뉴스가 온라인으로 뉴스편집국에 쏟아져 들어오는 탓에 방송 기자들이 뉴스의 맨 처음 출처를 잊어버릴 수 있다는 염려도 있다.

우리는 새로운 테크놀로지의 활용이 점증하고 있는 환경 속에서 맞닥뜨릴 수 있는 가장 큰 위기 중 하나에 대처해야만 한다. 그저 스크린이나 프린터에 보이는 것만을 뉴스로 간주하는 경향이 있다. 하지만 기자가 직접 나가서 자신의 노력으로 찾아낸 것이 진짜 뉴스라는 사실을 망각하면 안 된다. (Chantler and Harris, 1997: 64)

따라서 적절하게 취재가 이루어진 저널리즘과 1장에서 언급한 '처널리즘'은 구분되어야 한다.

해리슨(Jackie Harrison)은 '더 신속하고 더 선정적인 스타일의 뉴스 보도'를 추구하는 경향으로 인해 시민들에게 공급되는 정보와 해석의 질과 관련된 문제가 추가적으로 제기된다고 주장했다. "뉴스 기관들이 제작 테크닉과 포맷 스타일을 어설프게 만지작거리면 결국에는 뉴

같은 곳에서 취재 나온 기자들이다. 무시하는 것은 아니지만 그들은 가끔 방해가 된다. 사람들이 카메라를 응대하는 데는 한계가 있기 때문에, 너무 많은 부탁을 받게 되면 마지막으로 부탁한 사람에게는 "안돼요"라는 대답이 돌아오기 마련이다. 우리가 '진짜 TV' 기자들이기는 하지만 그들도 우리와 똑같은 권리를 갖고 있다는 점은 틀림없다.

## 이미지 확보하기

이스트우드는 신문 기자가 웹사이트의 패키지를 위해서 언젠가 직접 동영상을 촬영하고 편집하게 될 것이라는 것은 고사하고, 동영상이란 것을 상상해 보기도 전에 신문사에서 일을 시작했다. 신문사를 떠나 방송사에서 일하게 되었을 때 그녀는 텔레비전 보도에서 이미지가 차지하는 중심적 역할에 놀랐다면서, "언제나 이미지를 찾아야 한다"고 말한다. 또 다른 차이점이라면 노트를 들고 누군가와 대화를 나누던 것에 비하면 사람들을 설득해서 TV에 나오게 하는 것이 어렵다는 점과 자신의 복장과 헤어스타일이 화면에 나오기 때문에 갑자기 중요해졌다는 점, 그리고 모든 일을 처리하는데 소요되는 시간이 "실망스러울" 정도로 적다는 점이 있다. 16세에 지방신문 기자로 교구회의를 취재했던 경험을 가지고 있는 그녀는 터무니없이 많은 지역 TV 뉴스가 주로 신문을 포함해서 다른 어딘가에서 이미 보도되었던 내용을 뒤이어 보도하고 있다는 점도 발견하였다.

신문과 텔레비전의 차이점을 논하면서 이스트우드는 '실망스럽다'는 단어를 자주 사용하였다. 하지만 그것은 이야기의 일면일 뿐이다. 그녀는 방송이 진가를 발휘하는 이야기들도 있다는 사실을 알게 되었다.

스 콘텐츠와 이용가능한 정보의 양에 영향을 끼치게 되고, 궁극적으로 지상파 텔레비전 뉴스와 공론의 장 사이의 관계에도 영향이 간다"(Harrison, 2000: 29 and 42). 하지만 '현란한 영상 효과' 자체에 문제가 있는 것은 아니다.

시청자들이 어떤 장면을 자신들을 기만할 목적으로 사용한 기술이 아니라 (예를 들면, 다층촬영, 그래픽 또는 와이프[화면을 한쪽에서 지우면서 다음 화면을 나타내는 기법 – 역자 주]처럼) 현란한 영상 효과라고 식별할 수만 있다면, 그런 테크닉은 받아들여질 수 있다. 배우들을 활용해서 사건을 재현할 때는 반드시 재연이라고 밝혀야 하며, 그런 경우에도 확실한 부분만 자세히 보여주어야 한다. 사건의 사실을 재구성하는 것은 괜찮지만 그 이상으로 장면을 지어내는 행위는 저널리즘에서 용납될 수 없다. (Hudson and Rowlands, 2007: 318)

위의 인용문 중에서 마지막 부분은 꼭 강조할 필요가 없겠지만, 최근 몇 년 간 발생한 TV '속임수(fakery)' 스캔들(영국의 일부 방송국에서 사실을 왜곡하여 보여줌으로써 사회적인 문제가 되었다 – 역자 주)에 비추어볼 때, 이 부분이 텔레비전 방송국이나 제작사의 벽에 새겨져야 할 것 같다.

우리는 사건이 발생한 순간 보도를 할 수 있기 때문에 뉴스 속보 부분에서 분명히 강점을 지니고 있다. 신문은 다음날 발행되지만 우리는 가장 먼저 전한다. 바로 그 점이 짜릿하다. TV를 위해 일하면 그 점에 가장 자부심을 갖게 되며, 라디오의 경우에는 훨씬 더 즉각적이다. 텔레비전은 화재, 재난현장, 혹은 존 프레스콧(John Prescott, 영국의 전 부총리 – 역자 주)이 (2001년 총선거 캠페인 중) 주먹질을 하는 장면처럼 상황을 있는 그대로 보여줄 수 있다. 화재나 파괴 현장은 TV의 좋은 소재가 된다. 게다가 사람들이 말하는 방식을 보여줄 수 있다. 신문에서는 인용문만 접하기 때문에 말한 사람의 성격을 파악하기 어렵다. 다양한 사람들을 만나서 그들의 모습을 보고 들을 수 있기 때문에 일반 시민들의 목소리를 취재하는 것이 좋다.

2001년 여름에 발생한 브래드포드(Bradford) 폭동은 위에서 언급한 모든 기준에 들어맞았기 때문에 그녀가 취재한 기사들 중에서 가장 보람된 것이었다. 그 폭동은 뉴스 속보였는데, 복면을 한 젊은이들이 공중으로 화염병을 던지는 모습보다 시각적으로 더 극적인 모습은 거의 없을 것이다. 현장에 있다는 것은 방송 기자들이 사건을 있는 그대로 보도하고 거리의 사람들의 실제 목소리를 활용할 수 있다는 사실을 의미한다.

그 폭동이 한창일 때 현장에서 취재 중이었기 때문에 그 일이 뇌리에 박혀 있다. 정말 믿기 어려운 경험이었다. 정말 무서웠다. 우리는 차 안에 갇혀서 폭도들 뒤편에 처져 있었다. 우리는 사람들이 구경하려고 모여드는 것으로 생각했지만 그들은 폭동에 동참하려는 사람들이었다. 그래서 우리는 그들이 향하는 방향으로 운전을 했는데, 우리가 점차 돌아서 나오기 불가능한 상황에 빠져들고 있다는 사실을 깨달았다. 해머와 쇠지렛대를 든 채 얼굴을 두건으로 가린 청년들을 여기저기에서 발견해서 "여기

서 빠져나가는 게 좋겠다"고 생각했다. 우리는 장비를 가리고 운전해서 마침내 경찰저지선 뒤편에 도달하였다. 벽돌이 날아오고 있었다. 경찰저지선 뒤쪽에서는 전면의 폭도들을 볼 수 없었기 때문에 촬영할 만한 곳을 찾으려고 애썼고, 도로 양편 어느 쪽이든 고지대로 올라가려고 하였다. 그러면서도 등 뒤를 조심하였다. 그때 우리 주변으로 난폭해보이는 사람들이 모여들었다. 나는 그들 중 일부를 인터뷰하였다. 관련된 젊은이들을 인터뷰해서 "이렇게 하는 이유가 무엇입니까?"라고 물어볼 필요가 있기 때문이다. 두어 번 정도 약간의 적대감을 느끼기도 했지만 지나치게 노골적이지는 않았다. 관련자들 중에는 대학생들이 많았는데, 그들은 자신들이 하는 행동에 대하여 꽤 분명한 목적을 가지고 있었다.

그녀가 아래에서 말하는 것처럼 기자가 흥분해서 감정에 휘말릴 수 있다.

우리는 날아오는 벽들을 피해야 했지만 흥분해서 그 순간 감정에 휘말렸다. 그렇지만 기자는 동료들의 건강과 안전에 책임을 져야 하며, 그들이 원치 않는 일을 하라고 요청하면 안 된다.

사실 일부 TV 취재팀은 경찰저지선 뒤쪽이 아니라 전면에서 **실제로** 촬영을 하여 다른 관점에서 훨씬 더 극적인 영상을 얻어내지만 그만큼 신체적 위험도 크기 마련이다. 테크놀로지의 발전과 더불어 재정이 축소되면서 지역 TV 뉴스편집국의 취재 가용 인원수가 축소되었고 기술과 편집 직원도 줄어들었다. 이로 인해 이스트우드가 설명하는 것처럼 여러 면에서 기자의 업무에 변화가 생겼다.

회사에서는 엄청난 인력 감축 뒤에 우리들 모두 편집 방법을 익히도록 했기 때문에 장비가 있는 (스튜디오로) 자주 돌아와야만 했다. "돌아가서 편집 작업을 해야 한다"는 생각 때문에 데드라인이 더 짧아진 셈이었다.

나는 테크놀로지 면에서는 문외한이었지만 기본적인 편집 기술은 할 만하다고 느꼈다. 하루 전에 기사를 취재해서 다음날 편집할 시간이 있는 경우에는 정말 좋았다. 나는 완벽주의자이기 때문에 모든 것을 철저하게 준비해놓고 방송에 나갈 장면을 찾는다. 예전에는 편집자 옆에 앉아서 이것저것 시도해본 뒤 내가 상대방을 혼란스럽게 하고 있다고 느끼면 중단하였다. 반면 지금은 혼자서 편집을 하는 동안 좀 더 나은 영상이 있는지 보고 보고 보고 또 본다. 시간이 **있다면** 말이다. 스트레스를 받을 때는 밖에서 힘든 하루를 보내고 난 뒤 다시 스튜디오로 돌아와 시간의 압박을 느끼고 있는데 기계에 뭔가 문제가 발생해서 궁지에 몰리는 경우다. 그럴 때면 모든 상황이 걱정스럽다.

또한 모든 음향담당직원과 두 남성 팀원을 잃은 일이 있었다. 난폭한 상황에서는 뒤를 조심하기 위해서 동행이 있는 편이 훨씬 좋다. 그렇지만 방해가 될 수도 있다. 뉴스 속보를 내보내고 있을 때는 카메라맨 옆에서 직접 마이크를 들고 있는 편이 훨씬 신속하다. 그편이 훨씬 기동성 있다.

텔레비전 기자는 기동성을 갖추어야 할 뿐만 아니라, 2007년 홍수가 발생했을 때 허리까지 물이 차오른 가옥 안에서 방수 장화를 신고 보도하는 경우처럼 영상을 곁들여 이야기를 전할 수 있다면 무엇이든 할 각오가 되어 있어야 한다.

그것이 신문 보도와 또 다른 점이다. 사진기자들은 웰링턴부츠를 신고 보트에 몸을 실어 바깥으로 나가지만 (신문) 기자들은 눈에 띄지 않는다. 왜냐하면 그들은 사람들이 대피한 마을회관에서 주민들의 이야기를 취재해야 하기 때문이다. 하지만 우리는 허리까지 잠기는 집 안에서 촬영해야 했는데 재미있었다. 신발과 사진들이 집 안에 떠다니고 모든 것이 파괴된 현장에서 악취를 맡으며 재난 상황을 그대로 느낄 수 있었는데, 신문 기자라면 그런 경험을

하지 못할 것이다. 물론 사람들의 이야기를 취재하려는 노력도 기울여야 한다. 겉으로 드러나는 것만큼 그렇게 매력적인 일은 아니지만 흥분에 사로잡히기도 한다.

게다가 홍수가 발생한 첫날 비가 너무 심하게 내려서 모든 장비가 포장되어 있었는데도 카메라가 젖어서 작동하지 않았다. 우리는 헤어드라이어로 카메라를 말렸다. 그런 경우에는 메모장이 필요하다! 그리고 비가 올 때는 펜보다 연필이 낫다고 단언할 수 있다.

이스트우드는 고든 브라운(Gordon Brown) 총리가 홍수 피해 지역을 방문했을 때의 상황에 대해서 계속 이야기하였다.

우리는 그의 순시 스케줄을 따라잡기 위해 하루 종일 양말도 신지 않은 채 그 지역을 돌아다녔다. 그는 분명히 경찰의 호위를 받고 있었고 나와 카메라맨은 계속 그를 따라잡으려고 애썼다. 프로그램에 맞추기 위해서는 돌아올 시간이 빠듯했지만 가까스로 정말 좋은 기사를 방송에 내보낼 수 있었다. 홍수 피해를 입은 몇몇 주민들이 화가 나서 소리 높여 항의하는 동안 우리는 기자들의 무리를 뚫고 지나가서 그들에게 가까이 다가가 총리에게 불평을 토로하는 '실제' 목소리를 담는 데 성공하였다. 헐(Hull)의 한 여성은 그에게 "조치를 취해달라"고 말했다.

우리는 또한 총리가 돈캐스터(Doncaster) 근방의 톨바(Toll Bar)를 떠나기 위해서 차로 향하는 동안 아주 가까운 거리까지 따라잡았다. 나는 큰 소리로 그에게 질문을 던졌는데 놀랍게도 총리는 뒤로 돌아 다가와서는 상당히 만족할 만한 답변을 해주었다. 신문사 통신원들에 따르면 그는 인터뷰에 응하는 법이 없다고 했다. 그래서 꽤 만족스러웠다. 그런 상황에서는 밑져야 본전이라는 생각으로 끝까지 밀어붙일 필요가 있다. 모험하지 않으면 아무 것도

얻지 못한다.

이처럼 이미지는 TV에서 핵심적이다. 마가 설명하는 것처럼, 그것은 TV 뉴스가 흥미롭거나 독특한 이미지를 선호하는 반면 시각적으로 따분해 보이는 것은 소홀히 하는 경향이 있음을 의미한다.

텔레비전 뉴스는 여우 사냥 금지 여부에 관한 논쟁을 보도하는 데 능하다. 이것은 생생한 도심의 시위와 마찬가지로 여우, 사냥개, 말, 빨간 코트(미국 혁명 당시 영국 군인 제복의 일부였다 – 역자 주), 그림 같은 시골길 등의 시각적인 매력과 관련이 있다. 텔레비전 뉴스는 유럽 헌법을 둘러싼 분쟁이나 노년층 복지 개선을 위한 싸움을 다루는 데에는 덜 능숙한 편이다. 텔레비전 뉴스는 시각적으로 보이는 모습 때문에 비행기 사고나 열차 사고를 좋아한다. 자동차 사고는 더 많은 사상자를 낼 수 있지만 한 번에 그렇게 하지는 못하기 때문에 대부분 몹시 지루하게 여겨진다. 그와 비슷하게 해외 소식에 관한 한 텔레비전 뉴스는 평화 협상이나 중재보다는 소년 병사나 탱크를 다루기 좋아한다. (Marr, 2005: 291)

빈 건물로 보이는 곳의 바깥에서 무의미하게 서 있든지, 이야기의 중심이 될 인물과 대화를 나누든지, 어떤 식으로든 점점 더 많은 기자들이 화면 안에 등장하고 있는 것처럼 보인다. 이스트우드는 이러한 경향을 탐탁지 않게 여긴다.

(ITV 뉴스의) 본사로부터 하달된 정책에 따르면 회사측에서는 기자들이 최근의 화제에 집중하기를 원하고 있다. 그들은 기자가 법원 밖에 우두커니 서 있는 것보다는 실내로 걸어 들어가면서 카메라 앞에 말하는 방식을 좋아한다. 조금 더 쌍방향적인 보도를 해야 하는 것이다. 나는 그 부분에 대해 마음

> "BBC에서는 상을 받으려면 기사 내용이 무엇이든지간에 헬리콥터에서 촬영한 장면이 뉴스 패키지에 포함되어야 한다는 우스갯소리가 있다."
>
> – 마(Andrew Marr)

이 두 갈래이다. 시청자들이 기자에게 친밀감을 느끼고 기자나 앵커에게 유대감을 형성하는 것은 좋은 현상이다. 하지만 나는 언제나 기사란 기자보다는 취재대상에 집중해야 한다고 생각했기 때문에 반드시 필요한 경우가 아니라면 이야기와 거리를 두려고 한다. 내 경우에 카메라를 향해 말하는 것은 기사 보도시 보여줄 이미지가 없는 경우에 사용하는 도구다.

간혹 그녀에게는 4장에서 논의한 산후우울증 같은 다큐멘터리를 제작할 기회가 생겼다. 그렇게 긴 분량의 이야기를 전달할 때 적당한 이미지를 찾는 일은 까다로울 수 있지만 한편으로는 훨씬 분주하게 돌아가는 뉴스 보도의 세계에서 사용할 수 있는 시간보다 더 많은 시간이 주어지기 때문에 창의성을 발휘할 수 있는 기회이기도 하다. 산후우울증 다큐멘터리를 위한 촬영은 수개월에 걸쳐서 불규칙적으로 이루어졌다.

세 여성을 취재하는 동안 똑같은 카메라맨과 일한 것이 도움이 되었다. 그는 뛰어난 카메라맨이었고 편집담당자도 탁월했기 때문에, 나는 좀 더 예술적으로 표현할 수 있겠다는 느낌을 갖게 되었다. 우리는 독창적으로 만들려고 애썼다. 정신적 고통을 겪고 있는 여성들이 자기 자식들에 대해서 끔찍한 생각을 하고 있다면, 그것을 어떻게 화면에 담아낼 수 있을까? 우리는 흐릿하게 보이는 영상을 촬영하고 편집하였다. 한 여성은 멍한 상태로 마을 주변을 걷다가 문득 어딘가에서 헤매고 있는 자신을 발견한다고 말했기 때문에, 우리는 그녀를 걷게 하기보다는 카메라맨이 그녀의 관점에서 마을을 돌아다니며 촬영하게 하였다. 그처럼 너무 많은 재구성이 필요하지 않은 테크닉들이 있다.

환자수송기의 업무에 대한 다큐멘터리 작업에서

는 조종사, 응급구조원, 환자를 위한 공간밖에 없기 때문에 촬영이 간단치 않다. 따라서 수송기 내의 실제 상황에 대한 극적인 영상을 얻어내기 위해서는 조종사와 응급구조원들이 직접 소형비디오카메라 장비를 갖추고 촬영을 해야 한다. 참여자가 제작하는 콘텐츠에 비하면 사용자제작콘텐츠라고 하기 어렵지만, 효과는 괜찮다.

> " 이 장치는 지식을 전할 수도 있고 계몽을 시킬 수도 있다. 심지어 영감을 줄 수도 있다. 그렇지만 인간이 그러한 목적으로 사용하려고 결단했을 때에만 그런 역할을 할 수 있다. 그렇지 않으면 이것은 그저 상자 안의 전선과 빛에 불과하다."
>
> – 텔레비전에 대하여 머로우(Ed Murrow)

기자가 아닌 일반인들이 이미지와 동영상을 보내기 시작한 이후로 일부 이벤트의 경우에는 보도방식이 바뀌었고, 디지털커뮤니케이션을 통해서 전 세계로부터 몇 분, 또는 심지어 몇 초

> "모든 새로운 대중 매체는 그것이 가져다준 교육적·문화적 혜택 때문에 찬사를 받았지만 동시에 그 충격적인 영향력으로 두려움을 가져다주었다."
>
> – 맥퀘일(Denis McQuail)

안에 자료를 전송받을 수 있게 되었다. 〈채널4 뉴스〉의 앵커 스노우는 "놀라운 기회의 세상이 열렸다"고 말하면서, "비밀조직은 살아남을 수 없다고 생각한다"고 이야기한다 (Kiss, 2006에서 인용). 2004년 크리스마스 다음날 아시아를 덮친 쓰나미, 2005년 7월 발생한 런던 지하철과 버스 폭파 사건, 2007년 미얀마의 민주주의 시위, 2008년의 중국 지진은 모두 언론인들이 '아마추어들'이 촬영한 이미지를 이용해 극적인 소식을 전했던 예에 속한다. 이처럼 생과 사를 다루는 가장 심각한 이야기부터 회전건조기 안의 소방관처럼 시시하기 짝이 없는 것에 이르기까지 일반인들이 촬영한 영상을 사용하는 일은 언론의 모든 부문에서 사실상 피할 수 없는 현실이 되었다.

우리는 아마도 여전히 (종착점이 있다고 가정한다 하더라도) '디지털 혁명'의 종착점이 아니라 출발점 가까이에 있기 때문에 앞으로 어떤 일이 발생할지에 대해서는 아무도 확신할 수 없다. 사람들은 예측하기 어려운 방식으로 테크놀로지를 사용하는 경향이 있다. 내가 작성한 잡지 특집기사에서 한 테크놀로지 신동이 최신식 휴대폰을 가지고 문자메시지를 보낼 수 있다고 말했던 것을 기억한다. 그 당시 사람들은 이 새로운 테크놀로지가 회의 중에 주식 가격을 확인하고 싶어 하는 사업가들에게 가장 유용한 도구가 될 것이라고 생각했다. 아무도 문자메시지가 사회적 유행이 되리라고 예상하지 못했을 것이다.

## 풍부하고 통합적인 스토리텔링 기술들

각양각색의 언론 분야들은 홀로 존재하는 것이 아니다. 디지털 커뮤니케이션은 언론의 관행을 여러 방면에서 변화시키고 있으며 전달 플랫폼 사이의 컨버전스를 가속화시키고 있다. 언론의 각 부문은 서로 정보를 공급하고 있으며, 언론인들은 점점 더 전통적인 구분과 전달 메커니즘을 뛰어넘어 사고해야 하는 상황에 처하고 있다. 이 책의 초판을 저술하기 위해 웨인라이트를 인터뷰했을 때 그는 다음과 같이 말하였다.

사람들은 라디오, 텔레비전, 인터넷을 통해서 즉각적으로 뉴스를 얻는다는 생각이 있었기 때문에, 『가디언』은 안타깝게도 지루한 장문의 분석 기사들로

채워지고 있었다. 그런 문제점을 타개할 수 있는 한 가지 방법이 웹사이트였다. 우리는 라디오처럼 음성으로 뉴스를 전달했는데, 그레이트헥(Great Heck)에서 열차 충돌 사고가 발생했을 때 "저는 현재 열차 앞에 서 있습니다"라고 말하는 음성 보도를 두어 차례 하였다. 나는 음성으로 보도하는 일을 좋아했다.

2008년에 우리가 다시 만났을 때 그에게 그러한 말을 상기시켜주면서 아직도 그렇게 생각하는지 물어보았다. 그는 더 그렇게 생각하게 되었다고 말하였다.

아, 나에게는 선견지명이 있었다. 그것은 음성 녹음을 위해서 휴대폰을 사용하던 초창기의 일이다. 나는 더 이상 신문의 생산물을 옛날처럼 활자라는 면에서 생각하지 않는다. 신문은 이제 잡지에 가깝다. 그것은 취향의 문제인데, 솔직히 말하면 내 취향은 아니다. 하지만 신문이 이전보다 훨씬 광범위한 것의 일부가 되었기 때문에 전체적인 생산물은 내 취향에 맞는다. 나는 정말 온라인에서 작업하는 것을 즐기고 있으며, 이제는 하나의 기사에서 취할 수 있는 내용이 방대해졌다. 언젠가 (레이크지구에 있는 산) 스키도(Skiddaw)에 올라가서 즉석에서 만들어지는 세 코스짜리 식사에 대해 보도한 적이 있다. 늘 그렇듯이 공들여 작성한 글이 2/3정도 잘려나가고 한 장의 사진이 실리고 말았기 때문에 신문에서는 그다지 대단한 기삿거리가 되지 못했지만, 우리는 온라인으로 더 장문의 이야기와 이미지 갤러리를 보여주었으며, 개인적으로 그 이야기에 대해서 두 개의 블로그를 꾸려야 했고, 뉴스편집실 팟캐스트에 음성을 올려놓기도 하였다. 언론인들에게 또 하나의 긍정적인 변화는 음성과 영상 자료를 만들려면 실제로 현장에 있어야 한다는 점이다. 따라서 희망이 있다.

전통적인 신문사가 이제 웹사이트에 RSS 피드(RSS feed, 자주 업데이트되는 웹 사이트의 새로운

콘텐츠를 사이트 이용자들에게 제공하기 위해 사용하는 포맷 – 역자 주), 팟캐스트(podcast, MP3 디지털 포맷으로 인터넷을 통해 배포되는 라디오 방송 형식의 프로그램 – 역자 주), 다운로드 등과 함께 음성과 동영상을 갖추고 있는 것처럼, 방송사도 온라인으로 글로 쓰인 텍스트를 제공할 수 있다. 보도의 핵심 기술은 대부분 비슷하겠지만, 사운드, 영상, 시간 및 공간에 관련해서는 중요한 차이점들이 있다. 온라인의 등장으로 이야기가 비선형적 포맷으로, 분명히 더 깊이 있고 폭넓게 전달될 가능성이 열렸다.

웹 저널리스트 키스는 비록 핵심 기술은 동일하지만 온라인 저널리즘과 오프라인 저널리즘에는 몇 가지 중요한 차이점이 있다고 말한다. 그녀는 "정확성, 조사, 정보원 존중, 명료성, 수용자 이해, 해야 할 질문의 파악, 적극성과 엄청난 집요함"이 동일한 핵심 기술에 속한다고 하였다. 그렇다면 차이점은 무엇일까? 그녀는 네 가지의 예를 들었다.

하나, 작문과 구조: 한 문장으로 이루어진 단락처럼 단문을 사용하고, 검색어로서 적합한 헤드라인을 작성하고, 배경정보를 위한 링크를 포함한다. 둘, 온라인에서 기사는 프로세스의 마지막이라기보다는 무언가의 시작점일 때가 많다. 개인적으로 우리는 이제 겨우 이 부분을 개척하기 시작했다고 생각하지만, 최소한 온라인 저널리스트는 사이트로 돌아가서 기사에 대한 끊임없는 코멘트나 블로그 게시물을 관리하면서 답변을 달고, 추가 질문을 수집하고 토론을 관장한다. 셋, 이야기들이 자동적으로 모이게 되면 그 후에 사람이 편집하는 작업이 무척 중요하다. 편집자와 블로거들은 헤아릴 수 없이 넘쳐나는 정보에 대해서 독자들에게 "신뢰받은 안내자"가 되었다. 넷, 속도: 이제는 모든 순간이 데드라인이기 때문에 더 이상 데드라인은 의미가 없다. 빠르고 정확하게 글을 쓰는 능력

이 그 어느 때보다 중요해졌으며, 웹은 스포츠나 실황 이벤트를 분 단위로 보도하는 것과 같은 새로운 포맷을 가능하게 만들어주었다. 트위터 같은 메시지서비스로 할 수 있는 일들이 훨씬 더 많아질 것이다.

그녀가 소속된 『가디언』의 사이트 외에, 그녀는 온라인 저널리즘의 잠재력을 극대화할 수 있는 웹사이트가 더 존재한다고 생각할까? 물론 존재한다. www.newsvine.com이 좋은 예이다. 키스는 다음과 같이 설명한다.

나의 좁은 소견으로는 그것이 웹에서 거의 최고의 뉴스 사이트이다. 뉴스바인(Newsvine)은 주요 뉴스를 피드백 및 커스터마이제이션(customisation: 고객의 개별요구에 맞춘다는 의미 – 역자 주) 도구와 결합시키고 있어서 믿을 수 없을 정도로 눈길을 끈다. 그것은 아직까지는 '뉴' 저널리즘의 모든 요소들을 가장 잘 결합시킨 시도라고 볼 수 있다.

그 사이트를 확인해보라. 하지만 독자가 이 글을 읽을 때쯤이면 이 분야에 새로운 사이트가 생겼을 가능성이 크다. 어쩌면 심지어 새로운 분야가 등장했을지도 모른다.

주요 언론사의 편집회의에서는 보통 어떻게 기사들이 플랫폼을 초월해서 전달될 수 있는지, 똑같은 내용의 반복이 아니라 추가 뉴스를 공급하기 위해서 수용자를 또 다른 방향으로 안내하는 형태의 미디어 순환성에 대하여 논의한다. 현재 웹사이트 제작자가 이용할 수 있는 정보를 고려할 때, 그러한 논의는 수용자에게 가장 이익이 되는 것 혹은 적어도 온라인상의 수용자에게 가장 이익이 되는 것을 정확히 이해하면 도움이 된다. 하틀리는 MEN 미디어에서 이러한 일이 어떻게 이루어지고 있는지 아래와 같이 설명했다.

우리는 하루에 세 번의 회의를 주재하며, 신문, 온라인, 라디오, TV 관련자들이 회의에 참석한다. 모두 모여 앉아서 우리가 해야 할 일과 하지 말아야 할 일을 결정한다. 각 부서에 온라인 저널리스트를 한 명씩 배치했기 때문에, 뉴스국, 비즈니스국, 스포츠국, 엔터테인먼트국과 라이프스타일국에 각각 한 명의 온라인 저널리스트를 보유하고 있는 셈이다. 그들은 콘텐츠를 관리하고 패키지를 만들기 위해 텍스트, 이미지, 음성과 영상을 묶어 다양한 콘텐츠를 합치며, 사이트에서 해당분야가 필요할 때 나타나게 할 뿐만 아니라 마찬가지로 필요하지 않을 때 사라지게 하는 식으로 관리하면서 자신의 부서에서 나온 생산물 전달 채널을 담당하고 있다. 우리는 온라인의 강점이라고 할 수 있는 추가 이미지와 다수의 링크를 더해놓음으로써 사람들이 접근할 수 있는 정보의 깊이를 확보하고 있다.

온라인 저널리스트가 기사들을 다른 용도로 사용이 가능하게 하고, 링크를 만들고, 관련지을 만한 추가 뉴스를 확보하면서 그런 일을 모두 감당한다. 자체적인 시각적 매력을 지니고 있어서 동영상에 적합한 이야기들이 있다. 우리는 별도로 음성을 제작하기도 한다. 신문기자들에게 사람들과의 인터뷰를 녹음하도록 독려함으로써, 우리가 인터뷰한 유명인들로 구성된 꽤 괜찮은 팟캐스트를 확보한다. 가끔 우리는 라디오에서 입수한 음성 패키지에 일련의 이미지를 곁들여서 슬라이드쇼 패키지를 만드는 경우도 있다.

이 모든 일들의 결과는 위키(wiki, 인터넷 사용자들이 내용을 수정·편집할 수 있는 웹사이트 – 역자 주), 실시간 쌍방향 채팅, 움직이는 그래픽 등 예전에는 생각지도 못했던 요소들이 계속해서 추가되는, 풍부하고 통합적인 스토리텔링 기술이 될 수 있다.

따라서 일부 언론사에서 그러한 기술과 사용자

제작콘텐츠를 단지 저렴하게 자료를 수집할 수 있는 수단으로 보고 기자 인력을 축소하는 구실로 여기는 것은 유감이다. 하지만 BAE 파일(*BAE Files*, 유럽 최대의 무기회사 BAE에 대한 최신 뉴스와 코멘트를 싣고 있는 『가디언』 웹사이트 - 역자 주)의 예에서 잘 볼 수 있듯이, 꼭 그런 경우만 있는 것은 아니다. 이 『가디언』의 웹사이트(www.guardian.co.uk/world/bae)는 저렴하고 게으른 저널리즘의 정반대에 있다. 거대 무기회사 BAE시스템이 연루된 부패 의혹을 탐사하면서 영국과 사우디아라비아 정부 및 중대사기수사국(Serious Fraud Office)을 끌어들인 이 사이트는 수많은 뉴스 기사와 배경 특집기사, 코멘트 등을 담고 있다. 그러나 정말 중요한 부분은 따로 있다. 그 사이트는 영상, 음성, 이미지 갤러리, 슬라이드쇼, 쌍방향지도, 시사만화, 광범위한 관련자들, 일정, 원본 문서들을 통해서 이야기를 전하고 있으며, 심지어 리와 에반스 기자(David Leigh and Rob Evans, 2008)는 문서 전문의 링크와 함께 각각의 문서들을 어떻게 입수하였는지 상세히 설명한 기사를 싣고 있다. 그 기사는 인쇄매체만으로 전달하기 어려운 것일 뿐만 아니라, 경험 많고 노련한 기자들이 시간과 경비를 들여서 꼼꼼하게 보도하지 않으면 알려질 수 없는 내용이다. 관련된 기자 중 한 명인 리는 인터넷 시대가 도래하면서 그러한 '적절한' 보도가 위험에 처할 수 있다고 우려를 표했다.

이제는 모든 사람들이 새로운 플랫폼에 너무 빠져 있어서 걱정이다. 가치에 대해서 이야기하는 사람들이 별로 많지 않다. 인터넷은 놀라울 정도로 풍부한 정보의 원천이다. 또한 전 세계적으로 공유할 수 있는 훌륭한 도구다. 하지만 사람들은 인터넷에서 빈둥거리면서 너무 많은 시간을 허비한다. 인터넷은 즉각적으로 테러에 대한 소식들을 쉴 새 없이 알

려주지만, 어떤 정보원이 다른 정보원보다 신뢰할 만하고 이름을 밝힌 정보원이 익명의 팸플릿 필자보다 낫다는 차별화의 논리와 같이 가치 있는 생각들을 약화시키고 있다. ⋯ 권위라는 개념이 일종의 하향식 파시즘이라고 치부된다. 나는 이런 흐름이 기자의 역할을 위태롭게 만들까봐 걱정이 된다. 물론 카메라 앞에 미모의 여성 앵커(news bunny)가 갑자기 등장해서 대형트럭 충돌사고 뉴스를 전하거나, 10분 만에 보도자료를 후딱 만들어낼 수 있는 여지는 늘 열려 있을 것이다. 앞으로는 아마도 더 많은 여성 앵커들, 즉 인터넷 시대에 발맞추어 신속하고 섹시한 존재들이 등장할 것이다. 또한 아주 좁은 범위의 특정지역에 맞춘 우편번호 저널리즘(postcode journalism)이 그 동네의 블로거들을 통해 큰 비용 없이도 활성화될 수 있을 것이다. 하지만 엄밀한 의미에서의 기자들은 찾기 어려울 것이다. (Leigh, 2007)

우리들처럼 저널리즘의 보도 기능을 진지하게 생각하는 사람들에게는 그것이 우울한 전망으로 여겨진다. 하지만 이 책에서 인터뷰한 언론인들의 작업물을 포함해서 리와 동료들의 생산물은 아직 기자가 죽지 않았다는 사실을 보여준다.

인쇄 저널리즘, 방송 저널리즘, 온라인 저널리즘, 또는 멀티미디어 저널리즘 무엇이든 간에 저널리즘은 저널리즘이다. 잡지 기자로 출발해서 라디오 기자로 활동하다가 BBC 온라인 기자로 재직한 뒤 다시 라디오로 돌아간 기븐스(Trevor Gibbons)는 동일한 근본 원칙이 적용되어야 한다고 말한다.

인터넷 저널리즘도 저널리즘이다. 아이디어가 중요하고, 웹페이지에 무엇을 실제로 올릴 것인지가 중요하다. 우리의 정보원들은 똑같기 때문에 우리는 똑같이 그들을 확인하고, 똑같은 방문을 하고, 똑같은 사람들에게 전화를 한다. TV, 라디오, 신문이나 잡지에서와 마찬가지로 누구를 위해서 기사를

작성하는지 명확히 해야 한다. 하나의 기사를 뛰어넘어서 웹을 구축할 수 있는 독특한 강점이 있기 때문에, 인터넷 사용자들이 웹사이트를 좋아하기는 하지만, 정말 똑같은 특징들이 적용되어야 한다.

그 특징들은 질문을 던지고, 수평적 사고를 하고, 호기심을 갖고, 정보원을 확인하고, 증거를 찾으며, 기사를 전달하는 능력을 포함해서 이 책의 전반에 걸쳐서 논의한 저널리즘의 기본 원칙들이다. 하지만 거기에는 단지 온라인 보도를 특징짓는 일방적인 핵심 저널리즘 기술들만 해당되지 않는다. 인터넷에 수반되는 혁신적 기술들로 인해서 전통적인 언론의 보도 양태가 영향을 받고 있다. 예를 들면, TV 뉴스와 스포츠 채널들은 현재 의례적으로 화면을 나누어서 제목과 증권시세 표시 등 다양한 차원의 정보를 동시에 전달하며, 경우에 따라서는 두 개 이상의 영상을 나란히 보여주기도 한다. 이메일이나 문자메시지를 통해서 신속하게 피드백을 받거나 여론조사를 실시하면서 수용자들이 방송 중인 TV 및 라디오 프로그램과 실시간으로 교류하게 되었다. 신문과 잡지에서도 박스, 요약, 배경 자료, 그래픽 등 여러 부분으로 정보를 세분화함으로써 온라인 저널리즘의 비선형 및 '층화된' 접근방식을 모방하는 보도 경향이 증가추세에 있다. 신문 기자나 방송 기자들은 웹을 이용해서 배경 자료, 원본 문서, 인터뷰 전문, 사진 갤러리 링크와 토론 등 비 온라인 미디어에서는 보도하기에 적합하지 않았던 것들을 게시할 수 있게 되었다. 그들은 자신의 기자업무에 대하여 블로그를 꾸미며 이전보다 더 많은 수용자들과 더 많은 대화를 나눌 수 있게 되었다. 기븐스는 유저들로부터 들어오는

> " 물론 월드와이드웹은 괴짜들과 거짓말로 가득 차 있다. 하지만 그것은 기술 자체에 문제가 있는 것이 아니고, 부주의한 저널리즘과 무지와 같은 인간의 결점 탓이다. "
>
> – 브라운(Andrew Brown)

쌍방향 정보가 BBC 온라인에는 필수적인 요소라고 하면서 "점점 더 온라인 수용자들은 기사를 듣는 것으로 만족하지 않고 기사의 일부가 되기를 원하고 있다"는 말을 덧붙였다.

언론인들 역시 때때로 기사의 일부가 될 수 있다. 예를 들어, 요즘에는 라디오 프로그램에서 자신의 웹사이트를 가지고 대단히 지루하기는 하지만 방송 중인 사회자의 모습을 웹캠으로 보여주는 현상이 흔해졌다. 하지만 라디오 웹사이트는 음성을 보완해줄 수 있는 시각적이거나 활자화된 정보를 보여줌으로써 더 창의적으로 사용될 수도 있다. BBC 라디오 포(BBC Radio Four)의 프로그램 PM은 웹사이트(www.bbc.co.uk/radio4/news/pm)를 통해서 청취자들과 독특한 쌍방향 관계를 형성하였는데, 여기에서는 블로그, 사진 갤러리, 웹캠, 동영상, '크라우드소싱'으로 제작된 지도, 팟캐스트, 다시 듣기, 기자들의 경력, 그 밖에 다양한 서비스가 제공되고 있다. 토요일에는 iPM이라고 불리는 쇼를 통해서 한발 더 나아가 청취자들이 기삿거리를 제안하고 예정된 방송순서에 미리 코멘트를 달도록 하고 있다. 당연히 여기서 'i'는 '쌍방향(interactive)'을 의미한다. www.bbc.co.uk/blogs/ipm에서 확인해보라.

그럼에도 불구하고 어떤 부가적인 기술적 기능도 보도의 질이 가장 중요하다는 언론인들의 관념을 왜곡시켜서는 안 된다. 많은 라디오 기자들이 지적하는 바와 같이, 가장 좋은 이미지는 괜찮은 기사를 청취하는 동안 머릿속에 떠오르는 것일 경우가 적지 않다.

### ■■■ 요약 ▨

점점 더 많은 언론인들이 통합 또는 컨버전스라고 불리는 과정 속에서 다양한 미디어 부문을 넘나들며 일하고 있다. 방송과 온라인 저널리즘은 스타일과 세부적인 면에서 차이가 있겠지만, 인쇄 저널리즘과 함께 뉴스 확인, 정보 수집, 증거 확인, 자료 선택, 기사 전달 등 특정한 핵심 프로세스를 공유하고 있다. 이미지는 신문과 잡지 저널리즘에서도 오랫동안 중시되었지만, 텔레비전과 온라인 저널리즘에서는 중심적인 역할을 한다. (사용자제작콘텐츠의 경우처럼) 많은 영상 자료와 사진이 이제는 수용자를 통해서 공급되고 있으며, 온라인 기자들은 비선형적인 스토리텔링 방식을 발전시키고 있다. 쌍방향성이 방송뿐만 아니라 심지어 인쇄 저널리즘에서도 중요한 요소가 되고 있지만, 온라인 기자들이야말로 쌍방향적 요소를 가장 적극적으로 활용하고 있다.

### ■■■ 질문 ▨▨▨

모든 언론인들에게 요구되는 핵심 기술은 무엇인가?

좋은 이미지를 만드는 것은 무엇인가?

이미지는 보도해야 할 이야기의 선택에 어떻게 영향을 끼치는가?

비선형적인 패키지가 실제로 저널리즘을 변화시켰는가?

이제는 모든 사람이 저널리스트라고 말할 수 있는가?

### ■■■ 추가 읽을거리 ▨

라디오를 포함한 다양한 매체와 텔레비전, 온라인에서 이미지가 활용되는 방법에 대한 세부적인 지침과 논의를 보고 싶다면 허드슨과 로우랜즈(Hudson and Rowlands, 2007의 역작『방송 저널리즘 핸드북(*Broadcast Journalism Handbook*)』이 좋은 출발점이 될 것이다. 보이드(Boyd, 2001)는 약간 오래되기는 했지만 여전히 권위 있는 책으로 TV와 라디오 보도에 대한 실제적인 개론서이며 온라인 저널리즘도 간단하게 살피고 있다. 채프먼과 킨지(Jane Chapman and Marie Kinsey, 2009)의 편집본『방송 저널리즘: 비평적 개론(*Broadcast Journalism: A Critical Introction*)』도 읽을 가치가 있다.
　해리슨(Harrison, 2000)과 브롬리(Bromley, 2001)는 모두 방송 저널리즘과 공론의 장을 학문적으로 분석한 유용한 입문서이다. 홀(Jim Hall, 2001)의『온라인 저널리즘(*Online Journalism*)』은 테크놀로지의 영향에 대해서 논쟁적으로 설명하고 있다. 온라인 저널리즘에 대한 최근의 연구나 이론은 로빈슨(Robinson, 2007), 싱어(Singer, 2004 and 2005), 비븐스(Bivens, 2008)와 같은 저널 논문에서 찾을 수 있다. 보다 이론적인 논의와 더불어 언론인을 비롯한 온라인 활동가들과의 인터뷰를 보고 싶다면 듀드니와 라이드(Dewdney and Ride, 2006)의 『뉴 미디어 핸드북(*New Media Handbook*)』이 괜찮다. 인터넷 저널리즘에 관한 실용서를 찾는다면 워드(Ward, 2002)를 참고하고, 멀티미디어와 쌍방향 온라인 패키지의 이용 방법과 목적에 대한 자세한 안내를 받고 싶다면 맥애덤즈(Mindy McAdams, 2005)의 『플래시 저널리즘(*Flash Journalism*)』을 보라.

포토 저널리즘에 관한 코브레(Kobre, 2008)의 저서 6판은 온라인에서 사용하기 위해 동영상 촬영하는 법을 안내하고 있다. 마지막으로 신문과 잡지에서 사진의 힘을 살펴보고, 언론에서 이미지의 역할에 대한 논의를 확인하고 싶다면 여전히 에반스(Harold Evans, [1978] 1997)의 『한 페이지의 이미지(*Pictures on a Page*)』가 명불허전이다. 도서관이나 중고책방도 돌아다녀볼 가치가 있다.

## 주요 출처 ────────────────────────────

Hudson and Rowlands, 2007: 300; Benn, Cottle, 2001에서 인용; Drudge, Boyd, 2001: 400에서 인용; Marr, 2005: 291; Murrow, 1958; McQuail, 2000: 38; Brown, 2000: 185.

# 12장

# 언론인이 갖추어야 할 스타일

젊은 독자들에게는 큰 의미가 없을지 모르지만, 엘리자베스 테일러(Elizabeth Taylor)는 한때 전 세계에서 가장 유명하고 매력적인 여인 중 한 명이었다. 언론계의 속설에 따르면, 1950년대 말 런던에 방문했을 때 그녀의 기분이 어땠는지 묻는 질문에 그녀는 "기분이 너무 좋다(I'm feeling like a million dollars)"라고 인용할 가치가 있는 문장으로 적당히 대답했다. 그녀의 발언은 다음날 대부분의 신문에 충실하게 보도되었으나, 오직 『데일리텔레그래프』에서만 "나는 백만 달러(35만 7,000파운드)의 부자가 된 것 같다"고 실렸다. 이 신문사의 스타일안내서가 외화로 표시된 금액은 반드시 영국화폐인 파운드로 환산해서 병기해야 한다고 규정짓고 있었다. 『텔레그래프』 역사가인 하트데이비스(Duff Hart-Davis, 1990: 9)가 말했듯이, 이런 엉뚱한 리즈 테일러 인용문은 이 신문사의 '회사내규에 대한 맹목적 복종'을 보여주는 하나의 사례다.

모든 신문사는 회사 **스타일**이라는 개념, 즉 기사를 쓸 때 따라야 하는 **언어**를 가지고 있다. 왜 그런가? 세부사항에 대한 일관성이 있어야 "독자들이 글쓴이가 말하고자 하는 바에 집중할 수 있기" 때문이다 (Hicks and Holmes, 2002: 19, 원저자 강조). 현재 사용되고 있는 『텔레그래프』의 스타일 지침서에서 "용감한(Brave)은 용기 있는 행위를 한 사람에게 사용할 수 있는 형용사이다. 중병으로 고통 받고

> " 짧은 단어를 쓸 수 있을 때는 절대로 긴 단어를 사용하지 말라."
>
> – 조지 오웰(George Orwell)

## 스타일

다른 모든 스타일 안내서처럼, 이 장에서도 흔한 사례의 혼용, 정확한 영어 사용을 위한 지침, 분명히 해야 할 점, 일관성 유지 등을 소개한다. 우리의 목표는 원고에서 "원치 않는 개인 특유의 표현법을 제거하는" 것이다 (Bell, 1991: 83). 하지만 여기에는 의심할 여지없이 "개인적인 표현과 기발한 생각"도 상당히 포함되어 있다 (Cameron, 1996: 323).

기사 작성에 대해 설명한 9장의 기본정신과 마찬가지로 대부분 이런 안내서의 기본정신은 언론인, 소설가, 에세이 작가였던 조지 오웰이 주창한 것처럼 평이하고 간결한 문체다.

> 용의주도한 작가는 문장을 쓸 때마다 적어도 네 가지 질문을 자문한다. 나는 무엇을 말하려고 하는가? 어떤 어휘로 그것을 표현할 것인가? 어떤 이미지나 숙어가 그것을 더 명료하게 만들 것인가? 이 이미지가 효과를 거둘 수 있을 정도로 참신한가? 그리고 그는 아마도 스스로 두 가지 질문을 더 던질 것이다. 그것을 더 짧게 표현할 수 있는가? 나는 어쩔 수 없이 불쾌한 것을 말했는가? (Orwell, 1946b: 151-152)

오웰은 계속해서 "본능이 말을 듣지 않을 때" 지켜야 할 여섯 가지 규칙을 제시했다.

- 출판물에서 익숙하게 볼 수 있는 은유, 직유, 또는 다른 비유적 표현을 절대로 사용하지 말라.
- 짧은 단어를 쓸 수 있을 때는 절대로 긴 단어를 사용하지 말라.

있는 사람의 거동을 묘사할 때 이 단어를 사용하는 것은 선정적이다"라고 명시하고 있는 것처럼, 간행물의 스타일에 대한 엄격한 제한은 그 간행물이 **추구하는 것만큼이나 추구하지 않는** 바에 대해서 말해줄 수 있다.

많은 언론사 편집실에서 고유한 스타일 지침서를 가지고 있으며, 어떤 곳은 검색할 수 있는 전자 안내서를 활용하고, 어떤 곳은 신입 사원들이 선배들로부터 불문율을 익히도록 하고 있다. 이런 안내서들은 규칙과 주의사항, 분명히 해야 할 점을 담고 있으며, 세부사항은 시간이 지나면 바뀐다.

회사 스타일에는 분명한 경향들이 있다. 문법적으로 느슨한 구어체 용법이 과거보다 더 용인되고 있다. 대문자, 약어에 대한 마침표, 아포스트로피, 강세 등과 같은 구두점이 덜 사용된다. 철자법에서는 보다 짧은 형태가 점점 더 흔해지고 있으며 어미 -ize보다는 -ise가 쓰이고 있다…. (Hicks and Holmes, 2002: 21)

대시(dash)의 용법 때문에 『인디펜던트』 기자들이 그들의 노동조합 기관지에 글을 써서 타블로이드지에서 시작된 구두법의 엉성한 기준이 보다 격조 있는 신문으로 흘러드는 것에 대해 비난한 것처럼, 스타일에 대한 논쟁은 상당히 뜨거워질 수 있다. 그들은 스타일을 모욕하는 작가는 가벼운 식사에조차 초대받을 자격이 없는 사람이라고 말했다 (Johnston, 2002).

스타일에 관한 한, 모든 의견들이 오직 표현의 격렬함이라는 점에서만 일치를 보여주는 것 같다. 하지만 규칙과 규제 가운데서도 스타일 안내서는

> "우리는 고침란에다 오자를 그대로 틀리게 써서 다시 오자를 만든다."
> – 『가디언』

> "모든 단어는 일반 독자들이 이해할 수 있어야 하고, 모든 문장은 한눈에 명확해야 하며, 모든 기사는 사람들에 대해 무언가를 이야기해야 한다."
> – 에반스(Harold Evans)

- 단어를 잘라낼 수 있을 때는 언제나 잘라내라.
- 능동태를 사용할 수 있을 때는 절대로 수동태를 사용하지 말라.
- 평이한 영어 단어를 생각할 수 있다면 절대로 외국어표현, 과학용어, 전문용어를 사용하지 말라.
- 상스러운 말을 사용하려거든 차라리 이런 규칙들을 어기는 편이 낫다. (Orwell, 1946b: 156)

한 신문 안에서의 불일치를 없애라고 권하면서도, 어떤 스타일 안내서는 "한 뉴스 매체의 최종 결과물과 다른 매체 결과물의 차이를 가져오는 스타일 선택의 미묘함"을 인정하고 있다 (Bell, 1991: 82). 카메론(Deborah Cameron)이 지적한 것처럼, 스타일 안내서들은 개별 언론인(보통 유명한 칼럼니스트들은 제외된다)의 어조를 '회사의 표준'에 맞추도록 함으로써 각각의 신문마다 고유의 어조를 갖게 한다. 그러한 기준은 대상독자의 어법과 기대를 반영함으로써 하나의 신문사와 다른 신문사를 구분짓고, 이른바 '브랜드 이미지'에 기여하도록 도움을 준다 (Cameron, 1996: 320-324). 이것은 예를 들어, 『데일리텔레그래프』가 왜 자사의 기자들에게 '변소(toilet)'가 포함된 금지어 목록을 배포하고 "우리의 독자들은 대부분 크리스마스 저녁이 아니라 크리스마스 점심을 먹는다" (『텔레그래프』, 2008)와 같은 조언을 하는지 그 이유를 설명하는데 어느 정도 도움이 된다. 맥케이(Jenny McKay, 2006: 62)는 〈롤링스톤(Rolling Stone)〉과 〈스펙테이터(Spectator)〉 같은 잡지의 경우 '개별 작가의 어조가 반영되도록 더 많은 여지'를 제공함으로써 엄격한 회사 스타일이 가져오는 '조직의 단조로움'을 피하고 있다는 점을 지적한다. 하지만 이러한 회사 스타일의 부재 자체가 브랜드 이미지의 일부로 여겨질 수도 있다.

회사 스타일의 문제는 단순한 어조 선택을 넘어서 이데올로기적 효과를 낳는 논조에까지 관련된다는 주장이 있다.

아래의 표제어에서 볼 수 있듯이 유머의 보고가 될 수도 있다.

Goths(대문자) 로마 제국을 침략한 게르만족

goths(소문자) 셰퍼드부시엠파이어(Shepherd's Bush Empire, 런던에 있는 공연장 - 역자 주)에 몰려든 시스터즈오브머시(Sisters of Mercy, 영국 출신의 고딕락 밴드 - 역자 주)의 팬들

(『가디언』 스타일 안내서; Marsh, 2007)

게으른 언론인들은 늘 석유자원이 풍부한 국가 A에서 안락함을 누리고 있었지만, 장기집권하고 있는 강고한 인물이면서도 몸이 편치 않은 대통령 B가 논객(chattering classes: 시사 문제에 관해 자유로이 의견을 말하는 상류 계급의 지식인에 대한 경멸적 표현 - 역자 주)들의 말을 빌자면 교활한 정치책략가이기 때문에 현재 불안한 평화가 유지되고 있으나, 최근 (밀월기간이 끝난 뒤) 총리를 체포하라는 중대한(watershed 또는 landmark 또는 sea-change) 결정이 내려졌기 때문에, 반체제적인 남부 지역에서 조만간 유혈폭동이 발생할 것이다. … 끝부분에서 필자가 무슨 일이 일어났는지 전혀 모르겠다고 자백하고 나면, 한 재치 있는 사람이 말한 것처럼과 같은 표현으로 기사를 마무리하기 전에 항상 한 가지는 분명하다고 할 만한 여지가 있다…. (『이코노미스트』 스타일 안내서, 2008)

> " 한 편의 글은 단조롭게 말할 수도 있고, 흥분해서 말할 수도 있고, 혼자 중얼거릴 수도 있고, 노래할 수도 있다. 노래하는 쪽, 즉 생명, 리듬, 조화, 스타일이 있는 글을 목표로 삼으라. 그러면 절대로 독자를 잃지 않을 것이다. "
> – 워터하우스(Keith Waterhouse)

amok(말레이인의 맹렬한 살상욕을 수반하는 정신착란-역자 주): 오직 말레이인들만이 맹렬하게 난동을 부릴 수 있다는 관찰정보가 없다면 『데일리텔레그래프』 스타일 지침서는 완성되지 못할 것이다. 또한 berserk를 보라….

예를 들면, 영국방송협회(BBC: British Broadcasting Corporation)는 자사의 직원들에게 특별히 이스라엘과 팔레스타인의 분쟁과 관련해 보도할 때 참고하도록 '암살', '점령지역', '테러리스트', 나아가 '장벽'을 권장하면서도 '벽'과 같이 논쟁적인 용어를 다루고 있는 스타일 안내서를 공급하고 있다 (http://news.bbc.co.uk/newswatch/ukfs/hi/newsid_6040000/newsid_6044000/6044090.stm). 이데올로기적 함의는 분쟁 보도에 관한 스타일 규칙에만 국한되지 않는다. 매닝은 "형식은 이데올로기적 함의라는 면에서 결코 중립적이지 않다"고 말했다. 그는 언론인들이 엄격한 스타일 규정에 부합하려다 보면 "보다 광범위한 정보원을 통해 비판적이거나 반대하는 목소리를 삽입할 기회와 다양한 뉴스의 취급이 적어지게" 된다고 주장했다 (Manning, 2001: 60). 그 결과 가령 일간지 『선』의 논조는 '이성애, 남성, 백인, 보수, 자본주의, 민족주의' 위주로 범주화된다 (Pursehouse, Stevenson, 2002: 101에서 인용).

따라서 스타일 안내서들은 그 저자들의 시각과 관계없이 이데올로기적으로 보일 수 있다.

비록 그것들이 순수하게 기능적 또는 심미적 판단으로 규정되고, 제시되는 가장 보편적인 기준이 명료함, 간명함, 일관성, 생생함, 박력, 그리고 언어의 '정확성'과 (종종) '순수성'과 같이 '정치적 의미가 없는' 것이라 하더라도, 관찰해보면 이러한 스타일상의 가치가 시대를 초월해 중립적인 것이 아니고 역사와 목적을 지니고 있음이 분명해진다. 그것들은 특정한 상상의 독자와 관계를 구축하고 뉴스 보도의 특정 이데올로기를 유지할 때 역할을 감당한다. (Cameron, 1996: 316)

그러나 언론인들은 때때로 스타일이나 이데올로기의 관점에서 함의를 깰 수도 있다. 맥카퍼티가 『아이리쉬타임즈(Irish Times)』 기자로 더블린 형사재판소를 취재할 때 그녀는 전통적인 법정 보도 규칙과 기자 스타일을 따르지 않았는데, 간간이 푸념을 섞어놓은 자신의 기사모음집 서론에서 그 이유를 설명했다.

berserk: 오직 아이슬란드인들이 신들린 듯이 광포해질 수 있다는 관찰정보가 없다면『데일리텔레그래프』스타일 지침서는 완성되지 못할 것이다. 또한 amok를 보라. (『텔레그래프』스타일 지침서, 2008)

뒤에 실린 이 장의 내용은 스타일 안내서의 한 예다. 이 말은 상당량의 편견, 혐오, 임의적인 선택 그리고 누군가는 틀림없이 지나친 **도의적 공정성**으로 매도할 내용이 포함되어 있을 것이라는 뜻이다. 아래의 규칙들 중 상당수는 영국의 언론인에게는 대부분 보편적인 것이지만 그렇지 않은 내규도 많이 있을 것이다. 학생기자들은 다양한 조직의 스타일을 공부해야 하며 비록 안내서에 정리되어 있지 않다고 할지라도 어떤 형태로든 회사 스타일이 분명히 존재한다는 사실을 인식해야 한다. 연수차 신문사 편집실을 찾은 사람이나 신입사원은 시의원(Councillor)을 Coun과 Cllr 중 어느 쪽으로 축약할 것인지, 수상(Prime Minister)을 대문자로 쓸 것인지, 어미 -ise와 -ize 중 어떤 어미를 사용할 것인지, 그리고 그런 규칙을 일관되게 적용할 것인지와 같이 일련의 스타일상의 문제에 대한 특정 조직의 선호도를 붙잡고 씨름해야 할 필요가 있다. 직장을 옮기면 이 작업을 모두 다시 해야 한다. 물론 최종적으로 어떤 기자가 그런 규칙을 파괴하거나 심지어 변화시킬 위치로 올라설지도 모르지만 우선 그 규칙들에 대해서 알아야 한다. 뒤의 안내서는 대체로 중요하다고 여겨지는 규칙을 제시하고 있기 때문에 더 좋은 기사를 쓰는 데 도움이 될 것이다.

이 사람들은 우선 법정에 출두한다는 사실만으로 충분히 고통받고 있기 때문에, 나는 그들의 실명과 주소를 한 번도 적지 않았다. 그 대신 그들의 운명을 결정하는 판사들의 이름을 기록했다. 바라기는 이 기사모음집이 이번만큼은 그들을 피고석에 앉힐 수 있었으면 좋겠다. (McCafferty, 1981: 2)

## 언어

언론인들은 대개 학자들이 저널리즘에서 사용된 언어를 자세하게 문자 그대로 분석하는 것에 대해 부정적이다. 하지만 언어의 선택은 진실의 문제 그리고 '실제로 발생한 일'과 불가분의 관계라고 호지(Robert Hodge)와 크레스(Gunther Kress)는 주장한다.

언어지향적인 비평가들은 언어에 너무 많은 주의를 기울이고 특별히 글로 쓴 본문의 단어에 담긴 내용의 중요성을 과대평가하는 경향이 있다. 하지만 반대의 경우도 가능하다. 모든 주요 이데올로기 투쟁은 반드시 단어 안에서, 다양한 기술에 힘입어 다양한 방법으로 유통되는 본문을 통해서, 셀 수 없는 방법으로 이러한 투쟁의 흔적을 지닌 언어의 형태로 이루어질 것이다. (Hodge and Kress, 1993: 161)

카메론이 보기에는, 오웰이 찬양한 그리고 오늘날까지 대부분의 영국 언론매체에서 수용하고 있는 평이한 언어조차도 이데올로기적 함의를 지니고 있다.

오웰이 장려한 평이하고 명료한 스타일은 단지 '세상을 비추는 거울'이라는 현대 뉴스 보도의 주류 이데올로기에 특히 잘 들어맞지만, 이런 스타일이 특집기사보다는 보도기사에 가장 엄격하게 적용된다는 사실은 우연이 아니다. 보도기사에서 평이하고, 간결하고, 구체적인 언어, 즉 언어 자체에 주의를 끌지 않으려고 신중하게 사용된 언어는 소설의 사실주의 코드와 다르지 않은 하나의 코드이며, 그것이 전통적으로 의미하는 바는 한 사건의 객관적 사실에 대한 경우 중개되지 않은 접근이다. 그것은 더 눈에 띄는 언어로는 이룰 수 없는 방법으로 우리가 읽고 있는 것이 결코 주장이 아니고 단순히 진실임을 우리에게 암시적으로 전달한다. … (그것)은 카메라는 절대로 거짓을 말하지 않는다는 언어적 비유이기 때문에 그와 비슷한 혐의를 가지고 다루어야 한다. (Cameron, 1996: 327)

## 도의적 공정성

흔히 도의적 공정성이라고 하는 것은 대체로 단순한 예의의 문제라고 맥케이(Jenny McKay)는 주장하지만, 그것이 도의적 공정성은 정치적 의미를 갖지 않는다는 말은 아니다.

사회적 평등을 위한 소수민족과 여성들의 투쟁 초기에는 많은 언론인들이 단어 선택이 중요하다는 생각을 갖지 않았다. (이것은 그들이 단어의 중요성에 기반해서 자신의 삶과 생계를 유지하는 직업인이라는 점에서 어쩌면 놀라운 일이다.) 하지만 이제는 많은 대형출판사들에서 예를 들어, 묘사되는 사람들이 사실상 남성과 여성을 모두 가리키는 경우에 남성대명사 he를 사용하는 것과 같은 글쓰기

> " 단어는 언론인의 작업 도구이기 때문에 여타의 장인과 마찬가지로 그것을 적절히 사용하면서 예리하고 깔끔하게 관리해야 한다. 언론인은 그것을 소중히 해야 한다. "
>
> – 잉키패스(*The Inky Path*)

방식을 배제해야 한다고 생각하게 되었다. '도의적 공정성'이라는 표현은 종종 작가의 단어 선택이 갖는 의미심장함에 대해 생각해보려는 노력의 가치를 훼손하기도 했었다. 물론 이처럼 규범적인 측면이 과도하게 강조될 수도 있지만 기본적인 동기는 대체로 악의라기보다는 정중함이라고 할 수 있다 (McKay, 2006: 72)

인종차별주의, 성차별주의, 장애 같은 문제에 대해 도의적으로 공정하게 접근하려는 노력을 거부하는 태도로 인해서 주류 미디어 내의 언론인들 사이에서 윤리적 논쟁의 범위가 제한될 수 있다 (Keeble, 2001b: 1-2). 하지만 언론인 영(Gary Younge, 2006)은 '검둥이(darkie)'나 '바보(spastic)'처럼 한때 널리 사용되던 단어를 버리는 추세를 도의적 공정성으로 여겨서는 안 된다고 주장한다. 오히려 그러한 변화는 '자유주의의 일방적 명령이 아니라 시민사회의 합의에 의해 이룩한' 사회적 진보의 결과로 생겨난 것이다.

# 스타일 안내서 ━━━━━━━━

**A**

**a or an before h**  hour에서처럼 만약 h가 묵음이라면 an을 사용하고 *a* hero와 같이 다른 경우에서는 a를 사용하라.

**abbreviations**  can't나 that's같은 약어가 현대 미디어에서 점점 흔해지고 있지만 그것이 직접 인용문에서 쓰인 경우가 아니면 탐탁하지 않게 여기는 사람들도 여전히 있다. doctor (Dr)나 Labour (Lab) 같은 단어의 축약형은 마침표를 찍지 않으며, (여백 없이 대문자로 써야 하는) GP, BBC, MP 같은 이니셜도 마찬가지다. 매우 잘 알려진 약어를 제외하고 모든 약어는 National Union of Students (NUS)처럼 본딧말을 병기하거나 the transport union RMT처럼 뜻으로 설명해야 한다. (Nato처럼) 이니셜이 한 단어로 발음될 수 있으면 그것은 머리글자어(acronym)가 된다.

> " 종종 편집부원들은 저 가공할 무기인 스타일지침서로 무장한 채 혁신을 억압하기 위해 최선의 노력을 기울이는 것처럼 보였다. "
> – 『텔레그래프(*Telegraph*)』에 대해 하트데이비스(Duff Hart-Davis)

**accommodation**  이중 cc와 이중 mm

**acronyms**  Nato에서처럼 여러 단어의 머리글자를 이용해 만든 단어. 아주 잘 알려진 경우를 제외하고는 train driver's union Aslef 또는 Acas, the arbitration service와 같이 모두 설명해야 한다.

**Act**  the Official Secrets Act에서처럼, 법령의 이름을 모두 쓰고 대문자로 쓴다.

**addresses**  신문 기사의 모든 주소는 번지수가 아니라 도로명을 적는다. 하지만 연락처를 위해 완전한 주소를 제공해야 할 경우에는 999 Letsby Avenue, Sheffield S1 3NJ와 같이 쓴다.

**adrenalin**  adrenaline보다 선호한다.

**advice, advise**  advice(명사)는 당신이 구하거나 주는 것. advise(동사)는 당신이 할 수도 있는 것.

**adviser**  advisor보다 선호한다.

**affect**  effect와 혼동하지 않아야 한다. affect는 변화시킨다는 뜻이다. 그런 변화가 effects를 낳는다.

**ageing**  aging이 아니다.

**ages**  Freddie Sears, 19; 또는 19-year-old Freddie Sears; 또는 Freddie is 19 years old.

**Aids**  AIDS보다 선호한다.

**A-levels**  하이픈과 소문자 l.

**all right**  The Kids Are Alright처럼 제목을 인용하는 경우가 아니면 두 단어.

**Alzheimer's disease**  대문자 A, 소문자 d, 아포스트로피 주의.

**amongst**  *among* 선호.

**ampersand (&)**  Marks & Spencer과 같은 회사명일 경우에 사용한다. 다른 경우에는 피한다.

**and**  and로 문장을 시작할 수 있다. 하지만 제발 모든 문장에서 그렇게 하지는 말라.

**apostrophes**  소유격(예: John's foot)을 표시하거나 한 단어에서 떨어져 나간 것(예: *do not*의 축약형 *don't*)을 보여줄 때 아포스트로피를 사용한다. children이나 people와 같은 복수명사는 단수의 아포스트로피를 취한다 (예: *children's games*, *people's princess*).

**armed forces**(군대)  소문자.

**Army**   *the* Army(즉 영국군)을 의미할 때는 대문자. 육군 계급은 다음과 같이 줄여 써야 한다. Lieutenant General (Lt Gen); Major General (Maj Gen); Brigadier (Brig); Colonel (Col) Lieutenant Colonel (Lt Col); Major (Maj); Captain (Capt); Lieutenant (Lt); 2nd Lieutenant (2nd Lt); Regimental Sergeant Major (RSM); Warrant Officer (WO); Company Sergeant Major (CSM); Sergeant (Sgt); Corporal (Cpl); Lance Corporal (L Cpl); Private (Pte). Field Marshall이나 General은 줄여 쓰지 않는다.

**asylum seeker**   두 단어, 하이픈 없음.


**B**

**B&Q**   여백 없음.

**backbenches**   backbencher에서처럼 한 단어.

**bail, bale**   어떤 사람이 on police *bail*일 수 있고, 크리켓선수는 *bails*에 익숙할 것이다. 하지만 배에서 물을 *baled* out하고, 조종사는 비행기에서 *bale* 한다.

**Bank of England**   대문자 B와 E. 그 다음부터는 the Bank.

**bank holiday**   소문자.

**banknote**   한 단어.

**barbecue**   Bar-B-Q, BBQ 또는 barbie가 아니다.

**Barclays Bank**   모두 대문자 B, 아포스트로피 없음.

**bare, bear**   자주 혼동된다. bare는 발가벗은, 꾸밈없는, 가까스로의, 털어놓다를 의미하고; bear는 나르다, 낳다, 출산하다, 곰을 뜻한다.

**begs the question**   전문가들조차 이 말의 의미에 대해서 동의하지 않기 때문에 사용하지 않는 것이 가장 좋다.

**biannual**   한 해에 두 번을 의미한다. 격년을 의미하는 biennial과 혼동하지 말라. 사용하지 않는 것이 가장 좋다.

**Bible**   대문자. 하지만 biblical은 소문자.

**billion**   10억. 헤드라인(£1.4bn)을 제외하면 항상 줄이지 않고(£1.4 billion) 쓴다.

**birthplace**   한 단어.

**boffins**   이 단어는 과학자나 여타 연구자를 뜻하는 신문용어이나 사용해서는 안 된다.

**Boxing day**   대문자 B, 소문자 d.

**breach**   돌파하다, 약속이나 법률을 어기다를 의미한다. 총의 개머리나 반바지를 입히다를 뜻하는 *breech*와 혼동하지 말라.

**breastfeeding**   한 단어.

**brownfield**   한 단어.

**brussels sprouts**   소문자, 아포스트로피 없음.

**BSE**   Bovine spongiform encephalopathy의 약어이나 보통 모든 철자를 쓰지는 않는다. "mad cow disease(광우병)"를 가리킨다.

**Budget**   재무장관이 정한 *the* Budget이라면 대문자, 다른 경우에서는 소문자.

**but**   *but*으로 문장을 시작할 수 있다. 하지만 너무 자주 그렇게 하지는 말라.

**byelection**   한 단어 선호.

**bylaw**   한 단어 선호.

bypass   한 단어 선호.

## C

cabinet, shadow cabinet   소문자.

caesarean section   소문자.

canvas, canvass   텐트는 *canvas*로 만들고, 정치인들은 지지를 *canvass*한다.

capitals   요즘 영국의 미디어는 불과 몇 년 전보다도 대문자를 훨씬 적게 사용하고 있다. 명확성과 일관성이 때때로 충돌하는 경우에는 명확성을 우선시해야 한다.

cappuccino   소문자.

Caribbean   r이 하나이고 bb가 둘이다.

cashmere   직물의 일종이며, 인도대륙에 있는 *Kashmir*(카슈미르)와 혼동하면 안 된다.

cemetery   cemetry나 cemetary가 아니다.

censor   억압하다는 뜻이며 혹독하게 비난하다는 의미의 censure와 혼동하면 안 된다.

> " 평이한 영어는 언제나 민주주의자의 최선의 방어물이다. "
> – 마(Andrew Marr)

centre   center가 아니다.

century   9th century나 21st century에서처럼 숫자와 함께 소문자.

chairman, chairwoman   남성이면 chairman, 여성이면 chairwoman, 단순히 직책이면 (예: The committee's first job will be to elect a chair) chair를 선호한다. 소문자.

Chancellor of the Exchequer   대문자 C와 E. 그 뒤로는 the Chancellor.

Channel tunnel   대문자 C, 소문자 t.

cheddar, cheshire cheese   소문자.

Chief Constable   특정 Chief Constable에 대해서는 모두 대문자 C, chief constables의 모임에 대해서는 소문자.

Christian   대문자 C, 하지만 unchristian은 소문자.

Christmas day   대문자 C, 소문자 d.

churches   예를 들어, Sacred Heart Roman Catholic Church처럼 교회 이름에서는 대문자, 그 이후로는 Sacred Heart, 이 교회가 기사에서 언급되는 유일한 교회라면 그냥 the church.

citizens advice bureau   소문자, 하이픈 없음.

city centre   두 단어, 하이픈 없음.

CJD   Creutzfeldt-Jakob disease의 약어이나 보통 모든 철자를 쓰지는 않는다. '인간에게 나타나는 광우병'을 가리킨다.

Clichés   "진부한 표현은 전염병처럼 피하라"고 말하는 사람도 있지만 다른 견해도 많다. 예를 들어, 키블(Keeble, 2001a: 117)은 기자들에게 병원에서 아무개 씨가 '위독하다'고 진단했을 때 '사투를 벌이고 있다'고 말하는 것은 진부한 표현이기 때문에 피하라고 충고한다. 그 말이 맞을 수도 있지만, 그만큼 위독하기 때문에 적어도 사투를 벌이고 있다는 표현은 극적인 상황에 더 잘 부합한다. 진부한 표현을 완전히 피할 수는 없으며 그런 표현들은 시대에 따라 변하기도 하는데, 때로는 역설적으로 사용될 수도 있다. 원고에 진부한 표현을 사용하고 싶은 마음이 생기면, 잠시 멈추고 그것이 자신이 말하고자 하는 바를 가장 잘 표현하는 방법인지

를 자문해보라. 아래에 특별히 진부한 단어와 표현
을 나열하였다.

a big ask 터무니없는 요구

a bridge too far 머나먼 다리

acid test 엄밀한 검사

after the Lord Mayor's show 로드 메이어 쇼 후에
  (런던 시장의 취임을 축하하는 행사 – 역자 주)

as so-and-so looks on (사진 캡션에서) 아무개가
  보는 것처럼

at the end of the day 최후에는

back to square one 원점으로 돌아가서

baptism of fire 호된 신고식

between a rock and a hard place 곤경에 처해서

bitter end 막판

bombshell 폭탄선언

brutal murder 잔인한 살인

bubbly character 명랑한 성격

budding (젊은이들에 대한 기사에서) 신진의

burning issue 초미의 현안

chickens coming home to roost 누워서 침 뱉기

closure (이직의 필수요건으로써) 폐쇄

cold comfort 달갑지 않은 위로

crack troops 정예부대

cyberspace 가상공간

drop-dead gorgeous 아주 매력적인

early doors 평소보다 이른

fairytale ending 동화 같은 결말

fairytale romance 동화 같은 사랑이야기

fears are growing 우려가 커지고 있다

first the good news... 먼저 좋은 소식

flash in the pan 일시적인 성공

flushed with success (화장실에 관한 기사에서)
  성공에 상기되어

genuine six-pointer 진정한 결전장

gobsmacked 너무 놀라 정신을 못 차리는

goes without saying 말할 나위도 없다

handbags (축구선수들 사이에서) 거짓 위협 행동

high-level summit 정상회담

high-speed chase 고속추격전

hit the ground running 잘 나가다

hopes were dashed 희망이 좌절되었다

horns of a dilemma 진퇴양난

I have to say ~한 것 같다

interesting to note 흥미로운

...is the new black ~가 유행이다

...is the new rock'n'roll ~가 유행이다

it has to be said 언급되어야만 한다

it remains to be seen 두고 봐야 안다

jaw-dropping 입이 벌어지게 하는

kept himself to himself 자기 좋은 대로 하다

kick-start 시동을 걸다

last but not least 마지막으로 그렇지만 마찬가지
  로 중요한

leave no stone unturned 백방으로 손을 쓰다

level playing field 공평한 경쟁의 장

mass exodus 대이동

mega 엄청난

meteoric rise 혜성같이 나타난

morning after the night before 숙취 상태

move on (폐쇄 뒤에) 이직

only time will tell 오직 시간만이 말해줄 것이다

personal demons 개인적인 결함

pillar of the community 지역사회의 기둥

political correctness gone mad 지나친 도의적 공정성

purrfect (고양이에 관한 기사에서) 완벽한

quiet confidence 조용한 자신감

revellers 흥청거리는 사람들

rich tapestry 복잡하고 풍부한

rich vein of form 뛰어난 활약

ripe old age of... 만년의 나이

sea change 상전벽해

speculation was rife 추측이 만연했다

step change 큰 변화

storm in a D-cup 괜한 소동 (브라나 가슴에 대한 기사에서, storm in a tea cup을 응용한 표현 – 역자 주)

sweet smell of success 성공의 달콤한 향기

SW19 (윔블던 관련 기사에서) 윔블던 지역 우편번호

take the bull by the horns 정면대처하다

taken its toll 악영향을 미친

the devil is in the detail 사소한 데서 큰 문제가 발생하다

to die for 정말 갖고 싶은

torrid time 몹시 힘든 시간

tragic mum (or tot, or whoever) 비참한 엄마 (또는 어린아이, 또는 어떤 사람)

tsunami (실제 쓰나미를 제외하고) 쓰나미

tucking into festive fare (사진 캡션에서) 명절 음식을 즐기다

untimely death 때 이른 죽음

up in arms 분개하여

> " 모든 중요한 이데올로기 투쟁은 반드시 다른 단어로 수행되어야 한다. "
> – 호지(Robert Hodge)와 크레스(Gunther Kress)

veritable feast 진정한 향연

wake up and smell the coffee 정신차리고 상황을 직시하다

wake-up call 모닝콜

war of words 설전

**company names** 회사명 그대로 철자, 대문자나 소문자, 아포스트로피를 사용한다.

**conman, conwoman** 모두 한 단어.

**connection** connexion이 아니다.

**Conservative party** 대문자 C, 소문자 p. *Conservatives*와 *Tories*도 무방하다. The Conservative party는 단수; Conservatives는 복수.

**Continent** *The* Continent 즉 유럽 본토를 가리킬 때만 대문자 C.

**convince** 사실을 확신시키다; 무엇을 하도록 설득할 때는 *persuade*.

**co-operate, co-operative, co-op** 발음상 하이픈 사용.

**Coroner's Court** 대문자, 아포스트로피와 함께 Bradford Coroner's Court. 하지만 가령 "The cause of death will be decided in the coroner's court"처럼 일반적인 경우에는 소문자.

**council leader** 소문자.

**councillors** 일반적인 councillors는 소문자이지만, 특정 councillors의 경우 대문자. Coun을 선호하는 신문사도 있고, Cllr을 택하는 곳도 있다.

**councils** 처음 나올 때는 Sheffield City Council처럼 대문자이고 그 이후부터는 기사에 유일하게 등장하는 경우이면 the council. the council is가

the council *are*보다 낫다. cabinets, panels, boards 모두 소문자 가능.

**couple** 복수이므로 the couple *are* planning a holiday가 맞다. *is*가 아니다.

**Crown Prosecution Service** 첫 글자는 대문자. 이후로는 CPS로 축약 가능.

**curate's egg** 부분적으로 좋은 달걀도 여전히 상한 것이기 때문에 일부는 좋고 일부는 나쁘다는 의미가 아니다.

## D

**dashes** 삽입구를 표현하기 위하여 — 이 예에서처럼 — 두 개의 대시를 사용할 수 있다. 또한 설명할 때, 강조할 때, 놀라움을 표시할 때 하나의 대시를 사용할 수 있다. 하지만 너무 많은 대시로 원고를 어지럽히지는 말라.

**dates** 대부분의 영국 간행물은 March 21이나 March 21 2009를 사용한다. March 21st; 21 March; March 21, 2009를 사용하지 않는다.

**day-to-day** 하이픈으로 연결

**D-day** 하나의 대문자 D와 하이픈

**decades** 1980s, 1990s, 2000s처럼 아포스트로피가 없다. 역설적으로 사용될 때만 드물게 Swinging 60s도 가능하다. 2000s 대신 noughties를 사용하는 경우도 있고 그렇지 않은 경우도 있다.

**decimate** 10분의 1을 죽이거나 제거한다는 의미이다. 완전히 말살하다라는 뜻이 아니다.

**defuse** 위기를 해제하다, 진정시키다는 의미이다. 퍼지다는 뜻의 *diffuse*와 자주 혼동된다.

**disabled people** the disabled나 the handicapped가 아니다.

**discreet** 신중한을 의미하며, 분리된을 뜻하는 *discrete*과 혼동하면 안 된다.

**disinterested** 사심없는을 의미하며, 지루한 또는 무관심한을 뜻하는 *uninterested*와 자주 혼동된다.

**Doctor** 마침표 없이 Dr로 축약한다.

**dotcom** 닷컴 기업이지 .com이나 dot.com이 아니다.

**dots** 문서를 인용할 때 무언가 생략되었음을 표시할 때 세 개의 점을 사용한다. 또한 가령 "But that's another story…"처럼 주제에 대해 더 말할 것이 있을 때 사용한다.

**double-decker bus** double-deck가 아니다.

**drink driving** drunk driving이 아니다. 법원 기록에 적정 법적 기준과 양이 표시되어 있다. 100밀리미터의 혈중 알콜농도 80밀리그램, 100밀리미터의 호흡중 알콜농도 35마이크로그램, 100밀리미터의 소변중 알콜농도 107밀리그램.

## E

**earring** 하이픈이 없다.

**Earth** 우리 행성의 이름은 대문자 E를 취한다.

**east** 서술(east Leeds)이나 방향(head east)일 경우 소문자 e이지만, 지역이나 나라의 이름(the North-East)일 경우 대문자 E.

**E.coli** 대문자 E, 소문자 c, 마침표가 있고 여백은 없다.

**e-commerce** 하이픈 있고 소문자.

**ecstasy**　소문자. 누군가를 인용할 경우에만 E를 사용한다.

**Edinburgh**　borough가 아니다. *Middlesbrough*와 *Scarborough*를 보라.

**eg**　예를 의미한다. 소문자이고 마침표가 없다.

**email**　하이픈이 없다.

**enclose**　inclose가 아니다.

**enormity**　극악무도. 매우 크다는 뜻으로 사용하지 않는다.

**euro**　통화를 의미할 때 소문자.

**exclamation marks**　업계에서 '느낌표'로 알려져서 아마추어 언론인이나 교구회보 편집인의 글에서 수십 개씩 발견된다. 누군가 큰소리로 외치거나 정말 놀랐을 때 ("Ouch!"처럼) 제목에서 사용하는 경우 외에는 일반적으로 피해야 한다. 재미있을만한 무언가를 알려줄 때 사용하면 안 된다! 하하하!!!!(Ha ha ha!!!!)

**exhaustive**　포괄적인을 의미하며 지친을 뜻하는 *exhausted*와 자주 혼동된다.

**expense**　expence가 아니다.

**eyewitness**　한 단어이고 witness도 무방하다.

**F**

**fairytale**　한 단어

**fast food**　두 단어이고 하이픈이 없다.

**fewer**　fewer hours of sunshine, fewer people처럼 수가 더 적은 것을 의미한다. less sunshine, less money처럼 정도가 더 적은 것을 의미하는 *less*와 혼동하면 안 된다.

**fireman**　firefighter를 선호한다.

**first, second**　firstly, secondly가 아니다.

**first aid**　소문자.

**flaunt**　자랑하다 또는 과시하다를 의미하나, 어기다를 뜻하는 *flout*와 자주 혼동된다.

**focused**　focussed보다 선호.

**foot and mouth disease**　소문자이고 하이픈이 없다.

**fulsome**　지나친 또는 진실되지 못한을 의미하기 때문에 fulsome praise는 후한 칭찬보다는 과도한 칭찬을 의미한다. 자주 혼동된다.

**G**

**GCSE, GCSEs**　대문자이고 마침표가 없으며, 복수형은 소문자 s를 취한다.

**general election**　소문자.

**gentlemen's agreement**　gentleman's agreement가 아니다. 특별히 gentlemen을 가리키는 것이 아니라면 *verbal agreement*가 덜 성차별적이다.

**getaway**　(getaway car에서처럼) 한 단어.

**God**　이름으로 사용할 때는 대문자이고, 일반적인 gods라면 소문자.

**government**　소문자.

**government departments**　Department for Environment, Food and Rural Affairs; Ministry of Justice처럼 공식명칭을 표현할 때는 대문자를 선호한다. environment department나 justice ministry에서처럼 설명을 위해서라면 소문자를 사용한다.

graffiti   두 개의 ff와 한 개의 t.

green belt   두 단어, 소문자이고, 하이픈이 없다.

green paper   소문자(영국 정부의 의회 심의용 정책 제안서 – 역자 주).

greenfield   한 단어 선호.

Greens   the Green party에 대해서는 대문자, 더 넓은 의미의 자연보호운동이나 우리가 먹는 푸른 채소를 표현할 때는 소문자.

gunman   한 단어.

Gypsy   대문자. Gipsy보다 선호.

# H

half   half-a-dozen, half-past, half-price, halfway, two-and-a-half 선호.

hardcore   한 단어.

headteacher   한 단어 선호.

heaven/hell   모두 소문자.

height   대부분의 영국 신문에서는 사람의 신장을 feet와 inches로 표시하지만(6ft 1 in) 다른 높이 (예: 빌딩)는 보통 metres(12.25m)나 centimetres (25cm)로 나타낸다.

hello   hallo나 hullo가 아니다.

heyday   hayday나 heydey가 아니다.

hiccup   hiccough가 아니다.

high street   일반적인 쇼핑가를 가리킬 때는 소문 자이지만 실제 거리명일 때는 대문자.

hijack   한 단어.

his, hers   아포스트로피가 없다.

hi-tech   하이픈으로 연결한다. 지금은 어느 정도 진부한 표현이 되었다.

hitman   한 단어이다.

housewife   집과 결혼한 사람에 대해 보도하는 것 이 아니라면, 더 나은 표현을 찾아보라.

humour   humor가 아니다.

hyphens   많은 단어들이 두 단어로 시작해서 하이 픈으로 연결되었다가 최종적으로 한 단어가 되었지 만, 이 과정을 너무 빨리 서두르면 혼동을 낳을 수 있다. 각각의 표제어를 확인해보고 경우에 따라서 는 현재 미디어의 관행이나 발음, 명확성의 필요에 따라 사용하라.

# I

ie   다시 말해를 뜻한다. 소문자이고 마침표가 없다.

in order to   과도하게 사용되므로 대체로 피하는 것이 가장 좋다.

income support, income tax   소문자.

infinitives   혼동을 주거나 촌스럽게 들릴 수 있으 므로 부정사를 분리하지 않는 것이 좋다. 하지만 챈 들러(Raymond Chandler)가 동료 편집인들에게 말 한 것처럼, "제기랄, 내가 부정사를 분리할 때는 분리 돼야 하니까 분리하는 거야"(Chandler, 1984: 77).

inner-city   보통 하이픈으로 연결한다.

inquests   검시관은 의견을 기록한다. 검시배심원 은 평결을 내린다.

inquiry, inquiries   enquiry, enquiries보다 선호한다.

**internet**   소문자.

**ise**   organise처럼 ize보다 선호한다.

**its, it's**   *her death*에서 아포스트로피가 없는 것처럼 the dog's death를 의미하는 *its death*에서는 아포스트로피가 없다. *it's*가 *it is*의 축약형일 때 아포스트로피를 사용한다. It's that simple(그만큼 간단하다).

## J

**jack russell**   개를 표현할 때는 소문자 (하지만 위킷키퍼를 가리킬 때는 대문자).

**jail**   gaol보다 선호.

**jibe**   gibe가 아니다.

**jobcentre, jobseeker's allowance**   소문자.

**judges**   *Judge Roger Scott*처럼 처음 언급할 때는 이름과 직책을 쓰고 다음부터는 *Judge Scott*나 *the judge*로 표시한다. 고등법원 판사는 Justice를 사용하기도 하며, *Mr Justice Henriques*로 처음에 쓰고, 다음부터는 *the judge*로 말하거나 이름을 모두 써야지 Judge Henriques는 안 된다. 기록관(비상근 판사)는 *the recorder Mrs Mary Smith*로 쓴다. stipendiary magistrates(유급치안판사)로 불리었던 상근치안판사 (full-time magistrates)는 이제 (치안판사법원) district judges(지방법원판사)이다.

**junior**   마침표 없이 Jr로 축약한다.

## K

**kick-off**   보통 하이픈으로 연결한다.
**kilogram, kilometre, kilowatt**   kg, km, kw로 축

약한다.

**knockout**   한 단어 선호

**Koran**   대문자

## L

**Labour party**   대문자 L, 소문자 p. 다음에 언급할 때는 Labour. 모두 단수.

**labour**   labor가 아니다.

**lamp-post**   하이픈으로 연결.

**landmine**   한 단어

**lay, lie**   He was *laying* the table while she was lying on the bed(그가 탁자를 놓는 동안 그녀는 침대에 누워 있었다).

**layby**   한 단어.

**lead, led**   Celtic *lead* the table now, but Rangers *led* at the start of the season(셀틱이 현재 선두를 달리고 있지만, 시즌 초에는 레인저스가 선두였다).

**less**   less sunshine, less money처럼 더 적은 정도를 뜻한다. fewer hours of sunshine, fewer people처럼 수가 더 작은 경우를 의미하는 *fewer*와 혼동하면 안 된다.

**liaison**   liason이 아니다.

**Liberal Democrats**   대문자 L과 D. She is a Liberal Democrat(단수). She is a member of the Liberal Democrats(복수). Lib Dems으로 축약할 수도 있다.

**license**   You need to buy a TV licence(명사). You will then be *licensed*(동사) to own a TV.

**linchpin**   lynchpin보다 선호.

**lists**   콜론으로 목록을 나열하고: 세미콜론으로 요소를 분리하며; 마침표로 끝낸다.

**literally**   I'll literally explode if I see another example of this word being used inappropriately (이 단어가 적절치 않게 사용되는 예를 한 번 더 발견하면 나는 말 그대로 폭발할 것이다).

**Lloyds Bank**   아포스트로피가 없다.

**loathe**   동사는 혐오하다를 의미하며, 마지못해를 의미하는 loth와 혼동하면 안 된다.

**Lord's**   크리켓 경기장의 이름에서 아포스트로피를 주의하라.

**lottery**   소문자

**lovable**   loveable보다 선호.

# M

**McDonald's**   대문자 M과 D, 그리고 아포스트로피.

**mankind**   여성을 제외할 경우에만 사용하고, 다른 경우에는 humankind, humanity, people을 사용하라.

**Marks & Spencer**   나중에는 M&S(영국 최대의 의류유통업체 – 역자 주) .

**Mayor**   "London Mayor Boris Johnson"처럼 특정인을 가리킬 때 대문자이지만, 일반적으로 시장직을 가리킬 때는 소문자.

**measurements**   먼 거리에는 miles, 사람의 신장에는 feet과 inches, 사람의 몸무게에는 stones와 pounds, 음료에는 pints, 다른 경우에는 미터법을 사용한다. 곧 우리는 틀림없이 영국계량협회(UKMA: UK Metric Association, 2002)가 발행한 지침서에서 제안한 대로 완전한 미터법으로 전환하겠지만, 아직은 시기상조다.

**media**   복수(the media are)이지, 단수(the media is)가 아니다.

**medieval**   mediaeval보다 선호.

**memento**   momento가 아니다.

**mentally handicaped**   사용하지 말라. someone "with learning disabilities"를 선호한다.

**mentally ill**   "the mentally ill(정신이상자)"보다는 "mentally ill people" 또는 someone "with mental illness"(정신적 질병이 있는 사람)을 가리킨다.

**mic**   microphone의 축약형. mike보다 선호.

**midday**   한 단어이고 하이픈이 없다.

**MIddlesbrough**   borough가 아니다. *Edinburgh*와 *Scarborough*를 보라.

**midweek**   한 단어.

**mileage**   milage가 아니다.

**million**   100만. 헤드라인 (£1.4m)을 제외하고 모든 철자를 (£1.4 million) 쓴다.

**miniskirt**   한 단어.

**minuscule**   miniscule가 아니다.

**misuse**   한 단어이고 하이픈이 없다.

**Morrisons**   Morrison's가 아니다.

**Mosques**   Drummond Road Mosque처럼 모든 철자를 쓴다. 그 다음부터는 the mosque.

mph   20mph에서처럼 소문자이고 마침표 없다.

MPs   아포스트로피 없다.

Miss, Mr, Mrs, Ms   현재 예우를 갖춘 경칭은 보통 뉴스 보도에서 첫 언급 이후의 경우에만 사용하므로, John Smith는 두 번째 언급부터 Mr Smith가 된다. 법정 보도는 예외로, 피고에 대해서는 성만 (Smith) 언급하는 언론사도 있고 유죄가 확정된 경우에만 그렇게 하는 언론사도 있다.

Muslim   Moslem보다 선호.

### N

names   첫 번째 언급할 때는 언제나 철자와 성, 이름을 확인하라. OJ Simpson처럼 이니셜로 알려진 유명인사의 경우를 제외하고 (이런 드문 경우에는 마침표를 사용하지 않는다) 이니셜을 사용하면 안 된다.

national lottery   소문자.

nationwide   한 단어.

Nazism   Naziism이 아니다.

nearby   한 단어.

nightclub   한 단어.

no one   두 단어.

north   서술 (north Leeds)이나 방향 (head north)일 경우 소문자 n이지만, 나라명이나 지역명일 경우 (North Yorkshire, the North-East) 대문자 N.

north-south divide   소문자, 한 개의 하이픈(en-rule, 반각).

numbers   1부터 9까지는 모두 영단어로 써야 한다. 10부터 999,999는 천 단위 표기를 위해 콤마를 사용해 숫자로 표기한다. 그 다음부터는 2million, 4.5billion으로 쓴다. 예외: 속도는 5mph처럼 숫자로 표현한다. 온도는 30C(85F)처럼 숫자를 사용한다. 운동경기점수는 2-1처럼 숫자를 사용하지만, 문두에서는 보통 "Seventeen England fans were arrested last night…"처럼 숫자를 모두 영단어로 쓴다.

### O

off-license   하이픈으로 연결한다.

Ofsted, Ofcom   대문자 O.

oh!   O!가 아니다.

OK   OK는 OK다. okay가 아니다.

O-levels   소문자 l과 하이픈을 주의하라 (O레벨 시험. 과거 잉글랜드와 웨일스에서 보통 16세 된 학생들이 치르던 과목별 평가 시험 - 역자 주).

online   한 단어.

### P

parliament   소문자.

passerby   한 단어. 복수형은 passersby.

pensioner   OAP가 아니다.

per   £10,000 a year를 per year나 per annum보다 선호한다.

per cent   %, percent, pc를 선호하는 곳도 있다.

persuade   convince를 보라.

phone   아포스트로피가 없다.

**place names**  공식 웹사이트, 지도, 지명사전, 시 가지 지도책을 가지고 철자를 확인하라. 절대로 추측하거나 가정하지 말라.

**play-off**  두 단어를 하이픈으로 연결하는 형태를 선호한다.

**plc**  소문자.

**police**  처음에는 South Yorkshire Police, 다음부터는 the police. 일반적인 경찰을 가리킬 때는 소문자. police는 복수이고, police force (또는 service)는 단수이므로, "police are investigating…"이지만 "the South Yorkshire force is short of money"가 된다. 경찰 계급은 다음과 같이 약어를 사용한다. Chief Superintendent (Chief Supt), Superintendent (Supt), Chief Inspector (Chief Insp), Inspector (Insp), Detective Inspector (Det Insp), Detective Sergeant (Det Sgt), Sergeant (Sgt), Detective Constable (DC), Constable (PC). WPC는 사용하지 말라. Chief Constable, Deputy Chief Constable, Assistant Chief Constable은 축약하지 말고, 처음에는 모든 철자를 쓰고 다음부터는 Mr나 Ms를 사용한다.

**postgraduate**  한 단어.

**postmodern**  한 단어, 소문자.

**post mortem**  소문자, 두 단어, 하이픈 없음. 항상 *post mortem examination*이라고 언급해야 한다.

**Prime Minister**  대문자 P와 M.

**principal**  *principles*(원칙)이 있거나 없거나 계급 또는 중요도에서 첫 번째.

**prodigal**  단순히 돌아온 사람이 아니라 방탕함을 의미한다.

**programme**  computer program이 아닌 경우에는 program이 아니다.

**prostitutes**  제발, vice-girls가 아니다.

**protester**  protestor보다 선호.

## Q

**queuing**  queueing이 아니다.

**quotes(인용)**  참고로 작은따옴표를 사용하는 인용문 내의 인용이 아니라면, 큰따옴표를 사용한다. 하지만 많은 잡지들의 경우 그 반대로 적용한다는 점에 주의하라. 인용문이 한 단락 이상이면 각 단락을 시작할 때 여는 따옴표를 하고 마지막 단락에서만 닫는 따옴표를 한다. 쉼표, 마침표는 일반적으로 전체 문장이 인용될 때 따옴표 안에 표시하고, 단지 구나 문장의 일부가 인용될 때는 따옴표 바깥에 표시한다.

## R

**refute**  부정하다가 아니라 반박하다는 의미이다.

**reported speech**  과거형으로 기록해야 한다.

**restaurateur**  restauranteur가 아니다.

**reviews**  항상 제목, 장소, 상영기간, 등급 등 상세한 정보를 제공하라.

**ring-road**  소문자, 하이픈 선호. inner ring-road, outer ring-road.

**robbery**  무력이나 위협을 사용한 절도를 의미하며, 다른 상황의 절도나 빈집털이와 혼동해서는 안 된다.

rock'n'roll   두 개의 아포스트로피를 포함한 한 단어.

Rolls-Royce   대문자, 하이픈.

Royal Air Force   처음에 대문자, 다음부터는 the RAF를 선호한다. RAF 계급은 다음과 같이 축약한다. Group Captain (Group Capt), Wing Commander (Wing Cmdr), Squadron Leader (Sqn Ldr), Flight Lieutenant (Flight Lt), Warrant Officer (WO), Flight Sergeant (Flight Sgt), Sergeant (Sgt), Corporal (Cpl), Leading Aircraftman (LAC), Marshal of the Royal Air Force, Air Chief Marshal, Air Vice Marshal, Flying Officer, Pilot Officer 는 줄여 쓰지 않는다.

Royal Navy   처음에 대문자, 다음부터는 the Navy를 선호한다. 해군 계급은 다음과 같이 줄여 쓴다. Lieutenant Commander (Lt Cmdr), Lieutenant (Lt), Sub Lieutenant (Sub Lt), Commissioned Warrant Officer (CWO), Warrant Officer (WO), Chief Petty Officer (CPO), Petty Officer (PO), Leading Seaman (LS), Able Seaman (AS), Ordinary Seaman (OS). Admiral, Vice Admiral, Rear Admiral, Commodore, Captain, Commander, Midshipman은 축약하지 않는다.

rugby   관련이 있는 곳에서는 rugby league와 rugby union을 구분한다. rugger라는 용어를 사용하면 해고당할 수도 있다.

## S

Safeway   Safeway's가 아니다.

Sainsbury's   Sainsbury가 아니다.

Scarborough   *Edinburgh*와 *Middlesbrough*를 보라.

schizophrenia   복잡한 병이다. 나태하게 "in two minds(우유부단한)"이라는 의미로 사용하지 말라.

school names   Bracken Edge primary school처럼.

scrapheap   한 단어.

seasons   autumn에서처럼 winter 등도 소문자.

Secretaries of State   *Foreign Secretary David Miliband*에서처럼 대문자 명칭을 선호하지만, 대문자는 사라지는 추세이다.

senior   마침표 없이 Sr로 축약한다.

September 11   11th나 9/11보다 선호된다.

shear, sheer   It will be *sheer* luck if you manage to *shear* the wool off that sheep(만약 네가 저 양의 털을 깎는다면 그것은 순전히 행운이다).

Siamese twins   conjoined twins보다 선호.

sit, sat   He was *sitting* on the left until the teacher *sat* him in the middle(선생님이 가운데 앉히기 전까지 그는 왼쪽에 앉아 있었다). he sat on the left라고 써도 된다. 제삼자에 의해서 그렇게 된 것이 아니라면, he was sat on the left라고 쓰지 말라.

soccer   적어도 영국에서는 축구를 좋아하는 사람들이 대부분 이 용어를 싫어하기 때문에 사용하면 안 된다. 대신 *football*이라고 말하라.

south   서술(south Leeds)이나 방향(head south)을 나타낼 때 소문자 s이지만 지역이나 나라 이름일 때는 대문자 S (the South-West 또는 South Yorkshire).

**spokesman, spokeswoman**　남성이면 전자, 여성이면 후자를 사용하고 어느 쪽도 아닐 경우에는 spokesperson (예: an emailed statement).

**standing, stood**　She was *standing* at the back until the photographer *stood* her at the front (사진사가 앞에 세우기 전까지 그녀는 뒤에 서 있었다). she stood at the back이라고 써도 된다. 제삼자에 의해 그렇게 된 것이 아니라면, she *was* stood at the back이라고 쓰지 말라.

**stationary, stationery**　a가 있는 단어는 움직이지 않는을 뜻하고, e가 있는 단어는 필기구를 의미한다 ('e에 대해서는 envelope'을 생각하라).

**streetwise**　한 단어.

**swearwords**　욕설은 특별히 직접인용 외에는 별다른 유익도 없이 많은 사람들을 불쾌하게 만들 수 있다. 사용하기 전에 멈춰서 더 생각해보고, 간행물마다 매우 다른 입장을 취할 수 있다는 점을 잊지 말라.

# T

**targeted**　targetted가 아니다.

**taskforce**　한 단어.

**temperatures**　7C(45F)처럼 괄호 안에 화씨를 넣은 섭씨를 선호한다.

**Tesco**　Tesco's가 아니다.

**that or which?**　That은 규정하고, which는 알려준다. This is the style guide *that* is published in my books(이것은 내 책에서 발표된 스타일 안내서이다). This book, *which* is published by Sage, includes a style guide(Sage가 출판한 이 책은 스타일 안내서를 싣고 있다).

**theirs**　아포스트로피가 없다.

**times**　24시간제가 아니라 am, pm을 사용한다. 다른 정오나 자정이 존재할 수 없기 때문에 12 noon이나 12 midnight이라고 쓰면 안 된다. noon과 midnight으로 충분하다.

**tonne**　다른 지시사항이 없으면 ton보다 선호하지만, 양자는 서로 다르다. a tonne(1t)은 1,000kg 또는 2,204.612lb, a ton은 2,240lb이다.

**trademarks**[TM]　매우 주의해야 하며, 문제가 되고 있는 특정 상품을 의미하는 것이 아니라면 다른 표현을 사용해야 한다. 따라서 만약 볼펜을 의미한다면, Biro라고 쓰지 말라.

**trillion**　1조, 다시 말해 100만 곱하기 100만.

**tsar**　czar이 아니다.

**T-shirt**　tee-shirt보다 선호한다.

# U

**under way**　오래전부터 언론인들은 *under way*를 두 단어로 써야 한다고 수없이 들었기 때문에, 많은 언론인들이 한 단어로 쓴 것을 보면 이상하게 불편해한다. 솔직히 나도 그렇게 해야 하는 이유를 잘 모르지만, 어쨌든 이 글을 읽은 독자도 이 규칙에 대해서 이제 알게 되었을 것이다.

**unique**　Something is either unique or it is not (무언가는 독특하거나 그렇지 않다). It cannot be very unique(매우 독특할 수는 없다).

**universities**　Ledds Metropolitan University 또

는 the University of Sheffield처럼 쓴다.

## V

**Valentine's day**  대문자 V, 소문자 d를 선호하며, 아포스트로피를 주의해야 한다.

**VAT**  대문자이며, 모든 철자를 쓸 필요는 없다.

**versus**  Warrington Wolves v Leeds Rhinos에서처럼 소문자 v를 선호한다. vs가 아니다.

## W

**Wall's**  아포스트로피를 주의한다.

**Wal-Mart**  하이픈을 주의한다.

**wander, wonder**  You may *wander* from place to place while others *wonder* why you don't settle down(당신이 이곳저곳 방황하는 동안 다른 사람들은 당신이 정착하지 않는 이유를 궁금해한다).

**war**  the First World War와 Second World War를 제외하고, Iraq war처럼 소문자를 선호한다.

**web, website, world wide web**  모두 소문자.

**weights**  사람에 대해서는 stones와 pounds(12st 3lb)를 사용하고, 다른 무게는 tonnes(17t), kilograms(36kg), grams(75g), milligrams(12mg)를 사용하는 것이 일반적인 규칙이다.

**welfare state**  소문자.

**west**  서술 (west Leeds)이나 방향 (head west)일 때는 소문자 w, 지역이나 나라 이름 (the North-West, West Yorkshire)일 때는 대문자 W.

**whatsoever**  한 단어.

**wheelchair-bound**  하루 24시간 내내 휠체어에 묶여 있는 사람은 거의 없기 때문에, 이 표현 대신 someone has to use *a wheelchair*, *is a wheelchair user* 또는 was *in a wheelchair*라고 써야 한다.

**whereabouts**  복수이다.

**whilst**  while을 선호한다.

**whiskey, whisky**  *Whiskey*는 아일랜드산이고 *whisky*는 스코틀랜드산이다.

**withhold**  withold가 아니다.

**workmen**  실제로 모두 남성으로 이루어진 특정 노동자 그룹을 묘사하는 경우가 아니라면 workers를 선호한다.

**World Trade Centre**  Center가 아니다.

**wrongdoing**  한 단어.

## X

**x-ray**  소문자, 하이픈.

## Y

**yo-yo**  소문자, 하이픈.

**yorkshire pudding, yorkshire terrier**  소문자.

**yours**  아포스트로피가 없다.

## Z

**zero**  복수형은 zeros이지 zeroes가 아니다.

**zigzag**  한 단어, 하이픈 없음.

## ■■■ 요약 ■

모든 언론사는 명문화 여부와 관계없이 스타일에 관한 규칙을 가지고 있다. 그들의 목적은 단지 철자, 문법, 어휘상의 실수를 최소화하는 것이 아니라 자사의 매체 내에서 일관성을 유지하고 타사의 매체와는 차별화를 확보하기 위한 것이다. 영국 저널리즘의 가장 공통된 스타일은 오웰이 주창한 평이한 스타일에 기반을 두고 있다. 스타일은 중립적이지 않으며, 스타일의 선택 및 표현 양식은 비판적인 목소리를 차단하기 때문에 이데올로기적 함의를 지닐 수 있다는 주장도 있다. 따라서 그러한 규칙을 거부하면 스타일이나 이데올로기 측면에서 도전적으로 또는 관습에 거스르는 것으로 여겨질지도 모른다. 평이한 스타일의 뉴스 보도는 언어 자체에 대한 관심을 멀리하고, 특정 방식의 묘사보다 매개되지 않은 진실을 전달하려는 의도를 나타내려는 것이다.

## ■■■ 질문 ■

회사 스타일의 요점은 무엇인가?

회사 스타일의 유래는 무엇인가?

시대에 따라 변화되는 스타일에 대해 알고 있는가?

단어는 결코 중립적이지 않은가?

스타일 안내서가 다른 사회집단보다 특정 사회집단에게 특권을 부여하는가?

## ■■■ 추가 읽을거리 ■

기자들에게 신문 스타일에 관한 고전이라고 할 만한 교재는 에반스(Harold Evans, 2000)의 『기자, 편집자, 작가를 위한 필수영어(*Essential English for Journalists, Editors and Writers*)』다. 개정판도 약간 구식이기는 하지만 원본의 제목인 『기자 영어(*Newsmans's English*)』처럼 시대에 뒤떨어지지는 않았고, 실제적인 글쓰기나 불필요한 표현 등 본질적인 부분에 대한 좋은 지침으로 가득하다. 방송 스타일에 관해서 유용한 장을 찾아보려면 보이드(Body, 2001)를 보고, 양질의 일반적인 참고서적으로는 힉스(Hicks, 2007), 힉스 공저(Hicks et al, 1999), 맥케인(McKane, 2006)을 읽되, 글쓰기 자체에 대한 양서를 찾는다면 반드시 워터하우스(Waterhouse, 1993과 1994)를 보라. 힉스와 홈즈(Hicks and Holmes, 2002)는 회사 스타일에 대해서 더 논하고 있으며 간략한 스타일 안내서를 포함하고 있는데 이 장에서 소개한 것과 비슷한 부분도 있고 흥미롭게 다른 부분도 있다. 훌륭한 사전을 포함하고 있을 뿐만 아니라 Plain English Campaign의 웹사이트 www.plainenglish.co.uk를 방문할 수 있는 파울러(Fowler, 1983)는 모든 언론인들에게 유용한 동반자이다.

스타일 안내서는 점차 온라인으로 확대되고 있다. 『텔레그래프』판은 http://www.telegraph.co.uk/ news/main.jhtml?xml=/news/exclusions/stylebook/nosplit/SBintrostyle.xml을 보라. 『이코노미스트』판은 http://www.economist.com/research/StyleGuide/index.cfm에서 찾을 수 있다. 책으로도 출판된 『가디언』스타일 안내서는 http://www.guardian.co.uk/styleguide에서 온라인으로 확인할 수 있다. BBC 라디오뉴스에 대한 안내서는 http://news.bbc.co.uk /l/hi/programmes/radio_newsroom/1099302.stm에서 볼 수 있다. 『가디언(Guardian)』(Marsh, 2007)과 마찬가지로 『타임즈(Times)』(Austin, 2003), 『이코노미스트(Economist)』(2008)는 스타일 안내서를 책의 형태로 출판한 간행물에 속한다.

저널리즘 언어에 대한 비판적 숙고와 학문적 연구를 원한다면, 파울러(Fowler, 1991), 벨(Bell, 1991), 리처드슨(Richardson, 2006), 콘보이(Conboy, 2007)가 최상의 출발점이 될 것이다. 또한 언어와 저널리즘에 대한 「저널리즘 스터디(Journalism Studies)」(Vol 9, No 2, April 2008)를 보라. 카메론(Deborah Cameron)의 연구논문 "스타일 정책과 스타일 정치(Style policy and style politics)"는 주로 언론인들이 참고하는 스타일 안내서들을 학문적으로 검토한, 흔치 않은 사례이다 (Cameron, 1996).

마지막으로 위트필드(Graeme Whitfield)의 『뉴캐슬저널』은 독자들이 제안을 할 수 있는 온라인 저널리즘 영어사전을 개설했다. http://blogcentral.journallive.co.uk/2008/02/journaleseenglish_dictionalnary_f.html에서 찾아볼 수 있다.

## 주요 출처

Orwell, 1946b: 156; *Guardian*, September 28 2007; Evans, 2000: 15; Waterhouse, 1994: 143; Hart-Davis, 1990: 245; *The Inky Path*, Bedford, 1997: 148; Marr, www.plainenglish. co.uk; Hodge and Kress, 1993: 161.

# 13장

# 결론: 저널리즘이 당면한 과제

사회학자 찰라비(Jean Chalaby)는『저널리즘의 발명(*The Invention of Journalism*)』이라는 책에서 언론인들이 사람들에게 우리가 살고 있는 사회에 대하여 알려주거나 교육시키는 데에는 별로 관심이 없다고 주장한다. 그 대신, 언론인들은 "각 개인의 사회적 차원을 무시하고, 그들의 환상에 초점을 맞추어서 독자들이 꿈꾸는 환영의 세계를 재구성한다"(Chalaby, 1998: 193).『선데이스포트(*Sunday Sport*)』의 "달에서 발견된 제2차 세계대전 폭격기"나『선』의 "프레디 스타(Freddie Starr, 영국의 유명한 코미디언 – 역자 주)가 내 햄스터를 먹었다" 또는『이브닝스탠다드』의 "공격 이후 45분"과 같은 기사가 대서특필된 데서 전형적으로 볼 수 있듯이 상상력이 풍부한 장르에서만이 아니라 저널리즘에서 찰라비가 언급한 일들이 벌어지고 있다는 사실을 부정할 비평가들은 거의 없을 것이다. 하지만 그것이 전부인가? 우리는 이 책의 앞선 12개의 장을 통해 많은 언론인들로부터 실제 세상에서는 저널리즘의 장단점 그리고 저널리즘의 실제와 원리 일부가 작용하고 있다는 이야기를 들었다. 이제 한 가지 분명한 사실은 교수들과 마찬가지로 아마도 언론인들도 모두 똑같지는 않을 것이라는 점이다.

언론인들이 현장에서 일하는 과정을 살펴보면서 우리는 그들의 업무에 관여하는 일련의 영향들을 생각해보았다. 영향들을 **제약**처럼 항상 부정적으로 간주할 필요는 없다. 어떤 영향들은 긍정적으로 심지어 해방시키는 것으로 해석할 수도 있다. 가령

## 제약

우리는 2장에서 랜들이 제안한 권리포기각서를 살펴보았다. 저널리즘의 원리와 실제에 대해 좀 더 알게 된 우리는 아마도 그것을 다음과 같은 말로 고쳐 쓸 수 있을 것이다.

이 결과물(기사를 가리킨다 – 역자 주)은 전체 인구의 소규모 집단에서 채용된 후 언론계의 일과와 뉴스가치에 맞게 사회화된 언론인들이 과도한 업무에도 불구하고 박봉에 시달리며 만든 것이다. 자료의 상당수는 재정이 풍부한 조직들을 대변하는 홍보담당 책임자와 홍보전문가들을 통해 얻었다. 많은 신문 기사들이 광고주들에게 가장 바람직하다고 여겨지면서도 수용자들이 자신에게 이익이 된다고 인지할 수 있도록 선별되었다. 분초를 다투어 기사를 만들었으나 이후로 상황이 바뀌었을지도 모른다. 포맷, 디자인, 제작을 고려한 결정에 따라 대부분 임의적인 표현과 시한에 맞추어 기사가 작성되었다. 조사, 작성, 편집 과정에서 기사들이 단순화되고 더 극적으로 꾸며졌을 수도 있다. 접촉한 취재원이 상황을 완전히 파악하지 못했을지도 모르고 (동시에) 자신의 이익을 꾀하려 했을 수도 그렇지 않을 수도 있으며, 기자들 중에는 일부 취재원들과의 관계를 위태롭게 만들고 싶어하지 않는 사람들도 있을 것이다. 관여된 기자들도 자기만의 견해를 가지고 있기 때문에 그것이 최종 결과물에 영향을 주었을 가능성과 주지 않았을 가능성이 병존한다. 소유주, 편집책임자, 동료들의 태도가 기자의 기사 선택과 구성에 영향을 주었을 가능성도 있다. 기자들은 차차 법적 제약과 규제 기준을 의식하면서 어느 정도까지 상황을 몰아갈 수 있는지, 어떤 사람이 항의하거나 법적 조치를 취할지 알게 된다. 그들은 또한 어떻게 하면 현재의 고용주와 미래의 고용주에게 가장 깊은 인상을 심어줄 수

영국언론노조, 언론고충처리위원회, BBC의 행동 강령이 분명히 어떤 의미에서는 언론인들의 행동을 제약하는 것처럼 보이겠지만, 그런 강령이 있기 때문에 언론인들은 비윤리적 행동이라고 생각할 때 **저항**할 수 있고 언론의 진실성을 **수호**할 수 있는 것이다 (Harcup, 2002a, 2002b and 2007). 소설가이면서 언론인인 웰즈(HG Wells)가 1922년에 NUJ의 동료조합원들에게 그런 메시지를 전했다.

> 우리는 사람들의 생각과 그들의 공적·개인적 삶에 깊이 영향을 주기 때문에, 우리가 소유하고 지킬 수 있는 일말의 독립성이라도 소중히 여겨야 한다. 우리는 단지 돈을 목적으로 일하는 사람들이 아니다. 우리의 업무는 창조적이고 책임 있는 일이다. 신문사들을 사들이고 정책을 좌지우지하려고 하는 부유한 투기꾼들의 활동은 대중들에게 중대한 위험이다. 사고방식이 자유롭고 좋은 보수를 받으며 잘 조직된 언론계 종사자들이 그러한 위협에 맞설 수 있는 우리의 유일한 보호책이다. (Mansfield, 1943: 518에서 인용).

## 윤리적 책임

웰즈가 말한 것처럼 언론인들이 부자들의 '단순한 월급쟁이'가 되지 않으려면, 그리고 찰라비가 묘사한 환상의 공급자로 전락하지 않으려면, 우리는 명료하고 흥미 있게 소통하는 능력을 갈고닦는 것뿐만 아니라 독립적인 사고를 통해 관찰하고, 조사하고, 검증하고, 엄밀히 검토하고, 정확성과 공정성을 기울이는 데 최선을 다해야 한다. 린치(Jake Lynch)는 언론인들이 당면한 과제로 특별히 현대와 같이 즉각적인 매스커뮤니케이션 시대에는 업무와 결부된 '책임 윤리(ethic of responsibility)'를 진지하게 받아들여야 한다고 주장한다. 그는 오락을 추구하는 '가벼운 뉴스(news-lite)'를 강조하다가는 우리

있는지 눈치 채게 될 것이다. 독자가 이것을 읽을 때쯤이면 기자들은 여기에 실린 많은 기사에 대해서 흥미를 잃어버리고 아마도 다른 새 기삿거리를 찾고 있을 것이다.

말이 조금 길어졌지만 간단하게 요약하면 다음과 같다.

> 당신이 읽는 기사를 모두 믿지는 말라.

다음에는 그 기사를 고침난(corrections column)에서 발견할 수도 있다.

## 시민의 교양화(Informing Citizens)

1장에서 소개한 대로 교양 있는 시민들이 비판적인 토론과 숙고를 펼치는 공간, 즉 공론의 장이라는 개념은 저널리즘을 평가하는 기준이었지만 대체로 부족한 것으로 판명되었다. "분석가와 비평가들은 영국이 어느 정도까지 적절히 기능하는 '공론의 장'을 가지고 있는지 논쟁할 것이다. … 하지만 그런 공간이 반드시 존재해야 하고 미디어가 그 핵심이라는 점에는 모두 동의한다"(McNair, 2000: 1, 첫 번째 강조는 원저자, 두 번째 강조는 저자). 공론의 장이라는 개념은 위르겐 하버마스의 글에서 찾을 수 있는데, 그는 20세기라는 시점에서 17세기 말부터 18세기 초의 영국을 살펴본 후 "왕실과 의회와는 별개로 정치 영역에서 이성적인 담론이 이루어지는 공론의 장이 도래했음을 확인했다"(Allan, 1997: 298). 이 공론의 장은 개념적 공간이기는 하지만, 비록 (남성) 인구의 제한된 집단에서일지라도 그러한 '이성적 담론'이 오고가는 런던의 커피하우스들의 예처럼 물리적 표징도 가지고 있다. 또한 하버마스는 다수의 혹은 경쟁적인 공론의 장이 존재한다고 지적하였으며, 여기에는 급진적인 형태의 고유한 대안 미디어를 가지고 있는 '평민들의 공론의 장'이 포함된다 (Habermas, 1989: xviii, 425, 430; 그리고 1992: 425–427; 또한 Downing et al., 2001: 27–33; 그리고 Harcup, 2003을 참고).

그러나 교양 있는 시민들을 위해 봉사하는 저널리즘이

---

**글상자 13.1**

**시민인가 소비자인가? 윌리엄즈(Granville Williams)에 따른, 미디어 수용자와 사회를 개념화하는 대조적인 관점들 (1996: 2-3)**

- 사회 대 시장
- 시민 대 소비자
- 필요 대 욕구
- 가치 대 가격
- 지역사회 대 세계화
- 규제 대 효율성

---

의 일과 우리가 보도하는 세상에 해로운 결과를 가져올 것이라고 생각한다.

언론인들이 요즘과 같은 정보화 시대에는, 단절된 관찰자가 아니고, 공동체와 사회가 서로를 이해하는 방식과 당사자들이 서로 다투는 방식에 관여하는 **실질적인 참여자**이다. … 우리는 미디어에 정통한 세상을 살고 있다. 만약 신문이 존재하지 않았다면 기자가 보거나 들은 것과 똑같은 방식으로 사건들이 발생했는지 알 수 있는 길은 없을 것이다. 이것은 정책들을 만들 때 미디어 전략을 함께 수립한다는 사실을 의미한다. 현대 사회의 실정이 그렇다는 것이지 그것을 비난하려는 의도는 없다. 어쨌든 그것은 기자와 취재원 사이의 인과관계의 고리를 끊어버렸다. 기자들이 어떤 상황에서 어떤 태도를 취할 것인지 헤아려 보려면 그들의 이전의 보도 행태를 살펴볼 수밖에 없다. 사건이 보도될 때마다 장차 유사한 사건이 어떻게 보도될 것인지에 대해서 집단적인 이해가 쌓여간다. 그러한 이해는 사람들의 행동에 영향을 미친다. 이것은 피드백 고리(feedback loop)이다. 그것은 모든 언론인이 앞으로 일어날 일에 대해서 모종의 책임을 지고 있음을 의미한다. (Lynch, 2002, 저자 강조)

라는 발상은 수용자를 단지 소비자로 취급하는 경향 때문에 약화되고 있다고 윌리엄즈(Granville Williams)는 주장한다. 그는 매우 상반된 세계관을 보여주는 대립적 시각을 나열하면서 이것을 그중 하나로 포함시켰다 (글상자 13.1 참고).

기자 겸 학자이면서 신문·방송 자유를 위한 운동(CPBF: Campaign for Press and Broadcasting Freedom, 영국의 대표적인 미디어 시민단체 – 역자 주)의 입안자 중한 명인 윌리엄즈는 글상자 13.1에서 볼 수 있는 경쟁적인 세계관들이 다음과 같은 방식으로 저널리즘에 영향을 준다고 말했다.

사회 내에서 매스미디어의 기능에 대하여 기본적으로 두 가지 관점이 존재한다. 하나는 상업적 가치를 최우선시해서 시민을 소비자로, 어린이를 비디오게임, 잡지, 영화와 텔레비전을 이용해 쉽게 공략할 수 있는 구매대상으로, 정보를 '교양오락프로그램(infotainment)'으로 취급하는 관점이다. … 그러한 시각에서는 미디어가 단지 시장의 기준에 의해 생산되고 평가받는 상품의 역할을 갖는다. … 이것과 상반된 관점에서는 미디어가 인간의 계몽과 진보를 가능케 하는 힘이며, 창의력을 제공하고 중시하고 길러주며, 상업적 또는 정치적 기득권 세력으로부터 재정과 편집권의 독립을 이룰 수 있다고 본다. 다양성과 다원주의에 그래서 우리는 다시 "저널리즘은 단순히 흥미로운 직업이 아니고 그것이 공론의 장에서 이루어지는 논의에 영향을 주기 때문에 저널리즘은 **중요하다**"라는 1장의 요점으로 돌아가게 된다. **시민의 교양화(informing citizens)**라는 사회적 역할이 의미하는 바는 좋은 언론인이란 **숙고하는 전문인**이 되어야 하고 자신이 단지 엔터테이너나 이야기꾼이 아니라는 사실을 인식해야 한다는 것이다. 기술만으로는 '충분하지 않기' 때문에 심사숙고하는 자세가 필요하다 (de Burgh, 2003: 110).

이 책에서 논의한 모든 제약에도 불구하고 또한 대부분의 언론인들이 획일적이고 (또는) 상업적인 조직에서 일하고 있다는 현실에도 불구하고, 언론인들은 어느 정도 자율성을 가지고 있다. 개인적이고 집단적인 언론인들의 행위는 언론의 결과물에 변화를 가져올 수 있고, 나아가서 웰즈가 주장한 것처럼 사람들의 삶에 기여할 수 있다. 기자들은 매일 어떤 기사를 다룰 것인지, 어떤 취재원을 의지할 것인지, 누구를 찾아갈 것인지, 무슨 질문을 할 것인지, 누구를 믿어야 하는지, 어떤 관점을 취할 것인지, 어떤 인용문을 사용할 것인지, 전후맥락을 어느 정도 포함시킬 것인지, 어떤 단어를 사용할 것인지, 어떤 사진을 사용할 것인지, 무엇을 제외시킬 것인지 등을 선택한다. 이것들은 완전히 자유롭게 선택할 수 있는 것이 아니고, 진공상태에서 내려지는 것도 아니며, 경우에 따라서는 고위층의 지시가 될 수 있지만, 대부분의 경우 여전히 **선택의 여지**가 있다. 윤리적 책임감에 입각해 선택을 내리지 않는 기자들은 우세한 경제적·정치적 풍조에 떠밀려 이리저리 휩쓸릴 가능성이 있다. 그래서 번즈는 다음과 같이 말한다.

직업적 진실성이란 기나긴 한 주의 끝에 약간 우울

대한 존중과 더불어 견제 받지 않는 미디어의 힘은 민주주의를 위태롭게 할 수 있다는 인식이 이 관점의 핵심이다. (Williams, 1996: 2-3)

그의 말은 1958년 시카고에서 열린 라디오·텔레비전 뉴스제작자협회(RTNDA: Radio-Television New Directors Association) 대회에서 미국의 방송언론인 에드 머로우(Ed Murrow)가 했던 유명한 발언에 공명한다.

우리의 역사는 우리가 만드는 것이다. 지금부터 50년이나 100년 후의 역사가들이 3대 방송국(ABC, CBS, NBC)의 일주일간 방송분량이 보존된 키네스코프(텔레비전 프로그램을 다음에 사용하기 위하여 텔레비전 모니터나 수신기의 영상을 영화 필름에 녹화하는 것 – 역자 주)를 본다면, 타락과 현실도피, 우리가 사는 현실 세상과의 단절에 대한 증거가 흑백 또는 컬러로 녹화되어 있다는 사실을 발견할 것이다. … 이토록 복잡하고 혼란한 세상 속에서 방송 뉴스는 왜 겨우 3분에 불과한 지 이해하기 어려울 것이다. … 나는 그러한 불균형과 항상 최고의 시청률에 목매야 하는 상황, 나라의 정세에 대한 지속적인 연구의 부재가 두렵다. 브룬(Heywood Broun, 미국의 언론인이며 미국신문조합[American Newspaper Guild]을 창설했다 – 역자 주)은 "어떤 국가(body politic)도 가려움을 느끼기 전까지는 건강하지 못하다"고 말한 적이 있다. 나는 텔레비전이 지금처럼 끝없이 진정제를 쏟아 붓지 말고 가렵게 하는 약을 만들면 좋겠다. 그렇게 될 수 있다. 어쩌면 그렇게 되지 않을지도 모르지만 그렇게 될 수 있다. … 이 도구는 가르치거나 계몽시킬 수 있으며, 물론 영감을 줄 수도 있다. 하지만 그것은 사람들이 그런 목적으로 사용하겠다고 결심해야만 가능하다. 그렇지 않으면 그것은 단지 상자 안의 전선과 빛에 불과하다. 무지, 편협, 무관심과 맞서 싸워야 하는 거대하고 결정적일지도 모르는 투쟁이 우리 앞에 놓여 있다. (Murrow, 1958)

반세기가 지났지만 그 투쟁은 계속되고 있다.

함을 느낄 때 얻어지는 것이 아니다. 그것은 쓰려고 하는 기사의 주제가 아무리 보잘 것 없다고 할지라도 기사를 작성할 때마다 지녀야 하는 정신상태(a state of mindfulness)이다. … 간단히 말해서, 자신의 선택에 따라서 유익 또는 해악을 끼칠 수 있는 기자들의 능력을 고려할 때 그들이 그러한 사실(윤리적 책임 – 역자 주)에 대해서 숙고하는 것은 최소한의 의무이다. (Sheridan Burns, 2002: 11)

> **"할 수 있는 한 많은 기술을 지니면 편리하다."**
>
> – 이스트우드(Lindsay Eastwood)

그런 사실을 **숙고하는** 것뿐만 아니라 그에 대해서 **이야기해야** 하며 나아가 그것과 관련해서 무언가 **실천해야** 한다 (Harcup, 2002a, 2002b and 2007).

## 저널리즘은 대화인가?

윤리적 책임을 다하기 위해 일부 언론인들이 실천에 옮기는 것 중의 하나는 수용자들과의 다각적인 소통창구를 만들고 대화를 나누면서 더 공개적으로 기사에 대해 토론함으로써 메시지 발신자와 수신자 사이의 경계를 흐릿하게 만들고 나아가 혹자가 말하듯이 그 경계를 없애는 것이다. 비교적 등장한 지 얼마 되지 않았지만, 링크로 연결된 일종의 온라인상 토론인 블로그라는 현상은 이미 이 책의 1장에서 제기한 커뮤니케이션 질문 즉, 누가 무엇을 누구에게 어떤 채널을 통해 어떤 효과를 가지고 전달했는가?에 어느 정도 흥미로운 답을 제시하고 있다. 모든 사람이 인터넷을 이용하지는 않으며, 온라인상의 모든 사람이 자기 의견을 제시하는 것도 아니라는 사실을 분명히 기억해야 함에도 불구하고, 블로그는 "커뮤니케이션의 세계화라는 새 국면을 개척하였으며 그 결과 언론인들이 자신의 업무를 재평가하고 개혁하도록 요청하고 있다"(Knight, 2008:

## 숙고하는 전문인

언론인들이 모든 사회적 책임을 방기할 생각이 아니라면 그들은 반드시 숙고하는 전문인이 되어야 한다고 번즈는 주장한다 (Burns, 2002: 11). "매일의 업무에서 능동적인 의사결정의 중요성을 인식하고 이해하고 있는 언론인이 당면한 과제를 가장 잘 타결할 수 있기" 때문에 언론인들은 자신이 하고 있는 일에 대해 비판적으로 심사숙고해야 한다 (Sheridan Burns, 2002: 11). 이것은 따로 시간을 내고 편안히 앉아서 한가로이 사색을 하라는 말이 아니다. 그보다는 "일을 하고 있는 동안 자신의 업무 과정과 핵심 가치를 살펴보고 자신이 취한 행동을 자세히 검토하려고 하는 언론인들의 결단"을 의미한다 (Sheridan Burns, 2002: 41-44, 저자 강조). 물론 숙고하는 전문인이라는 개념은 언론인들이 자신의 일에 대해 심사숙고할 수 있는 개인적 역량이 있고 자신의 업무에서 변화를 꾀할 수 있을 만큼 충분한 운신의 폭이 있음을 전제한다. 니블록(Sarah Niblock)은 숙고하는 언론인이란 "사회에서 자신의 역할에 대해 분명히 인식하고 있으며 그에 따라 확신에 찬 편집상의 결정을 내릴 수 있는 사람이다. 자연히 그들은 저널리즘의 생산과 수용을 둘러싼 역동적이고 발전적인 상황을 예측하여 효과적으로 그에 대응할 수 있다"고 말한다(Niblock, 2007: 26).

그와 비슷하게 아우프더하이드(Pat Aufderheide)는 "조금 더 자신을 자각하는 언론 문화"를 양성할 필요가 있다고 주장한다 (Aufderheide, 2002: 14). 2001년 세계무역센터에 대한 공격이 발생한 이후 미국의 텔레비전 분야에서 활동하고 있는 아우프더하이드는 언론인들에게 "시청자들이 재앙의 희생자가 되기 전에 세상에서 일어나고 있는 대규모 분쟁과 문제들을 이해할 수 있도록 보도하는 방법을 실험할 수 있는 시간, 자금, 상상력"이 필요하다고 이야기하면서 다음과 같이 덧붙였다.

118). 사용자제작컨텐츠와 함께 블로그는 종종 **시민 저널리즘**이라고 불린다.

온라인 분야에서 줄곧 기자생활을 한 키스는 "블로거는 어떤 사람인지, 기자는 어떤 사람인지, 블로그 기자는 어떤 사람인지에 대해서 정의를 내리기 위해 논의하는 일에 지쳤다"고 말한다. 키스에게 저널리즘의 목적은 여전히 "정보를 알리고 가르치고, 권위 있는 사람에게 설명하도록 하고, 진행상황과 변화를 기록하고 해석하는" 것이다. 블로그는 그러한 자료를 이용 가능하게 만드는 하나의 방법이며 단지 더 상호적인 방법일 뿐이다. 그녀는 다음과 같이 설명한다.

> 블로그는 대부분 하나의 공표 시스템(publishing system)으로서 웹에서 생겨났고 웹에 최적화되어 있기 때문에 브라우징하기 쉽고 역시간순으로 게재되고 편리하게 검색하고 링크할 수 있다. 블로그는 의견을 공유하는 데 유용한 것처럼 뉴스를 전하는 데도 유용하다. 블로그 문화가 발전해온 관점에서 보면, 블로그는 분명한 개인의 목소리를 드러내지만 개성을 표출하는 것은 인터넷의 비인격적인 속성을 중화시키는 역할을 하고 있다. 프로필 사진이나 이름 역시 어느 정도 블로거와 독자의 관계를 발전시키는 데 도움이 된다. 이제 더욱 간단하게 쌍방향 플랫폼을 사용할 수 있기 때문에 뉴스나 의견을 나눌 때 커뮤니케이션이 이전 어느 때보다도 중요해졌다고 생각한다.

> 나는 대부분의 사람들에게 알곡과 쭉정이를 분별할 능력이 있다고 믿기 때문에 기자와 편집자의 역할이 여전히 중요하다고 생각하지만, 언론계가 대중을 이끈다는 뿌리 깊은 속물근성을 떨쳐버리기만 한다면 뉴스 사이트와 독자들 사이에 협력적인 저널리즘이 전개될 만큼 엄청난 잠재력이 있다고 여긴다.

> " 나는 스스로 저술가(writer)라기보다는 보도자(reporter)라고 생각한다."
>
> – 메릭(Jane Merrick)

그들에게는 다양한 목소리를 반영할 수 있는 보도 방법과 미국 정부의 방침이 갖는 함의, 그에 대한 다양한 해석을 설명할 수 있는 방법이 필요하다. 그들은 혼란스럽고 상반되는 시각들을 소개하고, 감정적인 애국주의와 냉정한 객관적 사실 판매(fact-vending)라는 두 가면을 뛰어넘을 수 있도록 만들어주는 시청자와의 관계를 필요로 한다. (Aufderheide, 2002: 12-13)

상반되는 관점을 보도하고, 서로 다른 해석을 제공하고, 수용자와 언론인 모두의 상식에 이의를 제기하고, '우리(we)'와 '우리(us)'의 정체에 대해 추측하기 전에 한 번 더 생각하는 태도를 통해서 모든 언론이 혜택을 얻게 될 것이다. 간단히 말해서, 양쪽의 입장을 모두 고려함으로써 그렇게 될 수 있다.

## 시민 저널리즘

사용자제작콘텐츠와 블로그라는 두 현상이 흔히 '시민 저널리즘'이라고 불리면서, 인터넷의 도움을 받아 언론인과 수용자, 즉 송신자와 발신자의 경계를 더 불분명하게 만들고 있는 것처럼 보인다. 엄밀히 말해서 휴대폰으로 찍은 사진을 보내고 자기만족에 찬 블로그를 만드는 행위가 시민권이나 저널리즘과 무슨 관계가 있는지 분별하기 어렵지만, 많은 블로거들이 보도와 검증 같은 언론의 속성에 실제로 관심을 가지고 있다. 설리번(Andrew Sullivan)은 블로그를 '기록되어 고정된 저널리즘'이 아니라 24시간 방송되는 '피어투피어(peer-to-peer, PC 대 PC, 개인 대 개인처럼 서버의 도움 없이 1:1 통신을 하는 관계 – 역자 주) 저널리즘'으로 묘사한다. 자신의 블로그 독자들이 의견을 제시할 뿐만 아니라 신선한 정보를 더해주기 시작하자, 그는 블로그가 '소수가 아니라 수천 명의 지식과 자원을 모을' 수 있기 때문에 전통적인 일방향 저널리즘보다 유리하다는 사실을 알게 되었다 (Sullivan, 2002). 홀(Jim Hall)은 지배력이

MEN 미디어에서 하틀리는 음식에 관한 블로그와 더불어 온라인과 기술 문제를 다룬 블로그, 말하자면 블로그에 대한 블로그를 맡고 있다. 두 블로그 모두 많은 사용자들의 반응을 얻고 있으며 하틀리도 자주 그들에게 답글을 달고 있다. 때때로 블로그가 뜨겁게 달구어지기도 하고 일부 게시자들이 모욕적인 글을 올리기도 하지만, 그녀는 "만약 당신이 거기서 도움을 주려고 '내가 이 주제에 대해 잘 안다'고 말한다면, 그와 관련해서 비난 받을 각오를 해야 한다"고 느낀다. 신문사에서 언론인 경력을 쌓기 시작한 뒤 현재는 신문, 방송, 인터넷을 통해 전달된 글과 시청각 자료를 아우르는 융합 미디어 환경에서 일하고 있는 그녀는 블로그를 완전히 수용하고 있다.

블로그를 통해 대화를 하려고 노력해야 한다. 우리는 직원들이 블로그에 재미를 붙여서 무엇보다도 블로그를 시험 삼아 해보라고 권하고 있으며, 만약 그들이 지역 정치나 발리우드(Bollywood, 뭄바이의 옛 지명인 봄베이(Bombay)와 할리우드(Hollywood)의 합성어로 원래는 뭄바이의 영화산업만을 뜻하나 인도 전체의 영화 산업을 일컫기도 한다 – 역자 주), 또는 유로비전송콘테스트(Eurovision Song Contest, 1956년 스위스에서 처음으로 개최된 이후 매년 5월에 열리는 유럽 최대 음악축제 – 역자 주)와 같은 것에 관심이 많으면 그것에 관해서 더 열정적으로 글을 쓰게 된다. 때로 블로그는 무언가를 찾거나, 사람들의 참여를 촉구하거나, 정보를 제공해 달라고 부탁하면서 대화의 출발점이 되기도 한다. 최고의 블로그는 정말 그래야 한다. 한 기자가 블로그에 첫 번째로 게시한 글이 확정적이거나 최종적인 것은 아니며 단지 한 과정의 시작에 불과하다. 계속되는 수정과 피드백, 후속 글들이 처음 게시한 글보다 훨씬 중요하다고 볼 수 있다.

블로그는 결코 끝이 없기 때문에 좋은 온라인 기자

언론인으로부터 사용자들로 점차 넘어가게 되면 언론인들이 게이트키퍼의 역할을 상실할 것이라는 전망 또는 위협이 생긴다고 지적한다 (Hall, 2001: 53). 인터넷에 관한 이론을 제시하고 있는 사람들은 대부분 홀에 동조하면서 모든 것이 변했다고 주장하지만, 근본적으로 아무 것도 변하지 않았다고 반론을 펼치는 사람들도 있다. 해리슨(Jackie Harrison)은 다음과 같이 주장한다. "더 많은 뉴스 공급원을 이용할 수 있다는 사실이 (다른 요인보다 더) 시민들의 참여와 계몽을 보장하지는 않으며, 인터넷과 디지털 시민(digital citizen, 정보통신기술을 이용해 사회에 참여하는 사람)에 대해서 그런 식의 입장을 취했던 주장은 과장된 것이다" (Harrison, 2006: 206).

스티븐슨(Nick Stevenson)이 지적하는 바와 같이, 한편으로 우리는 '수직적으로 조직화된 정보 구조보다는 수평적인 구조에 의해 제안된 의사소통 가능성'을 가지고 있다. 다른 한편으로는 신기술이 '자본 축적, 상업화, 공적 공간의 상실'의 일부라는 주장도 있다(Stevenson, 2002: 184). 달리 말해, 가장 중요한 문제는 기술 자체가 아니라 그것의 용도이며 그 용도는 균일하지 않다. 인터넷이 더 능동적인 시민의식을 촉진할 수 있지만, 대부분의 사람들은 쇼핑, 오락, 소셜네트워킹(social net-working, 개인적인 인간관계가 확산되어 사회적인 네트워크를 형성하는 것 – 역자 주)을 위해 인터넷을 사용하는 것으로 만족한다. 이런 맥락에서 카스텔스(Manuel Castells)는 비록 '정보사회'가 후기산업자본주의의 산물일지는 모르지만, 인터넷은 비판적 사회운동들 간에 네트워크를 구축할 수 있는 역량을 가지고 있다고 주장한다 (Stevenson, 2002: 192-195). 카스텔스에 따르면, 경제는 '자본, 경영, 정보의 국제적 네트워크'에 따라 구조화되고 있으며, "이 네트워크의 기술적 노하우에 대한 접촉 기회가 생산성과 경쟁력의 기반이다"(Castells, 1996: 471). 하지만, 이 야수의 배 속에는 "지배가 있는 곳에는 저항이 뒤따른다는 역사적 법칙이 살아 있으며," 온라인이라는 공간에서도 마찬가지다 (Castells, 1998: 351).

는 그것을 금방 활성화시킬 수 있다. 마감시간도 취침시간도 없이 언제든지 업데이트하면 된다. 온라인에서는 무엇이든지 영원히 남을 수 있다. 나는 2년 전에 음식과 관련된 내 블로그에 마마이트(Marmite, 조미료로 쓰이는 이스트 – 역자 주)에 관한 글을 게시하였는데, 그것은 오늘 그 글을 읽은 사람들에게 새로운 정보였기 때문에 그들은 거기에 뭔가를 덧붙였고, 2년이 지난 지금도 나는 여전히 피드백과 답글을 받고 있다. 블로그는 정말 끝이 없다.

이처럼 새로운 형태의 커뮤니케이션에 대한 열정을 갖고 있기 때문에 하틀리는 온라인으로 전달되지 않는다 하더라도 모든 저널리즘이 온라인 저널리즘과 같은 형태가 될 수 있으며 그렇게 되어야 한다고 믿게 되었을까? 그녀는 이미 그런 현상이 일어나고 있다고 믿고 있다.

> **" 기자는 정말 집요하고 철저해야 하며 결코 포기해서는 안 된다. "**
>
> – 웨인(Deborah Wain)

아마 관계자들도 그 정도까지 인식하지는 못할 정도로 느리고 점차적인 변화이지만, 불과 2년 정도 전만 하더라도 신문기사 하단에서 "이 기사에 대해 어떻게 생각합니까? 당신도 이런 일을 겪어보았습니까?"라는 문구는 거의 볼 수 없었다. 이제는 신문에서 그런 문구를 보지 못하는 경우가 거의 없다. 겨우 2년 만에 완전한 변화가 이루어졌기 때문에 나는 이런 흐름이 계속될 것이라고 확신한다.

그렇다면 모든 저널리즘이 점점 더 대화처럼 될 수 있을까? "사람들은 듣고 있어야만 한다는 사실을 좋아하지 않기 때문에 우리에게는 선택의 여지가 별로 없다"고 그녀는 말한다. "그들이 참여하고 싶어하기 때문에 그런 변화는 이미 시작된 것이다."

저널리즘이 정말 더 대화처럼 되어가고 있다면, 아마도 대화에 참여하는 사람들은 자신의 매너에 대해서 조금 더 자주 기억할 필요가 있을 것이다. 『가디언』의 웨인라이트는 웹에 열정을 가지고

따라서 무정부주의자로부터 사파타주의자(Zapatistas, 멕시코의 저항적 정치결사단체 당원 – 역자 주)에 이르기까지 '저항공동체들(communes of resistance)'은 인터넷을 이용해 '사람들 사이의 수평적 의사소통'을 발전시키고 사회 주류의 목소리에 도전할 수 있다 (Castells, 1997: 358). 그러므로 19세기의 급진적인 노동자 신문부터 오늘날의 반자본주의 웹사이트를 아우르는 대안적 형태의 미디어를 위한 언론 활동은 최소한 최근에 이름 붙여진 일부 현상들보다는 '시민 저널리즘'이라는 명칭을 요구할 자격이 더 있다는 점은 거의 틀림없어 보인다.

그러나 오늘날 언론 생산자들은 언론을 위해 수용자의 이익과 의견을 인식하고 있다는 사실을 부정할 수 없다. MEN 미디어(MEN Media)의 하틀리에 따르면, 인터넷 시대는 기자가 저널리즘을 독백이 아니라 대화로 생각하게 만들었지만, 시선을 끌려고 다투는 다양한 목소리의 소란 속에서도 귀 기울일 가치가 있는 목소리를 낼 수 있도록 '브랜드 신뢰도(brand credibility)'를 유지해야 한다는 사실을 깨닫게 했다. 반면에 홀에 따르면, 그것은 사람들이 온라인에 이미 존재하는 모든 사건을 이해할 수 있도록 도와주는 지도제작자(map-maker)의 역할을 맡은 언론인들이 이미 공공의 영역에 있는 자료에 대한 '해설, 사실 확인, 평가'를 제공해야 한다는 사실을 의미한다. "지도는 그것이 가리키는 자료들의 맥락을 살피고 자료들을 연결시켜주지만 자료의 해석은 독자 자신의 책임이 되었다" (Hall, 2001: 54, 저자 강조). 이런 환경 속에서 지속적인 역할을 찾는 것이 저널리즘이 당면한 많은 과제 중 하나이다.

## 저널리즘이 당면한 과제

다른 분야에서도 마찬가지지만 저널리즘에서는 모든 것이 변했고 또 아무 것도 변하지 않았다. 오스트레일리아

있지만 폭력적인 익명의 블로그 게시자들을 좋아하지 않는다.

상호작용은 매우 좋은 일이지만 그만큼 이제는 실수를 하면 훨씬 잘 눈에 띈다. 일간신문에서 실수는 늘 있는 일이고, 중요한 것은 그것을 바로잡는 일이다. 하지만 덧글(comment)의 어조가 심할 때가 있어서 어떤 덧글을 보고 나면 "나는 정말 이 사람들이 보기 싫다"고 생각하게 된다. 그런 사람들이 대부분인데도 그들이 익명으로 글을 쓰도록 놔두는 상황을 이해할 수가 없다. 어떤 블로그에 300개의 덧글이 게시되어 있지만 자세히 보면 대부분 두 사람이 서로 주고받은 글이다.

『선데이타임즈』의 타허는 몇 가지 단점이 더 있다고 지적한다.

인터넷은 빠듯한 마감시간에 맞추어 재빨리 정보를 찾도록 도와주는 도구라는 점에서 하나의 축복이다. 하지만 상당액의 광고수입이 신문에서 해당 웹사이트로 옮겨갔고 웹사이트에 더 투자하기 위해 신문 예산이 축소되면서 일자리가 사라지고 있다는 점에서 인터넷은 신문업계의 편집국에 직접적인 영향을 주고 있다. 나는 인터넷이 아직 신문에 완전한 충격을 주었다고 생각하지 않으며, 몇 년 더 지나봐야 신문 웹사이트, 더 넓게는 뉴스 웹사이트가 사람들이 뉴스를 접하는 방식을 어떻게 바꾸어놓았을지 알게 될 것이다. 따라서 현재로서는 신문과 인터넷의 관계가 유동적이며, 앞으로 어떻게 전개될 것인지 예측하기 어렵다.

## 호기심

따라서 언제나 그렇듯이 미래는 불확실하고, 바로 그것이 **저널리즘이 당면한 과제**의 일부다. 하지만 아직도 저널리즘은 지적인 사람, 캐묻기 좋아하는

에서 기자로 활동하다 학자가 된 나이트(Alan Knight)는 현재 저널리즘이 직면하고 있는 몇 가지 새로운 과제를 다음과 같이 요약했다.

언론인들은 예전에는 신문사 또는 라디오나 텔레비전 방송국처럼 일하는 장소에 따라 규정되었다. 인터넷은 모든 사람이 발행인이 될 수 있는 길을 열어주었다. 하지만 모든 사람이 전문적 기술과 윤리 강령으로 정의되는 언론인으로서 훈련되거나 기술을 가지고 있지는 않다. 그런 언론인들은 계속해서 정보에 권위를 부여하고 분별력 있는 수용자를 위해 이정표를 제시할 것이다. … 공인된 윤리 강령 안에서 전문적 기술을 사용하는 사람은 누구나 폭스뉴스(Fox News, 미국의 보수적인 뉴스전문채널)의 친구들처럼 대부분의 블로거와 구별될 것이다. … 언론인들은 반드시 자신이 속한 사회에 대해서 공정하고 정확한 기사를 생산하도록 훈련되어야 하며, 저널리즘 교육가들이 윤리와 전문적 기술을 핵심 강좌로 만든다면 언론인들은 그러한 정보 전달을 위해 가장 잘 준비될 것이다. 만약 그들이 그렇게 한다면, 언론인들은 전화, 전신, 인쇄매체를 포용했던 방식과 똑같이 인터넷에 적응하게 될 것이다. (Knight, 2008: 13)

인터넷과 기술 융합의 충격 속에서, 개별 언론인이 영향을 미칠 수 있는 충분한 자율성을 얼마나 가지고 있는지에 대해서는 저널리즘학계에서 의견의 일치를 보지 못하고 있다. 학계의 일부 이론가와 비평가들은 언론 생산에서 자율성의 여지를 얕잡아보는 경향이 있다고 비판을 받아왔다. 예를 들어, 정치경제적(political economy) 모델은 미디어 상품 생산에서 경제적 힘과 물질적 요인이 발휘하는 역할을 결정적으로 강조한다. 골딩과 엘리엇의 관점에서는, "뉴스를 만드는 개인들이 변해도 뉴스는 거의 변하지 않는다"(Curran and Seaton, 1997: 277에서 인용).

찰라비(Jean Chalaby)에 따르면, 개별 언론인이 변하는 만큼 뉴스가 변하지 않을 뿐만 아니라, 상업 미디어 저널리즘은 사실상 대부분 교양 있고 계몽된 시민들을 만드는 것과는 정반대의 역할을 하고 있다.

사람, 사교적인 사람, 논리적인 사람들이 선택하는 직업으로서 인기를 잃지 않고 있다. 그렇다면 경력이 오래된 언론인들이 언론계에 새로 발을 들여놓은 후배들에게 해줄 수 있는 조언은 무엇일까?

타허는 "모든 직업은 일종의 타협을 요구한다"면서 "언론계에도 나름대로 타협해야 할 부분이 있다"고 말한다. 특히 타협해야 할 것 중에 한 가지는 처음 급여가 매우 낮다는 사실이다. 그럼에도 불구하고 그는 자신이 그랬던 것처럼 오늘날에도 여전히 많은 젊은이들이 저널리즘을 매력적인 직업으로 여길 것이라고 생각한다.

> **"많은 사람들이 악인들을 확실히 폭로하기 위해 언론계에 뛰어든다."**
> – 피치(Kevin Peachey)

나는 항상 글을 쓰고 싶어 했기 때문에 저널리즘에 매력을 느끼고 있었다. 저널리즘은 소설, 책, 시를 넘어설 정도로 현대 사회에서 가장 많이 읽히는 형태의 문학이다. 충분히 조사한 뒤 좋은 기사를 쓸 때 느끼는 즐거움을 말할 수 없이 크며, 저널리즘을 통해서 사회를 바라볼 때 정말 독특한 창을 얻게 된다. 저널리즘은 사람들에게 저마다의 개인적 경험 너머에 있는 사회에 대해 알려주고 그들을 가르친다. 좋은 직업이기는 하지만 고위직에 있기 전까지는 금전적 보상이 아주 적다. 돈이 가장 큰 문제이다. … 런던으로 이사해서 학자금뿐만 아니라 집세를 내야 하는 경우라면 특히 더 어렵다. … 나의 친구들 중에는 그처럼 수지타산을 맞추기가 어려운데 진력이 나서 다른 일을 찾는 사람들도 많다.

> **"그것(저널리즘 – 역자 주)은 매일 도덕적으로 그리고 지적으로 타협하는 의식을 행하는 것이다. 좋은 직업이기는 하지만 힘든 일이다."**
> – 타허(Abul Taher)

언론인이 되기 위해 이 책을 읽고 있는 사람들에게 타허가 해주는 충고는 무엇일까?

고된 일을 할 각오와 언제든 즉시 이동할 준비가 되

언론인들은 그들이 생각하는 자기 독자의 인식 능력의 한계를 넘어서려 하지 않으며, 평균적인 독자의 생각과 인식 차가 없는 신문을 만들려고 애쓴다. 신문, 특히 많은 독자를 확보하려고 하는 신문은 자기 독자에게 영향을 주거나 심지어 그들을 조종하려고 하지만, 그들을 교육시키려는 시도는 절대로 하지 않는다. … 그 결과, 언론인들은 독자들이 이미 품고 있는 생각이나 편견을 거의 건드리려고 하지 않으며 그들의 현재 의식 수준을 뛰어넘으려 하지 않는다. 언론인들은 자기 독자들을 위해 새로운 인식의 수준을 개척하지 않으며 그들의 지적인 지평을 확장시키지 않는다. … 대중 매체는 자기 독자의 지적인 지평에 한계를 지울 뿐만 아니라, 그들이 정보 결핍을 인지하지 못하도록 만들어서 더 많은 지식을 소유할 수 없도록 상황을 악화시킨다. 그런 식으로 정보를 다루기 때문에 상업적인 대중신문은 계몽이라는 목표의 실현가능성을 멸절시킬 뿐이다…. (Chalaby, 1998: 190–191)

대단한 주장이다. 사회에 대한 정보를 제공해서 시민들을 계몽하는 것과는 거리가 멀 뿐만 아니라, 언론인들은 사실상 "시민들에게 세상에 대한 지식과 세상 속에서 그들의 위치에 대한 지식을 알려주려 하지 않는다"(Chalaby, 1998: 5). 하지만 이 주장은 많은 언론인들이 사실 정말로 유익한 정보를 알려주고, 교육하고, 수용자뿐만 아니라 때로는 자신들의 지적인 지평을 넓히려고 노력할 수 있는 가능성을 간과하는 학계의 한 갈래 사상을 대변하는 것이다. 언론인들은 이런 목적을 달성하기 위해 어느 정도의 재량을 가지고 있는가? 문화연구이론가 홀(Stuart Hall)은 언론인들이 나름의 이념적 한계를 가지고 있지만 '좁은 의미에서 지배계급의 영향력으로부터 비교적 자율성'을 가지고 있다고 주장한다 (Hall, 1977: 345 –346). 그러나 자신들의 개인적인 생각과 희망이 무엇인가와는 상관없이 언론인들은 사회의 지배적인 이데올로기를 재생산하는 경향이 있다는 것이 홀의 주장이기 때문에 그의 강조어 있어야 한다. 그 일에 흥분이 된다면 잘할 수 있을 것이다. 출판 저널리즘에 투신한 사람은 어쩔 도리 없이 쇠퇴하고 있는 업계에 몸담았다고 느낄 것이다. 그렇다고 낙담하지는 말라. 신문업계는 지금까지 상당 기간 그런 상태였다.

휘틀은 '타고난 참견쟁이'가 가장 뛰어난 기자가 된다고 생각한다. "언론사는 캐묻기 좋아하는 사람, 열정이 있는 사람, 다른 무엇보다 이 일을 하고 싶어하는 사람을 원한다." 메릭은 속기나 법률처럼 '기본'을 익히는 게 중요하다고 강조한다. 그녀는 겸손한 자세 역시 필요한 자질 중의 하나라고 지적한다.

> " 타고난 참견쟁이가 최고의 기자다. "
>
> – 휘틀(Brian Whittle)

상대방이 신문사나 통신사 또는 당신이 일을 시작한 곳에서 가장 낮은 직급의 기자라 할지라도 절대로 당신이 그 상대방보다 더 많이 알 것이라고 생각하지 말라. 모든 것을 받아들여라. 편집국에서 당신의 능력에 대한 신뢰를 심어주는 것과 분별력을 유지하는 것 사이에서 균형을 잡을 필요가 있다. 그 균형을 올바로 유지하는 것이 관건이다. 언론인들은 무엇이든지 받아들일 준비가 되어 있는 사람을 인정해준다.

웨인라이트에 따르면 "최고의 기자는 어떤 상황이든 열린 마음을 갖고 몰입한다. 기자에게 최대 자산은 호기심, 즉 사람들의 불평거리에 대한 지속적인 관심이다." 그렇다면 그가 오늘날 언론인이 되려고 하는 사람에게서 찾으려고 하는 주요 자질들은 무엇일까?

글쎄, 그것은 변함이 없다. 어떤 일이 일어나고 있는지, 그것은 무슨 의미를 갖는지, 진실은 무엇인지 알려고 하는 호기심이 첫 번째다. 그 다음으로 모든 젊은이들이 갖추어야 할 보편적인 자질인 열정이라고 말하고 싶다. 그리고 우리에게는 대본이 필요하기 때문에 오디오와 비디오에 모두 통하는 글

점은 '비교적'이라는 부분에 있다. 이것은 개별 언론인의 '의식적인 의도와 성향'에 기인하는 것이 아니고, 기득권층을 우대하는 취재 방식을 포함해서 '담론 및 사회 과정(social process) 이론의 기능' 때문이다 (Hall, 1982: 88).

하지만 개별 언론인들은 실제로 시장의 요구에 저항할 수 있는 힘과 사표를 쓰게 하는 제재를 무릅쓰고서라도 고집스럽게 윤리적인 태도로 일할 수 있는 힘이 있다고 오닐(John O'Neill)은 주장한다. 그는 저널리즘에서 '선과 악'의 관계는 언론인을 영웅이나 악한으로 묘사하는 것처럼 단순하지 않고 훨씬 유동적이라고 덧붙였다.

> 내 생각에는 많은 사람들이 저널리즘의 구성적 가치를 양보해야 할 상황에 직면하지만 그럼에도 불구하고 일부 기준들은 지켜져야 한다고 소신을 굽히지 않는 것 같다. … 다른 직업에 종사하고 있는 사람들처럼 언론인들도 자신의 능력을 완전히 수동적으로만 사용하지는 않는다. (O'Neill, 1992: 28)

바꾸어 말하면, 개인의 자율성은 경제적 · 사회적 구조의 제약을 받을 수 있지만, 윤리적인 언론인들이 존재하는 것처럼 그것은 분명히 존재한다 (Harcup, 2007). 언론인은 윤리와 진실의 보도에 직업적인 헌신을 해야 하는 또는 그렇게 주장되는 분야에서 일하지만, 동시에 언론인은 시장에서 팔리는 기사를 생산할 것을 요구받는 대체가능한 고용인이다 (O'Neill, 1992: 27-28; Harcup, 2002b: 103). 언론인의 자율성 즉, 상업적이고 관료주의적인 기업에서 일하면서도 영향력을 발휘하거나 윤리적인 방식으로 행동하는 자율성에 대한 논의를 위해서는 언론인들의 상이한 정체성 사이의 긴장관계를 고려해야 한다. 그러한 다양한 정체성에는 숙련된 개인, 사회적 책임이 있는 시민, 경영진의 변덕을 받아주어야 하는 생산요소, 그리고 공동의 정체성을 함께 나누고 때로는 집단적으로 발

쓰기 능력, 즉 이야기를 재미있고 조리 있게 풀어내는 능력이 필요하다. 이 세 가지 자질은 변함없이 중요한 반면, 이전과 달라진 점은 인터넷이 이와 같은 자질들을 드러내는 플랫폼을 놀랍도록 대규모로 확장시켜버렸다는 사실이다. 하지만 사람들은 여전히 훈련을 받을 필요가 있다.

> " 최고의 기자는 어떤 상황이든 열린 마음을 갖고 몰입한다. "
>
> – 웨인라이트(Martin Wainwright)

언하거나 행동할 수 있는 최소한의 잠재력을 가지고 있는 노동자 등이 포함된다 (Harcup, 2002b: 101-114; and 2007). 저널리즘이 사회에서 중요하다면 당연히 언론인들의 행위 역시 중요하다.

오로지 온라인 분야에서 활동한 언론인의 관점에서 키스는 기자가 되려고 하는 사람들에게 어떤 조언을 해줄까?

블로그다. 먹고살기 위해 글을 쓰는 사람이라면 왜 자유롭고 전문적이고 전 세계로 공표될 잠재력이 있는 네트워크에 자신의 글이나 생각을 올리고 헌신을 기울이지 않겠는가? 그리

> " 언제나 가능한 많은 사람들을 만나라. "
>
> – 키스(Jemima Kiss)

고 할 수 있는 한 많은 사람들을 만나라. 조합에 가입하고, 모임에 참석하고, 회의와 회담에 가보는 등 언제나 가능한 많은 사람들을 만나라. 또한 오랜 업무 방식들도 중요하다.

또 다른 블로그 기자 하틀리는 다음 세대의 언론인들이 개발해야 할 기술이 무엇이라고 생각할까?

물론 글쓰기 능력을 지녀야 한다. 중요한 사실을 걸러내는 기술이 점점 더 핵심 자질이 되고 있다. 이것은 언제나 그랬지만, 지금은 더욱 그러하다. 언론사들이 컴퓨터 사용자들의 자료를 포함해 매우 다양한 정보원으로부터 자료를 취하기 때문에 중요한 사실을 찾아내는 능력과 그것을 사람들에게 전하는 능력이 우리의 지향점이다.

나는 언론인들의 역할이 "출처가 무엇이든지 어떤 주제에 관해 수용자에게 최상의 정보를 전하는 것이며, 수용자를 위해 그 주제를 조사하고, 기자가 소속된 언론사의 성향을 알고 있는 수용자들에게 그

주제에 관해서 일종의 의견을 제시하는 것"이라고 생각한다. 우리는 사람들에게 그런 전후맥락, 브랜드 신뢰도를 제공한다. 사람들이 유투브(YouTube)에 가서 재미를 찾을 수 있겠지만, 그들이 유투브에서 본 기사를 정말 믿을 수 있을까? 결국은 그렇게 요약된다. 복잡한 환경 속에서 모두 저마다의 역할을 지니고 있겠으나, 신참 언론인들은 그 어느 때보다도 편집상 중요한 것과 그렇지 않은 것을 구별하는 요령을 배워야 한다고 생각한다.

또한 새로운 포맷, 새로운 수용자들과 맞닥뜨릴 각오를 하고 사람들을 그들의 일에 참여시켜야 한다. 주간지에 취직해서 괜찮은 연줄을 갖게 되었다면 그것은 연줄을 관리하는 핵심 기술을 확장한 것이며, 마찬가지로 페이스북을 통해서 그런 일을 할 수 있다. 연줄을 관리하고 도움이 되는 좋은 사람들을 찾는 능력은 본질적으로 항상 똑같은 기술이지만, 그렇게 할 수 있도록 도와주는 새로운 도구들이 생겼다. 내 생각에는 요즘은 수습기자들에게 신나는 시대다.

> " 무엇을 보든지
> 그 이면에는 사연이 있다. "
> – 풋(Paul Foot)

나는 베테랑 취재기자이자 칼럼니스트인 풋에게 21세기의 젊은 기자 지망생들에게 해줄 수 있는 마지막 조언을 구했다. 그의 대답은 다음과 같다.

> " 내 생각에는 요즘은
> 수습기자들에게
> 신나는 시대다. "
> – 하틀리(Sarah Hartley)

나는 사람들이 영국언론노조에 가입해야 하며, 만약 그들의 업무 현장에 노동조합이 없으면 그것을 만들기 위해 최선의 노력을 기울여야 한다고 생각

한다. 그것이 첫 번째다. 두 번째는 호기심 곧 회의감을 잃지 말라는 것이다.

업계가 돌아가는 방식을 이해하되 그에 맞서려고 최선을 다하라. 마지막에 한 말은 젊은이들이 몰려들어가서 편집책임자에게 기사를 싣는 방식에 대해 논하는 것은 전적으로 피해야 한다는 뜻이다. 사람들에게 가서 무엇을 하라고 지시하는 교만한 젊은이보다 더 고약한 것은 없다. 누가 모든 것을 다 알겠는가. 그들이 옳을 때도 많지만 설사 그렇다 하더라도 그런 식으로 처신해서는 안 된다. 그것은 해고당하는 지름길이다. 대부분의 경우에는 냉정을 잃지 말고 꾹 참으면서 지시받은 것을 해야 한다. 열에 아홉은 가서 지시받은 것을 하는 편이 좋지만, 거부할 가치가 있는 열 번째 경우가 있기 마련이다.

가장 중요한 것은 주변에서 일어나고 있는 일에 대하여 독립적으로 관찰하는 감각을 지니고 그것들이 게재될 수 있도록 자신의 능력을 발휘하는 것이다. 무엇을 보든지 그 이면에는 사연이 있다. 진실이 있고 의심할 여지가 없는 사실이 있다. 사실은 사실이므로 그것을 왜곡할 수는 없는 법이다.

그의 말은 저널리즘의 원리와 실제에 관한 책을 결론짓기에 충분한 조언이다. 이제 모든 것은 독자의 몫이다.

## ■■■ 요약 ■■

시민의 교양화라는 저널리즘의 사회적 역할과 사람들의 삶에 대한 저널리즘의 영향 때문에 언론인들은 자신의 업무에 대한 비판적 숙고를 통해 윤리적 책임을 져야 한다. 언론인들을 억누르는 구조적 압력과 제약에도 불구하고 언론인 개인이나 단체들은 업무를 수행하는 중에 선택의 여지가 있다. 인터넷 시대에 저널리즘은 설교보다는 대화의 방향으로 가고 있다고 말하지만, 취사선택이나 검증과 같은 언론인의 기술들은 여전히 중요해 보인다. 언론계에 갓 발을 들여놓은 사람들은 경험이 많은 언론인들로부터 할 수 있는 한 모든 것을 배워야 하지만 자신만의 호기심과 독립적인 관찰력을 잃지 말아야 한다.

## ■■ 질문 ■■■■■■

저널리즘은 누구를 위한 것인가?

저널리즘은 무엇을 위한 것인가?

저널리즘은 어디서 행해지는가?

저널리즘은 언제 가장 좋은 역할을 하는가?

언론인은 왜 신뢰받지 못하는가?

저널리즘은 어떻게 발전할 것인가?

## ■■■ 추가 읽을거리 ■

이 책을 다시 읽으면서 참고문헌과 각 장의 말미에 소개된 추가 읽을거리를 살펴보면 도움이 될 것이다. 윤리적 문제 전반에 걸쳐 더 깊이 연구하려면 『윤리적인 언론인(*The Ethical Journalist*)』(Harcup, 2007)과 함께 프로스트(Frost, 2007)를 보면 도움이 될 것이다. 언론업계 이면의 역사적 맥락을 보려면 커란과 시튼(Curran and Seaton, 2003), 맥체스니(McChesney, 2000)를 통해서 각각 영국과 미국에 관한 유용하고 비판적인 관점을 얻을 수 있으며, 마(Andrew Marr, 2005)의 전기 겸 역사인 『나의 직업 (*My Trade*)』을 즐겁게 읽을 수 있다. 그린슬레이드(Roy Greenslade, 2004)의 『강제징병대(*Press Gang*)』는 1945년부터 2003년까지 영국 전국지의 역사를 이해하는 데 도움이 되며, 데이비스(Nick Davies)가 저술한 『평평한 지구 뉴스(*Flat Earth News*)』는 현대 미디어의 많은 관습에 대한 암울하고 가혹한 비판을 담고 있다.

번즈(Sheridan Burns, 2002)와 랜들(Randall, 2007)은 저널리즘에 대한 비판적 숙고를 위해 좋은 출발점이 될 것이고, 보다 이론적인 관점의 논의를 원한다면 해리슨(Harrison, 2006), 젤리저(Zelizer,

2004), 앨런(Allan, 2004), 맥퀘일(McQuail, 2000)을 참고하라. 여러 나라에서 활동하는 연구자들이 기여한 로펠홀츠와 위버(Loffelholz and Weaver, 2008)의『세계 저널리즘 연구(*Global Journalism Research*)』에서는 전 세계의 저널리즘을 연구하는 다양한 학문적 접근과 방법을 개괄할 수 있다.『저널리즘학 편람(*Handbook of Journalism Studies*)』(Wahl-Jorgensen and Hanitzsch, 2009)은 세계의 다양한 학자들의 원본이 함께 수록되어 있다.

새로운 학문적 연구물은 정기적으로 전문가들의 학술지인 〈저널리즘스터디(*Journalism Studies*)〉(Taylor and Francis), 〈저널리즘프랙티스(*Journalism Practice*)〉(Taylor and Francis)와 〈저널리즘: 이론, 실제, 비평(*Journalism: Theory, Practice and Criticism*)〉(Sage)에서 발표되고 있으며, 언론인들이 논의한 다양한 글은 〈브리티시저널리즘리뷰(*British Journalism Review*)〉(Sage)와 〈프레스가제트(*Press Gazette*)〉(Wilmington)에서 찾을 수 있다. 신문·방송 자유를 위한 운동(CPBF: Campaign for Press and Broadcasting Freedom)의 저널 〈프리프레스(*Free Press*)〉는 미디어 전반, 특히 저널리즘에 관한 비판적이면서도 시사점이 많은 자료를 발행하고 있으며, 영국언론노조 조합원들의 시각은 그 노조의 잡지인 〈저널리스트(*Journalist*)〉에서 볼 수 있다. 갑실과 닐(Tim Gopsill and Greg Neal, 2007)의 매력적인 책『언론인(*Journalists*)』은 영국언론노조의 첫 세기를 추적하고 있다. 저널리즘 훈련과 직업에 대한 정보와 조언은 NUJ의 훈련 웹사이트 www.nujtraining.org.uk에서도 입수할 수 있다.

랜들(David Randall, 2005)의『위대한 기자들(*The Great Reporters*)』은 몇몇 뛰어난 기자들의 업적을 재미있고 훌륭하게 소개하고 있으며, 풋(Paull Foot, 2000), 휜(Francis Wheen, 2002), 팔라스트(Greg Palast, 2002)의 모음집은 모두 기자로서의 재능과 꼬치꼬치 캐묻는 자세, '사실'에 도달하려는 유별난 고집이 한데 어우러질 때 이룰 수 있는 성취를 잘 보여주고 있다. 마지막으로 저널리즘에 대해 진지하게 고민하고 있다면, 매일 관련 웹사이트를 확인하고, 뉴스와 시사물을 보고 들으며, 신문을 읽어야 한다는 점을 잊지 말라.

## 주요 출처

언론인들과의 인터뷰

# 부록
## 영국언론노조 행동강령 (2007년 최신 개정판)

언론인은

1. 어떠한 경우에도 언론의 자유의 원칙, 표현의 자유의 권리, 대중의 알 권리를 지키고 옹호한다.
2. 보도하는 정보가 정직하게 전달되었는지, 정확한지, 공정한지에 대해서 반드시 확인하려고 노력한다.
3. 유해한 오류를 바로잡기 위해 최선을 다한다.
4. 사실과 의견을 구별한다.
5. 현저하게 공익과 관련되었을 뿐만 아니라 솔직한 수단으로는 입수할 수 없는 증거가 포함된 탐사보도의 경우를 제외하고, 정직하고 솔직하며 공개적인 수단으로 자료를 입수한다.
6. 공익을 최우선으로 고려해야 하는 정당성이 없는 경우라면 누군가의 사생활, 슬픔, 고통을 침해할 수 있는 행위를 절대로 하지 않는다.
7. 정보를 제공한 취재원의 신분의 비밀과 업무 중 입수한 자료를 보호한다.
8. 정보에 영향을 주거나 정보를 왜곡하거나 억압하려는 위협 혹은 그 밖의 유인책에 저항한다.
9. 정보가 대중에게 공표되기 전에 업무 중 입수한 정보를 개인의 이익을 위해 부당하게 이용하지 않는다.
10. 개인의 나이, 성, 인종, 피부색, 신조, 법적 지위, 장애, 혼인 여부, 성적 취향을 구실로 증오나 차별을 유도하는 자료를 생산하지 않는다.
11. 자신의 작업물이나 몸담고 있는 매체를 판촉하는 경우를 제외하고 진술, 발언, 출연하는 방식으로 광고에 등장해 상업적 상품이나 서비스를 보증하지 않는다.

12. 표절을 하지 않는다.

## 양심조항

NUJ는 모든 언론인에게 이 강령의 자의(字義)와 정신에 반하는 지시를 거부하고 그런 사설의 저자로 확인받기를 거절할 권리가 있다고 믿는다. NUJ는 이 강령에 따라 행동할 권리를 주장했다는 이유로 징계를 받는 언론인이라면 그가 누구든지 전적으로 지지한다.

## 공익

미디어 보도에 관한 문제들은 많은 경우 전적으로 '공익'에 달려있다. NUJ의 행동강령은 이 개념을 민감한 자료 발행을 정당화하기 위한 척도로 사용하고 있다. 다음은 NUJ 윤리위원회가 기초한 NUJ의 정의이다.

1. 공익은 다음을 포함한다.
   - 범죄나 심각한 비행을 탐지하고 폭로하는 것
   - 공중의 건강과 안전을 보호하는 것
   - 어떤 개인이나 조직의 진술 혹은 행위로 인해 대중이 오도되지 않도록 방지하는 것
   - 공금 남용 혹은 어떤 형태이든지 공공단체의 부패를 폭로하는 것
   - 권력과 영향력을 지닌 사람들로 인해 공익과 사리가 상충할 가능성을 밝히는 것
   - 기업의 탐욕을 폭로하는 것
   - 고위공직자들의 위선적 행동을 폭로하는 것
   - 표현의 자유 자체에 공익이 있다.
2. 어린이들이 관련된 경우에 언론인들은 보통 때 같으면 최우선시 되는 아이 본인의 권리보다도 우선하는 예외적인 공익이 있다는 점을 반드시 증명해야 한다.

   (www.nuj.org.uk)

# 참고문헌

## 인터뷰

본문에서 명시하지 않았다면, 아래 사람들의 논평은 저자가 2001과 2008년 사이에 실시한 인터뷰에서 따온 것이다.

이스트우드(Lindsay Eastwood)
풋(Paul Foot)
기븐스(Trevor Gibbons)
하틀리(Sarah Hartley)
헬리웰(David Helliwell)
키스(Jemima Kiss)
메릭(Jane Merrick)
피치(Kevin Peachey)
타허(Abul Taher)
웨인(DeborahWain)
웨인라이트(Martin Wainwright)
휘틀(Brian Whittle)
자키르(Waseem Zakir)

## 참고문헌

ABC (2002) 'National newspaper circulation', Audit Bureau of Circulations August 2002, http://www.abc.org.uk/cgi-bin/gen5?runprog=nav/abc&noc=y.

ACPO (2001) Guide to Meeting the Policing Needs of Asylum Seekers and Refugees. Association of Chief Police Officers.

Adams, Catherine (2001) 'Inside story', *Guardian*, 13 March.

Adams, Sally (1999) 'Writing features', in Wynford Hicks with Sally Adams and Harriett Gilbert, *Writing for Journalists*. London: Routledge, pp. 47–98.

Adams, Sally with Hicks, Wynford (2001) *Interviewing for Journalists*. London: Routledge.

Addicott, Ruth (2002) 'Magazines warned not to ignore financial watchdog', *Gazette*, 17 May.

Aitchison, James (1988) *Writing for the Press*. London: Hutchinson.

Allan, Stuart (1997) 'News and the public sphere: towards a history of objectivity and impartiality', in Michael Bromley and Tom O'Malley (eds), *A Journalism Reader*. London: Routledge, pp. 296–329.

Allan, Stuart (1998) '(En)gendering the truth politics of news discourse', in Cynthia Carter, Gill Branston and Stuart Allan (eds), *News, Gender and Power*. London: Routledge, pp. 121–137.

Allan, Stuart (2004) *News Culture*. Maidenhead: Open University Press.

Allan, Stuart (ed) (2005) *Journalism: Critical Issues*. Maidenhead: Open University Press.

Arlidge, John and Cole, Sandra (2001) 'Jon Snow slams ITV's "crazy" cut in news budget', *Observer*, 2 December.

Armitstead, Claire (2002) 'Write the same thing over and over', *Guardian*, 31 January.

Atton, Chris (2002) *Alternative Media*. London: Sage.

Aufderheide, Pat (2002) 'All-too-reality TV: challenges for television journalists after September 11', *Journalism: Theory, Practice and Criticism*, Vol 3, No 1, pp. 7–14.

Austin, Tim (2003) *The Times Style and Usage Guide*. London: Harper Collins.

Bailey, Sally and Williams, Granville (1997) 'Memoirs are made of this: journalists' memoirs in the United Kingdom, 1945-95', in Michael Bromley and Tom O'Malley (eds), *A Journalism Reader*. London: Routledge, pp. 351–377.

Bakhtin, Mikhail (1935) 'The Dialogic Imagination', extract printed in Pam Morris (ed) (1994) *The Bakhtin Reader: Selected Writings of Bakhtin, Medvedev and Voloshinov*. London: Edward Arnold, pp. 74–80.

Banks, David and Hanna, Mark (2009) *McNae's Essential Law for Journalists* (twentieth edition). Oxford: Oxford University Press (forthcoming).

Barber, Lynn (1999) 'The art of the interview', in Stephen Glover (ed), *The Penguin Book of Journalism*. London: Penguin, pp. 196–205.

Barnett, Steven (2008) 'On the road to self-destruction', *British Journalism Review*, Vol 19, No 2, pp. 5–13.

Barnett, Steven and Seymour, Emily (2000) *From Callaghan to Kosovo: Changing Trends in British Television News 1975–1999*. London: University of Westminster.

Barnicoat, Becky (2007) 'The fine art of interrogation', *Guardian*, 8 September.

BBC (1999) 'UK politics: Old Bailey hearing for Aitken', http://news.bbc.co.uk/hi/english/uk_politics/newsid_257000/257826.stm, 19 January.

BBC (2002) *The Message*, BBC Radio Four, 15 February.

BBC (2003) 'WTC attacks death toll falls', *BBC Online*, 29 October, http://news.bbc.co.uk/1/hi/world/americas/3225313.stm.

BBC Trust (2007a) *From Seesaw to Wagon Wheel: Safeguarding Impartiality in the 21st Century*. www.bbc.co.uk/bbctrust/research/impartiality.html.

BBC Trust (2007b) *Report of the Independent Panel for the BBC Trust on Impartiality of BBC Business Coverage*. www.bbc.co.uk/bbctrust/research/business_news_impartiality.html.

Beaman, Jim (2000) *Interviewing for Radio*. London: Routledge.

Beckett, Andy (2001) 'Mail order', *Guardian*, 22 February.

Bedford, Martyn (1997) *Exit Orange & Red*. London: Bantam.

Behr, Edward (1992) *Anyone Here Been Raped and Speaks English?* London: Penguin.

Bell, Allan (1991) *The Language of News Media*. Oxford: Blackwell.

Bell, Martin (1998) 'The journalism of attachment', in Matthew Kieran (ed), *Media Ethics*. London: Routledge, pp. 15–22.

Bell, Martin (2002) 'Glamour is not good news', *Independent*, 19 February.

Bennett, Catherine (2001) 'The waste of space that is Lord Wakeham', *Guardian*, 5 July.

Berenger, Ralph D (2007) 'Book reviews', *Journalism: Theory, Practice and Criticism*, Vol 8, No 4, pp. 474–481.

Bernstein, Carl and Woodward, Bob ([1974] 2005) *All the President's Men*. New York: Pocket.

Bivens, Rena Kim (2008) 'The internet, mobile phones and blogging: how new media are transforming traditional journalism', *Journalism Practice*, Vol 2, No 1, pp. 113–129.

Blastland, Michael and Dilnot, Andrew (2007) *The Tiger That Isn't: Seeing through a World of Numbers*. London: Profile.

Bloy, Duncan (2007) *Media Law*. London: Sage.

Blumler, Jay (1999) 'Political communication systems all change: a response to Kees Brants', *European Journal of Communication*, Vol 14, No 2, pp. 241–249.

Bonnington, Alistair J, McInnes, Rosalind, and McKain, Bruce (2000) *Scots Law for Journalists*. Amdover: Sweet & Maxwell.

Boorstin, Daniel (1963) *The Image: Or What Happened to the American Dream*. Harmondsworth: Pelican.

Bourdieu, Pierre (1998) *On Television and Journalism*. London: Pluto.

Boyd, Andrew (2001) *Broadcast Journalism: Techniques of Radio and Television News*. Oxford: Focal.

Boyer, JH (1981) 'How editors view objectivity', American Journalism Quarterly No 58. Cited in Watson, James (1998) *Media Communication: An Introduction to Theory and Process*. Basingstoke: Macmillan, p. 98.

Brandenburg, Heinz (2007) 'Security at the source: embedding journalists as a superior strategy to military censorship', *Journalism Studies*, Vol 8, No 6, pp. 948–963.

Brants, Kees (1998) 'Who's afraid of infotainment?', *European Journal of Communication*, Vol 13, No 3, pp. 315-335.

Brants, Kees (1999) 'A rejoinder to Jay G Blumler', *European Journal of Communication*, Vol 14, No 3, pp. 411-415.

Brennen, Bonnie (2003) 'Sweat not melodrama: reading the structure of feeling in *All the President's Men*', *Journalism: Theory, Practice and Criticism*, Vol 4, No 1, pp. 113-131.

Briggs, Asa and Burke, Peter (2002) *A Social History of the Media: From Gutenberg to the Internet*. Cambridge: Polity Press.

Bright, Martin (2000) 'I'm handing nothing over', Journalist, May/June.

Bromley, Michael (1997) 'The end of journalism? Changes in workplace practices in the press and broadcasting in the 1990s', in Michael Bromley and Tom O'Malley (eds), *A Journalism Reader*. London: Routledge, pp. 330-350.

Bromley, Michael (ed) (2001) *No News is Bad News: Radio, Television and the Public*. Harlow: Longman.

Bromley, Michael and O'Malley, Tom (eds) (1997) *A Journalism Reader*. London: Routledge.

Bromley, Michael and Stephenson, Hugh (eds) (1998) *Sex, Lies and Democracy: The Press and the Public*. Harlow: Longman.

Brooke, Heather (2007) *Your Right to Know* (second edition). London: Pluto.

Brown, Andrew (2000) 'Newspapers and the internet', in Stephen Glover (ed), *The Penguin Book of Journalism*. London: Penguin, pp. 177-185.

Brown, Maggie (2003) 'Documentary maker's fury at BBC2 revamp of series on Asians', *Guardian*, 30 September.

Brown, Maggie (2005) 'I want to brighten and enlighten', *Guardian*, 24 October. Calhoun, Craig (ed) (1992) *Habermas and the Public Sphere*. Cambridge, MA and London: MIT Press.

Cameron, Deborah (1996) 'Style policy and style politics: a neglected aspect of the language of the news', *Media, Culture & Society*, Vol 18, pp. 315-333.

Cameron, James (1968) *Point of Departure*. London: Readers Union.

Carlyle, Thomas (1840) *On Heroes, Hero-Worship, and the Heroic in History*. London: Chapman & Hall.

Carroll, Rory (2002) 'Yes, prime minister', *Guardian*, 1 April.

Carter, Cynthia, Branston, Gill, and Allan, Stuart (eds) (1998) *News, Gender and Power*. London: Routledge.

Castells, Manuel (1996) *The Rise of the Network Society. Volume 1 of The Information Age: Economy, Society and Culture*. Oxford: Blackwell.

Castells, Manuel (1997) *The Power of Identity. Volume 2 of The Information Age: Economy, Society and Culture*. Oxford: Blackwell.

Castells, Manuel (1998) *End of Millennium. Volume 3 of The Information Age: Economy, Society and Culture*. Oxford: Blackwell.

Cathcart, Brian (2007) 'Baiting the goody-goody', *New Statesman*, 21 June.

Chalaby, Jean (1998) *The Invention of Journalism*. London: Macmillan.

Chambers, Deborah (2000) 'Critical approaches to the media: the changing context for investigative journalism', in Hugo de Burgh (ed), *Investigative Journalism: Context and Practice*. London: Routledge, pp. 89–107.

Chandler, Raymond (1984) *Raymond Chandler Speaking*. London: Alison and Busby.

Channel 4 (1998) *The Real Rupert Murdoch*, broadcast 21 November.

Chantler, Paul and Harris, Sim (1997) *Local Radio Journalism*. Oxford: Focal.

Chapman, Jane and Kinsey, Marie (eds) (2009) *Broadcast Journalism: A Critical Introduction*. London: Routledge.

Chesterton, GK (1981) 'The wisdom of Father Brown: the purple wig', in *The Penguin Complete Father Brown*. Harmondsworth: Penguin, pp. 244–255.

Chippindale, Peter and Horrie, Chris (1992) *Stick It Up Your Punter! The Rise and Fall of the Sun*. London: Mandarin.

Clement, Barrie and Grice, David (2001) 'Secret ministry email: "Use attack to bury bad news"', *Independent*, 9 October.

Cohen, Stanley (1972) *Folk Devils and Moral Panics: The Creation of the Mods and Rockers*. London: MacGibbon and Kee.

Cohen, Stanley andYoung, Jock (eds) (1973) *The Manufacture of News: Deviance, Social Problems and the Mass Media*. London: Constable.

Colston, Jane (2002) 'Reporting restrictions', in Tom Crone (ed), *Law and the Media*. Oxford: Focal, pp. 133–165.

Conboy, Martin (2002) *The Press and Popular Culture*. London: Sage.

Conboy, Martin (2006) *Tabloid Britain: Constructing a Community through Language*. London: Routledge.

Conboy, Martin (2007) *The Language of the News*. London: Routledge.

Cottle, Simon (2000) 'Rethinking news access', *Journalism Studies*, Vol 1, No 3, pp. 427–448.

Cottle, Simon (2001) 'Television news and citizenship: packaging the public sphere', in Michael Bromley (ed), *No News is Bad News: Radio, Television and the Public*. Harlow: Longman, pp. 61–79.

Critcher, Chas (2002) 'Media, government and moral panic: the politics of paedophilia in Britain 2000–1', *Journalism Studies*, Vol 3, No 4, pp. 521–535.

Crone, Tom (ed) (2002) *Law and the Media*. Oxford: Focal.

Curran, James (2000) 'Press reformism 1918–98: a study of failure', in Howard Tumber (ed.), *Media Power, Professionals and Policies*. London: Routledge, pp. 35–55.

Curran, James and Gurevitch, Michael (eds) (1991) *Mass Media and Society*. London: Edward Arnold.

Curran, James and Seaton, Jean (1997) *Power Without Responsibility: The Press and Broadcasting in Britain*. London: Routledge.

Curran, James and Seaton, Jean (2003) *Power Without Responsibility: The Press,*

*Broadcasting and New Media in Britain* (sixth edition). London: Routledge.

Dahlgren, Peter and Sparks, Colin (eds) (1992) *Journalism and Popular Culture*. London: Sage.

Davies, Nick (2008) *Flat Earth News*. London: Chatto & Windus.

Day, Julia (2001) 'Hellier condemns Express "interference"', www.mediáguardian.co.uk, 6 September.

de Burgh, Hugo (ed) (2000) *Investigative Journalism: Context and Practice*. London: Routledge.

de Burgh, Hugo (2003) 'Skills are not enough: the case for journalism as an academic discipline', *Journalism: Theory, Practice and Criticism*, Vol 4, No 1, pp. 95–112.

de Burgh, Hugo (2008) *Investigative Journalism* (second edition). London: Routledge.

Deuze, Mark and Dimoudi, Christina (2002) 'Online journalists in the Netherlands: towards a profile of a new profession', *Journalism: Theory, Practice and Criticism*, Vol 3, No 1, pp. 85–100.

Dewdney, Andrew and Ride, Peter (2006) *The New Media Handbook*. Abingdon: Routledge.

Dixon, Sara (2002) 'The gentle touch', *Press Gazette*, 5 April.

Dodson, Sean (2001) 'Hacks hit in drugs war', *Guardian*, 25 June.

Doig, Alan (1997) 'The decline of investigatory journalism', in Michael Bromley and Tom O'Malley (eds), *A Journalism Reader*. London: Routledge, pp. 189–213.

Dorril, Stephen (2000) 'What is investigative journalism?', *Free Press*, No 116, May/June.

Dorril, Stephen (2002a) 'Secrets and lies', *Free Press*, No 127, March/April.

Dorril, Stephen (2002b) 'Suspicious incidents', *Free Press*, No 126, January/February.

Dovey, Jon (2000) *Freakshow: First Person Media and Factual Television*. London: Pluto.

Downing, John, with Villarreal Ford, Tamara, Gil, Geneve, and Stein, Laura (2001) *Radical Media: Rebellious Communication and Social Movements*. London: Sage.

Doyle, Gillian (2002) *Understanding Media Economics*. London: Sage.

Drabble, Margaret and Stringer, Jenny (eds) (1990) *The Concise Oxford Companion to English Literature*. Oxford: Oxford University Press.

DTLR (2001) *News Release 388: Consultation Begins on Council Allowances*. London: Department for Transport, Local Government and the Regions. September 11 2001.

Economist (2008) *Style Guide*. London: Profile Books.

Eliot, George (1859) *Adam Bede*. Edinburgh: Blackwood.

Engel, Matthew (1997) *Tickle the Public: One Hundred Years of the Popular Press*. London: Indigo.

Errigo, Jackie and Franklin, Bob (2004) 'Surviving in the hackademy', *British Journalism Review*, Vol 15, No 2, pp. 43–48.

Evans, Harold ([1978] 1997) *Pictures on a Page: Photo-journalism, Graphics and Picture Editing*. London: Pimlico.

Evans, Harold (2000) *Essential English for Journalists, Editors and Writers*. London: Pimlico.

Fiske, John (1989) *Reading the Popular*. London: Routledge.

Fleming, Carole (2002) *The Radio Handbook*. London: Routledge.

Foley, Michael (2000) 'Press regulation', *Administration*, Vol 48, No 1, Spring, pp. 40–51.

Foot, Paul (1999) 'The slow death of investigative journalism', in Stephen Glover (ed), *The Penguin Book of Journalism: Secrets of the Press*. London: Penguin, pp. 79–89.

Foot, Paul (2000) *Articles of Resistance*. London: Bookmarks.

Forde, Eamonn (2001) 'From polyglottism to branding: on the decline of personality journalism in the British music press', *Journalism: Theory, Practice and Criticism*, Vol 2, No 1, pp. 23–43.

Fowler, HW (1983) *A Dictionary of Modern English Usage*. Oxford: Oxford University Press.

Fowler, Roger (1991) *Language in the News: Discourse and Ideology in the Press*. London: Routledge.

Franklin, Bob (1994) *Packaging Politics: Political Communications in Britain's Media Democracy*. London: Edward Arnold.

Franklin, Bob (1997) *Newszak and News Media*. London: Arnold.

Franklin, Bob (2005) 'Framing' in Bob Franklin, Martin Hamer, Mark Hanna, Marie Kinsey and John Richardson, *Key Concepts in Journalism Studies*. London: Sage, pp. 85–86.

Franklin, Bob and Murphy, David (eds) (1998) *Making the Local News: Local Journalism in Context*. London: Routledge.

Franklin, Bob, Hamer, Martin, Hanna, Mark, Kinsey, Marie, and Richardson, John (2005) *Key Concepts in Journalism Studies*, London: Sage.

Frayn, Michael [1965] (1995) *The Tin Men*. London: Penguin.

Fresco, Adam, Syal, Rajeev and Bird, Steve (2005) 'Suspect shot dead "had no bomb" – London terror', *Times*, 23 July.

Frith, Simon and Meech, Peter (2007) 'Becoming a journalist: journalism education and journalism culture', *Journalism: Theory, Practice and Criticism*, Vol 8, No 2, pp. 137–164.

Frost, Chris (2000) *Media Ethics and Self-Regulation*. Harlow: Longman.

Frost, Chris (2002) *Reporting for Journalists*. London: Routledge.

Frost, Chris (2007) *Journalism Ethics and Self-regulation*. Harlow: Pearson.

Fry, Don (2004) 'Unmuddling Middles', *Poynter Online*, 16 June, www.poynter.org.

Galtung, Johan and Ruge, Mari (1965) 'The structure of foreign news: the presentation of the Congo, Cuba and Cyprus crises in four Norwegian newspapers', *Journal of International Peace Research*, Vol 1, pp. 64–91.

Gans, Herbert J (1980) *Deciding What's News: A Study of CBS Evening News, NBC Nightly News, Newsweek and Time*. London: Constable.

Gieber, Walter (1964) 'News is what newspapermen make it', in Howard Tumber (ed) (1999), *News: A Reader*. Oxford: Oxford University Press, pp. 218–223.

Gilbert, Harriett (1999) 'Writing reviews', in Wynford Hicks, with Sally Adams, and Harriett Gilbert, *Writing for Journalists*. London: Routledge, pp. 99–123.

Glover, Mike (1998) 'Looking at the world through the eyes of ⋯⋯ reporting the "local" in daily, weekly and Sunday local newspapers', in Bob Franklin and David Murphy (eds), *Making the Local News: Local Journalism in Context*. London: Routledge, pp. 117–124.

Glover, Stephen (ed) (1999) *The Penguin Book of Journalism: Secrets of the Press*. London: Penguin.

Golding, Peter and Elliott, Philip (1979) *Making the News*. London and NewYork: Longman.

Golding, Peter and Murdock, Graham (1979) 'Ideology and the mass media: the question of determination', in Michele Barrett, Philip Corrigan, Annette Kuhn, and Janet Wolff (eds), *Ideology and Cultural Production*. London: Croom Helm, pp. 198–224.

Goodwin, Bill (1996) 'Safe sources', *Journalist*, April/May.

Gopsill, Tim (2001) 'The wages of spin', *Journalist*, April.

Gopsill, Tim and Neale, Greg (2007) *Journalists: A Hundred Years of the National Union of Journalists*. London: Profile.

Gramsci, Antonio (1971) *Selections from the Prison Notebooks*. London: Lawrence & Wishart.

Green, Nigel (2008) 'Insight', *Press Gazette*, 1 February.

Greenslade, Roy (2003a) 'Their master's voice', *Guardian*, 17 February.

Greenslade, Roy (2003b) 'Readers in Ilkley, owners in Virginia', *Guardian*, 1 September.

Greenslade, Roy (2004) *Press Gang: How Newspapers Make Profits from Propaganda*. London: Pan.

Greenslade, Roy (2008) 'The digital challenge', *Guardian*, 7 January.

Griffiths, Dennis (2006) *Fleet Street: Five Hundred Years of the Press*. London: The British Library.

Grundberg, Peter (2002) 'The "new" right to privacy', in Tom Crone (ed), *Law and the Media*. Oxford: Focal, pp. 114–130.

Grundy, Bill (1976) 'Sex Pistols interview', broadcast on *Today*, Thames Television, 1 December 1976, reproduced in *Great Interviews of the 20th Century*, No 8, Guardian News & Media, 2007.

Gurevitch, Michael, Bennett, Tony, Curran, James, and Woollacott, Janet (eds) (1982) *Culture, Society and the Media*. London: Methuen.

Habermas, J rgen (1989) *The Structural Transformation of the Public Sphere: An Inquiry into a Category of Bourgeois Society*. Cambridge: Polity Press.

Habermas, J rgen (1992) 'Further reflections on the public sphere', in Craig Calhoun (ed), *Habermas and the Public Sphere*. Cambridge, MA and London:MIT Press, pp. 421–461.

Hahn, Daniel (2004) *The Tower Menagerie: The Amazing True Story of the Royal Collection of Wild Beasts*. London: Pocket.

Hall, Jim (2001) *Online Journalism: A Critical Primer*. London: Pluto.

Hall, Sarah (2002) 'Paper fined for Leeds case error', *Guardian*, 20 April.

Hall, Sarah (2006) 'Doctors enjoy the greatest public trust', *Guardian*, 2 November.

Hall, Stuart (1967) 'People, personalities and personalisation', in Richard Hoggart (ed), *Your Sunday Paper*. London: University of London Press.

Hall, Stuart (1973) 'The determinations of news photographs', in Stanley Cohen and Jock Young (eds), *The Manufacture of News: Deviance, Social Problems and the Mass Media*. London: Constable, pp. 176–190.

Hall, Stuart (1977) 'Culture, the media and the "ideological effect"', in James Curran, Michael Gurevitch, and Janet Woollacott (eds), *Mass Communication and Society*. London: Edward Arnold, pp. 315–348.

Hall, Stuart (1982) 'The rediscovery of "ideology": return of the repressed in media studies', in Michael Gurevitch, Tony Bennett, James Curran, and JanetWoollacott (eds), *Culture, Society and the Media*. London: Methuen, pp. 56–90.

Hall, Stuart (1986) 'Media power and class power', in James Curran, Jake Ecclestone, Giles Oakley, and Alan Richardson (eds), *Bending Reality: The State of the Media*. London: Pluto, pp. 5–14.

Hall, Stuart, Critcher, Chas, Jefferson, Tony, Clarke, John, and Roberts, Brian (1978) *Policing the Crisis*. London: Macmillan.

Hanna, Mark (2000) 'British investigative journalism: protecting the continuity of talent through changing times'. Paper presented to the International Association for Media and Communication Research, Singapore, 18 July.

Harcup, Tony (1994) *A Northern Star: Leeds Other Paper and the Alternative Press 1974–1994*. London and Pontefract: Campaign for Press and Broadcasting Freedom.

Harcup, Tony (1996) 'More news means worse news, conference on media ethics told', *Broadcast*, 27 September.

Harcup, Tony (2002a) 'Conduct unbecoming?', *Press Gazette*, 1 March.

Harcup, Tony (2002b) 'Journalists and ethics: the quest for a collective voice', *Journalism Studies*, Vol 3, No 1, pp. 101–114.

Harcup, Tony (2003) 'The unspoken – said. The journalism of alternative media', *Journalism: Theory, Practice and Criticism*, Vol 4, No 3, pp. 356–376.

Harcup, Tony (2005) '"I'm doing this to change the world": journalism in alternative and mainstream media', *Journalism Studies*, Vol 6, No 3, pp. 361–374.

Harcup, Tony (2007) *The Ethical Journalist*. London: Sage.

Harcup, Tony (2008) 'Learning some lessons at the school of hard knocks', *Press Gazette*, 11 April.

Harcup, Tony and O'Neill, Deirdre (2001) 'What is news? Galtung and Ruge revisited', *Journalism Studies*, Vol 2, No 2, pp. 261–280.

Hardt, Hanno (2000) 'Conflicts of interest: newsworkers, media, and patronage journalism', in Howard Tumber (ed), *Media Power, Professionals and Policies*. London: Routledge, pp. 209–224.

Harris, Paul (2007) 'Why I said "no" to Paris Hilton mania', *Observer*, 1 July.

Harrison, Jackie (2000) *Terrestrial TV News in Britain: The Culture of Production*. Manchester: Manchester University Press.

Harrison, Jackie (2006) *News*. London: Routledge.

Hart-Davis, Duff (1990) *The House the Berrys Built*. London: Hodder & Stoughton.

Hartley, John (1982) *Understanding News*. London: Methuen.

Hastings, Max (2004) 'Never forget that they lie', *Guardian*, 31 January.

Hattenstone, Simon (2007) 'Reflections of a professional stalker', *Guardian*, 8 September.

Hecht, Ben and MacArthur, Charles (1974) *The Front Page*. A U-I film.

Helmore, Ed (2001) 'Meet the enforcer', *Observer*, 3 June.

Hencke, David (2001) 'No news is bad news', *Guardian*, 5 March.

Herman, Edward (2000) 'The propaganda model: a retrospective', *Journalism Studies*, Vol 1, No 1, pp. 101–112.

Herman, Edward and Chomsky, Noam (1988) 'Manufacturing consent', in Howard Tumber (ed) (1999), *News: A Reader*. Oxford: Oxford University Press, pp. 166–179.

Hetherington, Alastair (1985) *News, Newspapers and Television*. London: Macmillan.

Hicks, Wynford (1998) *English for Journalists*. London: Routledge.

Hicks, Wynford (2007) *English for Journalists* (second edition). London: Routledge.

Hicks, Wynford, with Adams, Sally and Gilbert, Harriett (1999) *Writing for Journalists*. London: Routledge.

Hicks, Wynford and Holmes, Tim (2002) *Subediting for Journalists*. London: Routledge.

Hilton, Phil (2007) 'Show us your bids!', *Guardian*, 26 May.

Hobsbawm, Julia and Lloyd, John (2008) *The Power of the Commentariat*. London: Editorial Intelligence.

Hodge, Robert and Kress, Gunther (1993) *Language as Ideology*. London: Routledge.

Hodgson, FW (1993) *Subediting: A Handbook of Modern Newspaper Editing and Production*. Oxford: Focal Press.

Holland, Patricia (1998) 'The politics of the smile: "soft news" and the sexualisation of the popular press', in Cynthia Carter, Gill Branston, and Stuart Allan (eds), *News, Gender and Power*. London: Routledge, pp. 17–32.

Holland, Patricia (2000) *The Television Handbook*. London: Routledge.

Hollingsworth, Mark (1986) *The Press and Political Dissent: A Question of Censorship*. London: Pluto.

Honigsbaum, Mark (2005) 'Brazilian did not wear bulky jacket: Stockwell shoot-to-kill relatives say Met admits that, contrary to reports, electrician did not leap tube station barrier', *Guardian*, 28 July.

Hudson, Gary and Rowlands, Sarah (2007) *The Broadcast Journalism Handbook*. Harlow: Pearson.

IFJ (International Fedesation of Journalists) (2007) '"Tragedy unlimited" says IFJ as killings of journalists in 2007 maintain record levels', 31 December, www.ifj.org/default.asp?Index=5638&Language=EN.

IFJ (2008) *Deadly Stories 2007: Killings of Journalists Touch Record Levels*. Brussels: International Federation of Journalists.

Ingrams, Richard (2005) *My Friend Footy: A Memoir of Paul Foot*. London: Private Eye.

Jack, Ian (2006) 'Things that have interested me', *Guardian*, 5 August.

Jarvis, Jeff (2008) 'Why Twitter is the canary in the news coalmine', *Guardian*, 19 May.

Jeffries, Stuart (2008) 'There's humour in the darkest places', *Guardian*, 18 March.

Jenkins, Simon (2007) 'The British media does not do responsibility. It does stories', *Guardian*, 18 May.

Johnston, Alan (2007) *Kidnapped and Other Dispatches*. London: Profile.

Johnston, Don (2002) 'He wouldn't last long on my desk', letter in the *Journalist*, December.

Journalism Training Forum (2002) *Journalists at Work: Their Views on Training, Recruitment and Conditions*. London: Publishing National Training Organisation /Skillset.

*Journalist* (2007a) 'Threat came with a bullet', Journalist, November.

*Journalist* (2007b) 'Robin's final triumph as the Lords slam door on NHS Trust', September/October.

Kampfner, John (2007) 'Less stenography and more reporting, please', *Guardian*, 16 July.

Karim, Karim (2002) 'Making sense of the "Islamic Peril": journalism as cultural practice', in Barbie Zelizer and Stuart Allan (eds), *Journalism after September* 11. London: Routledge, pp. 101–116.

Keeble, Richard (1998) *The Newspapers Handbook* (second edition). London: Routledge.

Keeble, Richard (2001a) *The Newspapers Handbook* (third edition). London: Routledge.

Keeble, Richard (2001b) *Ethics for Journalists*. London: Routledge.

Keeble, Richard (2006) *The Newspapers Handbook* (fourth edition). London: Routledge.

Kelso, Paul (2001) 'We have known about this for 15 years. The media should have exposed this man a long time ago', *Guardian*, 23 July.

Kieran, Matthew (ed) (1998) *Media Ethics*. London: Routledge.

Kiley, Sam (2001) 'The Middle East's war of words', *Evening Standard*, 5 September.

Kiss, Jemima (2006) 'Changing media summit: citizen media will unlock the secret society, says Jon Snow', www.journalism.co.uk/news/story1779.shtml, March 28.

Knight, Alan (2008) 'Journalism in the age of blogging', *Journalism Practice*, Vol 2, No 1, pp. 117–124.

Knightley, Phillip (1998) *A Hack's Progress*. London: Vintage.

Knightley, Phillip (2000) *The First Casualty: The War Correspondent as Hero and Mythmaker from the Crimea to Kosovo*. London: Prion.

Knightley, Phillip (2001) 'The disinformation campaign', *Guardian*, 4 October.

Knightley, Phillip (2002) 'The creation of public enemy No 1', *Evening Standard*, 11 September.

Kobre, Kenneth (2008) *Photo Journalism: The Professonals' Approach*. Oxford: Focal Press.

Krajicek, David J (1998) 'The bad, the ugly and the worse', *Guardian*, 11 May.

Kuhn, Raymond (2002) 'The first Blair government and political journalism', in Raymond Kuhn and Erik Neveu (eds), *Political Journalism: New Challenges, New Practices*. London: Routledge, pp. 47–68.

Lagan, Sarah (2007) 'Duped Cumbria papers slam April fool prank', *Press Gazette*, 4 April.

Larsson, Larsake (2002) 'Journalists and politicians: a relationship requiring manoeuvring space', *Journalism Studies*, Vol 3, No 1, pp. 21–33.

Lavie, Aliza and Lehman-Wilzig, Sam (2003) 'Whose news? Does gender determine the editorial product?' *European Journal of Communication*, Vol 18, No 1, pp. 5–29.

Lee, Seow Ting, Maslog, Crispin C, and Kim, Hun Shik (2006) 'Asian conflicts and the Iraq War', *International Communication Gazette*, Vol. 68, pp. 499–518.

Leigh, David (2007) 'Anthony Sampson Chair inaugural lecture', City University, 1 November, http://www.city.ac.uk/journalism/ download_files/01_11_07_sampson_lecture.pdf.

Leigh, David and Evans, Rob (2008) 'Sources', 17 February, http://www.guardian.co.uk/world/2007/jun/ 07/bae18.

Lewis, Justin (2006) 'News and the empowerment of citizens', *European Journal of Cultural Studies*, Vol 9, No 3, pp. 303–319.

Lewis, Justin, Williams, Andrew, and Franklin, Bob (2008a) 'A compromised fourth estate? UK news journalism, public relations and news sources', *Journalism Studies*, Vol 9, No 1, pp. 1–20.

Lewis, Justin, Williams, Andrew, and Franklin, Bob (2008b) 'Four rumours and an explanation: a political economic account of journalists' changing newsgathering and reporting practices', *Journalism Practice*, Vol 2, No 1, pp. 27–45.

Lipton, Eric (2001) 'Toll from attack at Trade Center is down sharply', *New York Times*, 21 November.

Lipton, Eric (2002) 'Death toll is near 3,000, but some uncertainty over count remains', *New York Times*, 11 September.

Loffelholz, Martin andWeaver, David (eds) (2008) *Global Journalism Research: Theories, Methods, Findings, Future*. Oxford: Blackwell.

Ludlam, Joanna (2002) 'Breach of confidence', in Tom Crone (ed), *Law and the Media*. Oxford: Focal, pp. 89–103.

Lule, Jack (2001) *Daily News, Eternal Stories: The Mythological Role of Journalism*. New York: Guilford Press.

Lynch, Jake (2002) 'Reporting the world: how ethical journalism can seek solutions', www.mediachannel.org, 23 January.

Machin, David and Niblock, Sarah (2008) 'Branding newspapers: visual texts as social practice', *Journalism Studies*, Vol 9, No 2, pp. 244–259.

Malik, Shiv (2008) 'Stop police seizing reporters' notes', *Press Gazette*, 23 May.

Manning, Paul (2001) *News and News Sources: A Critical Introduction*. London: Sage.

Mansfield, FJ (1936) *The Complete Journalist: A Study of the Principles and Practice of Newspaper-making*. London: Sir Isaac Pitman and Sons.

Mansfield, FJ (1943) *Gentlemen, the Press! Chronicles of a Crusade: Official History of the National Union of Journalists*. London:WH Allen.

Marr, Andrew (2005) *My Trade: A Short History of British Journalism*. London: Pan.

Marsh, David (ed.) (2007) *Guardian Style*. London: Guardian Books.

Martinson, Jane (2005) 'It's hello, good evening and welcome to *al-Jazeera* for David Frost', Guardian, 7 October.

Marx, Karl and Engels, Friedrich ([1846] 1965) *The German Ideology*. London: Lawrence & Wishart.

Mayes, Ian (2000) *The Guardian Corrections and Clarifications*. London: Guardian Newspapers.

McAdams, Mindy (2005) *Flash Journalism: How to Create Multimedia News Packages*. Oxford: Focal Press.

McCafferty, Nell (1981) *In the Eyes of the Law*. Dublin:Ward River Press.

McCafferty, Nell (1984) *The Best of Nell: A Selection of Writings over Fourteen Years*. Dublin: Attic Press.

McChesney, Robert (2000) *Rich Media, Poor Democracy: Communication Politics in Dubious Times*. New York: New Press.

McChesney, Robert (2002) 'The US news media and World War III', *Journalism: Theory, Practice and Criticism*, Vol 3, No 1, pp. 14–21.

McCombs, Maxwell and Shaw, Donald (1972) 'The agenda setting function of mass media', in Howard Tumber (ed) (1999) *News: A Reader*. Oxford: Oxford University Press, pp. 320–328.

McKane, Anna (2006) *News Writing*. London: Sage.

McKay, Jenny (2006) *The Magazines Handbook*. London: Routledge.

McKay, Peter (1999) 'Gossip', in Stephen Glover (ed), *The Penguin Book on Journalism: Secrets of the Press*. London: Penguin, pp. 186–195.

McLaughlin, Greg (2002a) 'Rules of engagement: television journalism and NATO's "faith in bombing" during the Kosovo crisis, 1999', *Journalism Studies*, Vol 3, No 2, pp. 257–266.

McLaughlin, Greg (2002b) *The War Correspondent*. London: Pluto.

McNair, Brian (2000) *Journalism and Democracy: An Evaluation of the Political Public Sphere*. London: Routledge.

McQuail, Denis (1992) *Media Performance: Mass Communication and the Public Interest*. London: Sage.

McQuail, Denis (2000) *McQuail's Mass Communication Theory*. London: Sage.

Media Lawyer (2002) '*S Mirror* fined £75,000 for interview', *Media Lawyer*, No 39,

May/June, pp. 18–19.

Millar, Stuart (2001) 'Robot reporter "to write news in future"', *Guardian*, 9 August.

Milton, John ([1644] 2005) 'Areopagitica: a speech for the liberty of unlicensed printing', in John Milton and Granville Williams, *Milton and the Modern Media: A Defence of a Free Press*. Accrington: B&D.

Mirsky, Jonathan (2001) 'In bed with the Reds', *Spectator*, 10 November.

Morgan, Jean (1999) 'Reporter who refused death-knock loses job fight', *Press Gazette*, 17 December.

Morgan, Jean (2002a) '"Lack of humanity" over Soham led to *Herald* sacking', *Press Gazette*, 6 September.

Morgan, Jean (2002b) 'Never ever sign copy deals, says freelance in singer row', *Press Gazette*, 22 March.

Morris, Steven (2007) 'I can't believe the story went so big. I didn't even get any money out of it', *Guardian*, 9 August.

Murrow, Ed (1958) 'Speech at the 1958 RTNDA Convention, Chicago, 15 October, http://media.www.mediaethicsmagazine.com/media/storage/paper655/news/2004/12/31/AnalysesCommentary/Ed.Murrows.Speech.At.The.1958.Rtnda.Convention-833533.shtml.

Ndlela, Nkosi (2005) 'The African paradigm: the coverage of the Zimbabwean crisis in the Norwegian media', *Westminster Papers in Communication and Culture*, Special Issue, November, pp. 71–90.

Neveu, Erik (2002) 'The local press and farmers' protests in Brittany: proximity and distance in the local newspaper coverage of a social movement', *Journalism Studies*, Vol 3, No 1, pp. 53–67.

NGO-EC Liaison Committee (1989) *Code of Conduct: Images and Messages Relating to the Third World*, http://www.globalnews.org.uk/teacher_values.htm.

Niblock, Sarah (2007) 'From "knowing how" to "being able": negotiating the meanings of reflective practice and reflexive research in journalism studies', *Journalism Practice*, Vol 1, No 1, pp. 20–32.

Niblock, Sarah and Machin, David (2007) 'News values for consumer groups: the case of Independent Radio News, London, UK', *Journalism: Theory, Practice and Criticism*, Vol 8, No 2, pp. 184–204.

Northmore, David (2001) 'Investigative reporting: why and how', in Richard Keeble, *The Newspapers Handbook*. London: Routledge, pp. 183–193.

Norton-Taylor, Richard (2000) 'Bombing in Iraq an "undeclared war"', *Guardian*, 11 November.

*Observer* (2002) 'Talking about my generation', *Observer*, 21 July.

O'Malley, Tom (1997) 'Labour and the 1947–9 Royal Commission on the Press', in Michael Bromley and Tom O'Malley (eds), *A Journalism Reader*. London: Routledge, pp. 126–158.

O'Malley, Tom and Soley, Clive (2000) *Regulating the Press*. London: Pluto.

O'Neill, Deirdre and Harcup, Tony (2009) 'News values and selectivity', in K Wahl-

Jorgensen and T Hanitzsch (eds), *Handbook of Journalism Studies*. Mahwah, NJ: Lawrence Erlbaum Associates.

O'Neill, John (1992) 'Journalism in the market place', in Andrew Belsey and Ruth Chadwick (eds), *Ethical Issues in Journalism and the Media*. London: Routledge, pp. 15-32.

Orwell, George (1946a) 'Decline of the English murder', in George Orwell (1965), *Decline of the English Murder and Other Essays*. Harmondsworth: Penguin, pp. 9-13.

Orwell, George (1946b) 'Politics and the English language', in George Orwell (1962), *Inside the Whale and Other Essays*. Harmondsworth: Penguin, pp. 143-157.

Osborn, Andrew (2007) 'These are the faces of the 20 journalists who have lost their lives in Putin's Russia', *Independent on Sunday*, 11 March.

O'Sullivan, Kevin (2001) 'KateWinslet disappears up her a***', *Daily Mirror*, 27 November. Palast, Greg (2002) *The Best Democracy Money Can Buy: An Investigative Reporter Exposes the Truth about Globalisation, Corporate Cons, and High Finance Fraudsters*. London: Pluto.

Pape, Susan and Featherstone, Sue (2005) *Newspaper Journalism: A Practical Introduction*. London: Sage.

Pape, Susan and Featherstone, Sue (2006) *Feature Writing: A Practical Introduction*. London: Sage.

Parfitt, Tom (2006) 'The only good journalist······', *Guardian*, 10 October.

PCC (1992) 'Editorial', Report No 7, Press Complaints Commission, March, pp. 2-3.

PCC (2008) *The Review 2007*. London: Press Complaints Commission.

Perkins, Anne (2001) 'Hands up who fell off the career ladder as they hit motherhood', *Guardian*, 31 May.

Petley, Julian (1999) 'The regulation of media content', in Jane Stokes and Anna Reading (eds), *The Media in Britain: Current Debates and Developments*. Basingstoke: Palgrave.

Pew Research Centre (2000) 'Self-censorship: how often and why. A survey of journalists in association with Columbia Journalism Review', www.people-press.org/jour00rpt.htm.

Phillips, Angela (2007) *Good Writing for Journalists*. London: Sage.

Philo, Greg (1991) 'Audience beliefs and the 1984/5 miners' strike', in Greg Philo (ed) (1995), *Glasgow Media Group Reader. Vol. 2: Industry, Economy, War and Politics*. London: Routledge, pp. 37-42.

Philo, Greg and McLaughlin, Greg (1993) 'The British media and the Gulf War', in Greg Philo (ed) (1995), *Glasgow Media Group Reader. Vol 2: Industry, Economy, War and Politics*. London: Routledge, pp. 146-156.

Pilger, John (1998) *Hidden Agendas*. London: Vintage.

Pilger, John (2001) 'This war of lies goes on', *Daily Mirror*, 16 November.

Plunkett, John (2003) 'Hello girls', *Guardian*, 22 December.

Politkovskaya, Anna (2008) *A Russian Diary*. London: Vintage.

Ponsford, Dominic (2006) 'Shifting of Sands baffles staff', *Press Gazette*, 10 March.

Porter, Roy (2000) *Enlightenment: Britain and the Creation of the Modern World*. London: Allen Lane.

Powell, James (2001) 'The allure of foreign affairs', www.mediaguardian.co.uk, 30 October.

Press Gazette (2000a) 'PA reporter stops identification ban on dead baby', *Press Gazette*, 28 July.

Press Gazette (2000b) 'On and off the record', *Press Gazette*, 21 January.

Press Gazette (2002) 'Coventry paper wins name-ban challenge', *Press Gazette*, 18 January.

Press Gazette (2004) 'PCC rap for Welsh weekly over story of dog eating dead man', *Press Gazette*, 26 March.

Private Eye (2001) 'Hackwatch: the big story', *Private Eye*, 26 January.

Pulford, Cedric (2001) *JournoLISTS: 201 Ways to Improve Your Journalism*. Banbury: Ituri.

Randall, David (2000) *The Universal Journalist*. London: Pluto.

Randall, David (2005) *The Great Reporters*. London: Pluto.

Randall, David (2007) *The Universal Journalist* (third edition). London: Pluto.

Reah, Danuta (1998) *The Language of Newspapers*. London: Routledge.

Reece, Peter (2005) 'Brian Whittle dies after suffering heart attack', Hold The Front Page, 12 December, http://www.holdthefrontpage.co.uk/news/2005/12dec/051212whit2.shtml.

Richardson, John (2001) 'British Muslims in the broadsheet press: a challenge to cultural hegemony?', *Journalism Studies*, Vol 2, No 2, pp. 221–242.

Richardson, John (2005) 'News values', in Bob Franklin, Martin Hamer, Mark Hanna, Marie Kinsey, and John Richardson, *Key Concepts in Journalism Studies*. London: Sage, pp. 173–174.

Richardson, John (2006) *Analysing Newspapers: An Approach from Critical Discourse Analysis*. Basingstoke: Palgrave Macmillan.

Robinson, Sue (2007) '"Someone's gotta be in control here": the institutionalisation of online news and the creation of a shared journalistic authority', *Journalism Practice*, Vol 1, No 3, pp. 305–321.

Rocco, Fiammetta (1999) 'Stockholm Syndrome: journalists taken hostage', in Stephen Glover (ed), *The Penguin Book of Journalism*. London: Penguin, pp. 48–59.

Rose, David (2003) 'Wake up or face privacy law, warns Rusbridger', *Press Gazette*, 14 March.

Rose, David, Smith, Patrick and Ponsford, Dominic (2007) 'Thank Gord, now here's how to make FOI better', *Press Gazette*, 2 November.

Ross, Karen (2001) 'Women at work: journalism as en-gendered practice', *Journalism Studies*, Vol 2, No 4, pp. 531–544.

Roth, Eric and Mann, Michael (1999) *The Insider*. A Forward Pass film.

Rowland, Jacky (2002) 'Milosevic trial: I saw it as my duty', *Ariel,* 3 September.

Roy, Kenneth (2002) 'One pair of eyes: Jon Snow, presenter of Channel 4 News, laments the decline and fall of the broadcasting characters', interview published in *The Journalist's Handbook,* No 71, Autumn, pp. 33–38.

Ruddock, Alan (2001) 'Hello! Have redtops said goodbye to politics?', *Observer,* 26 August.

Rusbridger, Alan (2000) 'Versions of seriousness', *Guardian,* 4 November.

Salas, Randy A (2007) 'Wilder's "Ace" is a buried treasure', *Star Tribune,* 16 July, www.startribune.com/459/story/1306175.html.

Sanders, Karen (2003) *Ethics and Journalism.* London: Sage.

Schlesinger, Philip (1987) *Putting 'Reality' Together.* London: Routledge.

Schlesinger, Philip (1990) 'Rethinking the sociology of journalism: source strategies and the limits of media-centrism', in Marjorie Ferguson (ed), *Public Communication the New Imperatives: Future Directions for Media Research.* London: Sage, pp. 61–83.

Schudson, Michael (1978) 'Discovering the news: a social history of American newspapers', in Howard Tumber (ed) (1999), *News: A Reader.* Oxford: Oxford University Press, pp. 291–296.

Schudson, Michael (1989) 'The sociology of news production', *Media, Culture and Society,* Vol 11, pp. 263–282.

Schudson, Michael (1991) 'The sociology of news production revisited', in James Curran and Michael Gurevitch (eds), *Mass Media and Society.* London: Edward Arnold, pp. 141–159.

Schudson, Michael (2001) 'The objectivity norm in American journalism', *Journalism: Theory, Practice and Criticism,* Vol 2, No 2, pp. 149–170.

Seib, Philip (2002) *The Global Journalist: News and Conscience in a World of Conflict.* Oxford: Rowman & Littlefield.

Sergeant, John (2001) *Give Me Ten Seconds.* London: Macmillan.

Sheridan Burns, Lynette (2002) *Understanding Journalism.* London: Sage.

Shoemaker, Pamela (1991) 'Gatekeeping', in Howard Tumber (ed) (1999), *News: A Reader.* Oxford: Oxford University Press, pp. 73–78.

Shukman, David (2000) 'Watching them watching me', *Independent,* 7 November.

Silver, James (2007) 'Hillary brought to book', *Guardian,* 25 June.

Singer, Jane (2004) 'Strange bedfellows: diffusion of convergence in four news organisations', *Journalism Studies,* Vol 5, No 1, pp. 3–18.

Singer, Jane (2005) 'The political blogger: "normalizing a new media form to fit old norms and practice"', *Journalism: Theory, Practice and Criticism,* Vol 6, No 2, pp. 173–198.

Sissons, Helen (2006) *Practical Journalism: How to Write News.* London: Sage.

Slattery, Jon (2002) 'Journalism must halt drift into "unintended apartheid"', *Press Gazette,* 12 July.

Slattery, Jon (2005) 'Never mind the corporate bollocks – what about the future?', *Press*

*Gazette*, 2 December.

Smith, Patrick (2007) 'Investigators share BAE bribery expose on the internet', *Press Gazette*, 20 July.

Spark, David (1999) *Investigative Reporting: A Study in Technique*. Oxford: Focal.

Sparks, Colin (1992) 'Popular journalism: theories and practice', in Peter Dahlgren and Colin Sparks (eds), *Journalism and Popular Culture*. London: Sage, pp. 24–44.

Sparks, Colin (1999) 'The press', in Jane Stokes and Anna Reading (eds), *The Media in Britain: Current Debates and Developments*. Basingstoke: Macmillan, pp. 41–60.

Specter, Michael (2007) 'Who's killing Putin's enemies?', *Observer*, 25 February.

Staab, Joachim Friedrick (1990) 'The role of news factors in news selection: a theoretical reconsideration', *European Journal of Communication*, Vol 5, pp. 423–443.

Stabe, Martin (2008) '*Times* milks web search benefits', *Press Gazette*, 16 May.

Stevens, Mary (2001) 'The new doorstep challenge', *Press Gazette*, 15 June.

Stevenson, Nick (2002) *Understanding Media Cultures*. London: Sage.

Sugden, John and Tomlinson, Alan (2007) 'Stories from planet football and sports world: source relations and collusion in sport journalism', *Journalism Practice*, Vol 1, No 1, pp. 44–61.

Sullivan, Andrew (2002) 'Out of the ashes: a new way of communicating', *Sunday Times*, 24 February.

Susman, Gary (2001) 'Tales of the junket', *Guardian*, 5 October.

*Telegraph* (2008) *Telegraph Style Book*, http://www.telegraph.co.uk/news/main.jhtml? xml=/news/exclusions/stylebook/nosplit/SBintrostyle.xml.

Temple, Mick (2006) 'Dumbing down is good for you', *British Politics*, Vol 1, pp. 257–273.

Tench, Dan (2001) 'Don't pull the dog's teeth', *Guardian*, 23 July.

Thom, Cleland (2007) 'Researchers need a reality check', letter published in *Press Gazette*, 5 October.

Thomas, Lou (2006) '"I was never going to work for the *Telegraph*, put it that way"', *Press Gazette*, 23 June.

Times (2005) 'Questions for the Met – the shoot-to-kill policy must have more safeguards', *Times leader*, 18 August.

Tomasky, Michael (2007) 'Newsreader strikes a blow for journalistic integrity, but Paris packs a stronger punch', *Guardian*, 30 June.

Tomlin, Julie and Morgan, Jean (2001) 'Poll voted a turn-off by viewers and readers', Press *Gazette*, 8 June.

Tuchman, Gaye (1972) 'Objectivity as a strategic ritual: an examination of newsmen's notions of objectivity', *American Journal of Sociology*, Vol 77, No 4.Reprinted in Howard Tumber (ed) (1999) *News: A Reader*. Oxford: Oxford University Press, pp. 297–307.

Tumber, Howard (ed) (1999) *News: A Reader*. Oxford: Oxford University Press.

Tumber, Howard (ed) (2000) *Media Power, Professionals and Policies*. London: Routledge.

Tunstall, Jeremy (2002) 'Trends in news media and political journalism', in Raymond Kuhn and Erik Neveu (eds), *Political Journalism: New Challenges, New Practices*. London: Routledge, pp. 227–241.

Tutek, Edwin Andres Martinez (2006) 'Undocumented workers uncounted victims of 9/11', *Newsday*, 7 September, http://www.newsday.com/news/local/newyork/am-gone0907,0,5880980.story.

UK Metric Association (2002) *Measurement Units Style Guide*, available from: www.metric.org.uk.

Ursell, Gill (2001) 'Dumbing down or shaping up? New technologies, new media, new journalism', *Journalism: Theory, Practice and Criticism*, Vol 2, No 2, pp. 175–196.

Vasterman, Peter (1995) 'Media hypes', www.journalism.fcj.hvu.nl/mediahype/mchype/hype_article.html (article first published, in Dutch, in magazine Massacommunicatie, September 1995).

Wahl-Jorgensen, K and Hanitzsch, T (eds) (2009) *Handbook of Journalism Studies*. Mahwah, NJ: Lawrence Erlbaum Associates.

Walker, David (2000) 'Newspaper power: a practitioner's account', in Howard Tumber (ed), *Media Power, Professionals and Policies*. London: Routledge, pp. 236–246.

Walker, David (2002) 'Low visibility on the inside track', *Journalism: Theory, Practice and Criticism*, Vol 3, No 1, pp. 101–110.

Ward, Mike (2002) *Journalism Online*. Oxford: Focal.

Waterhouse, Keith (1993) *Waterhouse on Newspaper Style*. London: Penguin.

Waterhouse, Keith (1994) *English Our English* (and How to Sing It). London: Penguin.

Watkins, Alan (2001) *A Short Walk Down Fleet Street: From Beaverbrook to Boycott*. London: Duckbacks.

Watson, James (1998) *Media Communication: An Introduction to Theory and Process*. Basingstoke: Macmillan.

Waugh, Evelyn (1943) *Scoop*. London: Penguin.

Weitz, Katy (2003) 'Why I quit the Sun', *Guardian*, 31 March.

Wells, Matt (2001a) 'ITN cuts jobs and shifts towards lifestyle news', *Guardian*, 22 November.

Wells, Matt (2001b) 'BBC's "brighter" news to beat rising rival, *Guardian*, 18 January.

Wells, Matt (2005) 'Paxman answers the questions', *Guardian*, 31 January.

Welsh, Tom, Greenwood, Walter, and Banks, David (2005) *Essential Law for Journalists*. (eighteenth edition). Oxford: Oxford University Press.

Welsh, Tom, Greenwood, Walter, and Banks, David (2007) *Essential Law for Journalists* (nineteenth edition). Oxford: Oxford University Press.

Welsh, Tom and Greenwood, Walter (2001) *Essential Law for Journalists*. London: Butterworths.

Welsh, Tom and Greenwood, Walter (2003) *Essential Law for Journalists*. London:

Butterworths.

Westerstahl, Jorgen and Johansson, Folke (1994) 'Foreign news: news values and ideologies', *European Journal of Communication*, Vol 9, pp. 71–89.

Wheen, Francis (2002) *Hoo-Hahs and Passing Frenzies: Collected Journalism 1991–2001*. London: Atlantic Books.

Whitaker, Brian (1981) *News Ltd: Why You Can't Read All About It*. London: Minority Press Group.

White, David Manning (1950) 'The gatekeeper: a case study in the selection of news', in Howard Tumber (ed) (1999), *News: A Reader*. Oxford: Oxford University Press, pp. 66–72.

Williams, Francis (1959) *Dangerous Estate: The Anatomy of Newspapers*. London: Arrow.

Williams, Granville (1996) *Britain's Media: How They are Related*. London: Campaign for Press and Broadcasting Freedom.

Williams Granville (2009) (ed) Shafted: *The Media, the Miners' strike and Aftermath*. London: Campaign for Press and Broadcasting Freedom.

Williams, Kevin (1992) 'Something more important than truth: ethical issues in war reporting', in Andrew Belsey and Ruth Chadwick (eds), *Ethical Issues in Journalism and the Media*. London: Routledge, pp. 154–170.

Williams, Raymond (1980) *Problems in Materialism and Culture*. London: Verso.

Wilson, John (1996) *Understanding Journalism: A Guide to Issues*. London: Routledge.

Winch, Samuel P (1997) *Mapping the Cultural Space of Journalism: How Journalists Distinguish News from Entertainment*. Westports, CT: Praeger.

Winchester, Simon (2001) 'My tainted days', *Guardian*, 22 May.

Wu, H Denis (2000) 'Systemic determinants of international news coverage: a comparison of 38 countries', *Journal of Communication*, Vol 50, pp. 110–130.

Wykes, Maggie (2001) *News, Crime and Culture*. London: Pluto.

Younge, Gary (2001) 'Bradford needs hope, not teargas', *Guardian*, 10 July.

Younge, Gary (2002) 'Temples for tomorrow', *Guardian*, 9 December.

Younge, Gary (2006) 'Take a potshot at the powerless, and you too can win a medal of valour', *Guardian*, 6 March.

Zelizer, Barbie (2004) *Taking Journalism Seriously: News and the Academy*. London: Sage.

Zelizer, Barbie and Allan, Stuart (eds) (2002) *Journalism after September 11*. London: Routledge.

# 찾아보기

# 번역자 약력

황태식 (inbada@gmail.com)

고려대학교 신문방송학과 학사
하버드대학교(Harvard University) Theology 석사
오클라호마대학교(Gaylord College of Journalism and Mass Communication, University of Oklahoma) Mass Communication 박사과정 수학
현 네바다대학교(Hank Greenspun School of Journalism and Media Studies, University of Nevada, Las Vegas) Journalism and Media Studies 대학원 재학

Urban Affairs Advising Center, University of Nevada, Las Vegas, Academic Advisor
뉴잉글랜드 한인회 〈한인회보〉 편집장 역임
도서출판 NCD 편집부 과장 역임
Institute for Research and Training, University of Oklahoma, 연구원 역임

## 주요 논저_

『꿈의 실현: 20분』(역서, 아시아코치센터)
『피터 드러커의 다섯가지 경영원칙』(역서, 아시아코치센터)
『앤드류 머레이의 무릎기도』(역서, 도서출판 NCD)
『세계화의 논쟁』(공역, 명인문화사)